L'écriture
et
la différence

Jacques Derrida

L'écriture
et
la différence

Éditions du Seuil

La première édition de cet ouvrage
a paru dans la collection « Tel Quel »

ISBN 2-02-005182-6.
(ISBN 2-02-001937-X, 1re publication.)

« le tout sans nouveauté qu'un espacement de la lecture »
Préface à *Un coup de dés*.

FORCE ET SIGNIFICATION

> Que nous soyons tous des sauvages tatoués depuis Sophocle, cela se peut. Mais il y a autre chose dans l'Art que la rectitude des lignes et le poli des surfaces. La plastique du style n'est pas si large que l'idée entière... Nous avons trop de choses et pas assez de formes. (FLAUBERT, *Préface à la vie d'écrivain*.)

I

Si elle se retirait un jour, abandonnant ses œuvres et ses signes sur les plages de notre civilisation, l'invasion *structuraliste* deviendrait une question pour l'historien des idées. Peut-être même un objet. Mais l'historien se tromperait s'il en venait là : par le geste même où il la considérerait comme un objet, il en oublierait le sens, et qu'il s'agit d'abord d'une aventure du regard, d'une conversion dans la manière de questionner devant tout objet. Devant les objets historiques — les siens — en particulier. Et parmi eux très insolite, la chose littéraire.

Par voie d'analogie : que, dans tous ses domaines, par tous ses chemins et malgré toutes les différences, la réflexion universelle reçoive aujourd'hui un formidable mouvement d'une inquiétude sur le langage — qui ne peut être qu'une inquiétude du langage et dans le langage lui-même —, c'est là un étrange concert dont la nature est de ne pouvoir être déployé par toute sa surface en spectacle pour l'historien, si d'aventure celui-ci tentait d'y reconnaître le signe d'une époque, la mode d'une saison ou le symptôme d'une crise. Quelle que soit la pauvreté de notre savoir à cet égard, il est certain que la question sur le signe est d'elle-même plus ou moins, autre chose en tout cas, qu'un signe du temps. Rêver de l'y réduire, c'est rêver de violence. Surtout quand cette question, historique en un sens insolite, s'approche d'un point où la nature simplement signitive du langage paraît

9

bien incertaine, partielle ou inessentielle. On nous accordera facilement que l'analogie entre l'obsession structuraliste et l'inquiétude du langage n'est pas de hasard. On ne pourra donc jamais, par quelque réflexion seconde ou troisième, soumettre le structuralisme du XXe siècle (celui de la critique littéraire en particulier, qui participe allègrement au concert) à la tâche qu'un critique structuraliste s'est assignée pour le XIXe siècle : contribuer à une « histoire future de l'imagination et de la sensibilité [1] ». On ne pourra pas davantage réduire la vertu fascinatrice qui habite la notion de structure à un phénomène de mode [2], sauf à recomprendre et à prendre au sérieux, ce qui est sans doute le plus urgent, le sens de l'imagination, de la sensibilité et de la mode. En tout cas, si quelque chose dans le structuralisme relève de l'imagination, de la sensibilité ou de la mode, au sens courant de ces mots, ce ne sera jamais en lui l'essentiel. L'attitude structuraliste, et notre posture aujourd'hui devant ou dans le langage, ne sont pas seulement des moments de l'histoire. Étonnement, plutôt, par le langage comme origine de l'histoire. Par l'historicité elle-même. C'est aussi, devant la possibilité de la parole, et toujours déjà en elle, la répétition enfin avouée, enfin étendue

---

1. Dans l'*Univers imaginaire de Mallarmé* (p. 30, note 27), J.-P. Richard écrit en effet : « Nous serions heureux si notre travail avait pu offrir quelques matériaux nouveaux à cette histoire future de l'imagination et de la sensibilité, qui n'existe pas encore pour le XIXe siècle, mais qui prolongera sans doute les travaux de Jean Rousset sur le baroque, de Paul Hazard sur le XVIIIe siècle, d'André Monglond sur le préromantisme. »

2. *Structure* semble n'être, note Kroeber dans son *Anthropology* (p. 325), que la faiblesse devant un mot dont la signification est parfaitement définie mais qui se charge soudain et pour quelque dix ans d'une séduction de mode — tel le mot « aérodynamique » — puis tend à être appliqué sans discrimination, le temps que dure sa vogue, à cause de l'agrément de ses consonances. »

Pour ressaisir la nécessité profonde qui se cache sous le phénomène, d'ailleurs incontestable, de la mode, il faut opérer d'abord par « voie négative » : le choix de ce mot est d'abord un ensemble — structural, bien sûr — d'exclusions. Savoir pourquoi on dit « structure », c'est savoir pourquoi on veut cesser de dire *eidos*, « essence », « forme », *Gestalt*, « ensemble », « composition », « complexe », « construction », « corrélation », « totalité », « Idée », « organisme », « état », « système », etc. Il faut comprendre pourquoi chacun de ces mots s'est révélé insuffisant, mais aussi pourquoi la notion de structure continue de leur emprunter quelque signification implicite et de se laisser habiter par eux.

aux dimensions de la culture mondiale, d'une surprise sans commune mesure avec aucune autre et dont s'ébranla ce qu'on appelle la pensée occidentale, cette pensée dont toute la destinée consiste à étendre son règne à mesure que l'Occident replie le sien. Par son intention la plus intérieure et comme toute question sur le langage, le structuralisme échappe ainsi à l'histoire classique des idées qui en suppose déjà la possibilité, qui appartient naïvement à la sphère du questionné et se profère en elle.

Néanmoins, par toute une zone en lui irréductible d'irréflexion et de spontanéité, par l'ombre essentielle du non déclaré, le phénomène structuraliste méritera d'être traité par l'historien des idées. Bien ou mal. Le méritera tout ce qui dans ce phénomène n'est pas transparence pour soi de la question, tout ce qui, dans l'efficacité d'une méthode, relève de l'infaillibilité qu'on prête aux somnambules et qu'on attribuait naguère à l'instinct dont on disait qu'il était d'autant plus sûr qu'il était aveugle. Ce n'est pas la moindre dignité de cette science humaine appelée histoire que de concerner par privilège, dans les actes et dans les institutions de l'homme, l'immense région du somnambulisme, le *presque-tout* qui n'est pas l'éveil pur, l'acidité stérile et silencieuse de la question elle-même, le *presque-rien*.

Comme nous vivons de la fécondité structuraliste, il est trop tôt pour fouetter notre rêve. Il faut songer en lui à ce qu'il *pourrait* signifier. On l'interprétera peut-être demain comme une détente, sinon un lapsus, dans l'attention à la *force,* qui est tension de la force elle-même. La *forme* fascine quand on n'a plus la force de comprendre la force en son dedans. C'est-à-dire de créer. C'est pourquoi la critique littéraire est structuraliste à tout âge, par essence et destinée. Elle ne le savait pas, elle le comprend maintenant, elle se pense elle-même dans son concept, dans son système et dans sa méthode. Elle se sait désormais séparée de la force dont elle se venge parfois en montrant avec profondeur et gravité que la séparation est la condition de l'œuvre et non seulement du discours sur l'œuvre [1]. On s'explique ainsi

---

1. Sur le thème de la *séparation* de l'écrivain, cf. en particulier le chapitre III de l'Introduction de J. Rousset à *Forme et Signification*. Delacroix, Diderot, Balzac, Baudelaire, Mallarmé, Proust, Valéry, H. James, T. S. Eliot, V. Woolf viennent y témoigner que la séparation est tout le contraire de l'impuissance critique. En insis-

cette note profonde, ce pathos mélancolique qui se laisse percevoir à travers les cris de triomphe de l'ingéniosité technicienne ou de la‹subtilité mathématicienne qui accompagnent parfois certaines analyses dites « structurales ». Comme la mélancolie pour Gide, ces analyses ne sont possibles qu'après une certaine défaite de la force et dans le mouvement de la ferveur retombée. Ce en quoi la conscience structuraliste est la conscience tout court comme pensée du passé, je veux dire du fait en général. Réflexion de l'accompli, du constitué, du *construit*. Historienne, eschatique et crépusculaire par situation.

Mais dans la structure, il n'y a pas seulement la forme et la relation et la configuration. Il y a aussi la solidarité; et la totalité, qui est toujours concrète. En critique littéraire, la « perspective » structurale est, selon le mot de J.-P. Richard, « interrogative et totalitaire [1] ». La force de notre faiblesse, c'est que l'impuissance sépare, désengage, émancipe. Dès lors, on perçoit mieux la totalité, le panorama est possible, et la panorographie. Le panorographe, image même de l'instrument structuraliste, a été inventé en 1824, pour, nous dit Littré, « obtenir immédiatement,

tant sur cette séparation entre l'acte critique et la force créatrice, nous ne désignons que la plus banale nécessité d'essence — d'autres diraient de structure — qui s'attache à deux gestes et à deux moments. L'impuissance n'est pas ici celle du critique mais de la critique. On les confond quelquefois. Flaubert ne s'en prive pas. On s'en rend compte à lire cet admirable recueil de lettres présenté par Geneviève Bollème sous le titre *Préface à la vie d'écrivain* (Seuil, 1963). Attentif au fait que le critique rapporte au lieu d'apporter, Flaubert écrit ainsi : « ...On fait de la critique quand on ne peut pas faire de l'art, de même qu'on se met mouchard quand on ne peut pas être soldat... Plaute aurait ri d'Aristote s'il l'avait connu! Corneille se débattait sous lui! Voltaire lui-même a été rétréci par Boileau! Beaucoup de mauvais nous eût été épargné dans le drame moderne sans W. Schlegel. Et quand la traduction de Hegel sera finie, Dieu sait où nous irons! » (p. 42). Elle ne l'est pas, Dieu merci, ce qui explique Proust, Joyce, Faulkner et quelques autres. La différence entre Mallarmé et ceux-là, c'est peut-être la lecture de Hegel. Qu'il ait choisi, du moins, d'aller à Hegel. De toute façon le génie a encore du répit et les traductions peuvent ne pas se lire. Mais Flaubert avait raison de redouter Hegel : « Il est permis de l'espérer, l'art ne cessera dans l'avenir de se développer et de se perfectionner... », mais « sa forme a cessé de satisfaire le besoin le plus élevé de l'esprit ». « En sa destination suprême du moins, il est pour nous chose du passé. Il a perdu pour nous sa vérité et sa vie. Il nous invite à une réflexion philosophique qui ne prétende point lui assurer de renouveau, mais reconnaître son essence en toute rigueur. »

1. *L'Univers imaginaire de Mallarmé*, p. 14.

sur une surface plane, le développement de la vue perspective des objets qui entourent l'horizon ». Grâce au schématisme et à une spatialisation plus ou moins avouée, on parcourt *sur plan* et plus librement le champ déserté de ses forces. Totalité désertée de ses forces, même si elle est totalité de la forme et du sens, car il s'agit alors du sens repensé dans la forme, et la structure est l'unité *formelle* de la forme et du sens. On dira que cette neutra- lisation par la forme est l'acte de l'auteur avant d'être celui du critique et dans une certaine mesure du moins — mais c'est de cette mesure qu'il s'agit —, on aura raison. En tout cas, le projet de penser la totalité est plus facilement déclaré aujourd'hui et un tel projet échappe aussi de lui-même aux totalités *déterminées* de l'histoire classique. Car il est projet de les excéder. Ainsi, le relief et le dessin des structures apparaissent mieux quand le contenu, qui est l'énergie vivante du sens, est neutralisé. Un peu comme l'architecture d'une ville inhabitée ou soufflée, réduite à son squelette par quelque catastrophe de la nature ou de l'art. Ville non plus habitée ni simplement délaissée mais hantée plutôt par le sens et la culture. Cette hantise qui l'empêche ici de rede- venir nature est peut-être en général le mode de présence ou d'absence de la chose même au langage pur. Langage pur que voudrait abriter la littérature pure, objet de la critique littéraire pure. Il n'y a donc rien de paradoxal à ce que la conscience structu- raliste soit conscience catastrophique, détruite à la fois et destruc- trice, *destructurante,* comme l'est toute conscience ou au moins le·moment décadent, période propre à tout mouvement de la conscience. On perçoit la structure dans l'instance de la *menace*, au moment où l'imminence du péril concentre nos regards sur la clef de voûte d'une institution, sur la pierre où se résument sa possibilité et sa fragilité. On peut alors menacer *méthodique- ment* la structure pour mieux la percevoir, non seulement en ses nervures mais en ce lieu secret où elle n'est ni érection ni ruine mais labilité. Cette opération s'appelle (en latin) *soucier* ou *solli- citer*. Autrement dit *ébranler* d'un ébranlement qui a rapport au *tout* (de *sollus,* en latin archaïque : le tout, et de *citare* : pousser). Le souci et la sollicitation structuralistes, quand ils deviennent méthodiques, ne se donnent que l'illusion de la liberté technique. Ils reproduisent en vérité, dans le registre de la méthode, un souci et une sollicitation de l'être, une menace historico-méta-physique des fondements. C'est dans les époques de *dislocation* historique, quand nous sommes chassés du *lieu*, que se développe pour elle-même cette passion structuraliste qui est à la fois une sorte de rage expérimentale et un schématisme proliférant. Le baroquisme n'en serait qu'un exemple. N'a-t-on pas parlé à son sujet de « poétique structurale » et « fondée sur une rhétorique [1] »? Mais aussi de « structure éclatée », de « poème déchiqueté, dont la structure apparaît en voie d'éclatement [2] »?

La liberté que nous assure ce désengagement *critique* (à tous les sens de ce mot) est donc sollicitude et ouverture sur la totalité. Mais qu'est-ce que cette ouverture nous cache? Non par ce qu'elle laisserait de côté et hors de vue, mais dans sa lumière même? On ne peut cesser de se le demander en lisant le beau livre de Jean Rousset : *Forme et Signification, Essais sur les structures littéraires de Corneille à Claudel* [3]. Notre question n'est pas une réaction contre ce que d'autres ont appelé de « l'ingéniosité » et qui nous paraît être, sauf par endroits, beaucoup plus et beaucoup mieux. Devant cette série d'exercices brillants et pénétrants, destinés à illustrer une méthode, il s'agit plutôt pour nous de délivrer une inquiétude sourde, en ce point où elle n'est pas seulement la nôtre, celle du lecteur, mais où celle-ci semble s'accorder, sous le langage, sous les opérations et les meilleures réussites de ce livre, avec celle de l'auteur lui-même.

Rousset reconnaît, certes, des parentés et des filiations : Bachelard, Poulet, Spitzer, Raymond, Picon, Starobinski, Richard, etc. Pourtant, malgré l'air de famille, les emprunts et les nombreux

1. Cf. Gérard Genette, *Une poétique structurale,* dans *Tel Quel* 7, automne 1961, p. 13.
2. Cf. Jean Rousset, *la Littérature de l'âge baroque en France. 1. Circé et le paon.* On peut y lire notamment (p. 194), à propos d'un exemple allemand : « L'enfer est un monde en morceaux, un saccage que le poème mime de près, par ce pêle-mêle de cris, ce hérissement de supplices jetés en vrac, dans un torrent d'exclamations. La phrase se réduit à ses éléments disloqués, le cadre du sonnet se brise : vers trop courts ou trop longs, quatrains déséquilibrés; le poème éclate... »
3. José Corti éd., 1962.

hommages de reconnaissance, *Forme et Signification* nous paraît être, à bien des égards, une tentative solitaire.

En premier lieu par une différence *délibérée*. Différence dans laquelle Rousset ne s'isole pas en prenant des distances mais en approfondissant scrupuleusement une communauté d'intention, en faisant apparaître des énigmes cachées sous des valeurs aujourd'hui acceptées et respectées, valeurs modernes sans doute mais déjà assez traditionnelles pour devenir le lieu commun de la critique, donc pour qu'on commence à les réfléchir et à les suspecter. Rousset fait entendre son propos dans une remarquable introduction méthodologique qui deviendra sans doute, avec l'introduction à *l'Univers imaginaire de Mallarmé*, une partie importante du discours de la méthode en critique littéraire. A multiplier les références introductives, Rousset ne brouille pas son propos mais tisse au contraire un filet qui en resserre l'originalité.

Par exemple : que, dans le fait littéraire, le langage soit un avec le sens, que la forme appartienne au contenu de l'œuvre; que, selon le mot de G. Picon, « pour l'art moderne, l'œuvre (ne soit) pas expression mais création [1] », ce sont là des propositions qui ne font l'unanimité qu'à la faveur d'une notion fort équivoque de forme ou d'expression. Il en va de même pour la notion *d'imagination*, ce pouvoir de médiation ou de synthèse entre le sens et la lettre, racine commune de l'universel et du singulier — comme de toutes les autres instances ainsi dissociées —, origine obscure de ces schèmes structuraux, de cette amitié entre « la

---

1. Après avoir cité (p. VII) ce passage de G. Picon : « Avant l'art moderne, l'œuvre semble l'expression d'une expérience antérieure..., l'œuvre dit ce qui a été conçu ou vu; si bien que de l'expérience à l'œuvre, il n'y a que le passage à une technique d'exécution. Pour l'art moderne, l'œuvre n'est pas expression mais création : elle donne à voir ce qui n'a pas été vu avant elle, elle forme au lieu de refléter », Rousset précise et distingue : « Grande différence et, à nos yeux, grande conquête de l'art moderne, *ou plutôt de la conscience que cet art prend du processus créateur...* » (nous soulignons : c'est du processus créateur *en général* que, selon Rousset, nous prenons conscience *aujourd'hui*). Pour G. Picon, la mutation affecte l'art et non seulement la conscience moderne de l'art. Il écrivait ailleurs : « L'histoire de la poésie moderne est tout entière celle de la substitution d'un langage de création à un langage d'expression... le langage doit maintenant produire le monde qu'il ne peut plus exprimer. » (*Introduction à une esthétique de la littérature. 1. L'écrivain et son ombre*, 1953, p. 159).

forme et le fond » qui rend possibles l'œuvre et l'accès à l'unité de l'œuvre, cette imagination qui aux yeux de Kant était déjà en elle-même un « art », était l'art lui-même qui originairement ne distingue pas entre le vrai et le beau : c'est de la *même* imagination que, malgré les différences, nous parlent la *Critique de la raison pure* et la *Critique du jugement*. Art, certes, mais « art caché [1] » qu'on ne peut « exposer à découvert devant les yeux [2] ». « On peut appeler l'idée esthétique une représentation *inexponible* de l'imagination (dans la liberté de son jeu) [3] ». L'imagination est la liberté qui ne se montre que dans ses œuvres. Celles-ci ne sont pas *dans* la nature mais elles n'habitent pas un *autre* monde que le nôtre. « L'imagination (en tant que faculté de connaître productive) a, en effet, une grande puissance pour créer en quelque sorte une seconde nature avec la matière que lui fournit la nature réelle [4] ». C'est pourquoi l'intelligence ne doit pas être la faculté essentielle du critique quand il part à la reconnaissance de l'imagination et du beau, « ce que nous appelons beau et où l'intelligence est au service de l'imagination et non celle-ci au service de l'intelligence [5] ». Car « la liberté de l'imagination consiste justement en ceci qu'elle schématise sans concept [6] ». Cette origine énigmatique de l'œuvre comme structure et unité indissociable — et comme objet de la critique structuraliste — est, selon Kant, « la première chose sur laquelle nous devons porter notre attention [7] ». Selon Rousset aussi. Dès sa première page, il relie « la nature du fait littéraire », toujours insuffisamment interrogée, au « rôle dans l'art de cette fonction capitale, l'imagination » au sujet de laquelle « les incertitudes et les oppositions abondent » Cette notion d'une imagination qui produit la métaphore

---

1. *Critique de la raison pure* (trad. Tremesaygues et Pacaud, p. 153). Les textes de Kant auxquels nous allons nous référer — et de nombreux autres textes auxquels nous ferons appel plus loin — ne sont pas utilisés par Rousset. Nous prendrons pour règle de renvoyer directement aux pages de *Forme et Signification* chaque fois qu'il s'agira de citations présentées par l'auteur.

2. *Ibid.*

3. *Critique du jugement*, § 57, remarque 1, trad. Gibelin, p. 157.

4. *Ibid.*, § 49, p. 133.

5. *Ibid.*, p. 72.

6. *Ibid.*, § 35, p. 111.

7. *Critique de la raison pure*, p. 93.

— c'est-à-dire tout dans le langage, hormis le verbe *être* —
reste pour les critiques ce que certains philosophes appellent
aujourd'hui un *concept opératoire* naïvement utilisé. Surmonter
cette ingénuité technicienne, c'est réfléchir le concept opératoire
en *concept thématique*. Il semble que ce soit là un des projets de
Rousset.

Pour ressaisir au plus proche l'opération de l'imagination
créatrice, il faut donc se tourner vers l'invisible dedans de la
liberté poétique. Il faut se séparer pour rejoindre en sa nuit l'origine aveugle de l'œuvre. Cette expérience de conversion qui
instaure l'acte littéraire (écriture ou lecture) est d'une telle sorte
que les mots mêmes de séparation et d'exil, désignant toujours
une rupture et un cheminement à *l'intérieur* du monde, ne peuvent
la manifester directement mais seulement l'indiquer par une
métaphore dont la généalogie mériterait à elle seule le tout de la
réflexion. Car il s'agit ici d'une sortie hors du monde, vers un
lieu qui n'est ni un *non-lieu* ni un *autre* monde, ni une utopie ni
un alibi. Création d' « un univers qui s'ajoute à l'univers », suivant
un mot de Focillon que cite Rousset (p. 11), et qui ne dit donc
que l'excès sur le tout, ce rien essentiel à partir duquel tout peut
apparaître et se produire dans le langage, et dont la voix de M. Blanchot nous rappelle avec l'*insistance* de la profondeur qu'il est la
possibilité même de l'écriture et d'une *inspiration* littéraire en
général. Seule l'*absence pure* — non pas l'absence de ceci ou de
cela — mais l'absence de tout où s'annonce toute présence —
peut *inspirer,* autrement dit *travailler,* puis faire travailler. Le livre
pur est naturellement tourné vers l'orient de cette absence qui
est, par-delà ou en deçà de la génialité de toute richesse, son
contenu propre et premier. Le livre pur, le livre lui-même, doit
être, par ce qui en lui est le plus irremplaçable, ce « livre sur rien »
dont rêvait Flaubert. Rêve en négatif, en gris, origine du Livre
total qui hanta d'autres imaginations. Cette vacance comme
situation de la littérature, c'est ce que la critique doit reconnaître
comme la spécificité de son objet, *autour de laquelle* on parle toujours. Son objet propre, puisque le rien n'est pas objet, c'est
plutôt la façon dont ce rien *lui-même* se détermine en se perdant.
C'est le passage à la détermination de l'œuvre comme travestissement de l'origine. Mais celle-ci n'est possible et pensable que

sous le travestissement. Rousset nous montre à quel point des esprits aussi divers que Delacroix, Balzac, Flaubert, Valéry, Proust, T. S. Eliot, V. Woolf et tant d'autres en avaient une conscience sûre. Sûre et certaine, bien qu'elle ne pût par principe être claire et distincte, n'étant pas l'intuition de quelque chose. Il faudrait mêler à ces voix celle d'Antonin Artaud, qui prenait moins de détours : « J'ai débuté dans la littérature en écrivant des livres pour dire que je ne pouvais rien écrire du tout. Ma pensée, quand j'avais quelque chose à dire ou à écrire, était ce qui m'était le plus refusé. Je n'avais jamais d'idées et deux très courts livres, chacun de soixante-dix pages, roulent sur cette absence profonde, invétérée, endémique, de toute idée. Ce sont *l'Ombilic des limbes* et *le Pèse-nerfs...* » [1]. Conscience d'avoir à dire comme conscience de rien, conscience qui n'est pas l'indigente mais l'opprimée du tout. Conscience de rien à partir de laquelle toute conscience de quelque chose peut s'enrichir, prendre sens et figure. Et surgir toute parole. Car la pensée de la chose comme *ce qu'*elle *est* se confond déjà avec l'expérience de la pure parole; et celle-ci avec l'expérience *elle-même*. Or la pure parole n'exige-t-elle pas l'inscription [2] un peu à la façon dont l'essence leibnizienne exige l'existence et se presse vers le monde comme la puissance vers l'acte? Si l'angoisse de l'écriture n'est pas, ne doit pas être un pathos *déterminé*, c'est qu'elle n'est pas essentiellement une modification ou un affect empiriques de l'écrivain, mais la responsabilité de cette *angustia*, de ce passage nécessairement resserré de la parole contre lequel se poussent et s'entr'empêchent les significations possibles. S'entr'empêchent mais s'appellent, se provoquent aussi, imprévisiblement et comme malgré moi, en une sorte de sur-compossibilité autonome des significations, puissance d'équivocité pure au regard de laquelle la créativité du Dieu classique paraît encore trop pauvre. Parler me fait peur parce que ne disant jamais assez, je dis aussi toujours trop. Et si la nécessité de devenir souffle ou parole étreint le sens — et

---

1. Cité par M. Blanchot dans *L'Arche* (27-28, août-septembre 1948, p. 133). La même situation n'est-elle pas décrite dans *l'Introduction à la méthode de Léonard de Vinci* ?

2. N'est-elle pas constituée par cette exigence? N'en est-elle pas une sorte de *représentation* privilégiée?

notre responsabilité du sens —, l'écriture étreint et contraint davantage encore la parole [1]. L'écriture est l'angoisse de la *ruah* hébraïque éprouvée du côté de la solitude et de la responsabilité humaines; du côté de Jérémie soumis à la dictée de Dieu (« Prends un livre et tu y écriras toutes les paroles que je t'ai dites. ») ou de Baruc transcrivant la dictée de Jérémie, etc. (Jérémie 36-2, 4); ou encore l'instance proprement humaine de la *pneumatologie*, science du *pneuma, spiritus* ou *logos*, qui se divisait en trois parties : la divine, l'angélique et l'humaine. C'est le moment où il faut *décider* si nous graverons ce que nous entendons. Et si graver sauve ou perd la parole. Dieu, le Dieu de Leibniz, puisque nous venons d'en parler, ne connaissait pas l'angoisse du choix entre les possibles : c'est en acte qu'il pensait les possibles et en dispo-

[1]. Angoisse aussi d'un souffle qui se coupe lui-même pour rentrer en soi, pour s'aspirer et revenir à sa source première. Parce que parler, c'est savoir que la pensée *doit* se rendre étrangère à elle-même pour se dire et s'apparaître. Alors elle veut se reprendre en se donnant. C'est pourquoi sous le langage de l'écrivain authentique, celui qui veut se tenir au plus près de l'origine de son acte, on sent le geste pour retirer, pour rentrer la parole expirée. L'inspiration, c'est aussi cela. On peut dire du langage originaire ce que Feuerbach dit du langage philosophique : « La philosophie ne sort de la bouche ou de la plume que pour retourner immédiatement à sa propre *source;* elle ne parle pas pour le plaisir de parler (d'où son antipathie à l'égard des phrases vides), mais *pour ne pas* parler, *pour penser...* Démontrer c'est tout simplement montrer que ce que je *dis* est *vrai;* tout simplement reprendre l'aliénation *(Entäusserung)* de la pensée dans la *source originelle* de la pensée. Aussi l'on ne peut concevoir la signification de la démonstration sans se référer à la signification du *langage.* Le langage n'est rien d'autre que la *réalisation de l'espèce*, la mise en rapport du moi et du toi, destinée à représenter l'unité de l'espèce par la suppression de leur isolement individuel. C'est pourquoi l'élément de la parole est l'air, le médium vital le plus spirituel et le plus universel » *(Contribution à la critique de la philosophie de Hegel*, 1839, dans *Manifestes philosophiques*, trad. L. Althusser, p. 22). Mais Feuerbach songeait-il que le langage *éthéré* s'oublie lui-même? Que l'air n'est pas l'élément de l'histoire s'il ne (se) repose sur la terre? La terre lourde, grave et dure. La terre que l'on travaille, que l'on griffe, sur laquelle on écrit. Élément non moins universel où l'on grave le sens afin qu'il dure.
Hegel nous serait ici d'un plus grand secours. Car s'il pense aussi, dans une métaphorique spirituelle des éléments naturels, que « l'air est l'essence *permanente*, purement universelle et transparente », que « l'eau est... l'essence *toujours offerte et sacrifiée* », « le *feu*... leur unité animatrice », pour lui, néanmoins, « la *terre* est le *nœud solide* de cette organisation et le sujet de ces essences comme de leur processus, leur origine et leur retour ». *Phénoménologie de l'esprit*, trad. J. Hyppolite, II, p. 58.
Le problème des rapports entre l'écriture et la terre est aussi celui de la possibilité d'une telle métaphorique des éléments. De son origine et de son sens.

sait comme tels dans son Entendement ou Logos; c'est le « meilleur » que, dans tous les cas, favorise l'étroitesse d'un passage qui est *Volonté*. Et chaque existence continue d' « exprimer » la totalité de l'Univers. Il n'y a donc pas ici de tragédie du livre. Il n'y a qu'un Livre et c'est le même Livre qui se distribue dans tous les livres. Dans la *Théodicée,* Théodore, « devenu capable de soutenir le divin éclat de la fille de Jupiter », est conduit par elle dans le « palais des Destinées » où Jupiter, qui « a fait (du possible) la revue avant le commencement du monde existant », « digéré les possibilités en mondes », et « fait le choix du meilleur de tous », « vient quelquefois visiter ces lieux pour se donner le plaisir de récapituler les choses et de renouveler son propre choix où il ne peut manquer de se complaire ». Théodore est alors introduit dans un appartement « qui était un monde ». « Il y avait un grand volume d'écritures dans cet appartement; Théodore ne put s'empêcher de demander ce que cela voulait dire. C'est l'histoire de ce monde où nous sommes maintenant en visite, lui dit la déesse. Vous avez vu un nombre sur le front de Sextus, cherchez dans ce livre l'endroit qu'il marque; Théodore le chercha et y trouva l'histoire de Sextus plus ample que celle qu'il avait vue en abrégé. Mettez le doigt sur la ligne qu'il vous plaira, lui dit Pallas, et vous verrez représenté effectivement dans tout son détail ce que la ligne marque en gros. Il obéit et il vit paraître toutes les particularités de la vie de ce Sextus. »

Écrire, ce n'est pas seulement penser le livre leibnizien comme possibilité impossible. Possibilité impossible, limite proprement nommée par Mallarmé. À Verlaine : « J'irai plus loin, je dirai : Le Livre, persuadé qu'au fond il n'y en a qu'un, tenté à son insu par quiconque a écrit, même les Génies »... « à illuminer ceci — que, plus ou moins, tous les livres contiennent la fusion de quelques redites complètes : même il n'en serait qu'un — au monde sa loi — bible comme la simulent les nations. La différence, d'un ouvrage à l'autre, offrant autant de leçons proposées dans un immense concours pour le texte véridique, entre les âges dits civilisés ou lettrés. » Ce n'est pas seulement savoir que le Livre n'existe pas et qu'à jamais il y a *des* livres où (se) brise, avant même d'avoir été un, le sens d'un monde impensé par un sujet absolu; que le non-écrit et le non-lu ne peuvent être repris au sans-fond par la négativité serviable de quelque dialectique et que, accablés par le « trop d'écrits! », c'est l'absence du Livre que nous déplorons ainsi. Ce n'est pas seulement avoir perdu la certitude théologique de voir toute page se relier d'elle-même dans le texte unique de la vérité, « livre de raison » comme on disait jadis du journal dans lequel on consignait pour Mémoire les comptes *(rationes)* et les expériences, recueil de généalogie, Livre de Raison cette fois, manuscrit infini lu par un Dieu qui, de façon plus ou moins différée, nous eût prêté sa plume. Cette certitude perdue, cette absence de l'écriture divine, c'est-à-dire d'abord du Dieu juif qui à l'occasion écrit lui-même, ne définit pas seulement et vaguement quelque chose comme la « modernité ». En tant qu'absence et hantise du signe divin, elle commande toute l'esthétique et la critique modernes. Il n'y a là rien d'étonnant : « Consciemment ou non, dit G. Canguilhem, l'idée que l'homme se fait de son pouvoir poétique répond à l'idée qu'il se fait de la création du monde et à la solution qu'il donne au problème de l'origine radicale des choses. Si la notion de création est équivoque, ontologique et esthétique, elle ne l'est ni par hasard ni par confusion [1] ». Écrire ce n'est pas seulement savoir que par l'écriture, par la pointe du style, il n'est pas nécessaire que le meilleur passe, comme le pensait Leibniz de la création divine, ni que ce passage soit de *volonté,* ni que le consigné *exprime* infiniment l'univers, lui ressemble et le rassemble toujours. C'est aussi ne pouvoir faire précéder absolument l'écrire par son sens : faire descendre ainsi le sens mais élever du même coup l'inscription. Fraternité à jamais de l'optimisme théologique et du pessimisme : rien n'est plus rassurant, mais rien plus désespérant, rien ne détruit nos livres autant que le Livre leibnizien. De quoi vivraient *les* livres, que seraient-ils s'ils n'étaient pas seuls, si seuls, mondes infinis et séparés ? Écrire, c'est savoir que ce qui n'est pas encore produit dans la lettre n'a pas d'autre

---

1. « *Réflexions sur la création artistique selon Alain* », dans la *Revue de métaphysique et de morale* (avril-juin 1952), p. 171. Cette analyse laisse bien apparaître que le *Système des Beaux-Arts*, écrit pendant la première guerre mondiale, fait plus qu'annoncer les thèmes apparemment les plus originaux de l'esthétique « moderne ». En particulier par un certain antiplatonisme qui n'exclut pas, comme le démontre G. Canguilhem, un accord profond avec Platon, par-dessus le platonisme « pris sans malice ».

demeure, ne nous attend pas comme *prescription* dans quelque τόπος οὐράνιος ou quelque entendement divin. Le sens doit attendre d'être dit ou écrit pour s'habiter lui-même et devenir ce qu'à différer de soi il est : le sens. C'est ce que Husserl nous apprend à penser dans *l'Origine de la géométrie*. L'acte littéraire retrouve ainsi à sa source son vrai pouvoir. Dans un fragment du livre qu'il projetait de consacrer à *l'Origine de la vérité*, Merleau-Ponty écrivait : « La communication en littérature n'est pas simple appel de l'écrivain à des significations qui feraient partie d'un *a priori* de l'esprit humain : bien plutôt elle les y suscite par entraînement ou par une sorte d'action oblique. Chez l'écrivain la pensée ne dirige pas le langage du dehors : l'écrivain est lui-même comme un nouvel idiome qui se construit... [1] ». « Mes paroles me surprennent moi-même et m'enseignent ma pensée », disait-il ailleurs [2].

C'est parce qu'elle est *inaugurale,* au sens jeune de ce mot, que l'écriture est dangereuse et angoissante. Elle ne sait pas où elle va, aucune sagesse ne la garde de cette précipitation essentielle vers le sens qu'elle constitue et qui est d'abord son avenir. Elle n'est pourtant capricieuse que par lâcheté. Il n'y a donc pas d'assurance contre ce risque. L'écriture est pour l'écrivain, même s'il n'est pas athée, mais s'il est écrivain, une navigation première et sans grâce. Parlait-il de l'écrivain, saint Jean Chrysostome ? « Il faudrait que nous n'eussions pas besoin du secours de l'écriture, mais que notre vie s'offrît si pure que la grâce de l'esprit remplaçât les livres dans notre âme et s'incrivît en nos cœurs comme l'encre sur les livres. C'est pour avoir repoussé la grâce qu'il faut employer l'écrit qui est une seconde navigation [3]. » Mais toute foi ou assurance théologique réservées, l'expérience de *secondarité* ne tient-elle pas à ce redoublement étrange par lequel le sens constitué — écrit — se donne comme *lu,* préalablement ou simultanément, où l'autre est là qui veille et rend irréductible l'aller et retour, le travail entre l'écriture et la lecture ? Le sens n'est ni avant ni après l'acte. Ce qu'on appelle Dieu, qui affecte de secondarité toute navigation humaine, n'est-ce pas ce

---

1. Ce fragment est publié dans la *Revue de métaphysique et de morale* (oct.-déc. 1962 p. 406-7).
2. *Problèmes actuels de la phénoménologie,* p. 97.
3. *Commentaire sur saint Matthieu.*

passage : la réciprocité différée entre la lecture et l'écriture ? Témoin absolu, tiers comme diaphanéité du sens dans le dialogue où ce qu'on commence à écrire est déjà lu, ce qu'on commence à dire est déjà réponse. Créature à la fois et Père du Logos. Circularité et traditionnalité du Logos. Étrange labeur de conversion et d'aventure où la grâce ne peut être que l'absente.

L'antériorité simple de l'Idée ou du « dessein intérieur » au regard d'une œuvre qui l'exprimerait seulement, ce serait donc un préjugé : celui de la critique traditionnelle qu'on appelle *idéaliste*. Ce n'est pas un hasard si la théorie — on pourrait dire cette fois la théologie — de ce préjugé s'épanouit sous la Renaissance. Comme tant d'autres, aujourd'hui ou hier, Rousset s'élève, certes, contre ce « platonisme » ou ce « néo-platonisme ». Mais il n'oublie pas que si la création par « la forme féconde en idées » (Valéry) n'est pas pure transparence de l'expression, elle est néanmoins et simultanément révélation. Si la création n'était pas révélation, où serait la finitude de l'écrivain et la solitude de sa main abandonnée de Dieu ? La créativité divine serait récupérée dans un humanisme hypocrite. Si l'écriture est *inaugurale*, ce n'est pas parce qu'elle crée, mais par une certaine liberté absolue de dire, de faire surgir le déjà-là en son signe, de prendre ses augures. Liberté de réponse qui reconnaît pour seul horizon le monde-histoire et la parole qui ne peut dire que : l'être a toujours déjà commencé. Créer, c'est révéler, dit Rousset qui ne tourne pas le dos à la critique classique. Il la comprend et dialogue avec elle : « Secret préalable et dévoilement de ce secret par l'œuvre : on voit se concilier d'une certaine manière l'ancienne et la nouvelle esthétique, ce secret préexistant pouvant correspondre à l'Idée des Renaissants, mais détachée de tout néo-platonisme ».

Cette puissance révélatrice du vrai langage littéraire comme poésie, c'est bien l'accès à la libre parole, celle que le mot « être » (et peut-être ce que nous visons sous la notion de « mot primitif » ou de « mot-principe » (Buber)) délivre de ses *fonctions* signalisatrices. C'est quand l'écrit est *défunt* comme signe-signal qu'il naît comme langage ; alors il dit ce qui est, par là même ne renvoyant qu'à soi, signe sans signification, jeu ou pur fonctionnement, car il cesse d'être *utilisé* comme information naturelle, biologique ou technique, comme passage d'un étant à l'autre ou d'un signifiant à un signifié. Or, paradoxalement, l'inscription — bien qu'elle soit loin de le faire toujours — a seule puissance de poésie, c'est-à-dire d'évoquer la parole hors de son sommeil de signe. En consignant la parole, elle a pour intention essentielle et elle prend le risque mortel d'émanciper le sens à l'égard de tout champ de perception actuel, de cet engagement naturel dans lequel tout se réfère à l'affect d'une situation contingente. C'est pourquoi l'écriture ne sera jamais la simple « peinture de la voix » (Voltaire). Elle crée le sens en le consignant, en le confiant à une gravure, à un sillon, à un relief, à une surface que l'on veut transmissible à l'infini. Non qu'on le veuille toujours, non qu'on l'ait toujours voulu; et l'écriture comme origine de l'historicité pure, de la traditionalité pure, n'est que le telos d'une histoire de l'écriture dont la philosophie restera toujours à venir. Que ce projet de tradition infinie s'accomplisse ou non, il faut le reconnaître et le respecter dans son sens de projet. Qu'il puisse toujours échouer, c'est la marque de sa pure finitude et de sa pure historicité. Si le jeu du sens peut déborder la signification (la signalisation) toujours enveloppée dans les limites régionales de la nature, de la vie, de l'âme, ce débord est le moment du vouloir-écrire. Le vouloir-écrire ne se comprend pas à partir d'un volontarisme. L'écrire n'est pas la détermination ultérieure d'un vouloir primitif. L'écrire réveille au contraire le sens de volonté de la volonté : liberté, rupture avec le milieu de l'histoire empirique en vue d'un accord avec l'essence cachée de l'empirie, avec la pure historicité. Vouloir-écrire et non pas désir d'écrire, car il ne s'agit pas d'affection mais de liberté et de devoir. Dans son rapport à l'être, le vouloir-écrire voudrait être la seule issue hors de l'affection. Issue visée seulement et d'une visée encore qui n'est pas sûre que le salut soit possible ni qu'il soit hors de l'affection. Etre affecté, c'est être fini : écrire serait encore ruser avec la finitude, et vouloir atteindre à l'être hors de l'étant, à l'être qui ne saurait être ni m'affecter *lui-même*. Ce serait vouloir oublier la différence : oublier l'écriture dans la parole présente, soi-disant vive et pure.

Dans la mesure où l'acte littéraire procède d'abord de ce vouloir-écrire, il est bien la reconnaissance du pur langage, la responsabilité devant la vocation de la parole « pure » qui, une fois entendue, constitue l'écrivain comme tel. Parole pure dont Heidegger dit qu'on ne peut la « penser dans la rectitude de son essence » à partir de son « caractère-de-signe » *(Zeichencharakter)*, « ni peut-être même de son caractère-de-signification » *(Bedeutungscharakter)* [1].

Ne risque-t-on pas ainsi d'identifier l'œuvre avec l'écriture originaire en général ? De dissoudre la notion d'art et la valeur de « beauté » par lesquelles couramment le littéraire se distingue de la lettre en général ? Mais peut-être qu'en ôtant sa spécificité à la valeur esthétique, on libère au contraire le beau. Y a-t-il une spécificité du beau et celui-ci y gagnerait-il ?

Rousset le croit. Et c'est contre la tentation de négliger cette spécificité (tentation qui serait celle de G. Poulet, par exemple, qui « porte peu d'intérêt à l'art ») [2] que se définit, au moins théoriquement, le structuralisme propre à J. Rousset, plus proche ici de L. Spitzer et de M. Raymond, et soucieux de l'autonomie formelle de l'œuvre, « organisme indépendant, absolu, qui´se suffit à lui-même » (p. xx). « L'œuvre est une totalité et elle gagne toujours à être éprouvée comme telle » (p. xii). Mais ici encore, la position de Rousset est d'équilibre difficile. Toujours attentif au fondement unitaire de la dissociation, il contourne en effet le danger « objectiviste » dénoncé par Poulet, en donnant de la structure une définition qui n'est pas purement objective ou formelle ; ou du moins en ne déliant pas au principe la forme et l'intention, la forme et l'acte même de l'écrivain : « J'appellerai « structures » ces constantes formelles, ces liaisons qui trahissent un univers mental et que chaque artiste réinvente selon ses besoins » (p. xii). La structure est bien l'unité d'une forme et d'une signification. Il est vrai que par endroits la forme de l'œuvre, ou la forme en tant qu'œuvre, est traitée *comme si* elle n'avait pas d'origine, comme si, là encore, dans le chef-d'œuvre (et Rousset ne s'intéresse qu'aux chefs-d'œuvre) le bonheur de l'œuvre n'avait pas d'histoire. Pas d'histoire intrinsèque. C'est là que le structuralisme paraît bien vulnérable et que, par toute une dimension

1. *Lettre sur l'humanisme*, p. 60.
2. P. xviii : « Pour cette raison même, G. Poulet porte peu d'intérêt à *l'art*, à l'œuvre en tant que réalité incarnée dans un langage et des structures formelles, il « les soupçonne d' « objectivité » : le critique court le danger de les saisir du dehors. »

— qui est loin de la couvrir tout entière — la tentative de Rousset court aussi le risque de platonisme conventionnel. Obéissant à l'intention légitime de protéger la vérité et le sens *internes* de l'œuvre contre un historicisme, un biographisme ou un psychologisme (qui guette d'ailleurs *l'expression* d' « univers mental »), on risque de n'être plus attentif à l'historicité interne de l'œuvre elle-même, dans son rapport à une origine subjective qui n'est pas simplement psychologique ou mentale. Par souci de cantonner l'histoire littéraire classique dans son rôle d' « auxiliaire » « indispensable », de « prolégomène et garde-fou » (p. XII, n. 16), on risque de négliger une autre histoire, celle, plus difficile à penser, du sens de l'œuvre elle-même, celle de son *opération*. Cette historicité de l'œuvre n'est pas seulement le *passé* de l'œuvre, sa veille ou son sommeil, par lesquels elle se précède elle-même dans l'intention de l'auteur, mais l'impossibilité pour elle d'être jamais au *présent*, d'être résumée en quelque simultanéité ou instantanéité absolues. C'est pourquoi, nous le vérifierons, il n'y a pas *d'espace* de l'œuvre si l'on entend par là *présence* et *synopsis*. Et nous verrons plus loin quelles peuvent en être les conséquences dans le travail de la critique. Il nous semble pour le moment que si « l'histoire littéraire » (quand bien même ses techniques et sa « philosophie » seraient renouvelées par le « marxisme », le « freudisme », etc.) n'est que le garde-fou de la critique interne de l'œuvre, en revanche, le moment structural de cette critique n'est lui-même que le garde-fou d'une génétique interne où la valeur et le sens sont re-constitués et réveillés dans leur historicité et leur temporalité propres. Celles-ci ne peuvent plus être des *objets* sans devenir absurdes et leur structure propre doit échapper aux catégories classiques.

Certes, le dessein exprès de Rousset est d'éviter cette statique de la forme, d'une forme que son achèvement paraît libérer du travail, de l'imagination, de l'origine par laquelle seule pourtant elle peut continuer de signifier. Ainsi, lorsqu'il distingue sa tâche de celle de J.-P. Richard[1], Rousset vise bien cette totalité d'une chose et d'un acte, d'une forme et d'une intention, d'une

---

1. « Les analyses de J.-P. Richard sont si intelligentes, les résultats si neufs et si convaincants qu'on doit lui donner raison, pour ce qui le concerne. Mais conformément à ses perspectives propres, c'est au monde imaginaire du poète, à l'œuvre latente qu'il s'intéresse d'abord, plutôt qu'à sa morphologie et à son style » (p. XXII).

entéléchie et d'un devenir, cette totalité qu'est le fait littéraire comme forme concrète : « Est-il possible d'embrasser à la fois l'imagination et la morphologie, de les sentir et de les saisir dans un acte simultané ? C'est ce que je voudrais essayer, bien persuadé cependant que ma démarche, avant d'être unitaire, devra souvent se faire *alternative* [nous soulignons]. Mais la fin poursuivie, c'est bien cette compréhension simultanée d'une réalité homogène dans une opération unifiante » (p. XXII).

Mais, condamné ou résigné à l'alternance, l'avouant, le critique est aussi libéré, acquitté par elle. Et c'est ici que la différence de Rousset n'est plus *délibérée*. Sa personnalité, son *style* vont s'affirmer non plus par décision méthodologique mais par le jeu de la spontanéité du critique dans la liberté de l' « alternative ». Cette spontanéité va déséquilibrer *en fait* une alternance dont Rousset s'est pourtant fait une norme théorique. Inflexion de fait qui donne aussi au style de la critique — ici celle de Rousset — sa forme structurale Celle-ci, C. Lévi-Strauss le note au sujet des modèles sociaux et Rousset au sujet des motifs structuraux dans l'œuvre littéraire, « échappe à la volonté créatrice et à la conscience claire » (p. XVI). Quel est donc le déséquilibre de cette préférence ? Quelle est cette prépondérance agie plutôt qu'avouée ? Il semble qu'elle soit *double*.

II

Il y a des lignes qui sont des monstres... Une ligne toute seule n'a pas de signification; il en faut une seconde pour lui donner de l'expression. Grande loi. (DELACROIX.)

Valley, das Tal, ist ein häufiges weibliches Traumsymbol. (FREUD.)

D'une part, la structure devient l'objet lui-même, la chose littéraire elle-même. Elle n'est plus ce qu'elle était presque toujours ailleurs : soit un instrument euristique, une méthode de lecture, une vertu révélatrice du contenu, soit un système de relations objectives, indépendantes du contenu et des termes; le plus souvent les deux à la fois car sa fécondité n'excluait pas, impliquait au contraire que la configuration relationnelle existât du côté de l'objet littéraire; un réalisme de la structure était toujours plus ou moins explicitement pratiqué. Mais jamais la structure n'était, au double sens de ce mot, le *terme* exclusif de la description critique. Elle était toujours *moyen* ou relation pour lire ou pour écrire, pour rassembler des significations, reconnaître des thèmes, ordonner des constances et des correspondances.

Ici la structure, le schéma de construction, la corrélation morphologique devient *en fait et malgré l'intention théorique,* la seule préoccupation du critique. Seule ou à peu près. Non plus méthode dans l'*ordo cognoscendi,* non plus relation dans l'*ordo essendi,* mais être de l'œuvre. Nous avons affaire à un ultra-structuralisme.

D'autre part (et par suite), cette structure comme chose littéraire est entendue cette fois, ou du moins pratiquée, *à la lettre.* Or, *stricto sensu,* la notion de structure ne porte référence qu'à l'espace, espace morphologique ou géométrique, ordre des formes et des lieux. La structure se dit d'abord d'un ouvrage, organique ou artificiel, comme unité interne d'un assemblage, d'une *construction;* ouvrage commandé par un principe unificateur, *architecture* bâtie et visible dans sa localité. « Superbes monuments de l'orgueil des humains, / Pyramides, tombeaux, dont la noble structure / A témoigné que l'art, par l'adresse des mains / Et l'assidu travail peut vaincre la nature » (Scarron). C'est seulement par métaphore que cette littéralité *topographique* s'est déplacée vers sa signification *topique* et aristotélicienne (théorie des lieux dans le langage et le maniement des motifs ou arguments). Au XVIIe siècle, on dit déjà : « Le choix et l'arrangement des mots, la *structure* et l'harmonie de la composition, la grandeur modeste des pensées [1] ». Ou encore : « En la mauvaise *structure* il y a toujours quelque chose à ajouter, ou à diminuer, ou à changer, non pas simplement pour le lieu, mais pour les mots [2]. »

Comment cette histoire de la métaphore est-elle possible ? Que le langage ne détermine qu'en spatialisant, cela suffit-il à expliquer qu'il doive se spatialiser en retour dès qu'il se désigne et se réfléchit ? C'est une question qui se pose en général pour tout langage et pour toute métaphore. Mais elle revêt ici une urgence particulière.

1. Guez de Balzac, liv. VIII, lettre 15.
2. Vaugelas, *Rem.,* t. II, p. 101.

En effet, tant que le sens métaphorique de la notion de structure n'est pas reconnu *comme tel,* c'est-à-dire aussi bien questionné et même détruit dans sa vertu figurative pour que soit réveillée la non-spatialité ou la spatialité originale en lui désignée, on risque, par une sorte de glissement d'autant plus inaperçu qu'il est *efficace,* de confondre le sens avec son modèle géométrique ou morphologique, cinématique dans le meilleur des cas. On risque de s'intéresser à la figure pour elle-même, au détriment du jeu qui s'y joue par métaphore. (Nous prenons ici le mot *figure* au sens géométrique aussi bien que rhétorique. Dans le style de Rousset, les figures de rhétorique sont toujours les figures d'une géométrie d'ailleurs très souple.)

Or malgré son propos déclaré, et bien qu'il appelle structure l'union de la structure formelle et de l'intention, Rousset accorde dans ses analyses un privilège absolu aux modèles spatiaux, aux fonctions mathématiques, aux lignes et aux formes. On pourrait citer tant d'exemples auxquels se réduit l'essentiel de ses descriptions. Sans doute reconnait-il la solidarité de l'espace et du temps (p. XIV). Mais en fait le temps lui-même est toujours réduit. A une *dimension* dans le meilleur des cas. Il n'est que le milieu dans lequel une forme ou une courbe peuvent se déployer. Il est toujours d'intelligence avec une ligne ou un plan, toujours déroulé dans l'espace, étale. Il appelle la mesure. Or même si l'on ne suit pas C. Lévi-Strauss lorsqu'il affirme qu'il « n'existe aucune connexion nécessaire entre la notion de mesure et celle de *structure* [1] », on doit reconnaître que pour certains types de structures — celles de l'idéalité littéraire en particulier — cette connexion est exclue au principe.

Dans *Forme et Signification,* le géométrique ou le morphologique n'est corrigé que par une mécanique, jamais par une énergétique. *Mutatis mutandis,* on pourrait être tenté de reprocher à Rousset, et à travers lui au meilleur formalisme littéraire, ce que Leibniz reprochait à Descartes : d'avoir voulu tout expliquer dans la nature par figures et mouvements, d'avoir ignoré la force en la confondant avec la quantité de mouvement. Or, dans la sphère du langage et de l'écriture qui, plus que les corps,

---

1. Cf. *Anthropologie structurale,* p. 310.

a « rapport aux âmes », « la notion de la grandeur, de la figure et du mouvement n'est pas si distincte qu'on s'imagine, et... enferme quelque chose d'imaginaire et de relatif à nos perceptions [1] ».

Cette géométrie n'est que métaphorique, dira-t-on. Certes. Mais la métaphore n'est jamais innocente. Elle oriente la recherche et fixe les résultats. Quand le modèle spatial est découvert, quand il fonctionne, la réflexion critique se repose en lui. En fait et même si elle ne l'avoue pas.

Un exemple entre tant d'autres.

Au début de l'essai intitulé *Polyeucte ou la boucle et la vrille,* l'auteur prévient prudemment que, s'il insiste sur « des schèmes qui peuvent paraître excessivement géométriques, c'est que Corneille, plus que tout autre, a pratiqué les symétries ». De plus « cette géométrie n'est pas cultivée pour elle-même », « elle est dans les grandes pièces un moyen subordonné à des fins passionnelles » (p. 7).

Mais que nous livre en fait cet essai? La seule géométrie d'un théâtre qui est pourtant « celui de la passion folle, de l'enthousiasme héroïque » (p. 7). Non seulement la structure géométrique de *Polyeucte* mobilise toutes les ressources et toute l'attention de l'auteur, mais à elle est ordonnée toute une téléologie de l'itinéraire cornélien. Tout se passe comme si, jusqu'en 1643, Corneille n'avait fait qu'entrevoir ou anticiper dans la pénombre le dessin de *Polyeucte* qui se confondrait avec le dessein cornélien lui-même et prendrait ici la dignité d'une entéléchie vers laquelle tout serait en marche. Le devenir et le travail cornéliens sont mis en perspective et téléologiquement déchiffrés à partir de ce qui est considéré comme son point d'arrivée, sa structure achevée. *Avant Polyeucte,* il n'y a que des ébauches dans lesquelles on ne considère que le manque, ce qui au regard de la perfection à venir est encore informe et en défaut; ou encore ce qui *annonce* seulement la perfection. « Entre *la Galerie du Palais* et *Polyeucte,* plusieurs années se passent. Corneille se cherche et se trouve. Je ne suivrai pas ici le détail de son itinéraire, où *le Cid* et *Cinna* le montrent inventant sa structure propre » (p. 9). Après *Po-*

1. Cf. *Discours de métaphysique,* chap. XII.

lyeucte ? Il n'en est pas question. De même, parmi les œuvres antérieures, aucun compte n'est tenu des autres pièces que *la Galerie du Palais* et *le Cid ;* encore celles-ci ne sont-elles interrogées, dans le style du préformisme, que comme préfigurations structurelles de *Polyeucte.*

Ainsi, dans *la Galerie du Palais,* l'inconstance de Célidée l'éloigne de son amant. Lassée de son inconstance (mais pourquoi ?), elle se rapproche de l'amant qui à son tour feint l'inconstance. Ils s'écartent donc pour s'unir à la fin de la pièce. Dessinons : « Accord initial, éloignement, rapprochement médian mais manqué, second écart symétrique au premier, jonction finale. Le point d'arrivée est un retour au point de départ, après un circuit en forme de boucle croisée » (p. 8). La singularité, c'est la boucle *croisée,* car le point d'arrivée comme retour au point de départ, rien de plus commun. Proust lui-même... (cf. p. 144).

Le schéma est analogue dans *le Cid* : « Le mouvement en boucle avec croisement médian est maintenu » (p. 9). Mais ici intervient une nouvelle signification que la panorographie transcrit aussitôt en une nouvelle dimension. En effet, « à chaque pas du circuit, les amants se développent et grandissent, non seulement chacun pour soi, mais l'un par l'autre et pour l'autre, selon une loi *très cornélienne* [nous soulignons] de solidarité progressivement découverte ; leur union se cimente et s'approfondit par les ruptures mêmes qui devraient la briser. Ici, les phases d'éloignement ne sont plus des phases de séparation et d'inconstance, mais des épreuves de fidélité » (p. 9). La différence entre *la Galerie du Palais* et *le Cid,* pourrait-on croire, n'est donc plus dans le dessin et le mouvement des présences (éloignement-proximité), mais dans la *qualité* et l'*intensité* intérieure des expériences (épreuve de fidélité, manière d'être pour l'autre, force de rupture, etc.). On pourrait croire que cette fois, par l'enrichissement même de la pièce, la métaphore structurale devient impuissante à ressaisir le qualitatif et l'intensif, et que le travail des forces ne se laisse plus traduire dans une différence de forme.

Ce serait sous-estimer la ressource du critique. La dimension de la *hauteur* va compléter notre outillage analogique. Ce qu'on gagne en tension de sentiment (qualité de fidélité, sens de l'être-pour-l'autre, etc.), on le gagne en *élévation ;* car les valeurs, comme on sait, progressent sur des échelles et le Bien est très-haut. Ce par quoi « l'union s'approfondit » est « aspiration vers le plus haut » (p. 9). *Altus* : le profond est le haut. Alors la boucle, qui demeure, est devenue « spirale ascendante » et « montée en vrille ». Et la platitude horizontale de *la Galerie* n'était qu'une apparence cachant encore l'essentiel : le mouvement d'ascension. *Le Cid* ne fait que commencer à le révéler : « Aussi le point d'arrivée (dans *le Cid*), s'il ramène *en apparence* à la jonction initiale, n'est-il nullement un retour au point de départ; la situation s'est modifiée et on s'est élevé. *L'essentiel est là* [nous soulignons] : *le mouvement cornélien* est un mouvement de violente élévation... » (mais où nous a-t-on parlé de cette violence et de la force du mouvement, qui est plus que sa quantité ou que sa direction?)... « d'aspiration vers le plus haut; conjugué avec le parcours croisé à deux boucles, il dessine maintenant une spirale ascendante, une montée en vrille. Cette combinaison formelle va recevoir toute sa richesse de signification dans *Polyeucte* » (p. 9). La structure était d'accueil, en attente, prête comme une amoureuse de son sens à venir pour l'épouser et la féconder.

Nous serions convaincus si le beau, qui est valeur et force, pouvait être soumis à des règles et à des schèmes. Faut-il encore démontrer que cela n'a pas de sens? Donc si *le Cid* est beau, c'est par ce qui en lui passe le schème et l'entendement. Donc on ne parle pas du *Cid* lui-même, s'il est beau, par boucles, spirales et vrilles. Si le mouvement de ces lignes n'est pas *le Cid*, il ne sera pas *Polyeucte* en se perfectionnant davantage. Il n'est pas la *vérité du Cid* ou de *Polyeucte*. Il n'est pas plus vérité psychologique de la passion, de la foi, du devoir, etc., mais, dira-t-on, cette vérité selon Corneille; non selon Pierre Corneille, dont la biographie et la psychologie ne nous intéressent pas ici : le « mouvement vers le plus haut », la plus fine spécificité du schéma, n'est autre que *le mouvement cornélien* (p. 1). Le progrès marqué par *le Cid*, qui aspire aussi à la hauteur de *Polyeucte* est « le progrès dans le sens cornélien » *(ibid.)*. Il n'est pas utile de reproduire ici l'analyse de *Polyeucte* [1], où le schéma atteint à sa plus grande perfec-

1. Reproduisons au moins la conclusion synthétique, le bilan de l'essai : « Un parcours et une métamorphose, disions-nous après analyse des premier et cinquième actes, de leur symétrie et variantes. Il faut y adjoindre maintenant un autre caractère

tion et à sa plus grande complication interne, avec une maîtrise dont on se demande toujours si elle est celle de Corneille ou celle de Rousset. Nous avons dit plus haut que celui-ci était trop cartésien et trop peu leibnizien. Précisons. Leibnizien, il l'est aussi : il semble penser que devant une œuvre littéraire, on doit toujours trouver une ligne, si complexe soit-elle, qui rende compte de l'unité, de la totalité de son mouvement et de ses points de passage.

Dans le *Discours de métaphysique* (VI), Leibniz écrit en effet : « Car, supposons, par exemple, que quelqu'un fasse quantité de points sur le papier à tout hasard, comme font ceux qui exercent l'art ridicule de la géomance. Je dis qu'il est possible de trouver une ligne géométrique dont la notion soit constante et uniforme suivant une certaine règle, en sorte que cette ligne passe par tous ces points, et dans le même ordre que la main les avait marqués.

Et si quelqu'un traçait tout d'une suite une ligne qui serait tantost droite, tantost cercle, tantost d'une autre nature, il est possible de trouver une notion ou règle ou équation commune à tous les points de cette ligne, en vertu de laquelle ces mêmes changements doivent arriver. Et il n'y a, par exemple, point de visage dont le contour ne fasse partie d'une ligne géométrique et ne puisse être tracé tout d'un trait par un certain mouvement réglé. »

Mais Leibniz parlait de création et d'intelligence divines : « Je me sers de ces comparaisons pour crayonner quelque ressem-

essentiel au drame cornélien : le mouvement qu'il décrit est un mouvement ascendant vers un centre situé à l'infini... » (Que devient d'ailleurs, dans ce schéma spatial, l'infini, qui est ici l'essentiel, non seulement la *spécificité* irréductible du « mouvement » mais sa spécificité *qualitative* ?). « On peut encore en préciser la nature. Un trajet à deux boucles affecté d'un mouvement vers le haut, c'est une montée en vrille; deux lignes ascendantes s'écartent, se croisent, s'éloignent et se rejoignent pour se prolonger en un tracé commun au-delà de la pièce... » (sens structural de l'expression « au-delà de la pièce » ?) « ...Pauline et Polyeucte se rencontrent et se séparent au premier acte; ils se rencontrent à nouveau, plus étroitement et sur un palier supérieur, au quatrième, mais pour s'éloigner à nouveau; ils gravissent un échelon de plus et se retrouvent une fois encore au cinquième acte, phase culminante de l'ascension, d'où ils s'élancent pour un dernier bond qui va les unir définitivement, au point suprême de liberté et de triomphe, en Dieu » (p. 16).

blance imparfaite de la sagesse divine... Mais je ne prétends
point d'expliquer par là ce grand mystère dont dépend tout l'univers ». Concernant des qualités, des forces et des valeurs, concernant aussi des œuvres non divines lues par des esprits finis, cette
confiance dans la *représentation* mathématico-spatiale nous paraît être
(à l'échelle de toute une civilisation car il ne s'agit pas ici du langage
de Rousset mais de la totalité de notre langage et de son crédit)
analogue à la confiance des artistes canaques [1], par exemple, dans
la représentation étale de la profondeur. Confiance que l'ethnologue structuraliste analyse d'ailleurs avec plus de prudence et
moins d'allégresse que naguère.

Nous n'opposons pas ici, par un simple mouvement de balan-
cier, d'équilibration ou de renversement, la durée à l'espace,
la qualité à la quantité, la force à la forme, la profondeur du sens
ou de la valeur à la surface des figures. Bien au contraire. Contre
cette simple alternative, contre le simple choix de l'un des termes
ou de l'une des séries, nous pensons qu'il faut chercher de nouveaux concepts et de nouveaux modèles, une *économie* échappant
à ce système d'oppositions métaphysiques. Cette économie ne
serait pas une énergétique de la force pure et informe. Les différences considérées seraient *à la fois* différences de lieux et différences de force. Si nous paraissons ici opposer une série à l'autre,
c'est qu'à l'intérieur du système classique, nous voulons faire
apparaître le privilège non critique simplement accordé, par un
certain structuralisme, à l'autre série. Notre discours appartient
irréductiblement au système des oppositions métaphysiques.
On ne peut annoncer la rupture de cette appartenance que par
une *certaine* organisation, un certain aménagement *stratégique* qui,
à l'intérieur du champ et de ses pouvoirs propres, retournant
contre lui ses propres *stratagèmes*, produise une *force de dislocation*
se propageant à travers tout le système, le fissurant dans tous les
sens et le *dé-limitant* de part en part.

A supposer que pour éviter « l'abstractionnisme », on s'attache,
comme le veut théoriquement Rousset, à l'union de la forme
et du sens, il faudrait donc dire que l'aspiration vers le plus haut,

1. Cf. par exemple, M. Leenhardt, *l'Art océanien. Gens de la Grande Terre,* p. 99;
Do Kamo, p. 19-21.

dans le « dernier bond qui va les unir... en Dieu », etc., aspiration passionnelle, qualitative, intensive, etc., trouve *sa* forme dans le mouvement en spirale. Mais alors, dire que cette union — qui autorise d'ailleurs *toute* métaphore d'élévation — est la *différence propre,* l'idiome de Corneille, est-ce beaucoup dire? Et si l'essentiel du « mouvement cornélien » était là, où serait Corneille? Pourquoi y a-t-il plus de beauté dans *Polyeucte* que dans « un trajet à deux boucles affecté d'un mouvement vers le haut »? La force de l'œuvre, la force du génie, la force aussi de ce qui engendre en général, c'est ce qui résiste à la métaphore géométrique, et c'est l'objet propre de la critique littéraire. En un autre sens que G. Poulet, Rousset semble porter parfois « peu d'intérêt à l'art ».

À moins que Rousset ne considère que toute ligne, toute forme spatiale (mais toute forme est spatiale) est belle *a priori,* à moins donc qu'il ne juge, comme le faisait une certaine théologie du moyen âge (Considérans en particulier) que la forme est transcendantalement belle, puisqu'elle est et fait être et que l'Etre est Beau, de telle sorte que les monstres eux-mêmes, disait-on, sont beaux en ce qu'ils sont, par une ligne, par une forme qui témoigne de l'ordre de l'univers créé et réfléchit la lumière divine. *Formosus* veut dire beau.

Buffon ne dira-t-il pas aussi, dans son *Supplément à l'histoire naturelle* (t. XI, p. 410) : « La plupart des monstres le sont avec symétrie, le dérangement des parties paraît s'être fait avec ordre »?

Or Rousset ne semble pas poser, dans son *Introduction* théorique, que toute forme soit belle, mais seulement celle qui s'entend avec le sens, celle qui se laisse entendre de nous parce qu'elle est d'abord d'intelligence avec le sens. Alors pourquoi, encore une fois, ce privilège du géomètre? Et à supposer, à la limite, que la beauté se laisse épouser ou épuiser par le géomètre, dans le cas du sublime, — et l'on dit que Corneille est sublime — le géomètre doit faire acte de violence.

Puis ne perd-on pas ce qui compte au nom d'un « mouvement cornélien » essentiel? Au nom de cet essentialisme ou de ce structuralisme téléologique, on réduit en effet à l'apparence inessentielle tout ce qui se moque du schéma géométrico-mécanique : non seulement les pièces qui ne se laissent pas contraindre par courbes et vrilles, non seulement la force et la qualité, qui sont le sens même, mais la *durée,* ce qui, dans le mouvement, est pure hétérogénéité qualitative. Rousset comprend le mouvement théâtral ou romanesque comme Aristote comprenait le mouvement en général : passage à l'acte qui est repos de la forme désirée. Tout se passe comme si dans la dynamique du sens cornélien et dans chaque pièce de Corneille, tout s'animait en vue d'une paix finale, paix de l'Ενέργεια structurale : *Polyeucte.* Hors de cette paix, avant et après elle, le mouvement lui-même, dans sa pure durée, dans le labeur de son organisation, n'est qu'ébauche ou déchet. Débauche même, faute ou péché au regard de *Polyeucte,* « première réussite impeccable ». Rousset note sous le mot « impeccable » : « Cinna pèche encore à cet égard » (p. 12).

Préformisme, téléologisme, réduction de la force, de la valeur et de la durée, voilà qui fait un avec le géométrisme, voilà qui fait structure. Structure *de fait* qui commande à un degré ou à un autre tous les essais de ce livre. Tout ce qui, dans le premier Marivaux, n'annonce pas le schéma du « double registre » (récit et regard sur le récit) est « une série d'exercices romanesques de jeunesse » par lesquels « il prépare non seulement ses romans de maturité, mais son œuvre dramatique » (p. 47). « Le *vrai* Marivaux en est encore *à peu près* absent » (nous soulignons). « Dans notre perspective, un seul fait à retenir... » *(ibid.).* Suivent une analyse et une citation sur laquelle on conclut : « Cette ébauche d'un dialogue par-dessus la tête des personnages, à travers un récit rompu où alternent la présence et l'absence de l'auteur, c'est l'ébauche du véritable Marivaux... Ainsi s'esquisse, sous une première forme rudimentaire, la combinaison proprement marivaudienne du spectacle et du spectateur, du regardé et du regardant. On la verra se perfectionner... » (p. 48).

Les difficultés s'accumulent, et nos réticences, quand Rousset précise que cette « structure permanente de Marivaux »[1], bien qu'invisible ou latente dans les œuvres de jeunesse, « fait partie »,

1. Voici quelques *formulations* de cette « structure permanente » : « Où est la vraie pièce ? Elle est dans la surimpression et l'entrelacement des deux plans, dans les décalages et les échanges qui s'établissent entre eux et qui nous proposent le plaisir subtil d'une attention binoculaire et d'une double lecture » (56). « ... De ce point de vue, toute pièce de Marivaux pourrait se définir : un organisme à double palier

comme « dissolution voulue de l'illusion romanesque », de la tradition burlesque » (p. 50), (cf. aussi p. 60). L'originalité de Marivaux qui ne « retient » de cette tradition que « la libre conduite d'un récit qui montre à la fois le travail de l'auteur et la réflexion de l'auteur sur son travail... », c'est la « conscience critique » (p. 51). L'idiome de Marivaux n'est donc pas dans la structure ainsi décrite mais dans l'intention qui anime une forme traditionnelle et crée une nouvelle structure. La vérité de la structure générale ainsi restaurée ne *décrit* pas l'organisme marivaudien dans ses lignes propres. Encore moins dans sa force.

Si, pourtant : « Le fait de structure ainsi dégagé : le double registre, apparaît comme une constante... Il *répond en même temps* [nous soulignons] à la connaissance que l'homme marivaudien a de lui-même : un « cœur » sans regard, pris dans le champ d'une conscience qui n'est que regard » (p. 64). Mais comment un « fait de structure » traditionnel à cette époque (à supposer qu'ainsi défini, il soit assez déterminé et original pour appartenir à une époque), peut-il « répondre » à la conscience de « l'homme marivaudien »? Est-ce à l'intention la plus singulière de Marivaux que la structure répond? Marivaux n'est-il pas ici plutôt un *bon exemple* — et il faudrait alors montrer pourquoi il est *bon* — d'une structure littéraire de l'époque? et à travers elle d'une structure de l'époque elle-même? N'y a-t-il pas là, irrésolus, mille problèmes méthodologiques préalables à l'étude structurale *individuelle*, à la monographie d'un auteur ou d'une œuvre?

---

dont les deux plans se rapprochent graduellement jusqu'à leur complète jonction. La pièce est finie quand les deux paliers se confondent, c'est-à-dire quand le groupe des héros regardés se voit comme les voyaient les personnages spectateurs. Le dénouement réel, ce n'est pas le mariage qu'on nous promet au baisser du rideau, c'est la rencontre du cœur et du regard » (58). « ... Nous sommes invités à suivre le développement de la pièce sur les deux registres, qui nous en proposent deux courbes parallèles, mais décalées, mais différentes par leur importance, leur langage et leur fonction : l'une rapidement esquissée, l'autre dessinée dans toute sa complexité, la première laissant deviner la direction que prendra la seconde, qui en donne l'écho en profondeur et le sens définitif. Ce jeu de reflets intérieurs contribue à assurer à la pièce de Marivaux sa rigoureuse et souple géométrie, en même temps qu'il relie étroitement les deux registres jusque dans les mouvements de l'amour » (59).

Si le *géométrisme* est apparent surtout dans les essais sur Corneille et sur Marivaux, c'est à propos de Proust et de Claudel que triomphe le *préformisme*. Et cette fois sous une forme plus organiciste que topographique. C'est là qu'il est aussi le plus fécond et le plus convaincant. D'abord parce que la matière qu'il permet de maîtriser est plus riche et pénétrée de façon plus intérieure. (Qu'il nous soit d'ailleurs permis de le noter : nous avons le sentiment que le meilleur de ce livre ne revient pas à la méthode mais à la qualité d'une attention.) Ensuite parce que l'esthétique proustienne et l'esthétique claudélienne sont accordées en profondeur avec celle de Rousset.

Chez Proust lui-même — la démonstration qui nous en est donnée ne laisserait à ce sujet aucun doute si l'on en gardait encore — l'exigence structurale était constante et consciente, qui se manifeste par des merveilles de symétrie (ni vraie ni fausse), de récurrence, de circularité, d'éclairement en retour, de superposition, sans adéquation, du premier et du dernier, etc. La téléologie, ici, n'est pas projection du critique, mais thème de l'auteur. L'implication de la fin dans le commencement, les étranges rapports entre le sujet qui écrit le livre et le sujet du livre, entre la conscience du narrateur et celle du héros, tout cela rappelle le style du devenir et la dialectique du « nous » dans la *Phénoménologie de l'esprit*. C'est bien de la phénoménologie d'un esprit qu'il s'agit ici : « On discerne d'autres raisons encore à l'importance qu'attachait Proust à cette forme circulaire d'un roman dont la fin se boucle sur l'ouverture. On voit dans les dernières pages le héros et le narrateur se rejoindre eux aussi, après une longue marche où ils furent à la recherche l'un de l'autre, parfois très proches, le plus souvent très éloignés; ils coïncident au dénouement, qui est l'instant où le héros va devenir le narrateur, c'est-à-dire l'auteur de sa propre histoire. Le narrateur, c'est le héros révélé à lui-même, c'est celui que le héros tout au long de son histoire désire mais ne peut jamais être; il prend maintenant la place de ce héros et va pouvoir se mettre à édifier l'œuvre qui s'achève, et tout d'abord à écrire ce *Combray* qui est à l'origine du narrateur aussi bien que du héros. La fin du livre rend possible et compréhensible l'existence du livre. Ce roman est conçu de telle façon que sa fin engendre son commencement » (p. 144). Enfin, la méthode critique et l'esthétique proustiennes ne sont pas hors d'œuvre, elles sont le cœur même de la création : « Proust fera de cette esthétique le sujet réel de son œuvre romanesque » (p. 135). De même que chez Hegel, la conscience philosophique, critique, réflexive, n'est pas seulement regard sur les opérations et sur les œuvres de l'histoire. C'est de *son* histoire qu'il s'agit d'abord. On ne se tromperait pas en disant que cette esthétique, comme concept de l'œuvre, recouvre exactement celle de Rousset. Et elle est bien, si je puis dire, un préformisme *pratiqué* : « *Le dernier chapitre* du dernier volume, note Proust, a été écrit tout de suite après le *premier chapitre* du premier volume. Tout l'entre-deux a été écrit ensuite. »

Par préformisme, nous entendons bien préformisme : doctrine biologique bien connue, opposée à un épigénétisme, et selon laquelle la totalité des caractères héréditaires serait enveloppée dans le germe, en acte et sous des dimensions réduites qui respecteraient néanmoins déjà les formes et les proportions de l'adulte futur. La théorie de *l'emboîtement* était au centre de ce préformisme qui fait aujourd'hui sourire. Mais de quoi sourit-on ? de l'adulte en miniature, sans doute, mais aussi de voir prêter à la vie naturelle plus que la finalité : la providence en acte et l'art conscient de ses œuvres. Mais quand il s'agit d'un art qui n'imite pas la nature, quand l'artiste est un homme et quand c'est la conscience qui engendre, le préformisme ne fait plus sourire. Le λόγος σπερματικός est chez lui, il n'est plus exporté car c'est un concept anthropomorphique. Voyez : après avoir fait apparaître dans la composition proustienne toute une nécessité de la *répétition*, Rousset écrit : « Quoi qu'on pense de l'artifice qui introduit *Un amour de Swann*, on a vite fait de l'oublier, tant est serrée et organique la liaison qui noue la partie au tout. Une fois achevée la lecture de la *Recherche*, on s'aperçoit qu'il ne s'agit nullement d'un épisode isolable; sans lui, l'ensemble serait inintelligible. *Un amour de Swann* est un roman dans le roman, ou un tableau dans le tableau..., il rappelle non pas ces histoires gigognes que maints romanciers du xviie ou du xviiie siècle emboîtent dans leurs récits, mais plutôt ces histoires intérieures qui se lisent dans la *Vie de Marianne*, chez Balzac ou chez Gide. Proust place à l'une des entrées de son roman un petit miroir convexe qui le reflète en raccourci » (p. 146). La métaphore et l'opération de l'emboîtement se sont imposées même si on leur substitue finalement une image plus fine, plus adéquate mais qui signifie au fond le même rapport d'implication. Implication réfléchissante et représentative cette fois.

C'est pour les mêmes raisons que l'esthétique de Rousset s'accorde avec celle de Claudel. L'esthétique proustienne est d'ailleurs définie au début de l'essai sur Claudel. Et les affinités sont évidentes par-delà toutes les différences. Le thème de la « monotonie structurale » rassemble ces affinités : « Et repensant à la monotonie des œuvres de Vinteuil, j'expliquais à Albertine que les grands littérateurs n'ont jamais fait qu'une seule œuvre, ou plutôt réfracté à travers des milieux divers une même beauté qu'ils apportent au monde » (p. 171). Claudel : « *Le Soulier de satin*, c'est *Tête d'or* sous une autre forme. Cela résume à la fois *Tête d'or* et *Partage de midi*. C'est même la conclusion de *Partage de midi* »... « Un poète ne fait guère que développer un dessein préétabli » (p. 172).

Cette esthétique qui neutralise la durée et la force, comme *différence* entre le gland et le chêne, n'est pas autonome chez Proust et chez Claudel. Elle traduit une métaphysique. Le « temps à l'état pur », Proust l'appelle aussi l'« intemporel » ou l'« éternel ». La vérité du temps n'est pas temporelle. Le sens du temps, la *temporalité* pure n'est pas temporelle. De façon analogue (analogue seulement), le temps comme succession irréversible n'est, selon Claudel, que le phénomène, l'épiderme, l'image en surface de la vérité essentielle de l'Univers tel qu'il est pensé et créé par Dieu. Cette vérité, c'est la *simultanéité* absolue. Comme Dieu, Claudel, créateur et compositeur, a « le goût des choses qui existent ensemble » *(Art poétique)* [1].

1. Cité p. 189. Rousset commente justement : « Une telle déclaration, non isolée, vaut pour tous les ordres de réalité. Tout obéit à la loi de *composition*, c'est la loi de l'artiste comme c'est la loi du Créateur. Car l'univers est une simultanéité, par laquelle les choses éloignées mènent une existence concertante et forment une solidarité harmonique; à la métaphore qui les réunit correspond, dans les relations entre les êtres, l'amour, lien des âmes séparées. Il est donc naturel à la pensée claudélienne d'admettre que deux êtres disjoints par la distance soient conjoints par leur simultanéité et résonnent dès lors comme les deux notes d'un accord, tels Prouhèze et Rodrigue, "dans un rapport inextinguible". »

Cette intention métaphysique autorise en dernier recours, à travers une série de médiations, tout l'essai sur Proust, toutes les analyses consacrées à la « scène fondamentale du théâtre claudélien » (p. 183), à l' « état pur de la structure claudélienne » (p. 177) dans *Partage de midi,* et à la totalité de ce théâtre dans lequel, dit Claudel lui-même, « nous manipulons le temps comme un accordéon, à notre plaisir » et où « les heures durent et les jours sont escamotés » (p. 181).

Bien entendu, nous n'examinerons pas pour elles-mêmes cette métaphysique ou cette théologie de la temporalité. Que l'esthétique par elles commandée soit légitime et féconde dans la lecture de Proust ou de Claudel, on l'accordera sans peine : c'est *leur* esthétique, fille (ou mère) de *leur* métaphysique. On nous accordera aussi facilement qu'il s'agit ici de la métaphysique implicite de tout structuralisme ou de tout geste structuraliste. En particulier, une lecture structurale présuppose toujours, fait toujours appel, dans son moment propre, à cette simultanéité théologique du livre et se croit privée de l'essentiel quand elle n'y accède pas. Rousset : « De toute façon, la lecture, qui se développe dans la durée, devra pour être globale, se rendre l'œuvre simultanément présente en toutes ses parties... Le livre, semblable à un « tableau en mouvement », ne se découvre que par fragments successifs. La tâche du lecteur exigeant consiste à renverser cette tendance naturelle du livre, de manière que celui-ci se présente tout entier au regard de l'esprit. Il n'y a de lecture complète que celle qui transforme le livre en un réseau simultané de relations réciproques : c'est alors que jaillissent les surprises... » (p. XIII). (Quelles surprises ? Comment la simultanéité peut-elle réserver des surprises ? Il s'agit plutôt ici d'annuler les surprises du non-simultané. Les surprises jaillissent du dialogue entre le non-simultané et le simultané. C'est assez dire que la simultanéité structurale *elle-même* rassure.) J.-P. Richard : « La difficulté de tout compte rendu structural tient à ce qu'il faut décrire à la suite, successivement, ce qui en fait existe à la fois, simultanément » (*op. cit.,* p. 28). Rousset évoque donc la difficulté d'accéder, dans la lecture, au simultané qui est la vérité; J.-P. Richard, la difficulté de rendre compte, dans l'écriture, du simultané qui est la vérité. Dans les deux cas, la simultanéité est le mythe, promu en idéal régulateur, d'une lecture ou d'une description totales. La recherche du simultané explique cette fascination par l'image spatiale : l'espace n'est-il pas « l'ordre des coexistences » (Leibniz) ? Mais en disant « simultanéité » au lieu d'espace, on tente de *concentrer* le temps au lieu de *l'oublier*. « La durée prend ainsi la forme illusoire d'un milieu homogène, et le trait d'union entre ces deux termes, espace et durée, est la simultanéité, qu'on pourrait définir l'intersection du temps avec l'espace [1] ». Dans cette exigence du plat et de l'horizontal, c'est bien la richesse, l'implication du *volume* qui est intolérable au structuralisme, tout ce qui de la signification ne peut être étalé dans la simultanéité d'une forme. Mais est-ce un hasard si le livre est d'abord volume ? [2]. Et si le sens du sens (au sens général de sens et non de signalisation), c'est l'implication infinie ? Le renvoi indéfini de signifiant à signifiant ? Si sa force est une certaine équivocité pure et infinie ne laissant aucun répit, aucun repos au sens signifié, l'engageant, en sa propre *économie*, à faire signe encore et à *différer* ? Sauf dans le *Livre irréalisé* par Mallarmé, il n'y a pas d'identité à soi de l'écrit.

Irréalisé : cela ne veut pas dire que Mallarmé n'ait pas *réussi* à *réaliser* un Livre qui fût un avec soi — Mallarmé simplement ne l'a pas voulu. Il a irréalisé l'unité du Livre en faisant trembler les catégories dans lesquelles on croyait la penser en toute sécurité : tout en parlant d'une « identité avec soi » du Livre, il souligne que le Livre est à la fois « le même et l'autre », étant « composé avec soi ». Il s'offre ici non seulement à une « double interprétation » mais par lui, dit Mallarmé, « Je sème pour ainsi dire ici et là dix fois ce double volume entier [3] ».

A-t-on le droit de constituer en méthode générale du structuralisme cette métaphysique et cette esthétique si bien adaptées

1. Bergson, *Essai sur les données immédiates de la conscience.*
2. Pour l'homme du structuralisme littéraire (et peut-être du structuralisme en général), la lettre des livres — mouvement, infini, labilité et instabilité du sens enroulé sur soi dans l'écorce, dans le volume — n'a pas encore remplacé (mais peut-elle le faire ?) la lettre de la Loi étalée, établie : la prescription sur les Tables.
3. Sur cette « identité à soi » du livre mallarméen, cf. J. Scherer, *le « Livre » de Mallarmé*, p. 95 et feuillet 94 et p. 77 et feuillet 129-130.

à Proust et à Claudel[1]? C'est pourtant ce que fait Rousset
dans la mesure où, nous avons du moins tenté de le montrer,
il décide de réduire à l'indignité de l'accident ou de la scorie
tout ce qui n'est pas intelligible à la lumière du schéma téléologique « préétabli » et perçu dans sa simultanéité. Même dans les
essais consacrés à Proust et à Claudel, essais guidés par la structure la plus compréhensive, Rousset doit décider de considérer
comme des « accidents de genèse » « chaque épisode, chaque
personnage » dont il faudrait « constater son éventuelle indépendance » (p. 164) à l'égard du « thème central » ou de « l'organisation générale de l'œuvre » *(ibid.)* ; il doit accepter de confronter
« le vrai Proust » au « romancier » auquel il peut d'ailleurs « faire
tort », le vrai Proust pouvant aussi manquer la « vérité » de l'amour
selon Rousset, etc. (p. 166). De même que « le vrai Baudelaire
est peut-être dans le seul *Balcon,* et tout Flaubert dans *Madame
Bovary* » (p. XIX), de même, le vrai Proust n'est pas simultanément partout. Rousset doit aussi conclure que les personnages
de *l'Otage* sont désunis non par « les circonstances », mais « pour
mieux dire » par « les exigences du schème claudélien » (p. 179);
il doit déployer des merveilles de subtilité pour démontrer que
dans *le Soulier de satin,* Claudel ne « se dément » pas et ne « renonce »
pas à son « schème constant » (p. 183).

Le plus grave, c'est que cette méthode, « ultra-structuraliste »,
avons-nous dit, par certains côtés, semble contredire ici la plus
précieuse et la plus originale intention du structuralisme. Celui-ci,
dans les domaines biologique et linguistique où il s'est d'abord
manifesté, tient surtout à préserver la cohérence et la complé-
tude de chaque totalité à son niveau propre. Il s'interdit de considérer d'abord, dans une configuration donnée, la part d'inachè-

---

1. Nous n'insisterons pas ici sur ce type de question. Question banale mais qu'il
est bien difficile de contourner et qui se pose d'ailleurs à chaque étape du travail
de Rousset, qu'il s'agisse d'un auteur considéré à part ou même d'une œuvre isolée.
N'y a-t-il chaque fois qu'une structure fondamentale et comment la reconnaître et
la privilégier? Le critère ne peut en être ni une accumulation empirico-statistique,
ni une intuition d'essence. C'est le problème de l'induction qui se pose à une science
structuraliste concernant des œuvres, c'est-à-dire des choses dont la structure n'est
pas apriorique. Y a-t-il un *a priori matériel* de l'œuvre? Mais l'intuition de l'a priori
matériel pose de formidables problèmes préjudiciels.

vement ou de défaut, tout ce par quoi elle n'apparaîtrait que comme l'anticipation aveugle ou la déviation mystérieuse d'une orthogenèse pensée à partir d'un telos ou d'une norme idéale. Être structuraliste, c'est s'attacher d'abord à l'organisation du sens, à l'autonomie et à l'équilibre propre, à la constitution réussie de chaque moment, de chaque forme ; c'est refuser de déporter au rang d'accident aberrant tout ce qu'un type idéal ne permet pas de comprendre. Le pathologique lui-même n'est pas simple absence de structure. Il est organisé. Il ne se comprend pas comme déficience, défection ou décomposition d'une belle totalité idéale. Il n'est pas une simple défaite du telos.

Il est vrai que le refus du finalisme est une règle de droit, une norme méthodique que le structuralisme peut difficilement appliquer. C'est à l'égard du telos un vœu d'impiété auquel le travail n'est jamais fidèle. Le structuralisme vit dans et de la différence entre son vœu et son fait. Qu'il s'agisse de biologie, de linguistique ou de littérature, comment percevoir une totalité organisée sans procéder à partir de sa fin ? de la présomption, au moins, de sa fin ? Et si le sens n'est le sens que dans une totalité, comment surgirait-il si la totalité n'était pas animée par l'anticipation d'une fin, par une intentionalité qui n'est d'ailleurs pas nécessairement et d'abord celle d'une conscience ? S'il y a des structures, elles sont possibles à partir de cette structure fondamentale par laquelle la totalité s'ouvre et se déborde pour *prendre sens* dans l'anticipation d'un telos qu'il faut entendre ici sous sa forme la plus indéterminée. Cette ouverture est certes ce qui libère le temps et la genèse (se confond même avec eux), mais c'est aussi ce qui risque, en l'informant, d'enfermer le devenir. De faire taire la force sous la forme.

Alors on reconnaît que, dans la relecture à laquelle nous convie Rousset, ce qui de l'intérieur menace la lumière, c'est aussi ce qui menace métaphysiquement tout structuralisme : cacher le sens dans l'acte même par lequel on le découvre. *Comprendre* la structure d'un devenir, la forme d'une force, c'est perdre le sens en le gagnant. Le sens du devenir et de la force, dans leur pure et propre qualité, c'est le repos du commencement et de la fin, la paix d'un spectacle, horizon ou visage. En ce repos et en cette paix, la qualité du devenir et de la force est offusquée par le sens même. Le sens du sens est apollinien par tout ce qui en lui se montre.

Dire la force comme origine du phénomène, c'est sans doute ne rien dire. Quand elle est dite, la force est déjà phénomène. Hegel avait bien montré que l'explication d'un phénomène par une force est une tautologie. Mais en disant cela, il faut viser une certaine impuissance du langage à sortir de soi pour dire son origine, et non la *pensée* de la force. La force est l'autre du langage sans lequel celui-ci ne serait pas ce qu'il est.

Encore faudrait-il, pour respecter dans le langage cet étrange mouvement, pour ne pas le réduire à son tour, tenter de revenir sur cette métaphore de l'ombre et de la lumière (du se-montrer et du se-cacher), métaphore fondatrice de la philosophie occidentale comme métaphysique. Métaphore fondatrice non pas seulement en tant que métaphore photologique — et à cet égard toute l'histoire de notre philosophie est une photologie, nom donné à l'histoire ou au traité de la lumière — mais déjà en tant que métaphore : la métaphore en général, passage d'un étant à un autre, ou d'un signifié à un autre, autorisé par l'initiale *soumission* et le déplacement *analogique* de l'être sous l'étant, est la pesanteur essentielle qui retient et réprime irrémédiablement le discours dans la métaphysique. Destinée qu'il y aurait quelque niaiserie à considérer comme le regrettable et provisoire accident d'une « histoire »; comme un lapsus, une faute de la pensée *dans* l'histoire (in historia). C'est, *in historiam,* la chute de la pensée dans la philosophie, par laquelle l'histoire est *entamée.* C'est assez dire que la métaphore de la « chute » mérite ses guillemets. Dans cette métaphysique héliocentrique, la force, cédant la place à l'eidos (c'est-à-dire à la forme visible pour l'œil métaphorique), a déjà été séparée de *son sens* de force, comme la qualité de la musique est séparée de soi dans l'acoustique [1]. Comment comprendre la force ou la faiblesse en termes de clarté et d'obscurité ?

Que le structuralisme moderne ait poussé et grandi dans la

---

1 « ...Le point de départ qui permet d'affirmer que tout ce qui est qualificatif est quantitatif se trouve dans l'acoustique... (Théorie des cordes sonores; rapport des intervalles; mode dorique)... Il s'agit de trouver partout des formules mathématiques pour les forces absolument impénétrables. » (Nietzsche, *la Naissance de la philosophie à l'époque de la tragédie grecque*).

dépendance, plus ou moins directe et avouée, de la phénoménologie, voilà qui suffirait à le rendre tributaire de la plus pure traditionalité de la philosophie occidentale, celle qui, par-delà son anti-platonisme, reconduit Husserl à Platon. Or on chercherait en vain dans la phénoménologie un concept qui permette de penser l'intensité ou la force. De penser la puissance et non seulement la direction, la *tension* et non seulement le *in* de l'intentionalité. Toute la valeur est d'abord constituée par un sujet théorétique. Rien ne se gagne ou ne perd qu'en terme de clarté et de non-clarté, d'évidence, de présence et d'absence pour une conscience, de prise ou de perte de conscience. La diaphanéité est la valeur suprême; et l'univocité. D'où les difficultés à penser la genèse et la temporalité pure de l'ego transcendantal, à rendre compte de l'incarnation réussie ou manquée du telos, et de ces mystérieuses faiblesses qu'on appelle crises. Et quand, par endroits, Husserl cesse de considérer les phénomènes de crise et les échecs du telos comme des « accidents de genèse », comme de l'*inessentiel (Unwesen)*, c'est pour montrer que l'oubli est éidétiquement prescrit, et nécessaire, sous l'espèce de la « sédimentation », au développement de la vérité. A son dévoilement, à son illumination. Mais pourquoi ces forces et ces faiblesses de la conscience, et cette force de la faiblesse qui dissimule dans l'acte même où elle révèle ? Si cette « dialectique » de la force et de la faiblesse est la finitude de la pensée elle-même dans son rapport à l'être, elle ne peut se dire dans le langage de la forme, par ombre et lumière. Car la force n'est pas l'obscurité, elle n'est pas cachée sous une forme dont elle serait la substance, la matière ou la crypte. La force ne se pense pas à partir du couple d'opposition, c'est-à-dire de la complicité entre la phénoménologie et l'occultisme. Ni, à l'intérieur de la phénoménologie, comme le *fait* opposé au *sens*.

De ce langage, il faut donc tenter de s'affranchir. Non pas *tenter* de s'en affranchir, car c'est impossible sans oublier *notre* histoire. Mais en rêver. Non pas de s'en *affranchir,* ce qui n'aurait aucun sens et nous priverait de la lumière du sens. Mais de lui résister le plus loin possible. Il faut en tous cas ne pas s'abandonner à lui de cet abandon qui est aujourd'hui la mauvaise ivresse du formalisme structuraliste le plus nuancé.

La critique, si elle doit un jour s'expliquer et s'échanger avec l'écriture littéraire, n'a pas à attendre que cette résistance s'organise d'abord dans une « philosophie », commandant quelque méthodologie esthétique dont elle recevrait les principes. Car la philosophie a été déterminée dans son histoire comme réflexion de l'inauguration poétique. Elle est, pensée à part, le crépuscule des forces, c'est-à-dire le matin ensoleillé où parlent les images, les formes, les phénomènes, matin des idées et des idoles, où le relief des forces devient repos, aplatit sa profondeur dans la lumière et s'étend dans l'horizontalité. Mais l'entreprise est désespérée si l'on songe que la critique littéraire s'est déjà déterminée, qu'elle le sache ou non, qu'elle le veuille ou non, comme philosophie de la littérature. En tant que telle, c'est-à-dire tant qu'elle n'aura pas expressément ouvert l'opération stratégique dont nous parlions plus haut et qui ne peut simplement se penser sous le titre du structuralisme, la critique n'aura ni les moyens ni surtout le motif de renoncer à l'eurythmie, à la géométrie, au privilège du regard, à l'extase apollinienne qui « produit avant tout l'irritation de l'œil qui donne à l'œil la faculté de vision [1] ». Elle ne pourra s'excéder jusqu'à aimer la force et le mouvement qui déplace les lignes, à l'aimer comme mouvement, comme désir, en lui-même, et non comme l'accident ou l'épiphanie des lignes. Jusqu'à l'écriture.

D'où cette nostalgie, cette mélancolie, cette dionysie retombée dont nous parlions en commençant. Nous trompons-nous en la percevant à travers l'éloge de la « monotonie » structurale et claudélienne qui clôt *Forme et Signification* ?

Il faudrait conclure mais le débat est interminable. Le différend, la *différence* entre Dionysos et Apollon, entre l'élan et la structure, ne s'efface pas dans l'histoire car elle n'est pas *dans* l'histoire. Elle est aussi, en un sens insolite, une structure originaire : l'ouverture de l'histoire, l'historicité elle-même. La *différence* n'appartient simplement ni à l'histoire ni à la structure. S'il faut dire, avec Schelling, que « tout n'est que Dionysos », il faut savoir — et c'est écrire — que comme la force pure, Dionysos est travaillé par la différence. Il voit et se laisse voir. Et

---

1. Nietzsche, *le Crépuscule des idoles*.

(se) crève les yeux. Depuis toujours, il a rapport à son dehors, à la forme visible, à la structure, comme à sa mort. — C'est ainsi qu'il s'apparaît.

« Pas assez de formes... » disait Flaubert. Comment l'entendre ? Est-ce une célébration de l'autre de la forme ? du « trop de choses » qui l'excède et lui résiste ? Éloge de Dionysos ? Non, on s'en doute. C'est au contraire le soupir d'un « hélas ! pas assez de formes ». C'est une religion de l'œuvre comme forme. D'ailleurs les choses pour lesquelles nous n'avons pas assez de formes, ce sont déjà des fantômes d'énergie, des « idées » « plus larges que la plastique du style ». Il s'agit d'une pointe contre Leconte de Lisle, pointe affectueuse, car Flaubert « . aime beaucoup ce gars-là [1] ».

Nietzsche ne s'y était pas trompé : « Flaubert, réédition de Pascal, mais sous les traits d'un artiste, ayant comme base ce jugement instinctif : "Flaubert est toujours haïssable, l'homme n'est rien, l'œuvre est tout..." [2] ».

Il faudrait donc choisir entre l'écriture et la danse.

Nietzsche a beau nous recommander une danse de la plume : « Savoir danser avec les pieds, avec les idées, avec les mots : faut-il que je dise qu'il est aussi nécessaire de le savoir avec la *plume*, — qu'il faut apprendre à écrire ? ». Flaubert savait bien, et il avait raison, que l'écriture ne peut être dionysiaque de part en part. « On ne peut penser et écrire qu'assis », disait-il. Joyeuse colère de Nietzsche : « Je te tiens là, nihiliste ! Rester assis, c'est là précisément le *péché* contre le Saint-Esprit. Seules les pensées qui vous viennent en marchant ont de la valeur. »

Mais Nietzsche se doutait bien que l'écrivain ne serait jamais debout ; que l'écriture est d'abord et à jamais quelque chose

1. *Préface à la vie d'écrivain*, p. III,
2. *Le Crépuscule des idoles*, p. 68. Il n'est peut-être pas sans intérêt de juxtaposer à ce mot de Nietzsche ce passage de *Forme et Signification* : « La correspondance de Flaubert épistolier nous est précieuse, mais dans Flaubert épistolier je ne pas Flaubert romancier ; quand Gide déclare préférer le premier, j'ai le qu'il choisit le mauvais Flaubert, celui du moins que le romancier a tout fait pour éliminer » (p. xx).

sur quoi l'on se penche. Mieux encore quand les lettres ne sont plus des chiffres de feu dans le ciel.

Nietzsche s'en doutait bien mais Zarathoustra en était sûr : « Me voici entouré de tables brisées et d'autres à demi gravées seulement. Je suis là dans l'attente. Quand viendra mon heure, l'heure de redescendre et de périr... ». « *Die Stunde meines Niederganges, Unterganges.* » Il faudra descendre, travailler, se pencher pour graver et porter la Table nouvelle aux vallées, la lire et la faire lire. L'écriture est l'issue comme descente hors de soi en soi du sens : métaphore-pour-autrui-en-vue-d'autrui-ici-bas, métaphore comme possibilité d'autrui ici-bas, métaphore comme métaphysique où l'être doit se cacher si l'on veut que l'autre apparaisse. Creusement dans l'autre vers l'autre où le même cherche sa veine et l'or vrai de son phénomène. Submission où il peut toujours (se) perdre. *Niedergang, Untergang.* Mais il n'est rien, il n'est pas (lui-) même avant le risque de (se) perdre. Car l'autre fraternel n'est pas *d'abord* dans la paix de ce qu'on appelle l'intersubjectivité, mais dans le travail et le péril de l'inter-rogation ; il n'est pas d'abord certain dans la paix de la *réponse* où deux affirmations *s'épousent* mais il est appelé dans la nuit par le travail en creux de l'interrogation. L'écriture est le moment de cette Vallée originaire de l'autre dans l'être. Moment de la profondeur aussi comme déchéance. Instance et insistance du grave.

« Regardez : voici une table nouvelle. Mais où sont mes frères qui m'aideront à la porter aux vallées et à la graver dans des cœurs de chair ? »

COGITO ET HISTOIRE DE LA FOLIE

... L'Instant de la Décision est une Folie... (KIERKEGAARD.)

N'importe, c'était terriblement risqué, ce livre.
Une feuille transparente le sépare de la folie. (J. JOYCE, à propos d'*Ulysse.*)

Ces réflexions prennent leur point de départ, comme le laissait clairement entendre le titre de cette conférence[1], dans le livre de Michel Foucault : *Folie et Déraison, Histoire de la folie à l'âge classique*[2].

Livre à tant d'égards admirable, livre puissant dans son souffle et dans son style : d'autant plus intimidant pour moi que je garde, d'avoir eu naguère la chance de recevoir l'enseignement de Michel Foucault, une conscience de disciple admiratif et reconnaissant. Or la conscience du disciple, quand celui-ci commence, je ne dirai pas à disputer, mais à dialoguer avec le maître, ou plutôt à proférer le dialogue interminable et silencieux qui le constituait en disciple, la conscience du disciple est alors une conscience malheureuse. En commençant à dialoguer dans le monde, c'est-à-dire à répondre, elle se sent toujours déjà prise en faute, comme l'enfant qui, ne sachant par définition, et comme son nom

---

1. A l'exception de quelques notes et d'un court passage (entre crochets), cette étude reproduit une conférence prononcée le 4 mars 1963 au Collège philosophique. En nous proposant de le publier dans la *Revue de Métaphysique et de Morale*, M. Jean Wahl avait bien voulu accepter que ce texte gardât sa forme première, qui fut celle de la parole vive, avec ses exigences et surtout ses défaillances propres : si en général, déjà, selon le mot du *Phèdre*, l'écrit, privé de « l'assistance de son père », « idole » fragile et déchue du « discours vivant et animé », ne peut jamais « se porter secours », n'est-il pas plus exposé et plus démuni que jamais lorsque, mimant l'improvisation de la voix, il doit se refuser jusqu'aux ressources et aux mensonges du style?
2. Michel Foucault, *Folie et Déraison, Histoire de la folie à l'âge classique*, Plon, 1961.

l'indique, parler, ne doit surtout pas répondre. Et lorsque, comme c'est ici le cas, ce dialogue risque d'être entendu — à tort — comme une contestation, le disciple sait qu'il est seul à se trouver de ce fait déjà contesté par la voix du maître qui en lui précède la sienne. Il se sent indéfiniment contesté, ou récusé, ou accusé : comme disciple, il l'est par le maître qui parle en lui avant lui pour lui reprocher d'élever cette contestation et la récuser d'avance, l'ayant développée avant lui; comme maître du dedans, il est donc contesté par le disciple qu'il est aussi. Ce malheur interminable du disciple tient peut-être à ce qu'il ne sait pas ou se cache encore que, comme la vraie vie, le maître est peut-être toujours absent.

Il faut donc briser la glace, ou plutôt le miroir, la réflexion, la spéculation infinie du disciple sur le maître. Et commencer à parler.

Comme le chemin que suivront ces considérations ne sera pas, et de loin, rectiligne ou unilinéaire, je sacrifierai tout autre préambule et j'irai droit aux questions les plus générales qui seront au foyer de ces réflexions. Questions générales que nous aurons à déterminer, à spécifier en cours de route et dont beaucoup, dont la plupart resteront ouvertes.

Mon point de départ peut paraître mince et artificiel. Dans ce livre de 673 pages, Michel Foucault consacre trois pages (54-57) — et encore dans une sorte de prologue à son deuxième chapitre — à un certain passage de la première des *Méditations* de Descartes, où la folie, l'extravagance, la démence, l'insanité semblent, je dis bien *semblent* congédiées, exclues, ostracisées hors du cercle de dignité philosophique, privées du droit de cité philosophique, du droit à la considération philosophique, révoquées aussitôt que convoquées par Descartes devant le tribunal, devant la dernière instance d'un Cogito qui, par essence, ne *saurait* être fou.

En prétendant — à tort ou à raison, on en jugera — que le sens de tout le projet de Foucault peut se concentrer en ces quelques pages allusives et un peu énigmatiques, en prétendant que la lecture qui nous est ici proposée de Descartes et du Cogito cartésien engage en sa problématique la totalité de cette *Histoire de la folie*, dans le sens de son intention et les conditions de sa possibilité, je me demanderai donc, en deux séries de questions :

1. Premièrement, question en quelque sorte préjudicielle : *l'interprétation* qui nous est proposée de l'intention cartésienne se justifie-t-elle ? Ce que j'appelle ici interprétation, c'est un certain passage, un certain rapport sémantique proposé par Foucault entre, *d'une part,* ce que Descartes a dit — ou ce qu'on croit qu'il a dit ou voulu dire — et, *d'autre part,* disons à dessein très vaguement pour le moment, une certaine « structure historique », comme on dit, une certaine totalité historique pleine de sens, un certain projet historique total dont on pense qu'il se laisse indiquer *en particulier* à travers ce que Descartes a dit — ou ce qu'on croit qu'il a dit ou voulu dire. En me demandant si l'interprétation se justifie, je me demande donc déjà deux choses, je me pose deux questions préjudicielles en une :

a) A-t-on bien compris le *signe* lui-même, en lui-même ? Autrement dit, a-t-on bien entendu ce que Descartes a dit et voulu dire ? Cette compréhension du signe en lui-même, dans sa matière immédiate de signe, si je puis dire, n'est que le premier moment, mais c'est aussi la condition indispensable de toute *herméneutique* et de toute prétention à passer du signe au signifié. Quand, d'une façon générale, on essaie de passer d'un langage patent à un langage latent, il faut qu'on s'assure d'abord en toute rigueur du sens patent [1]. Il faut, par exemple, que l'analyste parle d'abord la même langue que le malade.

---

1. Dans la *Traumdeutung* (chap. II, 1), à propos du lien entre le rêve et l'expression verbale, Freud rappelle la remarque de Ferenczi : toute langue a sa langue de rêve. Le contenu latent d'un rêve (et d'une conduite ou d'une conscience en général) ne communique avec le contenu manifeste qu'à travers l'unité d'une langue; d'une langue que l'analyste doit donc parler le mieux possible. (Cf. à ce sujet, D. Lagache, « Sur le polyglottisme dans l'analyse », in *la Psychanalyse*, t. I, 1956). *Le mieux possible :* le progrès dans la connaissance et la pratique d'une langue étant par nature ouvert à l'infini (*d'abord* en raison de l'équivocité originaire et essentielle du signifiant dans le langage, au moins, de la « vie quotidienne », de son indétermination et de son espace de jeu qui libère précisément la différence entre le caché et le déclaré; *ensuite,* en raison de la communication essentielle et originale de langues différentes entre elles, à travers l'histoire; *enfin* en raison du jeu, du rapport à soi ou de la « sédimentation » de chaque langue), l'insécurité ou l'insuffisance de l'analyse n'est-elle pas principielle ou irréductible ? Et l'historien de la philosophie, quels que soient sa méthode et son projet, n'est-il pas livré aux mêmes menaces ? Surtout si l'on tient compte

b) Deuxième implication de la première question : l'intention déclarée de Descartes une fois entendue — comme signe — a-t-elle avec la structure historique totale à laquelle on veut la rapporter le rapport qu'on veut lui assigner ? *A-t-elle la signification historique qu'on veut lui assigner ?*

« A-t-elle la signification historique qu'on veut lui assigner, » c'est-à-dire encore deux questions en une :

— a-t-elle *la* signification historique qu'on veut lui assigner, a-t-elle *cette* signification, *telle* signification historique que Foucault veut lui assigner ?

— a-t-elle la signification *historique* qu'on veut lui assigner ? Cette signification s'épuise-t-elle en son historicité ? Autrement dit, est-elle pleinement et de part en part historique au sens classique de ce mot ?

2. Deuxième série de questions (et ici nous déborderons un peu le cas de Descartes, le cas du Cogito cartésien que nous n'examinerons plus en lui-même, mais comme l'index d'une problématique plus générale) : est-ce que, à la lumière de la relecture du Cogito cartésien que nous serons conduits à proposer (ou plutôt à rappeler car je le dis tout de suite, elle sera d'une certaine façon la lecture la plus classique, la plus banale, même si elle n'est pas la plus facile), il ne sera pas possible d'interroger *certaines* présuppositions philosophiques et méthodologiques de cette histoire de la folie ? *Certaines* seulement, parce que l'entreprise de Foucault est trop riche, elle fait signe dans trop de directions pour se laisser précéder par une méthode ou même par une *philosophie,* au sens traditionnel de ce mot. Et s'il est vrai, comme le dit Foucault, comme l'avoue Foucault citant Pascal, que l'on ne peut parler de la folie que par rapport à cet « *autre* tour de folie » qui permet aux hommes de « n'être pas fous », c'est-à-dire par rapport à la raison [1], il sera peut-être possible

_____

d'un certain enracinement du langage philosophique dans le langage non-philosophique.

1. Que toute histoire ne puisse être, en dernière instance, que l'histoire du sens, c'est-à-dire de la Raison *en général,* c'est ce que Foucault ne pouvait pas ne pas éprouver, nous y viendrons dans un instant. Ce qu'il ne pouvait pas ne pas éprouver, c'est que la signification la plus générale d'une difficulté par lui attribuée à l' « expérience classique » vaut bien au-delà de l' « âge classique ». Cf. par exemple, p. 628 : « Et lors-

non pas d'ajouter quoi que ce soit à ce que dit Foucault, mais peut-être de *répéter* une fois encore, dans le lieu de ce *partage* entre raison et folie, dont Foucault parle si bien, le sens, un sens de ce Cogito, ou *des* « Cogito », car le Cogito de type cartésien n'est ni la première ni la dernière forme du Cogito; et d'éprouver qu'il s'agit là d'une expérience qui, en sa plus fine pointe, n'est peut-être pas moins aventureuse, périlleuse, énigmatique, nocturne et pathétique que celle de la folie, et qui lui est, je crois, beaucoup moins *adverse* et accusatrice, accusative, objectivante que Foucault ne semble le penser.

Dans une première étape, nous pratiquerons le genre du *commentaire,* nous accompagnerons ou suivrons aussi fidèlement qu'il nous sera possible l'intention de Foucault en réinscrivant l'interprétation du Cogito cartésien dans le schéma total de l'*Histoire de la folie.* Ce qui devrait donc apparaître, au cours de cette première étape, c'est le sens du Cogito cartésien tel qu'il est lu par Foucault. Il faut pour cela rappeler le dessein général du livre; et ouvrir en marge quelques questions destinées à rester ouvertes et à rester en marge.

En écrivant une histoire de la folie, Foucault a voulu — et

qu'il s'agissait, en la poursuivant dans son essence la plus retirée, de la cerner dans sa structure dernière, on ne découvrait, pour la formuler, que *le langage même de la raison* déployé dans l'impeccable logique du délire et cela même, qui la rendait accessible, l'esquivait comme folie. » Le langage même de la raison... mais qu'est-ce qu'un langage qui ne serait pas de la raison *en général ?* Et s'il n'y a d'histoire que de la rationalité et du sens en général, cela veut dire que le langage philosophique, dès qu'il parle, récupère la négativité — ou l'oublie, ce qui est la même chose — même lorsqu'il prétend l'avouer, la reconnaître. Plus sûrement peut-être alors. L'histoire de la vérité est donc l'histoire de cette *économie* du négatif. Il faut donc, il est peut-être temps de revenir à l'anhistorique en un sens radicalement opposé à celui de la philosophie classique : non pas pour méconnaître mais cette fois pour avouer — en silence — la négativité. C'est elle et non la vérité positive, qui est le fonds non historique de l'histoire. Il s'agirait alors d'une négativité si négative qu'elle ne pourrait même plus se nommer ainsi. La négativité a toujours été déterminée par la dialectique — c'est à dire par la métaphysique — comme *travail* au service de la constitution du sens. Avouer la négativité en silence, c'est accéder à une dissociation de type non classique entre la pensée et le langage. Et peut-être entre la pensée et la philosophie comme discours; en sachant que ce schisme ne peut se dire, s'y effaçant, que dans la philosophie.

c'est tout le prix mais aussi l'impossibilité même de son livre — écrire une histoire de la folie *elle-même. Elle-même.* De la folie elle-même. C'est-à-dire en lui rendant la parole. Foucault a voulu que la folie fût le *sujet* de son livre ; le sujet à tous les sens de ce mot : le thème de son livre et le sujet parlant, l'auteur de son livre, la folie parlant de soi. Écrire l'histoire de la folie *elle-même,* c'est-à-dire à partir de son propre instant, de sa propre instance et non pas dans le langage de la raison, dans le langage de la psychiatrie *sur* la folie — la dimension agonistique et la dimension rhétorique du *sur* se recouvrant ici, — sur une folie déjà écrasée sous elle, dominée, terrassée, renfermée, c'est-à-dire constituée en objet et exilée comme l'autre d'un langage et d'un sens historique qu'on a voulu confondre avec le logos lui-même. « Histoire non de la psychiatrie, dit Foucault, mais de la folie elle-même, dans sa vivacité, avant toute capture par le savoir. »

Il s'agit donc d'échapper au piège ou à la naïveté objectivistes qui consisteraient à écrire, dans le langage de la raison classique, en utilisant les concepts qui ont été les instruments historiques d'une capture de la folie, dans le langage poli et policier de la raison, une histoire de la folie sauvage elle-même, telle qu'elle se tient et respire avant d'être prise et paralysée dans les filets de cette même raison classique. La volonté d'éviter ce piège est constante chez Foucault. Elle est ce qu'il y a de plus audacieux, de plus séduisant dans cette tentative. Ce qui lui donne aussi son admirable tension. Mais c'est aussi, je le dis sans jouer, ce qu'il y a de *plus fou* dans son projet. Et il est remarquable que cette volonté obstinée d'éviter le piège — c'est-à-dire le piège que la raison classique a tendu à la folie et celui qu'elle tend maintenant à Foucault qui veut écrire une histoire de la folie elle-même sans répéter l'agression rationaliste, cette volonté de contourner la raison s'exprime de *deux façons* difficilement conciliables au premier abord. C'est dire qu'elle s'exprime dans le malaise.

Tantôt Foucault refuse en bloc le langage de la raison, qui est celui de l'Ordre (c'est-à-dire à la fois du système de l'objectivité ou de la rationalité universelle, dont la psychiatrie veut être r'expression, et de l'ordre de la cité, le droit de cité philosophique ecouvrant le droit de cité tout court, et le philosophique fonctionnant, dans l'unité d'une certaine structure, comme la méta-phore ou la métaphysique du politique). Alors il écrit des phrases de ce type (il vient d'évoquer le dialogue rompu entre raison et folie à la fin du xviiie siècle, rupture qui se serait soldée par l'annexion de la totalité du langage — et du droit au langage — à la raison psychiatrique, déléguée par la raison sociale et la raison d'état. On a coupé la parole à la folie) : « Le langage de la psychia-trie, qui est monologue de la raison *sur* la folie n'a pu s'établir que sur un tel silence. Je n'ai pas voulu faire l'histoire de ce lan-gage; plutôt l'archéologie de ce silence. » Et à travers tout le livre court ce thème qui lie la folie au silence, aux « mots sans langage » ou « sans sujet parlant », « murmure obstiné d'un lan-gage qui parlerait tout seul, sans sujet parlant et sans interlocuteur, tassé sur lui-même, noué à la gorge, s'effondrant avant d'avoir atteint toute formulation et retournant sans éclat au silence dont il ne s'est jamais départi. Racine calcinée du sens ». Faire l'histoire de la folie elle-même, c'est donc faire l'archéologie d'un silence.

Mais d'abord, le silence lui-même a-t-il une histoire? Ensuite, l'archéologie, fût-elle du silence, n'est-elle pas une logique, c'est-à-dire un langage organisé, un projet, un ordre, une phrase, une syntaxe, une « œuvre »? Est-ce que l'archéologie du silence ne sera pas le recommencement le plus efficace, le plus subtil, la *répétition,* au sens le plus irréductiblement ambigu de ce mot, de l'acte perpétré contre la folie, et ce dans le moment même où il est dénoncé? Sans compter que tous les *signes* à travers lesquels Foucault se fait indiquer l'origine de ce silence et de cette parole coupée, de tout ce qui aurait fait de la folie cette parole interrompue et interdite, interloquée, tous ces signes, tous ces documents sont empruntés, sans exception, à la zone juridique de l'interdiction.

On peut dès lors se demander — et à d'autres moments que ceux où il projette de parler du silence, Foucault se demande aussi (à mon sens trop latéralement et trop implicitement) : quels vont être la source et le statut du langage de cette archéologie, de ce langage qui doit être entendu par une raison qui n'est pas la raison classique? Quelle est la responsabilité historique de cette logique de l'archéologie? Où la situer? Suffit-il de ranger dans un atelier fermé à clé les instruments de la psychiatrie pour retrouver l'innocence et pour rompre toute complicité avec l'ordre rationnel ou politique qui tient la folie captive? Le psychiatre n'est que le délégué de cet ordre, un délégué parmi d'autres. Il ne suffit peut-être pas d'enfermer ou d'exiler le délégué, de lui couper à son tour la parole; il ne suffit peut-être pas de se priver du matériel conceptuel de la psychiatrie pour disculper son propre langage. *Tout* notre langage européen, le langage de tout ce qui a participé, de près ou de loin, à l'aventure de la raison occidentale, est l'immense délégation du projet que Foucault définit sous l'espèce de la capture ou de l'objectivation de la folie. *Rien* dans ce langage et *personne* parmi ceux qui le parlent ne peut échapper à la culpabilité historique — s'il y en a une et si elle est historique en un sens classique — dont Foucault semble vouloir faire le procès. Mais c'est peut-être un procès impossible car l'instruction et le verdict réitèrent sans cesse le crime par le simple fait de leur élocution. Si l'*Ordre* dont nous parlons est si puissant, si sa puissance est unique en son genre, c'est précisément par son caractère sur-déterminant et par l'universelle, la structurale, l'universelle et infinie complicité en laquelle il compromet tous ceux qui l'entendent en son langage, quand même celui-ci leur procure encore la forme de leur dénonciation. L'ordre alors est dénoncé dans l'ordre.

Aussi, se dégager *totalement* de la *totalité* du langage historique qui aurait opéré l'exil de la folie, s'en libérer pour écrire l'archéologie du silence, cela ne peut être tenté que de deux façons :

Ou bien se taire d'un certain silence (un *certain* silence qui ne se déterminera encore que dans un *langage* et un *ordre* qui lui éviteront d'être contaminé par n'importe quel mutisme), *ou bien* suivre le fou dans le chemin de son exil. Le malheur des fous, le malheur interminable de leur silence, c'est que leurs meilleurs porte-parole sont ceux qui les trahissent le mieux; c'est que, quand on veut dire leur silence *lui-même,* on est déjà passé à l'ennemi et du côté de l'ordre, même si, dans l'ordre, on se bat contre l'ordre et si on le met en question dans son origine. Il n'y a pas de cheval de Troie dont n'ait raison la Raison (en général). La grandeur indépassable, irremplaçable, impériale de l'ordre de la raison, ce qui fait qu'elle n'est pas un ordre ou une structure *de fait,* une structure historique déterminée, une structure parmi d'autres possibles, c'est qu'on ne peut en appeler contre elle qu'à elle, on ne peut protester contre elle qu'en elle, elle ne nous laisse, sur son propre champ, que le recours au stratagème et à la stratégie. Ce qui revient à faire comparaître une détermination historique de la raison devant le tribunal de la Raison en général. La révolution contre la raison, sous la forme historique de la raison classique, bien sûr (mais celle-ci n'est qu'un exemple déterminé de la Raison en général. Et c'est à cause de cette unicité de la Raison que l'expression « histoire de la raison » est difficile à penser et par conséquent aussi une « histoire de la folie »), la révolution contre la raison ne peut se faire qu'en elle, selon une dimension hegelienne à laquelle, pour ma part, j'ai été très sensible, dans le livre de Foucault, malgré l'absence de référence très précise à Hegel. Ne pouvant opérer qu'à l'*intérieur* de la raison dès qu'elle se profère, la révolution contre la raison a donc toujours l'étendue limitée de ce qu'on appelle, précisément dans le langage du ministère de l'*intérieur,* une agitation. On ne peut sans doute pas écrire une histoire, voire une archéologie contre la raison, car, malgré des apparences, le concept d'histoire a toujours été un concept rationnel. C'est la signification « histoire » ou « archie » qu'il eût peut-être fallu questionner d'abord. Une écriture excédant, à les questionner, les valeurs d'origine, de raison, d'histoire, ne saurait se laisser contenir dans la clôture métaphysique d'une archéologie.

Comme Foucault est le premier à avoir conscience, une conscience aiguë, de cette gageure et de la nécessité de parler, de puiser son langage à la source d'une raison plus profonde que celle qui affleure à l'âge classique, comme Foucault éprouve une nécessité de parler qui échappe au projet objectiviste de la raison classique, nécessité de parler fût-ce au prix d'une guerre déclarée du langage de la raison contre lui-même, guerre où le langage se reprendrait, se détruirait ou recommencerait sans cesse le geste de sa propre destruction, alors la prétention à l'archéologie du silence, prétention puriste, intransigeante, non-violente, non-dialectique, cette prétention est très souvent, dans le livre de Foucault, contrebalancée, équilibrée, je dirais presque contredite, par un propos qui n'est pas seulement l'aveu d'une difficulté mais la formulation d'un *autre* projet; qui n'est pas un pis-aller mais un projet différent et peut-être plus ambitieux, plus efficacement ambitieux que le premier.

L'aveu de la difficulté, on le trouverait dans des phrases telles que celle-ci, parmi d'autres, que je cite simplement, pour ne pas vous priver de leur dense beauté : « La perception qui cherche à les (il s'agit des douleurs et des murmures de la folie) saisir à l'état sauvage appartient nécessairement à un monde qui les a déjà capturées. La liberté de la folie ne s'entend que du haut de la forteresse qui la tient prisonnière. Or elle ne dispose là que du morose état civil de ses prisons, de son expérience muette de persécutée, et nous n'avons, nous, que son signalement d'évadée. » Et plus loin, Foucault parle d'une folie « dont l'état sauvage ne peut jamais être restitué en lui-même » et d'une « inaccessible pureté primitive » (p. VII).

Cette difficulté ou cette impossibilité devant retentir sur le langage dans lequel cette histoire de la folie est décrite, Foucault reconnaît, en effet, la nécessité de maintenir son discours dans ce qu'il appelle une « relativité sans recours », c'est-à-dire sans appui à l'absolu d'une raison ou d'un logos. Nécessité et impossibilité à la fois de ce que Foucault appelle ailleurs « un langage sans appui », c'est-à-dire refusant en principe sinon en fait de s'articuler sur une syntaxe de la raison. En principe sinon en fait, mais le fait ici ne se laisse pas facilement mettre entre parenthèses. Le fait du langage est sans doute le seul qui résiste finalement à toute mise entre parenthèses. « Là, dans ce simple problème d'élocution, dit encore Foucault, se cachait et s'exprimait la majeure difficulté de l'entreprise. »

On pourrait peut-être dire que la solution de cette difficulté est plus *pratiquée* que *formulée*. Par nécessité. Je veux dire que le silence de la folie n'est pas *dit*, ne peut pas être dit dans le logos de ce livre mais rendu présent indirectement, métaphoriquement, si je puis dire, dans le *pathos* — je prends ce mot dans son meilleur sens — de ce livre. Nouvel et radical éloge de la folie dont l'intention ne peut s'avouer parce que l'*éloge* d'un silence est toujours *dans le logos,* dans un langage qui objective ; « dire-du-bien-de » la folie, ce serait encore l'annexer surtout lorsque ce « dire-du-bien-de » est aussi, dans le cas présent, la sagesse et le bonheur d'un « bien-dire ».

Maintenant, dire la difficulté, dire la difficulté de dire, ce n'est pas encore la surmonter; bien au contraire. D'abord, ce n'est pas dire à partir de quel langage, de quelle instance parlante la difficulté est dite. Qui perçoit, qui énonce la difficulté? On ne peut le faire ni dans l'inaccessible et sauvage silence de la folie, ni simplement dans le langage du geôlier, c'est-à-dire de la raison classique, mais de quelqu'un *pour qui* a un sens et *à qui* apparaît le dialogue ou la guerre ou le malentendu ou l'affrontement ou le double monologue opposant raison et folie à l'âge classique. Est donc possible la libération historique d'un logos dans lequel les deux monologues, ou le dialogue rompu, ou surtout le point de rupture du dialogue entre une raison et une folie *déterminées* ont pu se produire et peuvent être aujourd'hui compris et énoncés. (A supposer du moins qu'ils puissent l'être; mais nous nous plaçons ici dans l'hypothèse de Foucault.)

Donc si le livre de Foucault, malgré les impossibilités et les difficultés reconnues, a pu être écrit, nous sommes en droit de nous demander à quoi en dernier recours il a appuyé ce langage sans recours et sans appui : qui énonce le non-recours? qui a écrit et qui doit entendre, dans quel langage et à partir de quelle situation historique du logos, qui a écrit et qui doit entendre cette histoire de la folie? Car ce n'est pas un hasard si c'est aujourd'hui qu'un tel projet a pu être formé. Il faut bien supposer, sans oublier, *bien au contraire,* l'audace du geste de pensée dans l'*Histoire de la folie,* qu'une certaine libération de la folie a commencé, que la psychiatrie s'est, si peu que ce soit, ouverte, que le concept de folie comme déraison, s'il a jamais eu une unité, s'est disloqué. Et que c'est dans l'ouverture de cette dislocation qu'un tel projet a pu trouver son origine et son passage historiques.

Si Foucault est plus qu'un autre sensible et attentif à ce type de questions, il semble toutefois qu'il n'ait pas accepté de leur reconnaître un caractère de préalable méthodologique ou philosophique. Et il est vrai qu'une fois la question entendue, et la difficulté de droit, y consacrer un travail préalable eût conduit à stériliser ou à paralyser toute enquête. Celle-ci peut prouver dans son acte que le mouvement de la parole au sujet de la folie est possible. Mais le fondement de cette possibilité n'est-il pas encore trop classique?

Le livre de Foucault est de ceux qui ne s'abandonnent pas à cette allégresse prospective dans l'enquête. C'est pourquoi derrière l'aveu de la difficulté concernant l'archéologie du silence, il faut faire apparaître un projet *différent,* un projet qui contredit peut-être celui de l'archéologie du silence.

Puisque le silence dont on veut faire l'archéologie n'est pas un mutisme ou une non-parole originaire mais un silence survenu, une parole interloquée *sur ordre,* il s'agit donc, à l'intérieur d'un logos qui a précédé la déchirure raison-folie, à l'intérieur d'un logos laissant dialoguer en lui ce qu'on a appelé plus tard raison et folie (déraison), laissant librement circuler en lui et s'échanger raison et folie comme on laissait circuler les fous dans la cité au Moyen Age, il s'agit, à l'intérieur de ce logos du libre-échange, d'accéder à l'origine du protectionnisme d'une raison qui tient à se mettre à l'abri et à se constituer des garde-fous, à se constituer elle-même en garde-fou. Il s'agit donc d'accéder au point où le dialogue a été rompu, s'est partagé en deux soliloques : à ce que Foucault appelle d'un mot très fort la *Décision.* La Décision lie et sépare du même coup raison et folie; elle doit s'entendre ici à la fois comme l'acte originaire d'un ordre, d'un *fiat,* d'un décret, et comme une déchirure, une césure, une séparation, une discession. Je dirais plutôt *dissension* pour bien marquer qu'il s'agit d'une division de soi, d'un partage et d'un tourment intérieur du sens *en général,* du logos en général, d'un partage dans l'acte même du *sentire.* Comme toujours, la dissension est interne. Le dehors (est) le dedans, s'y entame et le divise selon la déhiscence de l'*Entzweiung* hegelienne.

Il semble ainsi que le projet de requérir la dissension première du logos soit un autre projet que celui de l'archéologie du silence et pose des problèmes différents. Il devrait s'agir cette fois d'exhumer le sol vierge et unitaire sur lequel a obscurément pris racine l'acte de décision qui lie et sépare raison et folie. Raison et folie à l'âge classique ont eu une racine commune. Mais cette racine commune, qui est un logos, ce fondement unitaire est beaucoup plus vieux que la période médiévale brillamment mais brièvement évoquée par Foucault dans son beau chapitre d'ouverture. Il doit y avoir une unité fondatrice qui porte déjà le libre-échange du Moyen Age, et cette unité est déjà celle d'un logos, c'est-à-dire d'une raison; raison déjà historique certes, mais raison beaucoup moins déterminée qu'elle ne le sera sous sa forme dite classique; elle n'a pas encore reçu la · détermination de « l'âge classique ». C'est dans l'élément de cette raison archaïque que la discession, la dissension vont survenir comme une modification, ou si l'on veut comme un bouleversement, voire une révolution, mais une révolution interne, sur soi, en soi. Car ce logos qui est au commencement est non seulement le lieu commun de toute dissension mais aussi — ce n'est pas moins important — l'atmosphère même dans laquelle se meut le langage de Foucault, dans lequel est *en fait* apparue, mais aussi est *en droit* désignée et dessinée dans ses limites une histoire de la folie à l'âge classique. C'est donc à la fois pour rendre compte de l'origine (ou de la possibilité) de la décision *et* de l'origine (ou de la possibilité) du récit, qu'il aurait peut-être fallu commencer par réfléchir ce logos originaire en lequel s'est jouée la violence de l'âge classique. Cette histoire du logos avant le Moyen Age et avant l'âge classique n'est pas, est-il besoin de le rappeler, une préhistoire nocturne et muette. Quelle que soit la rupture momentanée, s'il y en eut une, du Moyen Age avec la tradition grecque, cette rupture et cette altération sont tard et sur-venues au regard de la permanence fondamentale de l'héritage logico-philosophique.

Que l'enracinement de la décision dans son véritable sol historique ait été laissé dans la pénombre par Foucault, cela est gênant, au moins pour deux raisons :

1. C'est gênant parce que Foucault fait en commençant une allusion un peu énigmatique au logos grec dont il dit que, à la différence de la raison classique, il « n'avait pas de contraire ». Je lis : « Les Grecs avaient rapport à quelque chose qu'ils appelaient ὕβρις. Ce rapport n'était pas seulement de condamnation; l'existence de Thrasymaque ou celle de Calliclès suffit à le montrer, même si leur discours nous est transmis, enveloppé déjà dans la dialectique rassurante de Socrate. Mais le Logos grec n'avait pas de contraire. »

[Il faudrait donc supposer que le logos grec n'avait pas de contraire, c'est-à-dire en un mot que les Grecs se tenaient immédiatement auprès du Logos élémentaire, primordial et indivis, en lequel toute contradiction en général, toute guerre, ici toute polémique, ne pourraient apparaître qu'ultérieurement. Dans cette hypothèse, il faudrait admettre, ce que Foucault ne fait surtout pas, que dans leur *totalité*, l'histoire et la descendance de la « dialectique rassurante de Socrate » fût déjà déchue et exilée hors de ce logos grec qui n'aurait pas eu de contraire. Car si la dialectique socratique est rassurante, au sens où l'entend Foucault, c'est qu'elle a déjà expulsé, exclu, objectivé ou, ce qui est curieusement la même chose, assimilé à soi et maîtrisé comme un de ses moments, « enveloppé » l'autre de la raison, et qu'elle s'est elle-même rassérénée, rassurée en une certitude pré-cartésienne, en une σωφροσύνη, en une sagesse, en un bon sens et une prudence raisonnable.

Par conséquent, il faut : *a*) *ou bien* que le moment socratique et toute sa postérité participent immédiatement à ce logos grec qui n'aurait pas de contraire; et donc que la dialectique socratique ne soit pas rassurante (nous aurons peut-être tout à l'heure l'occasion de montrer qu'elle ne l'est pas plus que le Cogito cartésien). Dans ce cas, dans cette hypothèse, la fascination par les présocratiques, à laquelle Nietzsche, puis Heidegger et quelques autres nous ont provoqués, comporterait une part de mystification dont il resterait à requérir les motivations historico-philosophiques.

b) *ou bien* que le moment socratique et la victoire dialectique sur l'*Ubris* callicléenne marquent déjà une déportation et un exil du logos hors de lui-même, et la blessure en lui d'une décision, d'une différence; et alors la structure d'exclusion que Foucault veut décrire dans son livre ne serait pas née avec la raison classique. Elle serait consommée et rassurée et rassise depuis des siècles dans la philosophie. Elle serait essentielle au tout de l'histoire de la philosophie et de la raison. L'âge classique n'aurait à cet égard ni spécificité ni privilège. Et tous les signes que Foucault rassemble sous le titre de *Stultifera navis* ne se joueraient qu'à la surface d'une dissension invétérée. La libre circulation des fous, outre qu'elle n'est pas si libre, si simplement libre que cela, ne serait qu'un épiphénomène socio-économique à la surface d'une raison déjà divisée contre elle-même depuis l'aube de son origine grecque. Ce qui me paraît sûr en tout cas, quelle que soit l'hypothèse à laquelle on s'arrête au sujet de ce qui n'est sans doute qu'un faux problème et une fausse alternative, c'est que Foucault ne peut pas sauver *à la fois* l'affirmation concernant la dialectique déjà rassurante de Socrate et sa thèse supposant une spécificité de l'âge classique dont la raison se rassurerait en excluant son autre, c'est-à-dire en *constituant* son contraire comme un *objet* pour s'en protéger et s'en défaire. Pour l'enfermer.

A vouloir écrire l'histoire de la décision, du partage, de la différence, on court le risque de constituer la division en événement ou en structure survenant à l'unité d'une présence originaire; et de confirmer ainsi la métaphysique dans son opération fondamentale.

A vrai dire, pour que l'une ou l'autre de ces hypothèses soit vraie et pour qu'il y ait à choisir entre l'une ou l'autre, il faut supposer *en général* que la raison peut avoir un contraire, un autre de la raison, qu'elle puisse en constituer un ou en découvrir un, et que l'opposition de la raison et de son autre soit de *symétrie*. C'est là le fond des choses. Permettez-moi de m'en tenir à distance.

Quelle que soit la façon dont on interprète la situation de la raison classique, notamment au regard du logos grec, que celui-ci ait connu ou non la dissension, *dans tous les cas,* une doctrine de la *tradition,* de la tradition du logos (y en a-t-il une autre?) semble préalablement impliquée par l'entreprise de Foucault. Quel que soit le rapport des Grecs à l'*Ubris,* rapport qui n'était sans doute pas simple.... Ici, j'ouvrirai une parenthèse et une question : au nom de quel sens invariant de la « folie » Foucault rapproche-t-il, quel que soit le sens de ce rapprochement, Folie et *Ubris ?* Un problème de traduction, un problème philosophique de traduction se pose — et il est grave — même si pour Foucault l'*Ubris* n'est pas la Folie. Déterminer la ·différence suppose un passage linguistique très risqué. L'imprudence fréquente des traducteurs à cet égard doit nous rendre très méfiants. (Je pense, en particulier, et au passage, à ce qu'on traduit par folie et furie dans le *Philèbe* (45e) [1]. Puis si la folie a un tel sens invariant, quel est son rapport à ces modifications historiques, à ces *a posteriori,* à ces *événements* qui règlent l'analyse de Foucault ? Celui-ci procède

---

1. Cf. aussi, par exemple, *Banquet,* 217e/218b, *Phèdre,* 244b-c/245a/249/265a **sq.** *Théétète,* 257e, *Sophiste,* 228d 229a, *Timée,* 86b, *République,* 382c, *Lois* X, 888a.

malgré tout, même si sa méthode n'est pas empiriste, par information et enquête. Ce qu'il fait est une histoire et le recours à l'événement y est en dernière instance indispensable et déterminant, au moins en droit. Or ce concept de folie, qui n'est jamais soumis à une sollicitation thématique de la part de Foucault, n'est-il pas aujourd'hui, hors du langage courant et populaire qui traîne toujours plus longtemps qu'il ne devrait après sa mise en question par la science et la philosophie, ce concept n'est-il pas un faux-concept, un concept désintégré, de telle sorte que Foucault, en refusant le matériel psychiatrique ou celui de la philosophie qui n'a pas cessé d'emprisonner le fou, se sert finalement — et il n'a pas le choix — d'une notion courante, équivoque, empruntée à un fonds incontrôlable. Ce serait sans gravité si Foucault ne se servait de ce mot qu'entre guillemets, comme du langage des autres, de ceux qui, dans la période qu'il étudie, s'en sont servi comme d'un instrument historique. Mais tout se passe comme si Foucault *savait* ce que « folie » veut dire. Tout se passe comme si, en permanence et en sous-jacence, une pré-compréhension sûre et rigoureuse du concept de folie, de sa définition nominale au moins, était possible et acquise. En fait, on pourrait montrer que, dans l'intention de Foucault, sinon dans la pensée historique qu'il étudie, le concept de folie recouvre tout ce qu'on peut ranger sous le titre de la *négativité*. On imagine alors le type de problèmes que pose un tel usage de la notion. On pourrait poser des questions de même type à propos de la notion de vérité qui court à travers tout le livre....) Je ferme cette longue parenthèse. Donc, quel que soit le rapport des Grecs à l'*Ubris*, et de Socrate au logos originaire, il est en tous cas certain que la raison classique et déjà la raison médiévale avaient, elles, rapport à la raison grecque et que c'est dans le milieu de cet héritage plus ou moins immédiatement aperçu, plus ou moins mêlé à d'autres lignes traditionnelles, que s'est développée l'aventure ou la mésaventure de la raison classique. Si la dissension date de Socrate, alors la situation du fou dans le monde socratique et post-socratique — à supposer qu'il y ait alors quelque chose qu'on puisse appeler fou — méritait peut-être d'être interrogée au premier chef. Sans cela, et comme Foucault ne procède pas de façon purement *apriorique*, sa description historique pose les problèmes banals mais inévitables de la périodisation, des limitations géographiques, politiques, ethnologiques, etc. Si à l'inverse, l'unité sans contraire et sans exclusion du logos s'est préservée jusqu'à la « crise » classique, alors celle-ci est, si je puis dire, secondaire et dérivée. Elle n'engage pas le tout de la raison. Et dans ce cas, soit dit au passage, le discours socratique n'aurait donc rien de rassurant. La crise classique se développerait à partir de et dans la tradition élémentaire d'un logos qui n'a pas de contraire mais porte en lui et *dit* toute contradiction déterminée. Cette doctrine de la tradition du sens et de la raison eût été d'autant plus nécessaire qu'elle peut seule donner un sens et une rationalité *en général* au discours de Foucault et à tout discours sur la guerre entre raison et déraison. Car ces discours entendent être entendus.]

2. J'ai dit tout à l'heure qu'il était gênant pour *deux raisons* de laisser dans la pénombre l'histoire du logos pré-classique, histoire qui n'était pas une préhistoire. La deuxième raison, que j'évoquerai brièvement avant de passer à Descartes, tient à ce que Foucault lie avec profondeur le partage, la dissension, à la possibilité même de l'histoire. Le partage est l'origine même de l'histoire. « *La nécessité de la folie,* tout au long de l'histoire de l'Occident est liée à ce geste de décision qui détache du bruit du fond et de sa monotonie continue un langage significatif qui se transmet et s'achève dans le temps; bref, elle est liée à *la possibilité de l'histoire.* »

Par conséquent, si la décision par laquelle la raison se constitue en excluant et en objectivant la subjectivité libre de la folie, si cette décision est bien l'origine de l'histoire, si elle est l'historicité elle-même, la condition du sens et du langage, la condition de la tradition du sens, la condition de l'œuvre, si la structure d'exclusion est structure fondamentale de l'historicité, alors le moment « classique » de cette exclusion, celui que décrit Foucault, n'a ni privilège absolu ni exemplarité archétypique. C'est un exemple comme échantillon et non comme modèle. En tous cas, pour faire apparaître sa singularité qui est, à n'en pas douter, profonde, il aurait peut-être fallu souligner non pas ce en quoi elle est structure d'exclusion mais ce en quoi et surtout ce pour quoi sa structure d'exclusion *propre* et *modifiée* se distingue historiquement des autres, de toute autre. Et poser le problème de son exemplarité : s'agit-il d'un exemple parmi d'autres possibles ou d'un « bon exemple », d'un exemple révélateur par privilège? Problèmes d'une difficulté infinie, problèmes formidables qui hantent le livre de Foucault, plus présents à son intention qu'à son fait.

Enfin, *dernière question* : si ce grand partage est la possibilité même de l'histoire, l'historicité de l'histoire, que veut dire ici « faire l'histoire de ce partage »? Faire l'histoire de l'historicité? Faire l'histoire de l'origine de l'histoire? L' « *usteron proteron* », ici, ne serait pas une simple « faute de logique », une faute à l'intérieur d'une logique, d'une ratio constituée. Et le dénoncer n'est pas ratiociner. S'il y a une historicité de la raison en général, l'histoire de la raison n'est jamais celle de son origine qui la requiert *déjà* mais l'histoire de l'une de ses figures déterminées.

Ce deuxième projet, qui s'efforcerait vers la racine commune du sens et du non-sens, et vers le logos originaire en lequel *un* langage et *un* silence se partagent, n'est pas du tout un pis-aller au regard de ce qui pouvait se rassembler sous le titre « archéologie du silence ». Archéologie qui prétendait et renonçait à la fois à dire la folie elle-même. L'expression « dire la folie elle-même » est contradictoire en soi. Dire la folie sans l'expulser dans l'objectivité, c'est la laisser se dire elle-même. Or la folie, c'est par essence ce qui ne se dit pas : c'est « l'absence d'œuvre » dit profondément Foucault.

Ce n'est donc pas un pis-aller mais un dessein différent et plus ambitieux, qui devrait conduire à un éloge de la raison (il n'y a d'éloge, par essence, que de la raison) mais cette fois d'une raison plus profonde que celle qui s'oppose et se détermine dans un conflit historiquement déterminé. Hegel encore, toujours.... Ce n'est donc pas un pis-aller mais une ambition plus ambitieuse, même si Foucault écrit ceci : « *A défaut* de cette inaccessible pureté primitive (de la folie elle-même), l'étude structurale doit remonter vers la décision qui lie et sépare à la fois raison et folie; elle doit tendre à découvrir l'échange perpétuel, l'obscure racine commune, l'affrontement originaire qui donne sens à l'unité aussi bien qu'à l'opposition du sens et de l'insensé ». [Je souligne.]

Avant de décrire le moment où la raison, à l'âge classique, va réduire la folie au silence par ce qu'il appelle un « étrange coup de force », Foucault montre comment l'exclusion et le renfermement de la folie trouvent une sorte de logement structural préparé par l'histoire d'une autre exclusion : celle de la lèpre. Je ne peux malheureusement pas m'arrêter à ces brillants passages du chapitre intitulé *Stultifera navis*. Ils nous poseraient aussi de nombreuses questions.

J'en viens donc au « coup de force », au grand renfermement qui, avec la création, au milieu du XVIIᵉ siècle, des maisons d'internement pour les fous et quelques autres, serait l'avènement et la première étape d'un processus classique que Foucault décrit tout au long de son livre. Sans qu'on sache d'ailleurs si un événement comme la création d'une maison d'internement est un signe parmi d'autres, un symptôme fondamental ou une cause. Ce type de questions pourrait paraître extérieur à une méthode qui se veut précisément structuraliste, c'est-à-dire pour laquelle, dans la totalité structurale, tout est solidaire et circulaire de telle sorte que les problèmes classiques de la causalité auraient pour origine un malentendu. Peut-être. Mais je me demande si, quand il s'agit d'histoire (et Foucault veut écrire une histoire), un structuralisme strict est possible et s'il peut surtout éviter, ne serait-ce que pour l'ordre et dans l'ordre de ses descriptions, toute question étiologique, toute question portant, disons, sur le centre de gravité de la structure. En renonçant légitimement à un certain style de causalité, on n'a peut-être pas le droit de renoncer à toute requête étiologique.

Le passage consacré à Descartes ouvre précisément le chapitre sur *Le grand renfermement.* Il ouvre donc le livre lui-même et sa situation en tête du chapitre est assez insolite. Plus qu'ailleurs, la question que je viens de poser me paraît ici inéluctable. On ne sait pas si ce passage sur la première des *Méditations,* que Foucault interprète comme un renfermement *philosophique* de la folie, est destiné à donner la note, en prélude au drame historique et politico-social, au drame *total* qui va se jouer. Ce « coup de force », décrit dans la dimension du savoir théorétique et de la métaphysique, est-ce un symptôme, une cause, un langage ? Que faut-il supposer ou élucider pour que cette question ou cette dissociation soit annulée dans son sens ? Et si ce coup de force a une solidarité structurale avec la totalité du drame, quel est le statut de cette solidarité? Enfin, quelle que soit la place réservée à la philosophie dans cette structure historique totale, pourquoi le choix de l'unique exemple cartésien? Quelle est l'exemplarité cartésienne alors que tant d'autres philosophes, à la même époque, se sont intéressés à la folie ou — ce qui n'est pas moins significatif — s'en sont désintéressés de diverses façons?

A aucune de ces questions, sommairement évoquées mais inévitables, et qui sont plus que méthodologiques, Foucault ne répond directement. Une seule phrase, dans sa préface, règle ce problème. Je la lis : « Faire l'histoire de la folie, voudra donc dire : faire une étude structurale de l'ensemble historique — notions, institutions, mesures juridiques et policières, concepts scientifiques — qui tient captive une folie dont l'état sauvage ne peut jamais être restitué en lui-même. » Comment s'organisent ces éléments dans « l'ensemble historique »? Qu'est-ce qu'une « notion »? Les notions philosophiques ont-elles un privilège? Comment se rapportent-elles aux concepts scientifiques? Autant de questions qui assiègent cette entreprise.

Je ne sais pas jusqu'à quel point Foucault serait d'accord pour dire que la condition préalable d'une réponse à de telles questions passe d'abord par l'analyse interne et autonome du contenu philosophique du discours philosophique. C'est quand la totalité de ce contenu me sera devenue patente dans son sens (mais c'est impossible) que je pourrai la situer en toute rigueur dans sa forme historique totale. C'est alors seulement que sa réinsertion ne lui fera pas violence, qu'elle sera réinsertion légitime de *ce* sens philosophique *lui-même*. En particulier en ce qui regarde Descartes, on ne peut répondre à aucune question historique le concernant — concernant le sens historique latent de son propos, concernant son appartenance à une structure totale — avant une analyse interne rigoureuse et exhaustive de ses intentions patentes, du sens patent de son discours philosophique.

C'est à ce sens patent, qui n'est pas lisible dans une immédiateté de rencontre, c'est à cette intention proprement philosophique que nous allons nous intéresser maintenant. Mais d'abord en lisant par-dessus l'épaule de Foucault.

Torheit musste erscheinen, damit die Weisheit sie überwinde...

(HERDER.)

Le coup de force serait opéré par Descartes dans la première des *Méditations* et il consisterait très sommairement en une expulsion sommaire de la possibilité de la folie hors de la pensée elle-même.

Je lis d'abord le passage décisif de Descartes, celui que cite Foucault. Puis nous suivrons la lecture de ce texte par Foucault. Enfin nous ferons dialoguer Descartes et Foucault.

Descartes écrit ceci (c'est au moment où il entreprend de se défaire de toutes les opinions qu'il avait jusqu'ici « en sa créance » et de commencer tout de nouveau dès les fondements : *a primis fundamentis*. Pour cela, il lui suffit de ruiner les fondements anciens sans avoir à douter de ses opinions une à une, car la ruine des fondements entraîne avec elle tout le reste de l'édifice. L'un de ces fondements fragiles de la connaissance, le plus naturellement apparent, c'est la sensibilité. Les sens me trompent quelquefois, ils peuvent donc me tromper toujours : aussi vais-je soumettre au doute toute connaissance d'origine sensible) : « Tout ce que j'ai reçu jusqu'à présent pour le plus vrai, et assuré, je l'ai appris des sens, ou par les sens : Or j'ai quelquefois éprouvé que ces sens étaient trompeurs, et il est de la prudence de ne se fier jamais entièrement à ceux qui nous ont une fois trompés. »

Descartes va à la ligne.

« *Mais* (*sed forte*... j'insiste sur le *forte* que le duc de Luynes n'avait pas traduit, omission que Descartes n'a pas jugé nécessaire de corriger lorsqu'il a revu la traduction. Il vaut donc mieux, comme dit Baillet « conférer le français avec le latin » quand on lit les *Méditations*. C'est seulement dans la deuxième édition française de Clerselier que le *sed forte* prend toute sa valeur et il est traduit par un « mais peut-être qu'encore que... ». Je signale ce point qui révélera tout à l'heure son importance). Je poursuis donc ma lecture : « Mais, peut-être qu'encore que les sens nous trompent quelquefois touchant les choses *peu sensibles, et fort éloignées* [je souligne], il s'en rencontre peut-être beaucoup d'autres, desquelles on ne peut pas raisonnablement douter, quoique nous les connaissions par leur moyen.... » Il y aurait donc, *peut-être y aurait-il donc* des connaissances d'origine sensible dont il ne serait pas raisonnable de douter. « Par exemple, poursuit Descartes, que je sois ici, assis auprès du feu, vêtu d'une robe de chambre, ayant ce papier entre les mains, et autres choses de cette nature. Et comment est-ce que je pourrais nier que ces mains et ce corps-ci soient à moi ? si ce n'est peut-être que je me compare à ces insensés, de qui le cerveau est tellement troublé et offusqué par les noires vapeurs de la bile, qu'ils assurent constamment qu'ils sont des rois, lorsqu'ils sont très pauvres, qu'ils sont vêtus d'or et de pourpre, lorsqu'ils sont tout nus, ou s'imaginent être des cruches ou avoir un corps de verre.... »

Et voici la phrase la plus significative aux yeux de Foucault : « Mais quoi, ce sont des fous, *sed amentes sunt isti,* et je ne serais pas moins extravagant *(demens)* si je me réglais sur leurs exemples. »

J'interromps ma citation non sur cette fin de paragraphe, mais sur le premier mot du paragraphe suivant qui réinscrit les lignes que je viens de lire dans un mouvement rhétorique et pédagogique dont les articulations sont très serrées. Ce premier mot, c'est *Praeclare sane....* Traduit aussi par *toutefois.* Et c'est le début d'un paragraphe où Descartes imagine qu'il peut toujours rêver et que le monde peut n'être pas plus réel que son rêve. Et il généralise par hyperbole l'hypothèse du sommeil et du songe (« Supposons donc maintenant que nous sommes endormis... »), hypothèse et hyperbole qui lui serviront à développer le doute fondé sur des raisons naturelles (car il y a aussi un moment hyperbolique de ce doute), pour ne laisser hors de son atteinte que les vérités d'origine non sensible, les mathématiques notamment, qui sont vraies « soit que je veille, ou que je dorme » et qui ne céderont que sous l'assaut artificiel et métaphysique du Malin Génie.

Quelle lecture Foucault fait-il de ce texte ?

Selon lui, Descartes rencontrant ainsi la folie *à côté* (l'expression *à côté* est celle de Foucault) du rêve et de toutes les formes d'erreurs sensibles, il ne leur appliquerait pas, si je puis dire, le même traitement. « Dans l'économie du doute, dit Foucault, il il y a un déséquilibre fondamental entre folie d'une part, et erreur, d'autre part.... » (Je note au passage qu'ailleurs Foucault dénonce souvent la réduction classique de la folie à l'erreur...) Il poursuit : « Descartes n'évite pas le péril de la folie comme il contourne l'éventualité du rêve et de l'erreur. »

Foucault met alors en parallèle les deux démarches suivantes :

1. celle par laquelle Descartes montrerait que les sens ne peuvent nous tromper que sur des choses « peu sensibles » et « fort éloignées ». Ce serait la limite de l'erreur d'origine sensible. Et dans le passage que je viens de lire, Descartes disait bien : « Encore que les sens nous trompent quelquefois touchant les choses peu sensibles et fort éloignées, il s'en rencontre beaucoup d'autres, desquelles on ne peut pas raisonnablement douter... » A moins d'être fou, hypothèse que Descartes semble exclure au principe dans le même passage.

2. la démarche par laquelle Descartes montre que l'imagination et le rêve ne peuvent créer les éléments simples et universels qu'ils font entrer dans leur composition, comme par exemple « la nature corporelle en général et son étendue, la quantité, le nombre, etc. », tout ce qui précisément n'est pas d'origine sensible et constitue l'objet des mathématiques et de la géométrie, invulnérables au doute naturel. Il est donc tentant de croire avec Foucault que Descartes veut trouver dans l'*analyse* (je prends ce mot en son sens strict) du rêve et de la sensibilité un noyau, un élément de proximité et de simplicité irréductible au doute. C'est *dans* le songe et *dans* la perception sensible que je surmonte, ou comme dit Foucault, que je « contourne » le doute et reconquiers un sol de certitude.

Foucault écrit ainsi : « Descartes n'évite pas le *péril* de la folie comme il contourne l'*éventualité* du rêve ou de l'erreur.... Ni le sommeil peuplé d'images, ni la claire conscience que les sens se trompent ne peuvent porter le doute au point extrême de son universalité; admettons que les yeux nous déçoivent, « supposons maintenant que nous sommes endormis », la vérité ne glissera pas tout entière dans la nuit. Pour la folie, il en est autrement. » Plus loin : « Dans l'économie du doute, il y a un déséquilibre entre folie, d'une part, rêve et erreur de l'autre. Leur situation est différente par rapport à la vérité et à celui qui la cherche; songes ou illusions sont surmontés dans la structure de la vérité; mais la folie est exclue par le sujet qui doute. »

Il semble bien, en effet, que Descartes ne creuse pas l'expérience de la folie jusqu'à la rencontre d'un noyau irréductible mais intérieur à la folie elle-même. Il ne s'intéresse pas à la folie, il n'en accueille pas l'hypothèse, il ne la considère pas. Il l'exclut par décret. Je serais extravagant si je croyais que j'ai un corps de verre. Or c'est exclu puisque je pense. Anticipant sur le moment du Cogito qui devra attendre des étapes nombreuses et très rigoureuses dans leur conséquence, Foucault écrit... « impossibilité d'être fou, essentielle non à l'objet de la pensée, mais au sujet qui pense ». C'est de l'intériorité même de la pensée que la folie serait chassée, récusée, dénoncée dans son impossibilité même.

Foucault est le premier, à ma connaissance, à avoir ainsi isolé, dans cette *Méditation,* le délire et la folie de la sensibilité et des songes. A les avoir isolés dans leur sens philosophique et leur fonction méthodologique. C'est l'originalité de sa lecture. Mais si les interprètes classiques n'avaient pas jugé cette dissociation opportune, est-ce par inattention? Avant de répondre à cette question, ou plutôt avant de continuer à la poser, remarquons avec Foucault que ce décret d'exclusion qui annonce le décret politique du grand renfermement, ou lui répond, ou le traduit, ou l'accompagne, qui en est en tous cas solidaire, ce décret eût été impossible pour un Montaigne, par exemple, dont on sait combien il était hanté par la possibilité d'être ou de devenir fou, dans l'acte même de sa pensée et de part en part. Le décret cartésien marque donc, dit Foucault, « l'avènement d'une ratio ». Mais comme l'avènement d'une ratio ne « s'épuise » pas dans « le progrès d'un rationalisme », Foucault laisse là Descartes pour s'intéresser à la structure historique (politico-sociale) dont le geste cartésien n'est que l'un des signes. Car « plus d'un signe », dit Foucault, « trahit l'événement classique ».

Nous avons essayé de lire Foucault. Tentons maintenant de relire naïvement Descartes et de voir, avant de répéter la question du rapport entre le « signe » et la « structure », tentons de voir, comme je l'avais annoncé, ce que peut être le *sens du signe lui-même*. (Puisque le signe ici a déjà l'autonomie d'un discours philosophique, est déjà un rapport de signifiant à signifié).

En relisant Descartes, je remarque deux choses :

1. Que dans le passage auquel nous nous sommes référés et qui correspond à la phase du *doute* fondé sur des raisons *naturelles*, Descartes *ne contourne pas* l'éventualité de l'erreur sensible et du rêve, il ne les « surmonte » pas « dans la structure de la vérité » pour la simple raison que, semble-t-il, il ne les surmonte ni ne les contourne à aucun moment et aucunement; et qu'il n'écarte à aucun moment la possibilité de l'erreur totale pour *toute* connaissance qui a son origine dans les sens et dans la composition imaginative. Il faut bien comprendre ici que l'hypothèse du rêve est la radicalisation, ou si l'on préfère l'exagération hyperbolique de l'hypothèse où les sens pourraient *parfois* me tromper. Dans le rêve, la *totalité* de mes images sensibles est illusoire. Il s'ensuit qu'une certitude invulnérable au rêve le serait *a fortiori* à l'illusion *perceptive* d'ordre sensible. Il suffit donc d'examiner le cas du rêve pour traiter, au niveau qui est en ce moment le nôtre, celui du doute naturel, du cas de l'erreur sensible en général. Or, quelles sont la certitude et la vérité qui échappent à la perception, donc à l'erreur sensible ou à la composition imaginative et onirique ? Ce sont des certitudes et des vérités d'origine non-sensible et non-imaginative. Ce sont les choses *simples* et *intelligibles*.

En effet, si je dors, tout ce que je perçois en rêve peut être, comme dit Descartes, « fausse illusion », et en particulier l'existence de mes mains, de mon corps, et que nous ouvrons les yeux, que nous remuons la tête, etc. Autrement dit, ce qu'il semblait exclure plus haut, selon Foucault, comme extravagance, est ici admis comme possibilité du rêve. Et nous verrons pourquoi tout à l'heure. Mais, dit Descartes, supposons que toutes mes représentations oniriques soient illusoires. Même dans ce cas, de choses si naturellement certaines que mon corps, mes mains, etc., il faut bien qu'il y ait représentation, si illusoire cette représentation soit-elle, si fausse soit-elle quant à son rapport au représenté. Or dans ces représentations, ces images, ces idées au sens cartésien, tout peut être faux et fictif, comme les représentations de ces peintres dont l'imagination, dit expressément Descartes, est assez « extravagante » pour inventer quelque chose de si nouveau que jamais nous n'ayons rien vu de semblable. Mais du moins y a-t-il, dans le cas de la peinture, un élément dernier qui ne se laisse pas décomposer en illusion, que les peintres ne peuvent feindre, et c'est la *couleur*. C'est là seulement une *analogie* car Descartes ne pose pas l'existence nécessaire de la couleur en général : c'est une chose sensible parmi d'autres. Mais *de même que* dans un tableau, si inventif et si imaginatif soit-il, il reste une part de simplicité irréductible et réelle — la couleur, — *de même* il y a dans le songe une part de simplicité non feinte, supposée par toute composition fantastique, et irréductible à toute décomposition. Mais cette fois — et c'est pourquoi l'exemple du peintre et de la couleur n'était qu'analogique — cette part n'est ni sensible ni imaginative : elle est *intelligible*.

C'est un point auquel Foucault ne s'attache pas. Je lis le passage de Descartes qui nous intéresse ici... « Car de vrai les peintres, lors même qu'ils s'étudient *avec le plus d'artifice* à représenter des Sirènes et des Satyres par des formes bizarres, et extraordinaires, ne leur peuvent pas toutefois attribuer des formes, et des natures entièrement nouvelles, mais font seulement un certain mélange et composition des membres de divers animaux; ou bien si peut-être *leur imagination est assez extravagante,* pour inventer quelque chose de si nouveau, que jamais nous n'ayons rien vu de semblable, et qu'ainsi leur ouvrage nous représente une chose purement feinte et absolument fausse; certes à tout le moins les couleurs dont ils le composent doivent-elles être véritables. Et par la même raison, encore que ces choses générales, à savoir, des yeux, une tête, des mains, et autres semblables, pussent être imaginaires : il faut toutefois avouer qu'il y a des choses encore plus simples, et plus universelles, qui sont vraies et existantes, du mélange desquelles, ni plus ni moins que de celui des véritables couleurs, toutes ces images des choses qui résident en notre pensée, soit vraies et réelles, soit feintes et fantastiques, sont formées. De ce genre de choses est la nature corporelle en général, et son étendue, leur qualité ou grandeur, et leur nombre; comme aussi le lieu où elles sont, le temps qui mesure leur durée, et autres semblables. C'est pourquoi peut-être que de là nous ne conclurons pas mal, si nous disons que la Physique, l'Astronomie, la Médecine, et toutes les autres sciences qui dépendent de la considération des choses composées, sont fort douteuses et incertaines; mais que l'Arithmétique, la Géométrie, et les autres sciences de cette nature, qui ne traitent que de choses fort simples, et fort générales, sans se mettre beaucoup en peine si elles sont dans la nature, ou si elles n'y sont pas, contiennent quelque chose de certain, et d'indubitable; car soit que je veille, ou que je dorme, deux et trois joints ensemble formeront toujours le nombre de cinq, et le carré n'aura jamais plus de quatre côtés; et il ne semble pas possible que des vérités si apparentes puissent être soupçonnées d'aucune fausseté, ou d'incertitude. »

Et je remarque que le paragraphe suivant commence aussi par un « toutefois » *(verumtamen)* auquel nous aurons à nous intéresser tout à l'heure.

Ainsi la certitude de cette simplicité ou généralité *intelligible* — qui sera peu après soumise au doute métaphysique, artificiel et hyperbolique avec la fiction de Malin Génie — n'est pas du tout obtenue par une réduction continue découvrant enfin la résistance d'un noyau de certitude sensible ou imaginative. Il y a passage à un autre ordre et discontinuité. Le noyau est purement intelligible et la certitude, encore naturelle et provisoire, que l'on atteint ainsi, suppose une rupture radicale avec les sens. A ce moment de l'analyse, *aucune* signification sensible ou imaginative, en tant que telle, *n*'est sauvée, *aucune* invulnérabilité du sensible au doute *n*'est éprouvée. *Toute* signification, *toute* « idée » d'origine sensible est *exclue* du domaine de la vérité, *au même titre que la folie*. Et il n'y a rien là d'étonnant : la folie n'est qu'un cas particulier, et non le plus grave, d'ailleurs, de l'illusion sensible qui intéresse ici Descartes. On peut ainsi constater que :

2. l'hypothèse de l'extravagance semble — à ce moment de l'ordre cartésien — ne recevoir aucun traitement privilégié et n'être soumise à aucune exclusion particulière. Relisons, en effet, le passage où apparaît l'extravagance et que cite Foucault. Situons-le à nouveau. Descartes vient de remarquer que les sens nous trompant quelquefois, « il est de la prudence de ne se fier jamais entièrement à ceux qui nous ont quelquefois trompés ». Il va à la ligne et il commence par le *sed forte* sur lequel j'attirais tout à l'heure votre attention. Or tout le paragraphe qui suit exprime non pas la pensée définitive et arrêtée de Descartes mais l'objec-

tion et l'étonnement du non-philosophe, du novice en philosophie que ce doute effraie et qui proteste, et qui dit : je veux bien que vous doutiez de certaines perceptions sensibles concernant des choses « peu sensibles et fort éloignées », mais les autres! que vous soyez assis ici, près du feu, tenant ce langage, ce papier entre les mains et autres choses de même nature! Alors Descartes assume l'étonnement de ce lecteur ou de cet interlocuteur naïf, il feint de le prendre à son compte lorsqu'il écrit : « Et comment est-ce que je pourrais nier que ces mains et ce corps-ci soient à moi? Si ce n'est que je me compare à ces insensés, de qui..., etc. » « Et je ne serais pas moins extravagant si je me réglais sur leurs exemples... »

On voit quel est le sens pédagogique et rhétorique du *sed forte* qui commande tout ce paragraphe. C'est le « mais peut-être » de l'objection feinte. Descartes vient de dire que toutes les connaissances d'origine sensible peuvent le tromper. Il feint de s'adresser l'objection étonnée du non-philosophe imaginaire qu'une telle audace effraie et qui lui dit : non, pas toutes les connaissances sensibles, sans quoi vous seriez fou et il serait déraisonnable de se régler sur les fous, de nous proposer un discours de fou. Descartes *se fait l'écho* de cette objection : puisque je suis là, que j'écris, que vous m'entendez, je ne suis pas fou, ni vous, et nous sommes entre gens sensés. L'exemple de la folie n'est donc pas révélateur de la fragilité de l'idée sensible. Soit. Descartes acquiesce à ce point de vue naturel ou plutôt il feint de se reposer dans ce confort naturel pour mieux et plus radicalement et plus définitivement s'en déloger et inquiéter son interlocuteur. Soit, dit-il, vous pensez que je serais fou de douter que je sois assis auprès du feu, etc., que je serais extravagant de me régler sur l'exemple des fous. Je vais donc vous proposer une hypothèse qui vous paraîtra bien plus naturelle, qui ne vous dépaysera pas, parce qu'il s'agit d'une expérience plus commune, plus universelle aussi que celle de la folie : et c'est celle du sommeil et du rêve. Descartes développe alors cette hypothèse qui ruinera *tous* les fondements *sensibles* de la connaissance et ne mettra à nu que les fondements *intellectuels* de la certitude. Cette hypothèse, surtout, ne fuira pas la possibilité d'extravagances — épistémologiques — bien plus graves que celles de la folie.

Cette référence au songe n'est donc pas, bien au contraire, en retrait par rapport à la possibilité d'une folie que Descartes aurait tenue en respect ou même exclue. Elle constitue, dans l'ordre méthodique qui est ici le nôtre, l'exaspération hyperbolique de l'hypothèse de la folie. Celle-ci n'affectait, de manière contingente et partielle, que certaines régions de la perception sensible. Il ne s'agit d'ailleurs pas ici, pour Descartes, de déterminer le concept de la folie mais de se servir de la notion courante d'extravagance à des fins juridiques et méthodologiques, pour poser des questions de droit concernant seulement la *vérité* des idées [1]. Ce qu'il faut ici retenir, c'est que, *de ce point de vue,* le dormeur, ou le rêveur, est plus fou que le fou. Ou du moins, le rêveur, au regard du problème de la connaissance qui intéresse ici Descartes, est plus loin de la perception vraie que le fou. C'est dans le cas du sommeil et non dans celui de l'extravagance que la *totalité absolue* des idées d'origine sensible devient suspecte, est privée de « valeur objective » selon l'expression de M. Guéroult. L'hypothèse de l'extravagance n'était donc pas un bon exemple, un exemple révélateur; ce n'était pas un bon instrument de doute. Et cela au moins pour deux raisons.

a) Il ne couvre pas la *totalité* du champ de la perception sensible. Le fou ne se trompe pas toujours et en tout; il ne se trompe pas assez, il n'est jamais assez fou.

b) C'est un exemple inefficace et malheureux dans l'ordre pédagogique car il rencontre la résistance du non-philosophe qui n'a pas l'audace de suivre le philosophe quand celui-ci admet qu'il pourrait bien être fou au moment où il parle.

Rendons la parole à Foucault. Devant la situation du texte cartésien dont je viens d'indiquer le principe, Foucault pourrait — et cette fois je ne fais que prolonger la logique de son livre sans m'appuyer sur aucun texte — Foucault pourrait nous rap-

---

1. *La folie, thème ou index :* ce qui est significatif, c'est que Descartes, au fond, ne parle jamais de la folie elle-même dans ce texte. Elle n'est pas son thème. Il la traite comme un index pour une question de droit et de valeur épistémologique. C'est peut-être là, dira-t-on, le signe d'une exclusion profonde. Mais ce silence sur la folie elle-même signifie simultanément le contraire de l'exclusion, puisqu'*il ne s'agit pas de la folie* dans ce texte, qu'il n'en est pas question, fût-ce pour l'exclure. Ce n'est pas dans les *Méditations* que Descartes parle de la folie elle-même.

peler *deux vérités* qui justifieraient en deuxième lecture son interprétation, celle-ci ne différant alors qu'en apparence de celle
que je viens de proposer.

1. Ce qui apparaît, à cette deuxième lecture, c'est que pour
Descartes, la folie n'est pensée que comme un cas, parmi d'autres,
et non le plus grave, de l'erreur sensible. (Foucault se placerait
alors dans la perspective de la détermination de fait et non de
l'usage juridique du concept de folie par Descartes). La folie
n'est qu'une faute des sens et du corps, un peu plus grave que
celle qui guette tout l'homme éveillé mais normal, beaucoup
moins grave, dans l'ordre épistémologique, que celle à laquelle
nous sommes toujours livrés dans le rêve. Alors n'y a-t-il pas,
dirait sans doute Foucault, dans cette réduction de la folie à un
exemple, à un cas de l'erreur sensible, une exclusion, un renfermement de la folie, et surtout une mise à l'abri du Cogito et de
tout ce qui ressortit à l'intellect et à la raison ? Si la folie n'est
qu'une perversion des sens — ou de l'imagination — elle est
chose du corps, elle est du côté du corps. La distinction réelle
des substances expulse la folie dans les ténèbres extérieures au
Cogito. Elle est, pour reprendre une expression que Foucault
propose ailleurs, renfermée à l'intérieur de l'extérieur et à l'extérieur de l'intérieur. Elle est l'autre du Cogito. Je ne peux pas
être fou quand je pense et quand j'ai des idées claires et distinctes.

2. Tout en s'installant dans notre hypothèse, Foucault pourrait aussi nous rappeler ceci : en inscrivant son allusion à la folie
dans une problématique de la connaissance, en faisant de la folie
non seulement une chose du corps mais une *erreur* du corps,
en ne s'occupant de la folie que comme d'une modification de
l'idée, de la représentation ou du jugement, Descartes neutraliserait la folie dans son originalité. Il serait même condamné à
en faire, à la limite, non seulement, comme de toute erreur, une
déficience épistémologique mais une défaillance morale liée à
une précipitation de la volonté qui peut seule consacrer en erreur
la finitude intellectuelle de la perception. De là à faire de la folie
un péché, il n'y aurait qu'un pas, qui fut bientôt allègrement
franchi, comme le montre bien Foucault dans d'autres chapitres.
Foucault aurait parfaitement raison, en nous rappelant ces

deux vérités, si l'on en restait à l'étape naïve, naturelle et pré-
métaphysique de l'itinéraire cartésien, étape marquée par le doute
naturel tel qu'il intervient dans le passage cité par Foucault.
Or il semble bien que ces deux vérités deviennent à leur tour
vulnérables dès qu'on aborde la phase proprement philosophique,
métaphysique et critique du doute [1].

1. Remarquons d'abord comment, dans la rhétorique de la
première des *Méditations,* au premier *toutefois* qui annonçait
l'hyperbole « naturelle » du songe (lorsque Descartes venait de
dire « mais quoi ce sont des fous, et je ne serais pas moins extravagant », etc.), succède, au début du paragraphe suivant, un
autre « toutefois ». Au premier « toutefois » marquant le *moment
hyperbolique à l'intérieur du doute naturel* va répondre un « toutefois »
marquant le *moment hyperbolique absolu* nous faisant sortir du doute
naturel et accéder à l'hypothèse du Malin Génie. Descartes vient
d'admettre que l'arithmétique, la géométrie et les notions primitives échappaient au premier doute, et il écrit : « Toutefois, il y a
longtemps que j'ai dans mon esprit une certaine opinion, qu'il
y a un Dieu qui peut tout..., etc. » Et c'est l'amorce du mouvement bien connu qui conduit à la fiction du Malin Génie.

Or le recours à l'hypothèse du Malin Génie va rendre présente,
va convoquer la possibilité d'une *folie totale,* d'un affolement
total que je ne saurais maîtriser puisqu'il m'est infligé — par
hypothèse — et que je n'en suis plus responsable; affolement
total, c'est-à-dire d'une folie qui ne sera plus seulement un désordre

1. Il faudrait préciser, pour souligner cette vulnérabilité et toucher à la plus
grande difficulté, que les expressions « faute des sens et du corps » ou « erreur du corps »
n'auraient aucune signification pour Descartes. Il n'y a pas d'erreur du corps, en particulier dans la maladie : la jaunisse ou la mélancolie ne sont que les *occasions* d'une erreur
qui naîtra seulement avec le consentement ou l'affirmation de la volonté dans le
jugement, quand « nous jugeons que tout est jaune » ou quand « nous regardons
comme des réalités les fantômes de notre imagination malade » (*Règle XII.* Descartes
y insiste beaucoup : l'expérience sensible ou imaginative la plus anormale, considérée en elle-même, à son niveau et en son moment propre, ne nous trompe jamais;
ne trompe jamais l'entendement, « s'il se borne à avoir l'intuition nette de ce qui se
présente à lui tel qu'il l'a, soit en lui-même, soit dans l'imagination, et si de plus
il ne juge pas que l'imagination représente fidèlement les objets des sens, ni que les
sens prennent les vraies figures des choses, ni enfin que la réalité extérieure est toujours
telle qu'elle apparaît »).

du corps, de l'objet, du corps-objet hors des frontières de la *res cogitans,* hors de la cité policée et rassurée de la subjectivité pensante, mais d'une folie qui introduira la subversion dans la pensée pure, dans ses objets purement intelligibles, dans le champ des idées claires et distinctes, dans le domaine des vérités mathématiques qui échappaient au doute naturel.

Cette fois la folie, l'extravagance n'épargne plus rien, ni la perception de mon corps, ni les perceptions purement intellectuelles. Et Descartes admet successivement :

a) ce qu'il feignait de ne pas admettre en conversant avec le non-philosophe. Je lis (Descartes vient d'évoquer ce « certain mauvais génie non moins rusé et trompeur que puissant ») : « Je penserai que le Ciel, l'air, la terre, les couleurs, les figures, les sons, et toutes les choses extérieures que nous voyons, ne sont que des illusions et tromperies, dont il se sert pour tromper ma crédulité. Je me considérerai moi-même comme n'ayant point de mains, point d'yeux, point de chair, point de sang, comme n'ayant aucun sens, mais croyant faussement avoir toutes ces choses.... » Ce propos sera repris dans la deuxième des *Méditations.* Nous sommes donc bien loin du congé donné plus haut à l'extravagance...

b) ce qui échappait au doute naturel : « Il se peut faire qu'il (il s'agit ici du Dieu trompeur avant le recours au Malin Génie) ait voulu que je me trompe toutes les fois que je fais l'addition de deux et de trois, ou que je nombre les côtés d'un carré, etc. [1]. »

Ainsi ni les idées d'origine sensible, ni les idées d'origine intellectuelle ne seront à l'abri dans cette nouvelle phase du doute et ce qui était tout à l'heure écarté sous le nom d'extravagance est maintenant accueilli dans l'intériorité la plus essentielle de la pensée.

Il s'agit d'une opération philosophique et juridique (mais la première phase du doute l'était déjà), d'une opération qui ne nomme plus la folie et qui met à nu des possibilités de droit. *En droit,* rien ne s'oppose à la subversion nommée extravagance

---

1. Il s'agit ici de l'ordre des raisons tel qu'il est suivi dans les *Méditations.* On sait que dans le *Discours* (4e partie) le doute atteint de façon très initiale « les plus simples matières de géométrie » où les hommes, parfois, « font des paralogismes ».

dans le premier doute, bien qu'en fait et d'un point de vue naturel, pour Descartes, pour son lecteur et pour nous, aucune inquiétude naturelle ne soit possible quant à cette subversion de fait. (A vrai dire, pour aller au fond des choses, il faudrait aborder directement pour elle-même la question du fait et du droit dans les rapports du Cogito et de la folie.) Sous ce confort naturel, sous cette confiance apparemment pré-philosophique, se cache la reconnaissance d'une vérité d'essence et de droit : à savoir que le discours et la communication philosophiques (c'est-à-dire le langage lui-même), s'ils doivent avoir un sens intelligible, c'est-à-dire se conformer à leur essence et vocation de discours, doivent échapper en fait et simultanément en droit à la folie. Ils doivent porter en eux-mêmes la normalité. Et cela, ce n'est pas une défaillance cartésienne (bien que Descartes n'aborde pas la question de son propre langage) [1], ce n'est pas une tare ou une mystification liée à une structure historique déterminée; c'est une nécessité d'essence universelle à laquelle aucun discours ne peut échapper parce qu'elle appartient au sens du sens. C'est une nécessité d'essence à laquelle aucun discours ne peut échapper, pas même celui qui dénonce une mystification ou un coup de force. Et paradoxalement, ce que je dis ici est strictement foucaldien. Car nous percevons maintenant la profondeur de cette affirmation de Foucault qui curieusement sauve aussi Descartes des accusations lancées contre lui. Foucault dit : « La folie, c'est l'absence d'œuvre. » C'est une note de base dans son livre. Or l'œuvre commence avec le discours le plus élémentaire, avec la première articulation d'un sens, avec la *phrase,* avec la première amorce syntaxique d'un « comme tel [2] », puisque faire une phrase, c'est *manifester* un sens possible. La phrase est par essence normale. Elle porte la normalité en soi, c'est-à-dire *le sens,* à tous les sens

1. Comme Leibniz, Descartes fait confiance au langage « savant » ou « philosophique », qui n'est pas nécessairement celui qu'on enseigne dans les écoles *(Règle III)* et qu'il faut aussi soigneusement distinguer des « termes du langage ordinaire » qui peuvent seuls nous « décevoir » *(Méditations,* II).

2. C'est-à-dire dès que, plus ou moins implicitement, il est *fait appel* à l'*être* (avant même la détermination en essence et existence); ce qui ne peut signifier que *se laisser appeler par l'être.* L'être ne serait pas ce qu'il est si la parole le précédait ou l'appelait *simplement.* Le dernier garde-fou du langage, c'est le sens de l'être.

de ce mot, celui de Descartes en particulier. Elle porte en soi la normalité et le sens, quel que soit d'ailleurs l'état, la santé ou la folie de celui qui la profère ou par qui elle passe et sur qui, en qui elle s'articule. Dans sa syntaxe la plus pauvre, le logos est la raison, et une raison déjà historique. Et si la folie, c'est, en général, par-delà toute structure historique factice et déterminée, l'absence d'œuvre, alors la folie est bien par essence et en général, le silence, la parole coupée, dans une césure et une blessure qui *entament* bien la vie comme *historicité en général*. Silence non pas déterminé, non pas imposé à ce moment plutôt qu'à tel autre, mais lié par essence à un coup de force, à un interdit qui ouvrent l'histoire et la parole. *En général.* C'est dans la dimension de l'historicité en général, qui ne se confond ni avec une éternité anhistorique, ni avec quelque moment empiriquement déterminé de l'histoire des faits, la part de silence irréductible qui porte et hante le langage, et hors de laquelle seule, et *contre* laquelle seule il peut surgir; « contre » désignant ici à la fois le fond contre lequel la forme s'enlève par force et l'adversaire contre lequel je m'assure et me rassure par force. Bien que le silence de la folie soit l'absence d'œuvre, il n'est pas le simple exergue de l'œuvre, il n'est pas hors d'œuvre pour le langage et le sens. Il en est aussi, comme le non-sens, la limite et la ressource profonde. Bien sûr, à essentialiser ainsi la folie, on risque d'en dissoudre la détermination de fait dans le travail psychiatrique. C'est une menace permanente, mais elle ne devrait pas décourager le psychiatre exigeant et patient.

Si bien que, pour en revenir à Descartes, tout philosophe ou tout sujet parlant (et le philosophe n'est que le *sujet parlant* par excellence) devant évoquer la folie à *l'intérieur* de la pensée (et non seulement du corps ou de quelque instance extrinsèque), ne peut le faire que dans la dimension de la *possibilité* et dans le langage de la fiction ou dans la fiction du langage. Par là même, il se rassure en son langage contre la folie de fait — qui peut parfois paraître très bavarde, c'est un autre problème, — il prend ses distances, la distance indispensable pour pouvoir continuer à parler et à vivre. Mais il n'y a pas là une défaillance ou une recherche de sécurité propre à tel ou tel langage historique (par exemple, la recherche de la « certitude » dans le style cartésien), mais à l'essence et au projet même de tout langage en général;

et même des plus fous en apparence; et même et surtout de ceux qui, par l'éloge de la folie, par la complicité avec la folie, se mesurent au plus proche de la folie. Le langage étant la rupture même avec la folie, il est encore plus conforme à son essence et à sa vocation, il rompt encore mieux avec elle s'il se mesure plus librement à elle et s'en approche davantage : jusqu'à n'en être plus séparé que par la « feuille transparente » dont parle Joyce, par soi-même, car cette diaphanéité n'est rien d'autre que le langage, le sens, la possibilité, et la discrétion *élémentaire* d'un rien qui neutralise tout. En ce sens, je serais tenté de considérer le livre de Foucault comme un puissant geste de protection et de renfermement. Un geste cartésien pour le XXe siècle. Une récupération de la négativité. En apparence, c'est la raison qu'il renferme à son tour, mais, comme le fit Descartes, c'est la raison d'hier qu'il choisit comme cible, et non la possibilité du sens en général.

2. Quant à la deuxième vérité que Foucault aurait pu nous opposer, elle semble aussi ne valoir que pour la phase naturelle du doute. Non seulement Descartes ne met plus la folie à la porte dans la phase du doute radical, non seulement il en installe la possibilité menaçante au cœur de l'intelligible, mais il ne permet à aucune connaissance déterminée de lui échapper en droit. Menaçant le tout de la connaissance, l'extravagance — l'hypothèse de l'extravagance — n'en est pas une modification interne. A aucun moment la connaissance ne pourra donc à elle seule dominer la folie et la maîtriser, c'est-à-dire l'objectiver. Du moins tant que le doute ne sera pas levé. Car la fin du doute pose un problème que nous retrouverons dans un instant.

L'acte du Cogito et la certitude d'exister échappent bien, pour la première fois, à la folie; mais outre qu'il ne s'agit plus là, pour la première fois, d'une connaissance objective et représentative, on ne peut plus dire à la lettre que le Cogito échappe à la folie parce qu'il se tiendrait hors de sa prise, ou parce que, comme le dit Foucault, « *moi* qui pense, je ne peux pas être fou », mais bien parce que dans son instant, dans son instance propre, l'acte du Cogito vaut *même si je suis fou, même si* ma pensée est folle de part en part. Il y a une valeur et un sens du Cogito comme de l'existence qui échappent à l'alternative d'une folie et d'une raison déterminées. Devant l'expérience aiguë du Cogito, l'extravagance, comme le dit le *Discours de la méthode,* est irrémédiablement du côté du scepticisme. La pensée alors ne redoute plus la folie : : « Les plus extravagantes suppositions des sceptiques ne sont pas capables de l'ébranler » (*Discours,* IVᵉ partie). La certitude ainsi atteinte n'est pas à l'abri d'une folie enfermée, elle est atteinte et assurée en la folie elle-même. Elle vaut *même si ie suis fou.* Suprême assurance qui semble ne requérir ni exclusion ni contournement. Descartes ne renferme jamais la folie, ni à l'étape du doute naturel ni à l'étape du doute métaphysique. *Il fait seulement semblant de l'exclure dans la première phase de la première étape, dans le moment non-hyperbolique du doute naturel.*

L'audace hyperbolique du Cogito cartésien, son audace folle que nous ne comprenons peut-être plus très bien comme audace parce que, à la différence du contemporain de Descartes, nous nous sommes trop rassurés, trop rompus à son schéma plus qu'à son expérience aiguë, son audace folle consiste donc à faire retour vers un point originaire qui n'appartient plus au couple d'une raison et d'une déraison *déterminées,* à leur opposition ou à leur alternative. Que je sois fou ou non, *Cogito, sum.* A tous les sens de ce mot, la folie n'est donc qu'un *cas* de la pensée (*dans* la pensée). Il s'agit alors de faire retraite vers un point où toute contradiction *déterminée* sous la forme de telle structure historique de fait peut apparaître et apparaître comme relative à ce point-zéro où le sens et le non-sens déterminés se rejoignent en leur origine commune. De ce point-zéro, déterminé comme Cogito par Descartes, on pourrait peut-être dire ceci, du point de vue qui est en ce moment le nôtre.

Invulnérable à toute contradiction déterminée entre raison et déraison, il est le point à partir duquel l'histoire des formes déterminées de cette contradiction, de ce dialogue entamé ou rompu peut apparaître comme tel et être dit. Il est le point de certitude inentamable où s'enracine la possibilité du récit foucaldien, comme le récit, aussi bien, de la totalité, ou plutôt de *toutes* les formes déterminées des échanges entre raison et folie. Il est le point [1] où s'enracine le projet de penser la totalité en lui échap-

---

1. Il s'agit moins d'un *point* que d'une originarité temporelle en général.

pant. En lui échappant, c'est-à-dire en excédant la totalité, ce qui n'est possible — dans l'étant — que vers l'infini ou le néant : même si la totalité de ce que je pense est affectée de fausseté ou de folie, même si la totalité du monde n'existe pas, même si le non-sens a envahi la totalité du monde, y compris le contenu de ma pensée, je pense, je suis *pendant* que je pense. Même si je n'accède pas ici *en fait* à la totalité, si je ne la comprends ni ne l'embrasse en fait, je formule un tel projet et ce projet a un sens tel qu'il ne se définit qu'au regard d'une pré-compréhension de la totalité infinie et indéterminée. C'est pourquoi, en cet excès du possible, du droit et du sens sur le réel, le fait et l'étant, ce projet est fou et reconnaît la folie comme sa liberté et sa propre possibilité. C'est pourquoi il n'est pas humain au sens de la factualité anthropologique mais bien métaphysique et démonique : il se reconnaît d'abord dans sa guerre avec le démon, avec le Malin Génie du non-sens, et se mesure à sa hauteur, lui résiste en réduisant en soi l'homme naturel. En ce sens, rien n'est moins rassurant que le Cogito dans son moment inaugural et propre. Ce projet d'excéder la totalité du monde, comme totalité de ce que je puis penser en général, n'est pas plus rassurant que la dialectique de Socrate quand elle déborde aussi la totalité de l'étantité en nous plantant dans la lumière d'un soleil caché qui est ἐπέκεινα τῆς οὐσίας. Et Glaucon ne s'y est pas trompé quand il s'écriait alors : « Dieu! quelle hyperbole démonique? ''δαιμονίας ὑπερβολῆς'' » qu'on traduit assez platement peut-être par « merveilleuse transcendance ». Cette hyperbole démonique va plus loin que la passion de l'ὕβρις si du moins on ne voit en celle-ci que la modification pathologique de l'étant appelé homme. Une telle ὕβρις se tient à l'intérieur du monde. Elle implique, à supposer qu'elle soit dérèglement et démesure, le dérèglement et la démesure fondamentale de l'hyperbole qui ouvre et fonde le monde comme tel en l'excédant. L'ὕβρις n'est excessive et excédante que *dans* l'espace ouvert par l'hyperbole démonique.

Dans la mesure où *pointe,* dans le doute et dans le Cogito carté-sien, ce projet d'un excès inouï et singulier, d'un excès vers le non-déterminé, vers le Rien ou l'Infini, d'un excès débordant la totalité de ce que l'on peut penser, la totalité de l'étantité et du sens déterminés, la totalité de l'histoire de fait, dans cette mesure, toute entreprise s'efforçant de le réduire, de l'enfermer dans une structure historique déterminée, si compréhensive soit-elle, risque d'en manquer l'essentiel, d'en émousser la *pointe* elle-même. Elle risque de lui faire à son tour violence (car il y a aussi des violences à l'égard des rationalistes et à l'égard du sens, du *bon* sens ; et c'est peut-être ce que montre en définitive Foucault, car les victimes dont il nous parle sont toujours les porteurs du sens, les *vrais* porteurs du *vrai* et du *bon* sens dissimulé, opprimé par le « bon sens » *déterminé,* celui du « partage », celui qui ne se partage pas assez et qui se détermine trop vite), elle risque à son tour de lui faire violence et une violence de style totalitaire et historiciste qui perd le sens et l'origine du sens [1]. J'entends « totalitaire » au sens structuraliste de ce mot mais je ne suis pas sûr que les deux sens de ce mot ne se fassent pas signe dans l'histoire. Le totalitarisme structuraliste opérerait ici un acte de renfermement du Cogito qui serait de même type que celui des violences de l'âge classique. Je ne dis pas que le livre de Foucault soit totalitaire, puisqu'il pose au moins au départ la question de l'origine de l'historicité *en général,* se libérant ainsi de l'historicisme : je dis qu'il en court parfois le risque dans la mise en œuvre du projet. Entendons-nous bien : quand je dis que faire entrer dans le monde ce qui n'y est pas et que suppose le monde, quand je dis que le « compelle intrare » (exergue du chapitre sur « le grand renfermement ») devient *la violence elle-même* lorsqu'il se tourne vers l'hyperbole pour la faire rentrer dans le monde, quand je dis que cette réduction à l'intra-mondanité est l'origine et le sens même de ce qu'on appelle la violence et rend ensuite possibles toutes les camisoles de force, je n'en appelle pas à un *autre monde,* à quelque alibi ou transcendance évasive. Il s'agirait là d'une autre possibilité de violence, d'ailleurs souvent complice de la première.

Je crois donc qu'on peut tout réduire à une totalité historique déterminée (chez Descartes) sauf le projet hyperbolique. Or ce projet est du côté du récit récitant et non du récit récité de Foucault. Et il ne se laisse pas conter, il ne se laisse pas objectiver comme événement dans une histoire déterminante.

1. Elle risque d'effacer l'excès par lequel toute philosophie (du sens) se rapporte en quelque région de son discours au sans-fond du non-sens.

J'entends bien qu'il n'y a pas seulement, dans le mouvement qu'on appelle le *Cogito cartésien*, cette pointe hyperbolique qui devrait être, comme toute folie pure en général, silencieuse. Dès qu'il a atteint cette pointe, Descartes cherche à se rassurer, à garantir le Cogito lui-même en Dieu, à identifier l'acte du Cogito avec l'acte d'une raison raisonnable. Et il le fait dès qu'il *profère* et *réfléchit* le Cogito. C'est-à-dire dès qu'il doit temporaliser le Cogito qui ne vaut lui-même que dans l'instant de l'intuition, de la pensée attentive à elle-même, dans ce point ou cette pointe de l'instant. Et c'est à ce lien entre le Cogito et le mouvement de la temporalisation qu'il faudrait se rendre ici attentif. Car si le Cogito vaut même pour le fou le plus fou, il faut n'être pas fou en fait pour le réfléchir, le retenir, le communiquer, en communiquer le sens. Et ici avec Dieu *et* avec une certaine mémoire [1], commenceraient la

---

1. Dans l'avant-dernier paragraphe de la sixième des *Méditations,* le thème de la normalité communique avec celui de la mémoire, au moment où celle-ci est d'ailleurs garantie par la Raison absolue comme « véracité divine », etc.

D'une façon générale, la garantie du souvenir des évidences par Dieu ne signifie-t-elle pas que seule l'infinité positive de la raison divine peut réconcilier absolument la temporalité et la vérité ? Dans l'infini seulement, au-delà des déterminations, des négations, des « exclusions » et des « renfermements », se produit cette réconciliation du temps et de la pensée ((de la vérité) dont Hegel disait qu'elle était la tâche de la philosophie depuis le XIXe siècle, alors que la réconciliation entre la pensée et l'étendue eût été le dessein des rationalismes dits « cartésiens ». Que l'infinité divine soit le lieu, la condition, le nom ou l'horizon de ces deux réconciliations, c'est ce qui n'a jamais été contesté par aucun *métaphysicien,* ni par Hegel ni par la plupart de ceux qui, tel Husserl, ont voulu penser et nommer la temporalité ou l'historicité essentielles de la vérité et du sens. Pour Descartes, la crise dont nous parlons aurait finalement son origine intrinsèque (c'est-à-dire ici *intellectuelle*) dans le temps lui-même comme absence de liaison nécessaire entre les parties, comme contingence et discontinuité du passage entre les instants ; ce qui suppose que nous suivions ici toutes les interprétations qui s'opposent à celle de Laporte au sujet du rôle de l'instant dans la philosophie de Descartes. Seule la création continuée, unissant la conservation et la création qui « ne diffèrent qu'au regard de notre façon de penser », réconcilie en dernière instance la temporalité et la vérité. C'est Dieu qui exclut la folie et la crise, c'est-à-dire les « comprend » dans la présence résumant la trace et la différence. Ce qui revient à dire que la crise, l'anomalie, la négativité, etc., sont irréductibles dans l'expérience de la finitude ou d'un moment fini, d'une *détermination* de la raison absolue, ou de la raison en général. Vouloir le nier et prétendre assurer la positivité (du vrai, du sens, de la norme, etc.) hors de l'horizon de cette raison infinie (de la raison en général et au-delà de ses déterminations), c'est vouloir effacer la négativité,

« défaillance » et la crise essentielles. Et ici commencerait le rapatriement précipité de l'errance hyperbolique et folle venant s'abriter, se rassurer dans l'ordre des raisons pour reprendre possession des vérités abandonnées. Dans le texte de Descartes du moins, le renfermement se produit à ce point. C'est ici que l'errance hyperbolique et folle redevient itinéraire et méthode, cheminement « assuré » et « résolu » sur notre monde existant que Dieu nous a rendu comme terre ferme. Car c'est Dieu seul qui, finalement, me permettant de sortir d'un Cogito qui peut toujours rester en son moment propre une folie silencieuse, c'est Dieu seul qui garantit mes représentations et mes déterminations cognitives, c'est-à-dire mon discours contre la folie. Car il ne fait aucun doute que pour Descartes, c'est Dieu seul [1] qui me protège contre une

---

oublier la finitude au moment même où l'on prétendrait dénoncer comme une mystification le théologisme des grands rationalismes classiques.

1. Mais Dieu, c'est l'autre nom de l'absolu de la raison *elle-même,* de la raison et du sens en général. Et qu'est-ce qui saurait exclure, réduire ou, ce qui revient au même, *comprendre absolument* la folie, sinon la raison en général, la raison absolue et sans détermination, dont l'autre nom est Dieu pour les rationalistes classiques ? On ne peut accuser ceux, individus ou sociétés, qui ont recours à Dieu contre la folie, de chercher à *s'abriter,* à s'assurer des garde-fous, des frontières asilaires, qu'en faisant de cet abri un abri *fini,* dans le monde, en faisant de Dieu un tiers ou une puissance finie, c'est-à-dire en se trompant ; en se trompant non pas sur le contenu et la finalité effective de ce geste dans l'histoire, mais sur la spécificité philosophique de la pensée et du nom de Dieu. Si la philosophie a eu lieu — ce qu'on peut toujours contester — c'est seulement dans la mesure où elle a formé le dessein de penser au delà de l'abri fini. En décrivant la constitution historique de ces garde-fous finis, dans le mouvement des individus, des sociétés et de toutes les totalités finies en général, on peut à la limite tout décrire — et c'est une tâche légitime, immense, nécessaire — sauf le projet philosophique lui-même. Et sauf le projet de cette description elle-même. On ne peut prétendre que le projet philosophique des rationalismes infinitistes a servi d'instrument ou d'alibi à une violence historico-politico-sociale finie, dans le monde (ce qui ne fait d'ailleurs aucun doute) sans devoir d'*abord* reconnaître et respecter le sens intentionnel de ce projet lui-même. Or dans son sens intentionnel propre, il se donne comme pensée de l'infini, c'est-à-dire de ce qui ne se laisse épuiser par aucune totalité finie, par aucune fonction ou détermination instrumentale, technique ou politique. Se donner comme tel, c'est là, dira-t-on, son mensonge, sa violence et sa mystification ; ou encore sa mauvaise foi. Et il faut sans doute décrire avec rigueur la structure qui lie cette intention excédante à la totalité historique finie, il faut en déterminer l'économie. Mais ces ruses économiques ne sont possibles, comme toute ruse, que pour des paroles et des intentions finies, substituant une finité à une autre. On ne ment pas quand on *ne dit rien* (de fini ou de déterminé),

folie à laquelle le Cogito *en son instance propre,* ne pourrait que
s'ouvrir de la façon la plus hospitalière. Et la lecture de Foucault
me paraît forte et illuminante non pas à l'étape du texte qu'il cite,
et qui est antérieure et inférieure au Cogito, mais à partir du moment
qui succède immédiatement à l'expérience instantanée du Cogito
en sa pointe la plus aiguë, où raison et folie ne se sont pas encore
séparées, quand prendre le parti du Cogito, ce n'est pas prendre le
parti de la raison comme ordre raisonnable ni celui du désordre
et de la folie, mais ressaisir la source à partir de laquelle raison *et*
folie peuvent se déterminer et se dire. L'interprétation de Foucault
me paraît illuminante à partir du moment où le Cogito doit se
réfléchir et se proférer dans un discours philosophique organisé.
C'est-à-dire *presque tout le temps.* Car si le Cogito vaut même pour le
fou, être fou — si, encore une fois, cette expression a un sens
philosophique univoque, ce que je ne crois pas : elle dit simplement
l'autre de chaque forme déterminée du logos, — c'est ne pouvoir
réfléchir et dire le Cogito, c'est-à-dire le faire apparaître comme
tel pour un autre; un autre qui peut être moi-même. A partir
du moment où Descartes énonce le Cogito, il l'inscrit dans un
système de déductions et de protections qui trahissent sa source
vive et contraignent l'errance propre du Cogito pour contourner
l'erreur. Au fond, en passant sous silence le problème de parole
que pose le Cogito, Descartes semble sous-entendre que penser
et dire le clair et le distinct, c'est la même chose. On peut dire *ce
qu'*on pense et *qu'*on pense sans le trahir. De façon analogue — analogue seulement — saint Anselme voyait dans *l'insipiens,* dans l'in-

---

quand on dit Dieu, l'Etre ou le Néant, quand on ne modifie pas le fini dans le sens
déclaré de sa parole, quand on dit l'infini, c'est-à-dire quand on laisse l'infini (Dieu,
l'Etre ou le Néant, car il appartient au sens de l'infini de ne pouvoir être une détermination ontique parmi d'autres) se dire et se penser. Le thème de la véracité divine
et la différence entre Dieu et le Malin génie s'éclairent ainsi d'une lumière qui n'est
indirecte qu'en apparence.

En somme Descartes savait que la pensée finie n'avait jamais — sans Dieu — le
droit d'exclure la folie, etc. Ce qui revient à dire qu'elle ne l'exclut jamais qu'*en fait,*
violemment, dans l'histoire; ou plutôt que cette exclusion, et cette *différence* entre le
fait et le droit, sont l'historicité, la possibilité de l'histoire elle-même. Foucault dit-il
autre chose ? « *La nécessité de la folie...* est liée à la *possibilité de l'histoire* ». C'est l'auteur
qui souligne .

sensé, quelqu'un qui ne pensait pas parce qu'il ne pouvait pas penser ce qu'il disait. La folie était aussi pour lui un silence, le silence bavard d'une pensée qui ne pensait pas ses mots. C'est aussi un point sur lequel il faudrait s'étendre davantage. En tous cas, le Cogito est œuvre dès qu'ils se rassure en son dire. Mais il est folie avant l'œuvre. Le fou, s'il pouvait récuser le Malin Génie, ne pourrait en tous cas se le dire. Il ne peut donc pas le dire. En tous cas, Foucault a raison dans la mesure où le projet de contraindre l'errance animait déjà un doute qui s'est toujours proposé comme méthodique. Cette identification du Cogito et de la raison raisonnable — normale — n'a même pas besoin d'attendre — en fait sinon en droit — les preuves de l'existence d'un Dieu vérace comme suprême garde-fou. Cette identification intervient dès le moment où Descartes *détermine* la *lumière naturelle* (qui en sa source indéterminée devrait valoir même pour les fous), au moment où il s'arrache à la folie en déterminant la lumière naturelle par une série de principes et d'axiomes (axiome de causalité selon lequel il doit y avoir au moins autant de réalité dans la cause que dans l'effet; puis, après que cet axiome aura permis de prouver l'existence de Dieu, l'axiome de « la lumière naturelle qui nous enseigne que la tromperie dépend nécessairement de quelque défaut` » prouvera la véracité divine). Ces axiomes, dont la détermination est dogmatique, échappent au doute, n'y sont même jamais soumis, ne sont fondés qu'*en retour* à partir de l'existence et de la véracité de Dieu. De ce fait, ils tombent sous le coup d'une histoire de la connaissance et des structures déterminées de la philosophie. C'est pourquoi l'acte du Cogito, dans le moment hyperbolique où il se mesure à la folie, ou plutôt se laisse mesurer par elle, cet acte doit être répété et distingué du langage ou du système déductif dans lequel Descartes doit l'inscrire dès qu'il le propose à l'intelligibilité et à la communication, c'est-à-dire dès qu'il le réfléchit pour l'autre, ce qui signifie pour soi. C'est dans ce rapport à l'autre comme autre soi que le sens se rassure contre la folie et le non-sens... Et la philosophie, c'est peut-être cette assurance prise au plus proche de la folie contre l'angoisse d'être fou. On pourrait appeler *pathétique* ce moment silencieux et spécifique. Quant au fonctionnement de l'hyperbole dans la structure du discours de Descartes et dans l'ordre des raisons, notre lecture est donc, malgré l'apparence, profondément accordée à celle de Foucault. C'est bien Descartes — et tout ce qui s'indique sous ce nom —, c'est bien le système de la certitude qui a d'abord pour fonction de contrôler, maîtriser, limiter l'hyperbole en la déterminant dans l'éther d'une lumière naturelle dont les axiomes sont d'entrée de jeu soustraits au doute hyperbolique, et en faisant de son instance un point de passage solidement maintenu dans la chaîne des raisons. Mais nous pensons que ce mouvement ne peut être décrit en son lieu et en son moment propres que si l'on a préalablement dégagé la pointe de l'hyperbole, ce que Foucault, semble-t-il, n'a pas fait. Dans le moment si fugitif et par essence insaisissable où il échappe encore à l'ordre linéaire des raisons, à l'ordre de la raison en général et aux déterminations de la lumière naturelle, est-ce que le Cogito cartésien ne se laisse pas répéter, jusqu'à un certain point, par le Cogito husserlien et par la critique de Descartes qui s'y trouve impliquée ?

Ce serait un exemple seulement car on découvrira bien un jour quel est le sol dogmatique et historiquement déterminé — le nôtre — sur lequel la critique du déductivisme cartésien, l'essor et la folie de la réduction husserlienne de la totalité du monde ont dû se reposer puis déchoir pour se dire. On pourra refaire pour Husserl ce que Foucault a fait pour Descartes : montrer comment la neutralisation du monde factuel est une neutralisation (au sens où neutraliser, c'est aussi maîtriser, réduire, laisser libre dans une camisole), une neutralisation du non-sens, la forme la plus subtile d'un coup de force. Et en vérité, Husserl associait de plus en plus le thème de la normalité et celui de la réduction transcendantale. L'enracinement de la phénoménologie transcendantale dans la métaphysique de la présence, toute la thématique husserlienne du présent vivant est l'*assurance* profonde du *sens* en sa certitude.

En séparant, dans le Cogito, *d'une part* l'hyperbole (dont je dis qu'elle ne peut se laisser enfermer dans une structure historique de fait et déterminée car elle est projet d'excéder toute totalité finie et déterminée), et *d'autre part*, ce qui dans la philosophie de Descartes (ou aussi bien dans celle qui soutient le Cogito augustinien ou le Cogito husserlien) appartient à une structure historique de fait, je ne propose pas de séparer en chaque philosophie le bon grain de l'ivraie au nom de quelque *philosophia perennis*. C'est même exactement le contraire. Il s'agit de rendre compte de l'historicité même de la philosophie. Je crois que l'historicité en général serait impossible sans une histoire de la philosophie et je crois que celle-ci serait à son tour impossible s'il n'y avait que l'hyperbole, d'une part, ou s'il n'y avait, d'autre part, que des structures historiques déterminées, des *Weltanschauungen* finies. L'historicité propre de la philosophie a son lieu et se constitue dans ce passage, dans ce dialogue entre l'hyperbole et la structure finie, entre l'excès sur la totalité et la totalité close, dans la différence entre l'histoire et l'historicité; c'est-à-dire dans le lieu ou plutôt le moment où le Cogito et tout ce qu'il symbolise ici (folie, démesure, hyperbole, etc...) se disent, se rassurent et déchoient, s'oublient nécessairement jusqu'à leur réactivation, leur réveil dans un autre dire de l'excès qui sera aussi plus tard une autre déchéance et une autre crise. Dès son premier souffle, la parole, soumise à ce rythme temporel de crise et de réveil, n'ouvre son espace de parole qu'en enfermant la folie. Ce rythme n'est d'ailleurs pas une alternance qui serait de surcroît temporelle. C'est le mouvement de la temporalisation elle-même en ce qui l'unit au mouvement du logos. Mais cette libération violente de la parole n'est possible et ne peut se poursuivre, que dans la mesure où elle se garde, où elle est la trace de ce geste de violence originaire, et dans la mesure où elle se tient résolument, en conscience, au plus proche de l'abus qu'est l'usage de la parole, juste assez près pour *dire* la violence, pour dialoguer avec soi comme violence irréductible, juste assez loin pour *vivre* et vivre comme parole. C'est en cela que la crise ou l'oubli n'est peut-être pas l'accident mais la destinée de la philosophie parlante qui ne peut vivre qu'en enfermant la folie mais qui mourrait comme pensée et sous une violence encore pire si une nouvelle parole à chaque instant ne libérait l'ancienne folie tout en enfermant en elle, dans son présent, le fou du jour. C'est grâce seulement à cette oppression de la folie que peut régner une pensée-finie, c'est-à-dire une histoire. Sans s'en tenir à un moment historique déterminé mais en étendant cette vérité à l'historicité en général, on pourrait dire que le règne d'une pensée-finie ne peut s'établir que sur le renfermement et l'humiliation et l'enchaînement et la dérision plus ou moins déguisée du fou en nous, d'un fou qui ne peut jamais être que le fou d'un logos, comme père, comme maître, comme roi.

Mais cela, c'est un autre propos et une autre histoire. Je conclurai en citant encore Foucault. Longtemps après le passage sur Descartes, quelque trois cents pages plus loin, Foucault écrit, dans le souffle d'un remords, pour annoncer *le Neveu de Rameau* : « Dans le moment où le doute abordait ses périls majeurs, Descartes prenait conscience qu'il ne pouvait pas être fou — quitte à reconnaître longtemps encore et jusqu'au Malin Génie que toutes les puissances de la déraison veillaient autour de sa pensée. » Ce que nous avons essayé de faire ce soir, c'est de nous installer dans l'intervalle de ce remords, remords de Foucault, remords de Descartes selon Foucault ; dans l'espace de ce « quitte à reconnaître longtemps encore... », nous avons essayé de ne pas éteindre cette *autre* lumière, cette lumière noire et si peu naturelle : la veille des « puissances de la déraison » autour du Cogito. Nous avons essayé de nous *acquitter* envers le geste par lequel Descartes s'acquitte lui-même à l'égard des puissances menaçantes de la folie comme origine adverse de la philosophie.

Parmi tous les titres de Foucault à ma reconnaissance, il y a donc aussi celui de m'avoir mieux fait pressentir, mieux par son livre monumental que par la lecture naïve des *Méditations*, à quel point l'acte philosophique ne pouvait plus ne plus être cartésien en son essence et en son projet, ne pouvait plus ne plus être en mémoire de cartésianisme, si être cartésien c'est, comme l'entendait sans doute Descartes lui-même, vouloir être cartésien. C'est-à-dire, comme j'ai essayé du moins de le montrer, vouloir-dire-l'hyperbole-démonique à partir de laquelle la pensée s'annonce à elle-même, s'*effraie* elle-même et se *rassure* au plus haut d'elle-même contre son anéantissement ou son naufrage dans la folie et dans la mort. *Au plus haut d'elle-même*, l'hyperbole, l'ouverture absolue, la dépense anéconomique est toujours reprise et surprise dans une *économie*. Le rapport entre la raison, la folie et la mort, est une économie, une structure de différance dont il faut respecter l'irréductible originalité. Ce vouloir-dire-l'hyperbole-démonique n'est pas un vouloir parmi d'autres ; ce n'est pas un vouloir qui serait occasionnellement et éventuellement complété par le dire, comme par l'objet, le complément d'objet d'une subjectivité volontaire. Ce vouloir dire, qui n'est pas davantage l'antagoniste du silence mais bien sa condition, c'est la profondeur originaire de tout vouloir en général. Rien ne serait d'ailleurs plus impuissant à ressaisir ce vouloir qu'un volontarisme, car ce vouloir comme finitude et comme histoire est aussi une passion première. Il garde en lui la trace d'une violence. Il s'écrit plutôt qu'il ne se dit, il *s'économise*. L'économie de cette écriture est un rapport réglé entre l'excédant et la totalité excédée : la *différance* de l'excès absolu.

Définir la philosophie comme vouloir-dire-l'hyperbole, c'est avouer — et la philosophie est peut-être ce gigantesque aveu — que dans le dit historique en lequel la philosophie se rassérène et exclut la folie, elle se trahit elle-même (ou elle se trahit comme pensée), elle entre dans une crise et en un oubli de soi qui sont une période essentielle et nécessaire de son mouvement. Je ne philosophe que dans la *terreur*, mais dans la terreur *avouée* d'être fou. L'aveu est à la fois, dans son présent, oubli et dévoilement, protection et exposition : économie.

Mais cette crise en laquelle la raison est plus folle que la folie — car elle est non-sens et oubli — et où la folie est plus rationnelle que la raison car elle est plus proche de la source vive quoique silencieuse ou murmurante du sens, cette crise a toujours déjà commencé et elle est interminable. C'est assez dire que si elle est classique, elle ne l'est peut-être pas au sens de l'*âge classique* mais au sens du classique essentiel et éternel, quoique historique en un sens insolite.

Et nulle part et jamais le concept de *crise* n'a pu enrichir et rassembler toutes les virtualités, toute l'énergie aussi de son sens, autant, peut-être, qu'à partir du livre de Michel Foucault. Ici, la crise, c'est d'une part, au sens husserlien, le péril menaçant la raison et le sens sous l'espèce de l'objectivisme, de l'oubli des origines, du recouvrement par le dévoilement rationaliste et transcendantal lui-même. Péril comme mouvement de la raison menacée par sa sécurité elle-même, etc.

La crise, c'est aussi la décision, la césure dont parle Foucault, la décision au sens du κρίνειν, du choix et du partage entre les deux voies séparées par Parménide en son poème, la voie du logos et la non-voie, le labyrinthe, le « palintrope » où se perd le logos; la voie du sens et celle du non-sens; de l'être et du non-être. Partage à partir duquel, après lequel, le logos, dans la violence nécessaire de son irruption, se sépare de soi comme folie, s'exile et oublie son origine et sa propre possibilité. Ce qu'on appelle la finitude, n'est-ce pas la possibilité comme crise? Une certaine identité de la conscience de crise et de l'oubli de la crise? De la pensée de la négativité et de la réduction de la négativité?

Crise de raison enfin, accès à la raison et accès de raison. Car ce que Michel Foucault nous apprend à penser, c'est qu'il existe des crises de raison étrangement complices de ce que le monde appelle des crises de folie.

EDMOND JABÈS
ET LA QUESTION DU LIVRE

On relira mieux désormais *Je bâtis ma demeure*[1]. Un certain lierre risquait d'en cacher le sens ou de l'aspirer, de le détourner vers soi. De l'humour et des jeux, des rires et des rondes, des chansons s'enroulaient gracieusement autour d'une parole qui, de n'avoir pas encore aimé sa vraie racine, pliait un peu au vent. Ne se dressait pas encore pour dire seulement la rectitude et la rigidité du devoir poétique.

Dans *le Livre des questions*[2], la voix ne s'altère pas, ni l'intention ne se rompt, mais l'accent s'aggrave. Une puissante et antique racine est exhumée et sur elle une blessure sans âge dénudée (car ce que Jabès nous apprend, c'est que les racines parlent, que les paroles veulent pousser et que le discours poétique est *entamé* dans une blessure) : il s'agit d'un certain judaïsme comme naissance et passion de l'écriture. Passion *de* l'écriture, amour et endurance *de* la lettre dont on ne saurait dire si le *sujet* en est le Juif ou la Lettre elle-même. Racine peut-être commune d'un peuple et de l'écriture. Destinée incommensurable en tout cas, qui ente l'histoire d'une

« *race issue du livre...* »

dans l'origine radicale du sens comme lettre, c'est-à-dire dans l'historicité elle-même. Car il ne saurait y avoir d'histoire sans le sérieux et le labeur de la littéralité. Pli douloureux de soi par

---

1. *Je bâtis ma demeure* (Poèmes, 1943-1957), Gallimard, 1959. Ce recueil était présenté par une admirable préface de Gabriel Bounoure. D'importantes études ont été maintenant consacrées à Jabès. M. Blanchot, « l'Interruption », *N.R.F.*, mai 1964; G. Bounoure, « Edmond Jabès, la demeure et le livre », *Mercure de France*, janvier 1965; « Edmond Jabès, ou la guérison par le livre », *les Lettres nouvelles*, juillet-septembre 1966.
2. Gallimard, 1963.

lequel l'histoire se réfléchit elle-même en se donnant le chiffre. Cette réflexion est son commencement. La seule chose qui commence par la réflexion, c'est l'histoire. Et ce pli, et cette ride, c'est le Juif. Le Juif qui élit l'écriture qui élit le Juif en un échange par lequel la vérité de part en part se transit d'historicité et l'histoire s'assigne en son empiricité.

... « *difficulté d'être Juif, qui se confond avec la difficulté d'écrire ; car le judaïsme et l'écriture ne sont qu'une même attente, un même espoir, une même usure.* »

Que cet échange entre le Juif et l'écriture soit pur et instaurateur, échange sans prérogative où l'appel originaire est d'abord, en un autre sens de ce mot, *convocation*, c'est l'affirmation la plus obstinée du *Livre des questions* :

« *Tu es celui qui écrit et qui est écrit.* »

. . . .

« *Et Reb Ildé : « Quelle différence y a-t-il entre choisir et être choisi lorsque nous ne pouvons faire autrement que nous soumettre au choix ? »* »

Et par une sorte de déplacement silencieux vers l'essence, qui fait de ce livre une longue métonymie, la situation judaïque devient exemplaire de la situation du poète, de l'homme de parole et d'écriture. Celui-ci se trouve, dans l'expérience même de sa liberté, livré au langage et délivré par une parole dont il est pourtant le seigneur.

« *Les mots élisent le poète...* »

. . . .

« *L'art de l'écrivain consiste à amener, petit à petit, les mots à s'intéresser à ses livres* » (*Je bâtis ma demeure*).

Il s'agit bien d'un travail, d'une délivrance, d'une génération lente du poète par le poème dont il est le père.

« *Petit à petit le livre m'achèvera* » (*l'Espace blanc*).

Le poète est donc bien le *sujet* du livre, sa substance et son maître, son serviteur et son thème. Et le livre est bien le sujet du poète, être parlant et connaissant qui écrit *dans* le livre *sur* le livre. Ce mouvement par lequel le livre, *articulé* par la voix du poète, se plie et se relie à soi, devient sujet en soi et pour soi, ce mouvement n'est pas une réflexion spéculative ou critique, mais d'abord poésie et histoire. Car le sujet s'y brise et s'y ouvre en se représentant. L'écriture s'écrit mais s'abîme aussi dans sa propre représentation. Ainsi, à l'intérieur de ce livre, qui se réfléchit infiniment lui-même, qui se développe comme une douloureuse interrogation sur sa propre possibilité, la forme du livre se représente elle-même : « *Le roman de Sarah et de Yukel, à travers divers dialogues et méditations attribuées à des rabbins imaginaires, est le récit d'un amour détruit par les hommes et par les mots. Il a la dimension du livre et l'amère obstination d'une question errante.* »

Nous le verrons : par une autre direction de la métonymie — mais jusqu'à quel point est-elle autre ? — c'est la génération de Dieu lui-même que *le Livre des questions* décrit ainsi. La sagesse du poète accomplit donc sa liberté dans cette passion : traduire en autonomie l'obéissance à la loi du mot. Sans quoi, et si la passion devient sujétion, c'est la folie.

« *Le fou est la victime de la rebellion des mots* » (*Je bâtis ma demeure*).

Aussi, en entendant cette assignation de la racine et se laissant inspirer par cette injonction de la Loi, Jabès a peut-être renoncé à la *verve*, c'est-à-dire au *caprice* des œuvres premières, il n'a en rien résigné sa liberté de parole. Il a même reconnu que la liberté doit être chose de terre et de racine, ou elle n'est que du vent :

« *Enseignement que Reb Zalé traduisit par cette image : « Tu crois que c'est l'oiseau qui est libre. Tu te trompes; c'est la fleur... »*

... « *Et Reb Lima : « La liberté s'éveille petit à petit, à mesure que nous prenons conscience de nos liens comme le dormeur de ses sens; alors nos actes ont enfin un nom.* »

La liberté s'entend et s'échange avec ce qui la retient, avec ce qu'elle reçoit d'une origine enfouie, avec la gravité qui situe son centre et son lieu. Un lieu dont le culte n'est pas nécessairement païen. Pourvu que ce Lieu ne soit pas un lieu, un enclos, une localité d'exclusion, une province ou un ghetto. Quand un Juif ou un poète proclament le Lieu, ils ne déclarent pas la guerre. Car nous rappelant depuis l'outre-mémoire, ce Lieu, cette terre sont toujours Là-Bas. Le Lieu n'est pas l'Ici empirique et national d'un territoire. Immémorial, il est donc aussi un avenir. Mieux : la tradition comme aventure. La liberté ne s'accorde à la Terre non-païenne que si elle en est séparée par le Désert de la Promesse. C'est-à-dire par le Poème. Quand elle se laisse dire par la parole poétique, la Terre se réserve toujours hors de toute proximité, *illic* :

« *Yukel, tu as toujours été mal dans ta peau, tu n'as jamais été* LA, *mais* AILLEURS... »

« *A quoi songes-tu ? — A la Terre. — Mais tu es sur la Terre. — Je songe à la Terre où je serai. — Mais nous sommes l'un en face de l'autre. Et nous avons les pieds sur la Terre. — Je ne connais que les pierres du chemin qui mène, dit-on, à la Terre.* »

Le Poète et le Juif ne sont pas nés *ici* mais *là-bas*. Ils errent, séparés de leur vraie naissance. Autochtones seulement de la parole et de l'écriture. De la Loi. « *Race issue du livre* » parce que fils de la Terre à venir.

Autochtones du Livre. Autonomes, aussi, disions-nous. Ce qui suppose que le poète ne reçoive pas simplement sa parole et sa loi de Dieu. L'hétéronomie judaïque n'a que faire de l'intercession d'un poète. La poésie est à la prophétie ce que l'idole est à la vérité. C'est peut-être pour cette raison qu'en Jabès le poète et le Juif nous paraissent si unis et si désunis à la fois; et que tout *Le livre des questions* est aussi une explication avec la communauté juive vivant dans l'hétéronomie et à laquelle le poète n'appartient pas vraiment. L'autonomie poétique, à nulle autre semblable, suppose les Tables brisées.

« *Et Reb Lima : « La liberté fut, à l'origine, gravée dix fois dans les Tables de la Loi, mais nous la méritons si peu que le Prophète les brisa dans sa colère.* »

Entre les morceaux de la Table brisée pousse le poème et s'enracine le droit à la parole. Recommence l'aventure du texte comme mauvaise herbe, hors la Loi, loin de « *la patrie des Juifs* » qui « *est un texte sacré au milieu des commentaires...* » La nécessité du commentaire est, comme la nécessité poétique, la forme même de la parole exilée. Au commencement est l'herméneutique. Mais cette *commune* impossibilité de rejoindre le *milieu* du texte sacré et cette nécessité *commune* de l'exégèse, cet impératif de l'interprétation est interprété différemment par le poète et par le rabbin. La différence entre l'horizon du texte original et l'écriture exégétique rend irréductible la différence entre le poète et le rabbin. Ne pouvant jamais se rejoindre, si proches pourtant l'un de l'autre, comment rejoindraient-ils le *milieu* ? L'ouverture originaire de l'interprétation signifie essentiellement qu'il y aura toujours des rabbins et des poètes. Et deux interprétations de l'interprétation. La Loi devient alors Question et le droit à la parole se confond avec le devoir d'interroger. Le livre de l'homme est un livre de question.

« *A toute question, le Juif répond par une question.* » *Reb Léma.*

Mais si ce droit est absolu, c'est qu'il ne dépend pas de quelque accident *dans* l'histoire. La rupture des Tables dit d'abord la rupture en Dieu comme origine de l'histoire.

« *N'oublie pas que tu es le noyau d'une rupture.* »

Dieu s'est séparé de soi pour nous laisser parler, nous étonner et nous interroger. Il l'a fait non pas en parlant mais en se taisant, en laissant le silence interrompre sa voix et ses signes, en laissant briser les Tables. Dans l'*Exode*, Dieu s'est repenti et l'a dit au moins deux fois, avant les premières et avant les nouvelles Tables, entre la parole et l'écriture originaires et, dans l'Écriture, entre l'origine et la répétition (32-14; 33-17). L'écriture est donc originairement hermétique et seconde. La nôtre, certes, mais déjà la Sienne qui commence à la voix rompue et à la dissimulation de sa Face. Cette différence, cette négativité en Dieu, c'est notre liberté, la transcendance et le verbe qui ne retrouvent la pureté de leur origine négative que dans la possibilité de la Question. La question, « l'ironie de Dieu » dont parlait Schelling, se tourne d'abord, comme toujours, vers soi.

« *Dieu est en perpétuelle révolte contre Dieu...* »

« *... Dieu est une interrogation de Dieu...* »

Kafka disait : « Nous sommes des pensées nihilistes qui s'élèvent dans le cerveau de Dieu. » Si Dieu ouvre la question en Dieu, s'il est l'ouverture même de la Question, il n'y a pas de *simplicité* de Dieu. Ce qui était l'impensable pour les rationalistes classiques devient ici l'évidence. Dieu procédant dans la duplicité de sa propre mise en question, n'agit pas par les voies les plus simples; il n'est pas vérace, il n'est pas sincère. La sincérité, qui est la simplicité, est une vertu mensongère. Il faut au contraire accéder à la vertu du mensonge.

« *Reb Jacob, qui fut mon premier maître, croyait à la vertu du mensonge parce que, disait-il, il n'y a pas d'écriture sans mensonge et que l'écriture est le chemin de Dieu* » Chemin détourné, gauche, équivoque, *emprunté*, par Dieu et à Dieu. Ironie de Dieu, ruse de Dieu, chemin oblique, issue de Dieu, voie vers Dieu et dont l'homme n'est pas le simple détour. Détour infini. Chemin *de* Dieu. « *Yukel, parle-nous de cet homme qui est mensonge en Dieu.* »

Ce chemin qu'aucune vérité ne précède pour lui prescrire sa rectitude, c'est le chemin dans le Désert. L'écriture est le moment du désert comme moment de la Séparation. Leur nom l'indique — en araméen — : les pharisiens, ces incompris, ces hommes de la lettre, étaient aussi des « séparés ». Dieu ne nous parle plus, il s'est interrompu : il faut prendre les mots sur soi. Il faut se séparer de la vie et des communautés, et se confier aux traces, devenir homme de regard parce qu'on a cessé d'entendre la voix dans l'immédiate proximité du jardin. « *Sarah, Sarah par quoi le monde commence ? — Par la parole ? — Par le regard ?...* » L'écriture se déplace sur une ligne brisée entre la parole perdue et la parole promise. La *différence* entre la parole et l'écriture, c'est la faute, la colère de Dieu qui sort de soi, l'immédiateté perdue et le travail hors du jardin. « *Le jardin est parole, le désert écriture. Dans chaque grain de sable, un signe surprend.* » L'expérience judaïque comme réflexion, séparation entre la vie et la pensée, signifie la traversée du livre comme anachorèse *infinie* entre les deux immédiatetés et les deux identités à soi. « *Yukel, combien de pages à vivre, à mourir te séparent de toi, du livre à l'abandon du livre ?* » Le livre désertique est de sable, « *de sable fou* », de sable infini, innombrable et vain. « *Ramasse un peu de sable, écrivait Reb Ivri... tu connaîtras alors la vanité du verbe.* »

La conscience juive est bien la conscience malheureuse et *le Livre des questions* en est le poème; inscrit en marge de la phénoménologie de l'esprit avec laquelle le Juif ne veut faire qu'un bout de chemin, sans provision eschatologique, pour ne pas borner son désert, fermer son livre et cicatriser son cri. « *Marque d'un signet rouge la première page du livre, car la blessure est inscrite à son commencement. Reb Alcé.* »

Si l'absence est l'âme de la question, si la séparation ne peut survenir que dans la rupture de Dieu — avec Dieu —, si la distance infinie de l'Autre n'est *respectée* que dans les sables d'un livre où l'errance et le mirage sont toujours possibles, alors *le Livre des questions* est à la fois le chant interminable de l'absence et un livre sur le livre. L'absence tente de se produire elle-même dans le livre et se perd en se disant; elle se sait perdante et perdue, et dans cette mesure elle reste inentamable et inaccessible. Y accéder, c'est la manquer; la montrer, c'est la dissimuler; l'avouer, c'est mentir. « *Le Rien est notre principal souci, disait Reb Idar* » et le Rien — comme l'Être — peut seulement se taire et se cacher.

Absence. *Absence de lieu* d'abord. « *Sarah : La parole abolit la distance, désespère le lieu. Est-ce nous qui la formulons ou bien elle qui nous modèle ?* » « *L'absence de lieu* » est le titre d'un poème recueilli dans *Je bâtis ma demeure*. Il commençait ainsi : « *Terrain vague, page obsédée…* » Et *le Livre des questions* se tient résolument dans le terrain vague, dans le non-lieu, entre la ville et le désert, où la racine est également refusée ou stérilisée. Rien ne fleurit dans le sable ou entre les pavés, sinon des mots. La ville et le désert, qui ne sont ni des pays, ni des paysages ni des jardins, assiègent la poésie de Jabès et assurent à ses cris un écho nécessairement infini. La ville et le désert à la fois, c'est-à-dire Le Caire dont nous vient Jabès qui eut aussi, on le sait, sa sortie d'Égypte. La demeure que bâtit le poète avec ses « *poignards volés à l'ange* » est une tente légère, faite de mots dans le désert où le Juif nomade est frappé d'infini et de lettre. Brisé par la Loi brisée. Partagé en soi — (La langue grecque nous dirait sans doute beaucoup sur l'étrange rapport de la loi, de l'errance et de la non-identité à soi, sur la racine commune — νέμειν — du partage, de la nomie et du nomadisme). Le poète d'écriture ne peut que se vouer au « malheur » que Nietzsche appelle sur celui — ou promet à celui — qui « cache en lui des déserts ». Le poète — ou le Juif — protège le désert qui protège sa parole qui ne peut parler que dans le désert; qui protège son écriture qui ne peut sillonner que le désert. C'est-à-dire en inventant, seule, un chemin introuvable et inassigné dont aucune *résolution* cartésienne ne peut nous assurer la droite ligne et l'issue. « *Où est le chemin ? Le chemin est toujours à trouver. Une feuille blanche est remplie de chemins… On refera le même chemin dix fois, cent fois…* » Sans le savoir, l'écriture dessine à la fois et reconnaît, dans le désert, un labyrinthe invisible, une ville dans le sable. « *On refera le même chemin dix fois, cent fois… Et tous ces chemins ont leurs chemins propres. — Autrement ils ne seraient pas des chemins.* » Toute la première partie du *Livre de l'absent* peut se lire comme une méditation sur le chemin et la lettre. « *Il s'était retrouvé à midi, face à l'infini, à la page blanche. Toute trace de pas, la piste avait disparu. Ensevelies.* » Et encore ce passage du désert à la ville, cette Limite qui est le seul habitat de l'écriture : « *Lorsqu'il retrouva son quartier et sa demeure — un nomade l'avait conduit à dos de chameau jusqu'au poste de contrôle le plus proche où il prit place dans un camion militaire qui se dirigeait vers la ville —, tant de vocables le sollicitaient. Il s'obstina, cependant, à les éviter.* »

Absence de l'écrivain aussi. Écrire, c'est se retirer. Non pas dans sa tente pour écrire, mais de son écriture même. S'échouer loin de son langage, l'émanciper ou le désemparer, le laisser cheminer seul et démuni. Laisser la parole. Être poète, c'est savoir laisser la parole. La laisser parler toute seule, ce qu'elle ne peut faire que dans l'écrit. (Comme le dit le *Phèdre*, l'écrit, privé de « l'assistance de son père » « s'en va tout seul », aveugle, « rouler de droite et de gauche » « indifféremment auprès de ceux qui s'y connaissent et, pareillement, auprès de ceux dont ce n'est point l'affaire »; errant, perdu parce qu'il est écrit non sur le sable, cette fois, mais, ce qui revient au même, « sur l'eau », dit Platon qui ne croit pas, non plus, aux « jardins d'écriture » et à ceux qui veulent ensemencer en se servant d'un roseau). *Laisser* l'écriture, c'est n'être là que pour lui laisser le passage, pour être l'élément diaphane de sa procession : tout et rien. Au regard de l'œuvre, l'écrivain est à la fois tout et rien. Comme Dieu :

« *Si, parfois, écrivait Reb Servi, tu penses que Dieu ne te voit pas, c'est parce qu'il s'est fait si humble que tu le confonds avec la mouche qui bourdonne sur le carreau de ta fenêtre. Mais là est la preuve de Sa toute-puissance ; car Il est, à la fois, le Tout et le Rien.* »

Comme Dieu, l'écrivain :

« *Enfant, lorsque j'écrivis, pour la première fois, mon nom, j'eus conscience de commencer un livre. Reb Stein.* »...

« *... Mais je ne suis pas cet homme*
car cet homme écrit
et l'écrivain n'est personne. »

. . . .

« *Moi, Sérafi l'absent, je suis né pour écrire des livres.* »
(Je suis absent puisque je suis le conteur. Seul le conte est réel.) »

Et pourtant (ce n'est qu'un exemple des postulations contra-

dictoires qui sans cesse déchirent les pages du *Livre des questions;*
les déchirent nécessairement : Dieu déjà se contredit), seul l'écrit
me fait exister en me nommant. Il est donc vrai à la fois que les
choses viennent à existence et perdent l'existence à être nommées.
Sacrifice de l'existence au mot, comme disait Hegel, mais aussi
consécration de l'existence par le mot. Il ne suffit d'ailleurs pas
d'être écrit, il faut écrire pour avoir un nom. Il faut s'appeler.
Ce qui suppose que « *Mon nom est une question... Reb Eglal.* » « ... *Je
suis, sans mes écrits, plus anonyme qu'un drap de lit au vent, plus trans-
parent qu'un carreau de fenêtre.* »

Cette nécessité d'*échanger* son existence avec ou contre la lettre —
de la perdre et de la gagner — s'impose aussi à Dieu : « *Je ne t'ai
pas cherchée, Sarah. Je te cherchais. Par toi, je remonte à l'origine du
signe, à l'écriture non formulée qu'esquisse le vent sur le sable et sur la
mer, à l'écriture sauvage de l'oiseau et du poisson espiègle. Dieu, Maître
du vent, Maître du sable, Maître des oiseaux et des poissons, attendait
de l'homme le livre que l'homme attendait de l'homme; l'un pour être
enfin Dieu, l'autre pour être enfin l'homme...* »

« *Toutes les lettres forment l'absence.*

Ainsi Dieu est l'enfant de Son nom. »

Reb Tal.

Maître Eckart disait : « Dieu devient Dieu lorsque les créatures
disent Dieu. » Ce secours porté à Dieu par l'écriture de l'homme
n'est pas contradictoire avec l'impossibilité pour elle de « se porter
secours » *(Phèdre).* Le divin — la disparition de l'homme — ne
s'annonce-t-il pas dans cette détresse de l'écriture ?

Si l'absence ne se laisse pas réduire par la lettre, c'est qu'elle
en est l'éther et la respiration. La lettre est séparation et borne où
le sens se libère, d'être emprisonné dans la solitude aphoristique.
Car toute écriture est aphoristique. Aucune « logique », aucun
foisonnement de lianes conjonctives ne peut venir à bout de sa
discontinuité et de son inactualité essentielles, de la génialité de
ses silences *sous-entendus.* L'autre collabore originairement au
sens. Il y a un *lapsus* essentiel entre les significations, qui n'est pas
la simple et positive imposture d'un mot, ni même la mémoire
nocturne de tout langage. Prétendre le réduire par le récit, le
discours philosophique, l'ordre des raisons ou la déduction, c'est

méconnaître le langage, et qu'il est la rupture *même* de la totalité. Le fragment n'est pas un style ou un échec déterminés, c'est la forme de l'écrit. A moins que Dieu n'écrive lui-même; et encore faut-il qu'il soit alors le Dieu des philosophes classiques, qui ne s'est pas interrogé et interrompu lui-même, qui ne s'est pas coupé le souffle comme celui de Jabès. (Mais précisément le Dieu des classiques, dont l'infinité actuelle était intolérante à la question, n'avait pas le besoin vital de l'écriture.) Contrairement à l'Être et au Livre leibniziens, la rationalité du Logos dont notre écriture est responsable obéit au principe de discontinuité. Non seulement la césure finit et fixe le sens : « L'aphorisme, dit Nietzsche, la sentence où je suis passé maître parmi les Allemands, sont des formes de l'éternité. » Mais d'abord la césure fait surgir le sens. Non pas à elle seule, bien sûr; mais sans l'interruption — entre les lettres, les mots, les phrases, les livres — aucune signification ne saurait s'éveiller. *A supposer* que la Nature refuse le *saut*, on comprend pourquoi l'Écriture ne sera jamais la Nature. Elle ne procède que par sauts. Ce qui la rend périlleuse. La mort se promène entre les lettres. Écrire, ce qui s'appelle écrire, suppose l'accès à l'esprit par le courage de perdre la vie, de mourir à la nature.

Jabès est très attentif à cette distance généreuse entre les signes.

« *La lumière est dans leur absence que tu lis...* »

« *... Toutes les lettres forment l'absence...* »

L'absence est la permission donnée aux lettres de s'épeler et de signifier, mais c'est aussi, dans la torsion sur soi du langage, *ce que* disent les lettres : elles disent la liberté et la vacance accordée, ce qu'elles « forment » en l'enfermant dans leur filet.

Absence enfin comme souffle de la lettre, car la lettre *vit*. « Il faut que le nom germe, sans quoi il est faux », dit A. Breton. Signifiant l'absence et la séparation, la lettre vit comme aphorisme. Elle est solitude, dit la solitude, et vit de solitude. Elle serait lettre morte hors de la différence et si elle rompait la solitude, si elle rompait l'interruption, la distance, le respect, le rapport à l'autre, c'est-à-dire un certain non-rapport. Il y a donc une animalité de la lettre qui prend les formes de son désir, de son inquiétude et de sa solitude.

« *Ta solitude*
    est un alphabet d'écureuils
    à l'usage des forêts. »

                              (la Clef de voûte, dans Je bâtis ma demeure.)
Comme le désert et la ville, la forêt, où grouillent les signes
apeurés, dit sans doute le non-lieu et l'errance, l'absence de chemins prescrits, l'érection solitaire de la racine offusquée, hors de
portée du soleil, vers un ciel qui se cache. Mais la forêt, c'est aussi,
outre la rigidité des lignes, des arbres où s'accrochent des lettres
affolées, le bois que blesse l'incision poétique.

« *Ils gravaient le fruit dans la douleur de l'arbre*
        de la solitude...

    . . . .
    Comme le marin qui greffe un nom
    Sur celui du mât
    Dans le signe es-tu seul. »

L'arbre de la gravure et de la greffe n'appartient plus au jardin;
c'est l'arbre de la forêt ou du mât. L'arbre est au mât ce que le
désert est à la ville. Comme le Juif, comme le poète, comme
l'homme, comme Dieu, les signes n'ont de choix qu'entre une
solitude de nature ou une solitude d'institution. Alors ils sont
signes et l'autre devient possible.

Certes, l'animalité de la lettre paraît d'abord comme *une* métaphore parmi d'autres. (Par exemple, dans *Je bâtis ma demeure*, le
sexe est une voyelle, etc. ou bien, « *Parfois, aidé d'un complice, le
mot change de sexe et d'âme* », ou encore : « *Les voyelles, sous leur plume,
ressemblent à des museaux de poissons hors de l'eau que l'hameçon a
percés; les consonnes à des écailles dépossédées. Ils vivent à l'étroit dans
leurs actes, dans leur taudis d'encre. L'infini les hante...* ») Mais elle
est surtout *la* métaphore elle-même, l'origine du langage comme
métaphore, où l'Être et le Rien, conditions, outre-métaphore, de
la métaphore, ne se disent jamais eux-mêmes. La métaphore ou
animalité de la lettre, c'est l'équivocité première et infinie du
signifiant comme Vie. Subversion *psychique* de la littéralité inerte,
c'est-à-dire de la nature ou de la parole redevenue nature. Cette
sur-puissance comme vie du signifiant se produit dans l'inquiétude
et l'errance du langage toujours plus riche que le savoir, ayant
toujours du mouvement pour aller plus loin que la certitude

paisible et sédentaire. « *Comment dire ce que je sais | avec des mots dont la signification | est multiple ?* »

Déjà trahie par la citation, la puissance organisée du chant, dans *le Livre des questions*, se tient hors de prise pour le commentaire. Mais on peut encore s'interroger sur son origine. Ne naît-elle pas ici, en particulier, d'une extraordinaire confluence pesant sur le barrage des mots, sur la singularité ponctuelle de l'expérience d'Edmond Jabès, sur sa voix et sur son style ? Confluence où se rejoignent, se resserrent et se rappellent la souffrance, la réflexion millénaire d'un peuple, cette « douleur », déjà, « *dont le passé et la continuité se confondent avec ceux de l'écriture* », la destinée qui interpelle le Juif et l'interpose entre la voix et le chiffre ; et il pleure la voix perdue en larmes noires comme trace d'encre. *Je bâtis ma demeure* est un vers emprunté à *la Voix de l'encre* (1949). Et *le Livre des questions* : « *Tu devines que j'attache un grand prix à ce qui est dit, plus peut-être qu'à ce qui est écrit ; car dans ce qui est écrit, manque ma voix et je crois en elle, — J'entends la voix créatrice, non la voix complice qui est une servante.* »

(On trouverait chez E. Levinas la même hésitation, le même mouvement inquiet dans la différence entre le socratisme et l'hébraïsme, la misère et la hauteur de la lettre, le pneumatique et le grammatique.)

Dans l'aphasie originaire, quand manque la voix du dieu ou du poète, il faut se contenter de ces vicaires de la parole : le cri et l'écriture. C'est *le Livre des questions*, la répétition nazie, la révolution poétique de notre siècle, l'extraordinaire réflexion de l'homme tentant aujourd'hui enfin — et pour toujours en vain — de reprendre, par tous les moyens, par tous les chemins, possession de son langage, comme si cela avait un sens, et d'en revendiquer la responsabilité contre un Père du Logos. On peut lire par exemple dans *le Livre de l'absent* : « Une bataille décisive où les vaincus que la blessure trahit, décrivent, en s'affaissant, la page d'écriture que les vainqueurs dédient à l'élu qui l'a déclenchée à son insu. En fait, c'est pour affirmer la suprématie du verbe sur l'homme, du verbe sur le verbe que le combat a eu lieu. » Cette confluence, *le Livre des questions* ?

Non. Le chant ne chanterait plus si sa tension n'était que de confluence. La confluence doit répéter l'origine. Il chante, ce cri, parce qu'il fait affleurer, dans son énigme, l'eau d'un rocher fendu, la source unique, l'unité d'une rupture jaillissante. Après quoi les « courants », les « affluences », les « influences ». Un poème court toujours le risque de n'avoir pas de sens et il ne serait rien sans ce risque. Pour que le poème de Jabès risque d'avoir un sens, pour que sa *question* du moins risque d'avoir un sens, il faut présumer la source, et que l'unité n'est pas de rencontre, mais qu'en cette rencontre aujourd'hui sous-vient une autre rencontre. Rencontre première, rencontre unique surtout car elle fut séparation, comme celle de Sarah et de Yukel. La rencontre *est* séparation. Une telle proposition, qui contredit la « logique », rompt l'unité de l'Etre — dans le fragile chaînon du « est » — en accueillant l'autre et la différence à la source du sens. Mais, dira-t-on, il faut toujours penser déjà l'être pour dire ces choses, la rencontre et la séparation, de quoi et de qui, et surtout que la rencontre *est* séparation. Certes, mais le « il faut toujours déjà » signifie précisément l'exil originaire hors du royaume de l'être, l'exil comme pensée de l'être, et que l'Etre n'est ni ne se montre jamais *lui-même,* n'est jamais *présent, maintenant,* hors de la différence (dans tous les sens requis aujourd'hui par ce mot). Qu'il soit l'être ou le seigneur de l'étant, Dieu lui-même est, apparaît comme ce qu'il est dans la différence, c'est-à-dire comme la différence et dans la dissimulation.

Si en ajoutant, ce que nous faisons ici, de misérables graffitis à un immense poème, on tenait à le réduire à sa « structure thématique », comme on dit, on devrait bien reconnaître que rien n'y est original. La question en Dieu, la négativité en Dieu comme libération de l'historicité et de la parole humaine, l'écriture de l'homme comme désir et question *de* Dieu (et la double génitivité est ontologique avant d'être grammaticale ou plutôt l'enracinement de l'ontologique et du grammatical dans le *graphein*), l'histoire et le discours comme colère de Dieu sortant de soi, etc. etc., ce sont là des motifs assez éprouvés : ils ne sont pas d'abord propres à Boehme, au romantisme allemand, à Hegel, au dernier Scheler, etc., etc. La négativité en Dieu, l'exil comme écriture, la vie de la lettre enfin, c'est déjà la¹ Cabbale. Qui veut dire la

« Tradition » elle-même. Et Jabès est conscient des résonances cabalistiques de son livre. Il en joue même parfois. (Cf. par exemple *le Livre de l'absent*, 12.)

Mais la traditionnalité n'est pas l'orthodoxie. D'autres diront peut-être tous les côtés par lesquels Jabès se sépare *aussi* de la communauté juive, à supposer que cette dernière notion ait ici un sens ou son sens classique. Il ne s'en sépare pas seulement en ce qui touche aux dogmes. Plus profondément encore. Pour Jabès, qui reconnaît avoir découvert très tard une certaine appartenance au judaïsme, le Juif n'est que l'allégorie souffrante : « *Vous êtes tous Juifs, même les antisémites, car vous avez été désignés pour le martyre.* » Il doit alors s'expliquer avec ses frères de race et des rabbins qui ne sont plus imaginaires. Tous lui reprocheront cet universalisme, cet essentialisme, cet allégorisme décharnés ; cette neutralisation de l'événement dans le symbolique et l'imaginaire.

« *S'adressant à moi, mes frères de race ont dit :*

Tu n'es pas Juif. Tu ne fréquentes pas la synagogue...

. . . .

Les rabbins dont tu cites les paroles sont des charlatans. Ont-ils jamais existé ? Et tu t'es nourri de leurs paroles impies. »...

... « *Tu es Juif pour les autres et si peu pour nous.* »

« *S'adressant à moi, le plus pondéré de mes frère de race m'a dit :*

Ne faire aucune différence entre un Juif et celui qui ne l'est pas, n'est-ce pas déjà ne plus être Juif ? » *Et ils ont ajouté :* « *La fraternité, c'est donner, donner, donner et tu ne pourras jamais donner que ce que tu es.* » | *Me frappant la poitrine avec mon poing, j'ai pensé :* | « *Je ne suis rien.* | *J'ai la tête tranchée.* | *Mais un homme ne vaut-il pas un homme ?* | *Et le décapité, le croyant ?* »

Jabès n'est pas un accusé dans ce dialogue, il porte en lui le dialogue et la contestation. Dans cette non-coïncidence de soi avec soi, il est plus juif et moins juif que le Juif. Mais l'identité à soi du Juif n'existe peut-être pas. Juif serait l'autre nom de cette impossibilité d'être soi. Le Juif est brisé et il l'est d'abord entre ces deux dimensions de la lettre : l'allégorie et la littéralité. Son histoire ne serait qu'une histoire empirique parmi d'autres s'il s'établissait, s'il s'étatisait dans la différence et la littéralité. Il n'aurait pas d'histoire du tout s'il s'exténuait dans l'algèbre d'une universalité abstraite.

Entre la chair trop vive de l'événement littéral et la peau froide du concept court le sens. C'est ainsi qu'il passe dans le livre. Tout (se) passe dans le livre. Tout devra habiter le livre. Les livres aussi. C'est pourquoi le livre n'est jamais fini. Il reste toujours en souffrance et en veilleuse.

« — *Une lampe est sur ma table et la maison est dans le livre.*
— *J'habiterai enfin la maison.* »
. . . .
« — *Où se situe le livre ?*
— *Dans le livre.* »

Toute sortie hors du livre se fait dans le livre. Sans doute la fin de l'écriture se tient-elle au delà de l'écriture : « *L'écriture qui aboutit à elle-même n'est qu'une manifestation du mépris.* » Si elle n'est pas déchirure de soi vers l'autre dans l'aveu de la séparation infinie, si elle est délectation de soi, plaisir d'écrire pour écrire, contentement de l'artiste, elle se détruit elle-même. Elle se syncope dans la rondeur de l'œuf et la plénitude de l'Identique. Il est vrai qu'aller vers l'autre, c'est aussi se nier et le sens s'aliène dans le passage de l'écriture. L'intention se surpasse et s'arrache à soi pour se dire. « *Je hais ce qui est prononcé où je ne suis déjà plus.* » Sans doute aussi, de même que la fin de l'écriture passe l'écriture, son origine n'est-elle pas encore dans le livre. L'écrivain, bâtisseur et gardien du livre, se tient à l'entrée de la maison. L'écrivain est un passeur et sa destinée a toujours une signification liminaire. « — *Qui es-tu ? — Le gardien de la maison. — ... Es-tu dans le livre ? — Ma place est au seuil.* »

Mais — et c'est là le fond des choses — toute cette extériorité par rapport au livre, toute cette négativité du livre se produit *dans le livre.* On dit la sortie hors du livre, on dit l'autre et le seuil *dans le livre.* L'autre et le seuil ne peuvent que s'écrire, s'avouer encore en lui. On ne sort du livre que dans le livre puisque pour Jabès, le livre n'est pas dans le monde, mais le monde dans le livre.

« *Le monde existe parce que le livre existe...* » « *Le livre est l'œuvre du livre.* » « *... Le livre multiplie le livre.* » Être, c'est être-dans-le-livre, même si l'être n'est pas cette nature créée que le Moyen Age appelait souvent le Livre de Dieu. Dieu lui-même surgit dans le livre qui relie ainsi l'homme à Dieu et l'être à soi. « *Si Dieu est,* *c'est parce qu'Il est dans le livre.* » Jabès sait que le livre est investi et menacé, que sa « *réponse est encore une question, que cette demeure est menacée sans cesse.* » Mais le livre ne peut être menacé que par le rien, le non-être, le non-sens. Si elle venait à *être,* la menace — comme c'est le cas ici — serait avouée, dite, domestiquée. Elle serait de la maison et du livre.

Toute l'inquiétude historique, toute l'inquiétude poétique, toute l'inquiétude judaïque tourmentent donc ce poème de la question interminable. Toutes les affirmations et toutes les négations, toutes les questions contradictoires y sont accueillies dans l'unité du livre, dans une logique à nulle autre pareille, dans la Logique. Il faudrait dire ici la Grammaire. Mais cette inquiétude et cette guerre, ce déchaînement de toutes les eaux ne repose-t-il pas sur le fond paisible et silencieux d'une non-question? L'écriture de la question n'est-elle pas, par décision, par résolution, le commencement du repos et de la réponse? La première violence à l'égard de la question? La première crise et le premier oubli, le commencement nécessaire de l'errance comme histoire, c'est-à-dire comme la dissimulation même de l'errance?

La non-question dont nous parlons n'est pas encore un dogme; et l'acte de foi dans le livre peut précéder, nous le savons, la croyance en la Bible. Lui survivre aussi. La non-question dont nous parlons, c'est la certitude inentamée que l'être est une Grammaire; et le monde de part en part un cryptogramme à constituer ou à reconstituer par inscription ou déchiffrement poétiques; que le livre est originaire, que toute chose est *au livre* avant d'être et pour venir *au monde,* ne peut naître qu'en *abordant* le livre, ne peut mourir qu'en échouant *en vue* du livre; et que toujours la rive impassible du livre est *d'abord.*

Mais si le Livre n'était, à tous les sens de ce mot, qu'une *époque* de l'être (époque finissante qui laisserait voir l'Être dans les lueurs de son agonie ou le relâchement de son étreinte, et qui multiplierait, comme une maladie dernière, comme l'hypermnésie bavarde et tenace de certains moribonds, les livres sur le livre mort)? Si la forme du livre ne devait plus être le modèle du sens? Si l'être était radicalement hors du livre, hors de sa lettre? D'une transcendance qui ne se laisserait plus toucher par l'inscription et la signification, qui ne se coucherait pas dans la page et qui surtout se lèverait avant elle ? Si l'être se perdait dans les livres ? Si les livres étaient la dissipation de l'être ? Si l'être-monde, sa présence, son sens d'être, se révélait seulement dans l'illisibilité, dans une illisibilité radicale qui ne serait pas complice d'une lisibilité perdue ou cherchée, d'une page qu'on n'aurait pas encore coupée dans quelque encyclopédie divine ? Si le monde n'était même pas, selon l'expression de Jaspers, le « manuscrit d'un autre », mais d'abord l'autre de tout manuscrit possible ? Et s'il était toujours trop tôt pour dire que « *la révolte est une page froissée dans la corbeille à papier...* » ? Toujours trop tôt pour dire que le mal est seulement *indéchiffrable,* par l'effet de quelque *lapsus calami* ou cacographie de Dieu et que « *notre vie, dans le Mal, a la forme d'une lettre renversée, exclue, parce qu'illisible du Livre des Livres ?* » Et si la Mort ne se laissait pas inscrire *elle-même* dans le livre où, comme on sait d'ailleurs, le Dieu des Juifs inscrit tous les ans le nom de ceux seulement qui pourront vivre ? Et si l'âme morte était plus ou moins, autre chose en tous cas que la lettre morte qui devrait toujours pouvoir être réveillée ? Si le livre n'était que l'oubli le plus sûr de la mort ? La dissimulation d'une écriture plus vieille ou plus jeune, d'un autre âge que le livre, que la grammaire et que tout ce qui s'y annonce sous le nom de sens de l'être ? d'une écriture encore illisible ?

L'illisibilité radicale dont nous parlons n'est pas l'irrationnalité, le non-sens désespérant, tout ce qui peut susciter l'angoisse devant l'incompréhensible et l'illogique. Une telle interprétation — ou détermination — de l'illisible appartient déjà au livre, est déjà enveloppée dans la possibilité du volume. L'illisibilité originaire n'est pas un moment simplement intérieur au livre, à la raison ou au logos ; elle n'en est pas davantage le contraire, n'ayant avec eux aucun rapport de symétrie, leur étant incommensurable. Antérieure au livre (au sens non chronologique), elle est donc la possibilité même du livre et, en lui, d'une opposition, ultérieure et éventuelle, du « rationalisme » et de l' « irrationalisme ». L'être qui s'annonce dans l'illisible est au-delà de ces catégories, au-delà, s'écrivant, de son propre nom.

Que ces questions ne soient pas prononcées dans *Le livre des questions,* il serait dérisoire d'en accuser Jabès. Ces questions ne peuvent que dormir dans l'acte littéraire qui a besoin à la fois de leur vie et de leur léthargie. L'écriture mourrait de la vigilance pure comme de l'effacement simple de la question. Écrire, n'est-ce pas encore confondre l'ontologie et la grammaire ? Cette grammaire dans laquelle s'inscrivent encore toutes les dislocations de la syntaxe morte, toutes les agressions de la parole contre la langue, toutes les mises à la question de la lettre elle-même ? Les questions écrites adressées à la littérature, toutes les tortures à elle infligées, sont toujours par elle et en elle transfigurées, énervées, oubliées ; devenues modifications de soi, par soi, en soi, des mortifications, c'est-à-dire, comme toujours, des ruses de la vie. Celle-ci ne se nie elle-même dans la littérature que pour mieux survivre. Pour mieux être. Elle ne se nie pas plus qu'elle ne s'affirme : elle se diffère et s'écrit comme différance. Les livres sont toujours des livres de *vie* (l'archétype en serait le *Livre de la Vie* tenu par le Dieu des Juifs) ou de *survie* (les archétypes en seraient les *Livres des Morts* tenus par les Égyptiens). Quand M. Blanchot écrit : « L'homme est-il *capable* d'une interrogation radicale, c'est-à-dire, en fin de compte, l'homme est-il *capable* de littérature ? », on pourrait aussi bien dire, à partir d'une certaine pensée de la vie, « incapable », une fois sur les deux. Sauf à admettre que la littérature pure est la non-littérature, ou la mort elle-même. La question sur l'origine du livre, l'interrogation absolue, l'interrogation sur toutes les interrogations possibles, l' « interrogation de Dieu » n'appartiendra jamais à aucun livre. A moins qu'elle ne s'oublie elle-même dans l'articulation de sa mémoire, dans le temps de l'interrogation, dans le temps et la tradition de sa *phrase*, et que la mémoire de soi, syntaxe la reliant à soi, n'en fasse une affirmation déguisée. Déjà un livre de question s'éloignant de son origine.

Dès lors, pour que Dieu fût bien, comme le dit Jabès, *une interrogation de Dieu*, ne faudrait-il pas transformer une dernière affirmation en question ? La littérature ne serait peut-être alors que le déplacement somnambulique de cette question :

" « Il y a le Livre de Dieu par lequel Dieu s'interroge et il y a le livre de l'homme qui est à la taille de celui de Dieu. »

Reb Rida. "

VIOLENCE ET MÉTAPHYSIQUE

ESSAI SUR LA PENSÉE D'EMMANUEL LEVINAS[1]

> Hebraism and Hellenism, — between these two points of influence
> moves our world. At one time it feels more powerfully the attrac-
> tion of one of them, at another time of the other; and it ought
> to be, though it never is, evenly and happily balanced between
> them. (MATTHEW ARNOLD, *Culture and anarchy.*)

Que la philosophie soit morte hier, depuis Hegel ou Marx,
Nietzsche ou Heidegger — et la philosophie devrait encore
errer vers le sens de sa mort — ou qu'elle ait toujours vécu de
se savoir moribonde, ce qui s'avoue en silence dans l'ombre
portée par la parole même qui *déclara* la *philosophia perennis;* qu'elle
soit morte *un jour, dans* l'histoire, ou qu'elle ait toujours vécu
d'agonie et d'ouvrir violemment l'histoire en enlevant sa possibilité contre la non-philosophie, son fond advers, son passé ou
son fait, sa mort et sa ressource; que par delà cette mort ou cette
mortalité de la philosophie, peut-être même grâce à elles, la
pensée ait un avenir ou même, on le dit aujourd'hui, soit tout

---

1. Emmanuel Levinas, *Théorie de l'intuition dans la phénoménologie de Husserl,* 1re éd.,
Alcan, 1930; 2e éd., Vrin, 1963; *De l'existence à l'existant* (Fontaine, 1947); *Le temps
et l'autre* in « Le choix, le Monde, l'Existence » (*Cahiers du Collège philosophique,* Arthaud,
1949); *En découvrant l'existence. Avec Husserl et Heidegger,* Vrin, 1949; *Totalité et Infini,
Essai sur l'extériorité,* La Haye, M. Nijhoff, 1961; *Difficile Liberté, Essais sur le judaïsme,*
Albin Michel, 1963.
Nous nous référerons aussi à divers articles que nous mentionnerons le moment
venu. Les œuvres principales seront désignées par les initiales de leur titre : *Théorie
de l'intuition...* : THI; *De l'existence à l'existant* : EE; *le Temps et l'Autre* : TA; *En
découvrant l'existence* : EDE; *Totalité et Infini* : TI; *Difficile Liberté* : DL.
Cet essai était écrit lorsque parurent deux importants textes d'Emmanuel Levinas :
« La Trace de l'Autre » in *Tijdschrift voor Filosofie,* sept. 1963 et « La Signification et
le Sens » in *Revue de métaphysique et de morale,* 1964, no 2. Nous ne pouvons malheureusement y faire ici que de brèves allusions.

entière à venir depuis ce qui se réservait encore dans la philosophie; plus étrangement encore, que l'avenir lui-même ait ainsi un avenir, ce sont là des questions qui ne sont pas en puissance de réponse. Ce sont, par naissance et pour une fois au moins, des problèmes qui sont posés à la philosophie comme problèmes qu'elle ne peut résoudre.

Peut-être même ces questions ne sont-elles pas *philosophiques*, ne sont-elles plus *de la philosophie*. Elles devraient être néanmoins les seules à pouvoir fonder aujourd'hui la communauté de ce que, dans le monde, on appelle encore les philosophes par un souvenir, au moins, qu'il faudrait interroger sans désemparer, et malgré la diaspora des instituts ou des langues, des publications et des techniques qui s'entraînent, s'engendrent d'eux-mêmes et s'accroissent comme le capital ou la misère. Communauté de la question, donc, en cette fragile instance où la question n'est pas encore assez déterminée pour que l'hypocrisie d'une réponse se soit déjà invitée sous le masque de la question, pour que sa voix se soit déjà laissé articuler en fraude dans la syntaxe même de la question. Communauté de la décision, de l'initiative, de l'initialité absolue, mais menacée, où la question n'a pas encore trouvé le langage qu'elle a décidé de chercher, ne s'est pas encore en lui rassurée sur sa propre possibilité. Communauté de la question sur la possibilité de la question. C'est peu — ce n'est presque rien — mais là se réfugient et se résument aujourd'hui une dignité et un devoir inentamables de décision. Une inentamable responsabilité.

Pourquoi inentamable? Parce que l'impossible a *déjà* eu lieu. L'impossible selon la totalité du questionné, selon la totalité de l'étant, des objets et des déterminations, l'impossible selon l'histoire des faits a eu lieu : il y a une histoire de la question, une mémoire pure de la question pure qui autorise peut-être en sa possibilité tout héritage et toute mémoire pure en général et comme telle. La question a déjà commencé, nous le savons et cette étrange certitude concernant une *autre* origine absolue, une autre décision absolue, s'assurant du passé de la question, libère un enseignement incommensurable : la discipline de la question. A travers (à travers, c'est-à-dire qu'il faut *déjà* savoir lire) cette discipline qui n'est même pas encore la tradition déjà inconcevable du négatif (de la détermination négative) et qui est bien plus antérieure à l'ironie, à la maïeutique, à l'ἐποχή et au doute, une injonction s'annonce : la question doit être gardée. Comme question. La liberté *de la question* (double génitif) doit être dite et abritée. Demeure fondée, tradition réalisée de la question demeurée question. Si ce commandement a une signification éthique, ce n'est pas d'appartenir au *domaine* de l'éthique, mais d'autoriser — ultérieurement — toute loi éthique en général. Il n'est pas de loi qui ne se dise, il n'est pas de commandement qui ne s'adresse à une liberté de parole. Il n'est donc ni loi ni commandement qui ne confirme et *n'enferme* — c'est-à-dire qui ne dissimule en la présupposant — la possibilité de la question. La question est ainsi toujours enfermée, elle n'apparaît jamais immédiatement comme telle, mais seulement à travers l'hermétisme d'une proposition où la réponse a déjà commencé à la déterminer. Sa pureté ne fait jamais que s'annoncer ou se rappeler à travers la différence d'un travail herméneutique.

Ainsi, ceux qui questionnent sur la possibilité, la vie et la mort de la philosophie sont déjà pris, surpris dans le dialogue de la question sur soi et avec soi, ils sont déjà en mémoire de philosophie, engagés dans la correspondance de la question avec elle-même. Il appartient donc essentiellement à la destinée de cette correspondance qu'elle en vienne à spéculer, à se réfléchir, à questionner sur soi en soi. Alors commence l'objectivation, l'interprétation seconde et la détermination de sa propre histoire dans le monde; alors commence un combat qui se tient dans la différence entre la question en général et la « philosophie » comme moment et mode déterminés — finis ou mortels — de la question elle-même. Différence entre la philosophie comme pouvoir ou aventure *de* la question elle-même et la philosophie comme événement ou tournant déterminés *dans* l'aventure.

Cette différence est mieux pensée aujourd'hui. Qu'elle vienne au jour et soit pensée *comme telle,* c'est sans doute le trait le plus inapparent à l'historien des faits, des techniques ou des idées, le plus inessentiel à ses yeux. Mais c'est peut-être, compris avec toutes ses implications, le caractère le plus profondément inscrit de notre époque. Mieux penser cette différence, ne serait-ce pas en particulier savoir que si quelque chose doit encore advenir à partir de la tradition dans laquelle les philosophes se savent toujours surpris, ce sera à condition d'en requérir sans cesse l'origine et de faire rigoureusement effort pour se tenir au plus proche d'elle-même. Ce qui n'est pas balbutier et se blottir paresseusement au creux de l'enfance. Mais précisément le contraire.

Près de nous et depuis Hegel, dans son ombre immense, les deux grandes voix par lesquelles cette répétition totale nous a été dictée, nous a rappelés, s'est le mieux reconnue comme la première urgence philosophique, sont, à n'en pas douter, celles de Husserl et de Heidegger. Or malgré les plus profondes dissemblances, ce recours à la tradition — qui n'a rien d'un traditionalisme — est orienté par une intention commune à la phénoménologie husserlienne et à ce que nous appellerons provisoirement, par approximation et commodité, l' « ontologie [1] » heideggerienne.

Ainsi, très sommairement :

1. le tout de l'histoire de la philosophie est pensé à partir de sa source *grecque*. Il ne s'agit pas, on le sait, d'occidentalisme ou d'historicisme [2]. Simplement les concepts fondateurs de la philosophie sont d'abord grecs et il ne serait pas possible de philosopher ou de prononcer la philosophie hors de leur élément. Que Platon

---

1. Après avoir voulu restaurer l'intention proprement ontologique dormant dans la métaphysique, après avoir réveillé l' « ontologie fondamentale » sous l' « ontologie métaphysique », Heidegger propose finalement, devant la ténacité de l'équivoque traditionnelle, de renoncer désormais aux termes « ontologie », « ontologique » *(Introduction à la métaphysique)*. La question de l'être n'est soumise à aucune ontologie.

2. C'est-à-dire de relativisme : la vérité de la philosophie ne dépend pas de son rapport à la factualité de l'événement grec ou européen. Il faut au contraire accéder à l'eidos grec ou européen à partir d'une irruption ou d'un appel dont la provenance est diversement déterminée par Husserl et Heidegger. Il reste que pour tous deux, « l'irruption de la philosophie » (« Aufbruch oder Einbruch der Philosophie », Husserl, *Krisis*..), est le « phénomène originaire » qui caractérise l'Europe comme « figure spirituelle » *(ibid.)*. Pour tous deux, « le mot φιλοσοφία nous dit que la philosophie est quelque chose qui, d'abord et avant tout, détermine l'existence du monde grec. Il y a plus — la φιλοσοφία détermine aussi en son fond le cours le plus intérieur de notre histoire occidentale-européenne. La locution rebattue de « philosophie occidentale-européenne » est en vérité une tautologie. Pourquoi ? Parce que la « philosophie » est grecque dans son être même — grec veut dire ici : la philosophie est, dans son être originel, de telle nature que c'est d'abord le monde grec et seulement lui qu'elle a saisi en le réclamant pour se déployer — elle ». Heidegger, *Qu'est-ce que la philosophie ?* Trad. K. Axelos et J. Beaufret. Sur la façon dont il faut entendre, plus précisément, ces allusions à la Grèce, cf. aussi *Chemins...*, trad. W. Brokmeier.

soit aux yeux de Husserl l'instituteur d'une raison et d'une tâche philosophiques dont le telos dormait encore dans l'ombre; qu'il marque au contraire, pour Heidegger, le moment où la pensée de l'être s'oublie et se détermine en philosophie, cette différence n'est décisive qu'à l'issue d'une racine commune qui est grecque. La différence est fraternelle dans la descendance, tout entière soumise à la même domination. Domination du même, aussi, qui ne s'effacera ni dans la phénoménologie ni dans l' « ontologie ».

2. l'archéologie à laquelle, par des voies différentes, nous conduisent Husserl et Heidegger, prescrit, chaque fois, une subordination ou une transgression, en tous cas une *réduction de la métaphysique*. Même si ce geste a dans chaque cas, au moins en apparence, un sens très différent.

3. enfin, la catégorie de l'*éthique* y est non seulement dissociée de la métaphysique, mais ordonnée à autre chose qu'elle-même, à une instance antérieure et plus radicale. Quand elle ne l'est pas, quand la loi, le pouvoir de résolution et le rapport à l'autre rejoignent l'ἀρχὴ, ils y perdent leur spécificité éthique [1].

Ces trois motifs s'ordonnant à l'unique source de l'unique philosophie, ils indiqueraient la seule direction possible pour toute ressource philosophique en général. Si un dialogue est ouvert entre la phénoménologie husserlienne et l' « ontologie » heideggerienne, partout où elles se trouvent plus ou moins directement impliquées, c'est à l'intérieur de la seule traditionnalité grecque qu'il semble pouvoir être entendu. Au moment où la conceptualité fondamentale issue de l'aventure gréco-européenne est en train de s'emparer de l'humanité entière, ces trois motifs pré-détermineraient donc la totalité du logos et de la situation historico-philosophique mondiale. Aucune philosophie ne saurait les ébranler sans commencer par s'y soumettre ou sans finir par se détruire elle-même comme langage philosophique. A une profondeur historique que la science et les philosophies de l'histoire ne peuvent que présupposer, nous nous savons donc confiés à la sécurité

---

1. Husserl : « La Raison ne souffre pas d'être distinguée en « théorique », « pratique » ou esthétique, etc. » (*La Philosophie comme prise de conscience de l'humanité*, trad. P. Ricœur, *Vérité et Liberté*). Heidegger : « Les termes tels que « logique », « éthique », « physique », n'apparaissent qu'au moment où la pensée originelle va à sa perte. » *Lettre sur l'humanisme*, trad. R. Munier.

de l'élément grec, en un savoir et en une confiance qui ne seraient ni des habitudes ni des conforts, mais nous permettraient au contraire de penser tout danger et de vivre toute inquiétude ou toute détresse. Par exemple, la conscience de crise ne dit pour Husserl que le recouvrement provisoire, presque nécessaire, d'un motif transcendantal qui lui-même, chez Descartes et Kant, commençait à accomplir le dessein grec : la philosophie comme science. Quand Heidegger dit, par exemple, que « depuis longtemps, trop longtemps déjà, la pensée est à sec », comme poisson sur terre, l'élément auquel il veut la rendre est encore — déjà — l'élément grec, la pensée grecque de l'être, la pensée de l'être dont l'irruption ou l'appel auraient produit la Grèce. Le savoir et la sécurité dont nous parlons ne sont donc pas dans le monde : bien plutôt la possibilité de notre langage et l'assise de notre monde.

C'est à cette profondeur que nous ferait trembler la pensée d'Emmanuel Levinas.

Au fond de la sécheresse, dans le désert qui croît, cette pensée qui ne veut plus être par fondation pensée de l'être et de la phénoménalité, nous fait rêver d'une démotivation et d'une dépossession inouïes :

1. En grec, dans notre langue, dans une langue riche de toutes les alluvions de son histoire — et déjà notre question s'annonce — dans une langue s'accusant elle-même d'un pouvoir de séduction dont elle joue sans cesse, elle nous appelle à la dislocation du logos grec; à la dislocation de notre identité, et peut-être de l'identité en général; elle nous appelle à quitter le lieu grec, et peut-être le lieu en général, vers ce qui n'est même plus une source ni un lieu (trop accueillants aux dieux), vers une *respiration*, vers une parole prophétique ayant déjà soufflé non seulement en amont de Platon, non seulement en amont des présocratiques, mais en-deçà de toute origine grecque, vers l'autre du Grec (mais l'autre du Grec, sera-ce le non-Grec? Pourra-t-il, surtout, *se nommer* le non-Grec? Et notre question s'approche). Pensée pour laquelle le tout du logos grec est déjà survenu, humus apaisé non pas sur un sol, mais autour d'un volcan plus ancien. Pensée qui veut, sans philologie, par la seule fidélité à la nudité immédiate mais enfouie de l'expérience elle-même, se libérer de la domination grecque du

Même et de l'Un (autres noms pour la lumière de l'être et du phéno-mène) comme d'une oppression, certes à nulle autre au monde semblable, oppression ontologique ou transcendantale, mais aussi origine et alibi de toute oppression dans le monde. Pensée enfin qui veut se libérer d'une philosophie fascinée par « la face de l'être qui se montre dans la guerre » et « se fixe dans le concept de totalité qui domine la philosophie occidentale » (TI, x).

2. Cette pensée veut néanmoins se définir, en sa possibilité pre-mière comme métaphysique (notion grecque pourtant, si nous sui-vons la veine de notre question). Métaphysique que Levinas veut relever de sa subordination et dont il veut restaurer le concept contre le tout de la tradition issue d'Aristote.

3. Cette pensée en appelle à la relation éthique — rapport non-violent à l'infini comme infiniment-autre, à autrui — qui pourrait seule ouvrir l'espace de la transcendance et libérer la métaphysique. Cela sans appuyer l'éthique et la métaphysique sur autre chose qu'elles-mêmes et sans les mêler à d'autres eaux en leur surgisse-ment.

Il s'agit donc d'une puissante volonté d'explication avec l'his-toire de la parole grecque. Puissante parce que si cette tentative n'est pas la première de son type, elle atteint dans le dialogue à une altitude et à une pénétration où les Grecs — et d'abord ces deux Grecs que sont encore Husserl et Heidegger — sont sommés de répondre. L'eschatologie messianique dont s'inspire Levinas, si elle ne veut ni s'assimiler à ce qu'on appelle une évidence philoso-phique, ni même « compléter » (TI, x) l'évidence philosophique, ne se développe néanmoins en son discours ni comme une théologie ni comme une mystique juives (on peut même l'entendre comme le procès de la théologie et de la mystique), ni comme une dogma-tique, ni comme *une* religion, ni même comme *une* morale. Elle ne s'autorise jamais en dernière instance de thèses ou de textes hébraï-ques. Elle veut se faire entendre dans un *recours à l'expérience elle-même*. L'expérience elle-même, et ce qu'il y a de plus irréductible dans l'expérience : passage et sortie vers l'autre ; l'autre lui-même en ce qu'il y a de plus irréductiblement autre : autrui. Recours qui ne se confond pas avec ce qu'on a toujours appelé une démarche philosophique, mais qui atteint un point où la philosophie excédée ne peut pas ne pas être concernée. A vrai dire, l'eschatologie messianique n'est jamais à la lettre proférée : il s'agit seulement de désigner dans l'expérience nue un espace, un creux où elle puisse être entendue et où elle doive résonner. Ce creux, ce n'est pas une ouverture parmi d'autres. C'est l'ouverture elle-même, l'ouverture de l'ouverture, ce qui ne se laisse enfermer dans une aucune catégorie ou totalité, c'est-à-dire tout ce qui, de l'expérience, ne se laisse plus décrire dans la conceptualité traditionnelle et résiste même à tout philosophème.

Que signifient cette explication et ce débordement réciproque de deux origines et de deux paroles historiques, l'hébraïsme et l'hellénisme ? Un élan nouveau, quelque étrange communauté s'y annoncent-ils qui ne soient pas le retour spiralé de la promiscuité alexandrine ? Si l'on songe que Heidegger veut aussi ouvrir le passage à une ancienne parole qui, prenant appui dans la philosophie, porte au-delà ou en deçà de la philosophie, que signifient ici cet autre passage et cette autre parole ? Et surtout que signifie cet appui requis de la philosophie où elles dialoguent encore ? C'est cet espace d'interrogation que nous avons choisi pour une lecture — très partielle [1] — de l'œuvre de Levinas. Bien entendu, nous n'avons pas l'ambition d'explorer cet espace, fût-ce à titre de timide commencement. A peine et de loin tenterons-nous de l'indiquer. Nous voudrions d'abord, dans le style du commentaire

---

[1] Partielle non seulement à cause du point de vue choisi, de l'ampleur de l'œuvre de Levinas, des limites, matérielles et autres, de cet essai. Mais aussi parce que l'écriture de Levinas, qui mériterait à elle seule toute une étude et où le geste stylistique, surtout dans *Totalité et Infini*, se laisse moins que jamais distinguer de l'intention, interdit cette désincarnation prosaïque dans le schéma conceptuel qui est la première violence de tout commentaire. Levinas recommande certes le bon usage de la prose qui rompt le charme ou la violence dionysiaques et interdit le rapt poétique, mais cela n'y change rien : dans *Totalité et Infini*, l'usage de la métaphore, pour y être admirable et le plus souvent, sinon toujours, au-delà de l'abus rhétorique, abrite en son pathos les mouvements les plus décisifs du discours. En renonçant trop souvent à les reproduire dans notre prose désenchantée, serons-nous fidèle ou infidèle ? En outre, le développement des thèmes n'est, dans *Totalité et Infini*, ni purement descriptif ni purement déductif. Il se déroule avec l'insistance infinie des eaux contre une plage : retour et répétition, toujours, de la même vague contre la même rive, où pourtant chaque fois se résumant, tout infiniment se renouvelle et s'enrichit. Par tous ces défis au commentateur et au critique, *Totalité et Infini* est une œuvre et non un traité.

(et malgré quelques parenthèses et notes où s'enfermera notre perplexité), être fidèle aux thèmes et aux audaces d'une pensée. A son histoire aussi dont la patience et l'inquiétude résument déjà et portent en elles l'interrogation réciproque dont nous voulons parler [1]. Puis nous tenterons de poser quelques questions. Si elles réussissent à approcher l'âme de cette explication, elles ne seront rien moins que des objections : les questions plutôt qui *nous* sont posées par Levinas.

Nous venons de dire « thèmes » et « histoire d'une pensée ». La difficulté est classique et elle n'est pas seulement de méthode. La brièveté de ces pages ne fera que l'aggraver. Nous ne choisirons pas. Nous refuserons de sacrifier l'histoire de la pensée et des œuvres de Levinas à l'ordre ou au faisceau de thèmes — il ne faut pas dire système — qui se rassemblent et s'enrichissent dans le grand livre : *Totalité et Infini*. Car s'il faut en croire, pour une fois, le plus grand accusé du procès instruit en ce livre, le résultat n'est rien sans le devenir. Mais nous ne sacrifierons pas davantage l'unité fidèle à soi de l'intention au devenir qui ne serait alors qu'un pur désordre. Nous ne choisirons pas entre l'ouverture et la totalité. Nous serons donc incohérent, mais sans nous résoudre systématiquement à l'incohérence. La possibilité du système impossible sera à l'horizon pour nous garder de l'empirisme. Sans réfléchir ici à la philosophie de cette hésitation, notons entre parenthèses que par sa simple élocution, nous avons déjà abordé la problématique propre de Levinas.

I. VIOLENCE DE LA LUMIÈRE

La sortie de Grèce était discrètement préméditée dans la *Théorie de l'intuition dans la phénoménologie de Husserl*. C'était en 1930, en France, le premier grand ouvrage consacré au tout de la pensée husserlienne. A travers un remarquable exposé des développements de la phénoménologie, tels qu'ils étaient alors accessibles à partir des œuvres publiées et de l'enseignement du maître, à travers des

1. On trouvera à la fin de *Difficile Liberté*, sous le titre : *Signature*, les points de repère pour une biographie philosophique de Levinas.

précautions faisant déjà leur part aux « surprises » que pourraient
« réserver » la méditation et les inédits de Husserl, la réticence
était déclarée. L'impérialisme de la θεωρία inquiétait déjà Levinas.
Plus que toute autre philosophie, la *phénoménologie*, dans la trace de
Platon, devait être frappée de lumière. N'ayant pas su réduire
la dernière naïveté, celle du regard, elle pré-déterminait l'être
comme objet.

L'accusation reste encore timide et elle n'est pas d'une pièce.

a) D'abord, il est difficile d'élever un discours philosophique
contre la lumière. Et trente ans plus tard, lorsque les griefs contre
le théorétisme et la phénoménologie — husserlienne — deviendront
les motifs essentiels de la rupture avec la tradition, il faudra encore
que s'offre à un certain éclairement la nudité du visage d'autrui,
cette « épiphanie » d'une certaine non-lumière devant laquelle
devront se taire et désarmer toutes les violences. En particulier
celle qui a partie liée avec la phénoménologie.

b) Ensuite, il est difficile de le négliger, Husserl pré-détermine
si peu l'être comme objet que, dans *Idées* I, l'existence absolue
n'est reconnue qu'à la conscience pure. On a souvent prétendu, il
est vrai, que la différence ne comptait guère et qu'une philosophie
de la conscience était toujours philosophie de l'objet. La lecture
de Husserl par Levinas a toujours été sur ce point nuancée, souple,
contrastée. Déjà, dans la *Théorie de l'intuition*..., la théorie est justement distinguée de l'objectivité en général. Nous le verrons
plus loin : la conscience pratique, axiologique, etc., est aussi,
pour Husserl, une conscience d'objet. Levinas le reconnaît nette-
ment. L'accusation viserait donc en réalité le primat irréductible
de la corrélation sujet-objet. Mais, plus tard, Levinas insistera
de plus en plus sur ce qui, dans la phénoménologie husserlienne,
nous porte au-delà ou en-deçà de « la corrélation sujet-objet ». C'est,
par exemple, « l'intentionnalité en tant que relation avec l'altérité »
comme « extériorité qui n'est pas objective », c'est la sensibilité,
la genèse passive, le mouvement de la temporalisation, [1] etc.

c) Puis le soleil de l'ἐπέκεινα τῆς οὐσίας illuminera toujours
pour Levinas l'éveil pur et la source inépuisable de la pensée. Il

---

1. Cf. *La Technique phénoménologique* in *Husserl*, Cahiers de Royaumont, et *Intentionnalité et Métaphysique* in *Revue philosophique*, 1959.

est non seulement l'ancêtre grec de l'Infini transcendant la totalité (totalité de l'être ou du noème, du même ou du moi) [1], mais l'instrument d'une destruction de l'ontologie et de la phénoménologie assujetties à la totalité neutre du Même comme Être ou comme Moi. Tous les essais groupés en 1947 sous le titre : *De l'existence à l'existant* seront placés sous le signe de « la formule platonicienne plaçant le Bien au-delà de l'Être » (dans *Totalité et Infini*, la « Phénoménologie de l'Eros » décrit le mouvement de l'ἐπέκεινα τῆς οὐσίας dans l'expérience même de la caresse). En 1947, ce mouvement qui n'est pas théologique, qui n'est pas transcendance vers « une existence supérieure », Levinas l'appelle « ex-cendance ». Prenant pied dans l'être, l'ex-cendance est une « sortie de l'être et des catégories qui le décrivent ». Cette ex-cendance éthique dessine déjà le lieu — plutôt le non-lieu — de la métaphysique comme méta-théologie, méta-ontologie, méta-phénoménologie. Nous devrons revenir sur cette lecture de l'ἐπέκεινα τῆς οὐσίας et sur ses rapports avec l'ontologie. Notons pour l'instant, puisqu'il s'agit de lumière, que le mouvement platonicien est interprété de telle sorte qu'il ne conduit plus au soleil, mais à l'au-delà même de la lumière et de l'être, de la lumière *de* l'être : « Nous rencontrons *à notre façon* l'idée platonicienne du Bien au-delà de l'Être », lira-t-on à la fin de *Totalité et Infini* à propos de création et de fécondité (Nous soulignons). *A notre façon*, c'est-à-dire que l'ex-cendance éthique ne projette pas vers la neutralité du bien, mais vers autrui, et que ce qui (est) ἐπέκεινα τῆς οὐσίας n'est pas essentiellement lumière, mais fécondité ou générosité. La création n'est création que *de* l'autre, elle ne se peut que comme paternité et les rapports du père au fils échappent à toutes les catégories de la logique, de l'ontologie et de la phénoménologie dans lesquelles l'absolu de l'autre est nécessairement le même. (Mais le soleil platonicien, déjà, n'éclairait-il pas le soleil visible et l'ex-cendance ne se

1. L'autre ancêtre, le latin, sera cartésien : idée de l'Infini s'annonçant à la pensée comme ce qui la déborde toujours. Nous venons de nommer les deux seuls gestes philosophiques qui, à l'exclusion de leurs auteurs, soient totalement acquittés, reconnus innocents par Levinas. En dehors de ces deux anticipations, la tradition n'aurait jamais connu, sous le nom d'infini, que le « faux-infini » impuissant à déborder absolument le Même : l'infini comme horizon indéfini ou comme transcendance de la totalité aux parties.

jouait-elle pas dans la méta-phore de ces deux soleils ? Le Bien n'était-il pas la source — nécessairement nocturne — de toute lumière ? Lumière (au-delà) de la lumière. Le cœur de la lumière est noir, on l'a souvent remarqué [1]. Puis le soleil de Platon n'éclaire pas seulement : il engendre. Le bien est le père du soleil visible qui donne aux êtres la « genèse, l'accroissement et la nourriture ». *République*, 508a-509b).

d) Sans doute enfin Levinas est-il très attentif à tout ce qui, dans les analyses de Husserl, tempère ou complique la primordialité de la conscience théorique. Dans un paragraphe consacré à *La conscience non-théorique*, il est reconnu que le primat de l'objectivité en général ne se confond pas nécessairement, dans *Idées* I, avec celui de l'attitude théorique. Il existe des actes et des objets non-théoriques « d'une structure ontologique nouvelle et irréductible ». « Par exemple, dit Husserl, l'acte de *valorisation* constitue un objet (*Gegenständlichkeit*) axiologique, spécifique par rapport au monde des choses, constitue un être d'une nouvelle région... ». Levinas admet aussi à plusieurs reprises que l'importance accordée à l'objectivité théorétique tient au guide transcendantal choisi le plus souvent dans *Idées* I : la perception de la chose étendue. (On savait pourtant déjà que ce fil conducteur pouvait n'être qu'un exemple provisoire.)

Malgré toutes ces précautions, malgré une oscillation constante entre la lettre et l'esprit du husserlianisme (celle-là étant le plus souvent contestée au nom de celui-ci [2]), malgré l'insistance sur ce

---

1. Cf. les exemples philosophiques et poétiques qu'en donne G. Bachelard dans *la Terre et les Rêveries du repos*, p. 22 et suiv.

2. Ce schéma commande toujours le rapport de Levinas à Husserl. Le théorétisme et l'objectivisme seraient la conclusion et la lettre husserliennes trahissant l'esprit de l'analyse intentionnelle et de la phénoménologie. Cf., par exemple, *Intentionnalité et Métaphysique* : « Le grand apport de la phénoménologie husserlienne tient à cette idée que l'intentionnalité ou la relation avec l'altérité, ne se fige pas en se polarisant comme sujet-objet. Certes, la façon dont Husserl lui-même interprète et analyse ce débordement de l'intentionnalité objectivante par l'intentionnalité transcendantale, consiste à ramener celle-ci à d'autres intuitions et comme à de « petites perceptions. » (Husserl eût-il souscrit à cette interprétation de son « interprétation ? » Nous sommes loin d'en être sûr, mais ce n'est pas ici le lieu de cette question.) Suit une description de la sphère pré-objective d'une expérience intentionnelle sortant absolument de soi vers l'autre (description qui ne nous a jamais paru déborder, pourtant, une certaine littéralité husserlienne). Même schéma dans *la Technique phénoménologique* et

qui est appelé « fluctuation dans la pensée de Husserl », une rupture est signifiée sur laquelle on ne reviendra plus. La réduction phénoménologique dont « le rôle historique... n'est même pas un problème » pour Husserl, reste prisonnière de l'attitude naturelle, possible par elle « dans la mesure où celle-ci est théorique [1] ». « Husserl se donne la liberté de la théorie, comme il se donne la théorie elle-même ». Le chapitre IV de l'ouvrage, *la Conscience théorique*, désigne, à l'intérieur d'une analyse serrée et nuancée, le lieu de la séparation : on ne peut maintenir à la fois le primat de l'acte objectivant et l'originalité irréductible de la conscience non-théorique. Et si « la conception de la conscience dans la 5e *Untersuchung* nous semble non seulement affirmer un primat de la conscience théorique mais ne voir qu'en elle l'accès à ce qui fait l'*être* de l'objet », si « le monde existant, qui nous est révélé, a le mode d'existence de l'objet qui se donne au regard théorique », si « le monde réel, c'est le monde de la connaissance », si « dans sa philosophie (celle de Husserl)..., la connaissance, la représentation [2], n'est pas un mode de vie du même degré que les autres, ni un mode secondaire », alors « nous aurons à nous en séparer ».

On prévoit déjà à quel inconfort devra plus tard se vouer une pensée qui, refusant l'excellence de la rationalité théorétique, ne cessera pourtant jamais d'en appeler au rationalisme et à l'univer-

---

dans *Totalité et Infini* : à « l'enseignement essentiel » de Husserl est opposée « la lettre ». « Qu'importe si dans la phénoménologie husserlienne, prise à la lettre, ces horizons insoupçonnés s'interprètent, à leur tour, comme pensées visant des objets ! »

1. Proposition que Husserl n'eût sans doute pas acceptée facilement. De même, toute l'analyse consacrée à la thèse doxique et au paragraphe 117 des *Idées* (THI, p. 192) tient-elle compte de l'extraordinaire élargissement des notions de *thèse* et de *doxa* opéré par Husserl qui se montre déjà si soucieux de respecter l'originalité du pratique, de l'axiologique, de l'esthétique? Quant à la signification historique de la réduction, il est vrai qu'en 1930 et dans ses œuvres publiées, Husserl n'en avait pas encore fait un thème. Nous y reviendrons. Nous ne nous intéressons pas pour le moment à la vérité husserlienne, mais à l'itinéraire de Levinas.

2. Quant à la représentation, motif important de la divergence, quant à sa dignité et à son statut dans la phénoménologie husserlienne, Levinas semble pourtant n'avoir jamais cessé d'hésiter. Mais c'est encore, presque toujours, entre l'esprit et la lettre. Parfois aussi entre le droit et le fait. On suivra ce mouvement à travers les passages suivants : THI, p. 90 et suiv.; EDE, p. 22-23 et surtout p. 52, *la Technique Phénoménologique*, p. 98-99, TI, p. 95 et suiv.

salisme les plus déracinés contre les violences de la mystique et de l'histoire, contre le rapt de l'enthousiasme et de l'extase. On prévoit aussi les difficultés d'un cheminement qui mène à une métaphysique de la séparation à travers une réduction du théorétisme. Car c'est la séparation, la distance ou l'impassibilité que visaient jusqu'ici les objections classiques contre le théorétisme et l'objectivisme. Il y aura plus de force — et de péril — à dénoncer au contraire la cécité du théorétisme, son incapacité à sortir de soi vers l'extériorité absolue, vers le tout-autre, vers l'infiniment-autre, « plus objectif que l'objectivité » (TI). La complicité de l'objectivité théorique et de la communion mystique, telle sera la vraie cible de Levinas. Unité pré-métaphysique d'une seule et même violence. Alternance modifiant toujours le même renfermement de l'autre.

En 1930, Levinas se tourne vers Heidegger contre Husserl. *Sein und Zeit* est alors publié et l'enseignement de Heidegger commence à rayonner. Tout ce qui déborde le commentaire et la « lettre » du texte husserlien s'oriente vers l' « ontologie », « dans le sens très spécial que Heidegger donne à ce terme » (THI). Dans sa critique de Husserl, Levinas retient ici deux thèmes heideggeriens : 1. malgré « l'idée, si profonde, que, dans l'ordre ontologique, le monde de la science est postérieur au monde concret et vague de la perception, et dépend de lui », Husserl « a peut-être eu tort de voir, dans ce monde concret, un monde d'objets perçus avant tout » (THI). Heidegger va plus loin, pour qui ce monde n'est pas d'abord donné à un regard, mais (formulation dont nous nous demandons si Heidegger l'eût acceptée) « dans son être même, comme un centre d'action, comme un champ d'activité ou de *sollicitude* » *(ibid)*. 2. s'il a eu raison contre l'historicisme et l'histoire naturaliste, Husserl a négligé « la situation historique de l'homme... prise dans un autre sens [1] ». Il y a une historicité et une temporalité de l'homme qui ne sont pas

1. Dans EDE, à une époque (1940-1949) où les surprises à cet égard n'étaient plus réservées, le thème de cette critique sera encore central : « Chez Husserl le phénomène du sens n'a jamais été déterminé par l'histoire. » (Nous ne voulons pas dire ici que cette phrase soit *finalement* en contradiction avec les intentions alors connues de Husserl. Mais celles-ci ,quoi qu'il en soit au fond et en définitive, ne sont-elles pas déjà plus problématiques que ne semble le croire Levinas ?)

seulement ses prédicats, mais « la substantialité même de sa substance » . C'est « cette structure... qui occupe une place si importante dans la pensée d'un Heidegger... » *(ibid.)*.

On prévoit déjà à quel inconfort devra plus tard se vouer une
pensée qui, refusant l'excellence d'une « philosophie » qui « paraît...
aussi indépendante de la situation historique de l'homme que la
théorie cherchant à tout considérer *sub specie aeternitatis* » (THI),
ne cessera plus tard de recourir, comme à l'expérience, à « l'eschatologie » qui « en tant que l'« au-delà » de l'histoire arrache les
êtres à la juridiction de l'histoire... » (TI). Il n'y a pas ici de contradiction, mais un déplacement de concepts — ici du concept
d'histoire — que nous devons suivre. Peut-être alors l'apparence
de contradiction s'évanouira-t-elle comme le fantasme d'une
philosophie murée dans sa conceptualité élémentale. Contradiction suivant ce que Levinas appellera souvent « logique formelle ».

Suivons ce déplacement. Ce qui est respectueusement, modéré-
ment reproché à Husserl dans un style heideggerien ne tardera
guère à devenir chef d'accusation dans un réquisitoire tourné
cette fois contre Heidegger et dont la violence ne cessera de croître.
Il ne s'agit certes pas de dénoncer comme un théorétisme militant
une pensée qui, dès son premier acte, refusa de traiter l'évidence
de l'objet comme son ultime recours; et pour laquelle l'historicité
du sens, selon les propres termes de Levinas, « ruine la clarté et
la constitution en tant que modes d'existence authentiques de
l'esprit » (EDE); pour laquelle enfin « l'évidence n'est plus le
mode fondamental de l'intellection », « l'existence est irréductible
à la lumière de l'évidence » et « le drame de l'existence » se joue
« avant la lumière » *(ibid.)*. Néanmoins, à une singulière profondeur — mais le fait et l'accusation n'en sont que plus significatifs —
Heidegger aurait encore questionné et réduit le théorétisme au nom
et à l'intérieur d'une tradition grecque-platonicienne surveillée
par l'instance du regard et la métaphore de la lumière. C'est-à-dire
par le couple spatial du dedans-dehors (mais est-ce, de part en
part, un couple *spatial ?*) dont vit l'opposition sujet-objet. En
prétendant réduire ce dernier schème, Heidegger aurait retenu
ce qui le rendait possible et nécessaire : la lumière, le dévoilement,

la compréhension ou la pré-compréhension. C'est ce qui nous est dit dans des textes qui furent écrits après *En découvrant l'existence*. « Le souci heideggerien, tout illuminé par la compréhension (même si la compréhension elle-même se donne comme souci), est déjà déterminé par la structure « dedans-dehors » qui caractérise la lumière. » En ébranlant la structure « dedans-dehors » en ce point où elle aurait résisté à Heidegger, Levinas ne prétend nullement l'effacer ou en nier le sens et l'existence. Non plus d'ailleurs quand il s'agit de l'opposition sujet-objet ou cogito-cogitatum. Dans un style auquel se reconnaît ici la pensée forte et fidèle (c'est aussi le style de Heidegger), Levinas respecte la zone ou la couche de vérité traditionnelle; et les philosophies dont il décrit les présuppositions ne sont en général ni réfutées ni critiquées. Ici, par exemple, il s'agit simplement de faire apparaître sous cette vérité, la fondant et s'y dissimulant, « une situation qui précède la scission de l'être en un dedans et un dehors ». Et pourtant d'instaurer, en un sens qui devra être nouveau, si nouveau, une métaphysique de la séparation et de l'extériorité radicales. On pressent que cette métaphysique aura de la peine à trouver son langage dans l'élément d'un logos traditionnel tout entier contrôlé par la structure « dedans-dehors », « intériorité-extériorité ».

Ainsi « sans être connaissance, la temporalité de Heidegger est une extase, l' « être hors de soi ». Non point transcendance de la théorie, mais déjà sortie d'une intériorité vers une extériorité ». La structure du *Mitsein* sera elle-même interprétée comme héritage platonicien et appartenance au monde de la lumière. En effet, à travers l'expérience de l'eros et de la paternité, à travers l'attente de la mort, devrait surgir un rapport à l'autre qui ne se laisse plus comprendre comme modification de « la notion éléatique de l'Être » (TA). Celle-ci exigerait que la multiplicité soit comprise, et soumise à l'empire de l'unité. Elle commanderait encore la philosophie de Platon, selon Levinas, jusque dans son concept de la féminité (pensée comme matière dans les catégories de l'activité et de la passivité) et jusque dans son concept de la cité qui « doit imiter le monde des idées » (TA).

« C'est... vers un pluralisme qui ne fusionne pas en unité que nous voudrions nous acheminer; et si cela peut être osé, rompre avec Parménide » (TA). C'est donc à un deuxième parricide que

nous exhorte Levinas. Il faut tuer le père grec qui nous tient encore
sous sa loi, ce à quoi un Grec — Platon — n'a jamais pu sincère-
ment se résoudre, le différant en un meurtre hallucinatoire.
Hallucination dans l'hallucination déjà de la parole. Mais ce qu'un
Grec, ici, n'a pu faire, un non-Grec le réussira-t-il autrement
qu'en se déguisant en Grec, en *parlant* grec, en feignant de parler
grec pour approcher le roi? Et comme il s'agit de tuer une parole,
saura-t-on jamais qui est la dernière victime de cette feinte? Peut-on
feindre de parler un langage? L'Étranger éléate et disciple de
Parménide avait dû lui donner raison pour avoir raison de lui :
pliant le non-être à être, il lui avait fallu « dire adieu à je ne sais
quel contraire de l'être » et confiner le non-être dans sa relativité
à l'être, c'est-à-dire dans le mouvement de l'altérité.

Pourquoi, selon Levinas, la répétition du meurtre était-elle
nécessaire? Parce que le geste platonicien sera inefficace tant que
la multiplicité et l'altérité ne seront pas entendues comme *solitude*
absolue de l'*existant* dans son *exister*. C'est alors, « pour des raisons d'euphonie » (TA) la traduction choisie par Levinas pour
Seiendes et *Sein*. Ce choix ne cessera d'entretenir une certaine équivoque : par *existant,* Levinas entend en effet presque toujours,
sinon toujours, l'étant-homme, l'étant dans la forme du *Dasein*.
Or l'existant ainsi compris n'est pas l'étant *(Seiendes)* en général,
mais renvoie — et d'abord parce que c'est la même racine —, à ce
que Heidegger appelle *Existenz,* « mode de l'être et, précisément,
l'être de cet étant qui se tient ouvert pour l'apérité de l'être et
en elle ». *Was bedeutet « Existenz » in Sein und Zeit? Das Wort
nennt eine Weise des Seins, und zwar das Sein desjenigen Seienden, das
offen steht für die Offenheit des Seins, in der es steht, indem es sie aussteht*
(Introd. à *Was ist Metaphysik.*).

Or cette solitude de l' « existant » dans son « exister » serait
première, ne pourrait se penser à partir de l'unité neutre de l'*exister*
(que Levinas décrit souvent et si profondément sous le titre de
Il y a. Mais le « il y a » n'est-il pas plutôt la totalité de l'étant indéterminé, neutre, anonyme, etc., que l'être lui-même? Il faudrait
confronter systématiquement ce thème du « il y a » avec les allusions que Heidegger fait au « es gibt ». *(Sein und Zeit, Lettre sur
l'humanisme).* Confronter aussi l'horreur ou la terreur que Levinas
oppose à l'angoisse heideggerienne avec l'expérience de l'effroi

(Scheu) dont Heidegger dit, dans le *Nachwort* à *Was ist Meta-physik*, qu'elle « habite près de l'angoisse essentielle ».

Du fond de cette solitude surgit le rapport à l'autre. Sans elle, sans ce secret premier, le parricide est une fiction théâtrale de la philosophie. Partir de l'unité de l' « exister » pour comprendre le secret, sous prétexte qu'il *existe* ou qu'il *est* le secret de l'existant, « c'est s'enfermer dans l'unité et laisser échapper Parménide à tout parricide » (TA). C'est donc vers une pensée de la différence originaire que s'oriente dès lors Levinas. Cette pensée est-elle en contradiction avec les intentions de Heidegger ? Y a-t-il une différence entre cette différence et la différence dont parle ce dernier ? Leur rapprochement est-il autre que verbal ? Et quelle est la différence la plus originaire ? Ce sont des questions que nous aborderons plus loin.

Monde de lumière et d'unité, « philosophie d'un monde de la lumière, d'un monde sans temps ». Dans cette héliopolitique, « l'idéal du social sera cherché dans un idéal de fusion... le sujet... s'abimant dans une représentation collective, dans un idéal commun... C'est la collectivité qui dit « nous », qui, tournée vers le soleil intelligible, vers la vérité, sent l'autre à côté de soi, et non pas en face de soi.... Le *Miteinandersein* demeure lui aussi la collectivité de l'avec et c'est autour de la vérité qu'il se révèle dans sa forme authentique ». Or, « nous espérons montrer, pour notre part, que ce n'est pas la préposition *mit* qui doit décrire la relation originelle avec l'autre ». Sous la solidarité, sous le compagnonnage, avant le *Mitsein* qui ne serait qu'une forme dérivée et modifiée du rapport originaire à l'autre, Levinas vise déjà le face-à-face et la rencontre du visage. « Face à face sans intermédiaire » ni « communion ». Sans intermédiaire et sans communion, ni média-teté, ni immédiateté, telle est la vérité de notre rapport à l'autre, la vérité à laquelle le logos traditionnel est à jamais inhospitalier. Vérité impensable de l'expérience vive à laquelle revient sans cesse Levinas et que la parole philosophique ne peut tenter d'abriter sans aussitôt montrer, dans sa propre lumière, de misérables lézardes, et sa rigidité qu'on avait prise pour une solidité. On pourrait sans doute montrer que l'écriture de Levinas a ceci en propre qu'elle se meut toujours, dans ses moments décisifs, le long de ces lézardes, progressant avec maîtrise par négations

et négation contre négation. Sa voie propre n'est pas celle d'un
« ou bien... ou bien », mais d'un « ni... non plus ». La force poétique
de la métaphore est souvent la trace de cette alternative refusée
et de cette blessure dans le langage. A travers elle, dans son ouverture, l'expérience elle-même se montre en silence.

Sans intermédiaire et sans communion, proximité et distance
absolues : « ... eros où, dans la proximité de l'autre, est intégrale-
ment maintenue la distance, dont le pathétique est fait à la fois
de cette proximité et de cette dualité ». Communauté de la non-
présence, donc de la non-phénoménalité. Non pas communauté
sans lumière, non pas synagogue aux yeux bandés, mais communauté antérieure à la lumière platonicienne. Lumière avant la
lumière neutre, avant la vérité qui vient en tiers, « vers laquelle
on regarde ensemble », vérité de jugement et d'arbitre. Seul,
l'autre, le tout-autre, peut se manifester comme ce qu'il est, avant
la vérité commune, dans une certaine non-manifestation et dans
une certaine absence. De lui seul on peut dire que son phénomène
est une certaine non-phénoménalité, que sa présence *(est)* une
certaine absence. Non pas absence pure et simple, car la logique
finirait par y retrouver son compte, mais une *certaine* absence.
Une telle formulation le montre bien : dans cette expérience de
l'autre, la logique de la non-contradiction, tout ce que Levinas
désignera sous le nom de « logique formelle », se trouve contesté
en sa racine. Cette racine serait non seulement celle de notre
langage, mais celle du tout de la philosophie occidentale [1], en
particulier de la phénoménologie et de l'ontologie. Cette naïveté
les empêcherait de penser l'autre (c'est-à-dire de penser; et la
raison serait bien ainsi, mais ce n'est pas Levinas qui l'a dit,
« l'ennemi de la pensée ») et d'y ordonner leur discours. La conséquence en serait double. *a)* Ne pensant pas l'autre, elles n'ont
pas le temps. N'ayant pas le temps, elles n'ont pas l'histoire.
L'altérité absolue des instants, sans laquelle il n'y aurait pas de
temps, ne peut être produite — constituée — dans l'identité du
sujet ou de l'existant. Elle vient au temps par autrui. Bergson

---

1. Hegel lui-même n'échapperait pas à la règle. La contradiction serait sans cesse
et à la fin des fins surmontée. L'extrême audace consisterait ici à retourner contre
Hegel l'accusation de formalisme et à dénoncer la réflexion spéculative comme
logique de l'entendement, comme tautologique. On imagine la difficulté de la tâche.

et Heidegger l'auraient ignoré (EE). Husserl encore davantage.
b) Plus gravement, se priver de l'autre (non par quelque sevrage,
en s'en séparant, ce qui est justement se rapporter à lui, le respecter,
mais en l'ignorant, c'est-à-dire en le connaissant, en l'identifiant,
en l'assimilant), se priver de l'autre, c'est s'enfermer dans une
solitude (mauvaise solitude de solidité et d'identité à soi) et réprimer la transcendance éthique. En effet, si la tradition parmé-
nidienne — nous savons maintenant ce que cela veut dire pour
Levinas — ignore l'irréductible solitude de l' « existant », elle
ignore par là même le rapport à l'autre. Elle ne pense pas la solitude, elle ne s'apparaît pas comme solitude parce qu'elle est solitude de totalité et d'opacité. « Le solipsisme n'est ni une aberration ni un sophisme; c'est la structure de même la raison. » Il
y a donc un soliloque de la raison et une solitude de la lumière.
Incapables de respecter l'autre dans son être et dans son sens,
phénoménologie et ontologie seraient donc des philosophies de
la violence. A travers elles, toute la tradition philosophique aurait
partie liée, dans son sens et en profondeur, avec l'oppression et le
totalitarisme du même. Vieille amitié occulte entre la lumière
et la puissance, vieille complicité entre l'objectivité théorique et
la possession technico-politique [1]. « Si on pouvait posséder,
saisir et connaître l'autre, il ne serait pas l'autre. Posséder, connaître,
saisir sont des synonymes du pouvoir » (TA). Voir et savoir,
avoir et pouvoir ne se déploient que dans l'identité oppressive
et lumineuse du même et restent, aux yeux de Levinas, les catégories fondamentales de la phénoménologie et de l'ontologie.
Tout ce qui m'est donné dans la lumière paraît m'être donné à
moi-même par moi-même. Dès lors, la *métaphore* héliologique ne
fait que détourner notre regard et fournit un alibi à la violence
historique de la lumière : déplacement de l'oppression technico-

---

1. Autre inconfort : la technique n'est jamais simplement condamnée par Levinas.
Elle peut sauver d'une violence pire, de la violence « réactionnaire », celle du ravissement sacré, de l'enracinement, de la proximité naturelle du paysage. « La technique
nous arrache au monde heideggerien et aux superstitions du Lieu. » Elle offre
la chance de « laisser luire le visage humain dans sa nudité » (DL). Nous y reviendrons.
Nous ne voulons ici que laisser pressentir que toute philosophie de la non-violence
ne peut jamais, *dans l'histoire,* — mais aurait-elle un sens ailleurs ? — que choisir
la moindre violence en une *économie de la violence.*

politique vers la fausse innocence du discours philosophique. Car on a toujours cru que les métaphores innocentaient, levaient le poids des choses et des actes. S'il n'y a d'histoire que par le langage et si le langage (sauf quand il nomme l'être *lui-même* ou le rien : presque jamais) est élémentairement métaphorique, Borges a raison : « Peut-être l'histoire universelle n'est-elle que l'histoire de quelques métaphores. » De ces « quelques métaphores » fondamentales, la lumière n'est qu'un exemple, mais quel exemple! Qui en dominera, qui en dira jamais le sens sans se laisser d'abord dire par lui? Quel langage y échappera jamais? Comment s'en délivrera, par exemple, la métaphysique du visage comme *épiphanie* de l'autre? La lumière n'a peut-être pas de contraire, surtout pas la nuit. Si tous les langages se battent en elle, *modifiant seulement* la même métaphore et choisissant la *meilleure* lumière, Borges, quelques pages plus loin, a encore raison : « Peut-être l'histoire universelle n'est-elle que l'histoire des diverses *intonations* de quelques métaphores. » [*La sphère de Pascal.* Nous soulignons].

II. Phénoménologie, ontologie, métaphysique

Ces cheminements étaient critiques, mais ils obéissaient à la voix de certitudes pleines. Celles-ci apparaissaient seulement, à travers des essais, des analyses concrètes et subtiles disant l'exotisme, la caresse, l'insomnie, la fécondité, le travail, l'instant, la fatigue, à ce point, à cette pointe de l'indescriptible indestructible entamant la conceptualité classique et cherchant la sienne entre des refus. *Totalité et Infini*, le grand œuvre, n'enrichit pas seulement ces analyses concrètes, il les organise à l'intérieur d'une puissante architecture.

Le mouvement positif qui se porte au-delà du mépris ou de la méconnaissance de l'autre, c'est-à-dire au-delà de l'appréciation ou de la prise, de la compréhension et de la connaissance de l'autre, Levinas l'appelle *métaphysique* ou *éthique*. La transcendance métaphysique est *désir*.

Ce concept du désir est aussi anti-hegelien qu'il est possible. Il ne désigne pas le mouvement de négation et d'assimilation, la négation de l'altérité d'abord nécessaire pour devenir « conscience de soi », « certaine de soi » (*Phénoménologie de l'esprit*, et *Encyclopédie*). Le désir est au contraire pour Levinas le respect et la connaissance de l'autre comme autre, moment éthico-métaphysique que la conscience *doit* s'interdire de transgresser. Ce geste de transgression et d'assimilation serait au contraire une nécessité essentielle selon Hegel. Levinas y voit une nécessité naturelle, prémétaphysique et il sépare, dans de belles analyses, le désir de la jouissance, ce que ne semble pas faire Hegel. La jouissance est seulement différée dans le travail : le désir hegelien ne serait donc que le besoin au sens de Levinas. Mais les choses paraîtraient plus compliquées, on s'en doute, à suivre minutieusement le mouvement de la certitude et de la vérité du désir dans la *Phénoménologie de l'esprit*. Malgré ses protestations antikierkegaardiennes, Levinas rejoint ici les thèmes de *Crainte et Tremblement* : le mouvement du désir ne peut être ce qu'il est que comme paradoxe, comme renoncement au désiré.

Ni l'intentionnalité théorique ni l'affectivité du besoin n'épuisent le mouvement du désir : elles ont pour sens et pour fin de s'accomplir, de se combler, de se satisfaire dans la totalité et l'identité du même. Le désir au contraire se laisse appeler par l'extériorité absolument irréductible de l'autre auquel il doit rester infiniment inadéquat. Il n'est égal qu'à la démesure. Aucune totalité jamais ne se fermera sur lui. La métaphysique du désir est donc métaphysique de la séparation infinie. Non point conscience de la séparation comme conscience judaïque, comme conscience malheureuse : dans l'Odyssée hegelienne, le malheur d'Abraham est déterminé comme provision, comme nécessité provisoire d'une figure et d'un passage dans l'horizon de la réconciliation, du retour à soi et du savoir absolu. Ici point de retour. Puis le désir n'est pas malheureux. Il est ouverture et liberté. Aussi l'infini désiré peut-il le commander, mais jamais l'assouvir de sa présence. « Et si le désir devait cesser avec Dieu / Ah je t'enverrais l'enfer. » (Nous est-il permis de citer Claudel pour commenter Levinas, alors que celui-ci polémique aussi contre cet « esprit admiré dès [notre] jeune âge ? » (DL).

L'infiniment autre est l'invisible puisque le voir n'ouvre que l'extériorité illusoire et relative de la théorie et du besoin. Extériorité provisoire, qu'on se donne *en vue* de la consumer, de la consommer. Inaccessible, l'invisible est le très-haut. Cette expression — peut-être habitée des résonances platoniciennes évoquées par Levinas, mais surtout par d'autres qu'on reconnaîtra plus vite — déchire, par l'excès superlatif, la lettre spatiale de la métaphore. Si haute qu'elle soit, la hauteur est toujours accessible; le très-haut, lui, est plus haut que la hauteur. Aucun accroissement de hauteur ne saurait le mesurer. Il n'appartient pas à l'espace, il n'est pas du monde. Mais quelle est la nécessité de cette inscription du langage dans l'espace au moment même où il l'excède? Et si le pôle de la transcendance métaphysique est non-hauteur spatiale, qu'est-ce qui légitime en dernière instance l'expression de trans-ascendance empruntée à J. Wahl? Le thème du visage nous aidera peut-être à la comprendre.

Le moi est le même. L'altérité ou la négativité intérieure au moi, la différence intérieure n'est qu'une apparence : une *illusion,* un « jeu du Même », le « mode d'identification » d'un moi dont les moments essentiels s'appellent le corps, la possession, la maison, l'économie, etc. Levinas leur consacre de belles descriptions. Mais ce jeu du même n'est pas monotone, il ne se répète pas dans le monologue et la tautologie formelle. Travail d'identification et production concrète de l'égoïsme, il comporte une *certaine* négativité. Négativité finie, modification interne et relative par laquelle le moi s'affecte lui-même dans son mouvement d'identification. Il s'altère ainsi vers soi en soi. La résistance offerte au travail, le provoquant, reste un moment du même, moment fini formant système et totalité avec l'agent. Il va de soi que Levinas décrit ainsi l'*histoire* comme aveuglement à l'autre et procession laborieuse du même. On pourra se demander si l'histoire peut être l'histoire, s'*il y a histoire* quand la négativité est enfermée dans le cercle du même et quand le travail ne se heurte pas vraiment à l'altérité, se donne à lui-même sa résistance. On se demandera si l'histoire elle-même ne commence pas avec ce rapport à l'autre que Levinas place au-delà de l'histoire. Le schéma de cette question pourrait commander toute la lecture de *Totalité et Infini.* On assiste ainsi, en tous cas, à ce déplacement du concept d'historicité dont nous parlions plus haut. Il faut reconnaître que sans ce déplacement, aucun anti-hegelianisme ne saurait être conséquent de bout en bout. La condition *nécessaire* de cet anti-hegelianisme est donc remplie.

Il faut y prendre garde : ce thème de la tautologie concrète (non-formelle) ou de la fausse hétérologie (finie), ce thème difficile est proposé assez discrètement au début de *Totalité et Infini*, mais il conditionne toutes les affirmations de ce livre. Si la négativité (travail, histoire, etc.) n'a jamais rapport à l'autre, si l'autre n'est pas la simple négation du même, alors ni la séparation ni la transcendance métaphysique ne se pensent sous la catégorie de la négativité. De même que — nous l'avions vu plus haut — la simple conscience interne ne saurait, sans l'irruption du tout-autre, se donner le temps et l'altérité absolue des instants, de même le moi ne peut engendrer en soi l'altérité sans la rencontre d'autrui.

Si l'on n'est pas convaincu par ces propositions initiales qui autorisent l'équation du moi au même, on ne le sera plus. Si l'on ne suit pas Levinas quand il affirme que les choses offertes au travail ou au désir — au sens hegelien (par exemple, l'objectivité naturelle) appartiennent au moi, à son économie (au même), ne lui offrent pas la résistance absolue réservée à l'autre (autrui), si l'on est tenté de penser que cette dernière résistance suppose, dans son sens le plus propre, mais sans se confondre avec elle, la possibilité de la résistance des choses (l'existence du monde qui n'est pas moi et dans lequel je suis, de façon aussi originale qu'on voudra, par exemple comme origine du monde dans le monde...), si l'on ne suit pas Levinas quand il affirme que la vraie résistance au même n'est pas celle des choses, n'est pas *réelle*, mais *intelligible* [1], si l'on est rebelle à la notion de résistance purement intelligible, on ne suivra plus Levinas. Et l'on ne suivra pas sans un indéfinissable malaise les opérations conceptuelles que la dissymétrie classique du même et de l'autre libère en se laissant renverser; ou (dirait une tête classique) en *feignant* de se prêter au renversement tout en restant la *même*, impassible sous une substitution algébrique.

Quelle est donc cette rencontre de l'absolument-autre? Ni représentation, ni limitation, ni relation conceptuelle au même.

---

[1]. « Liberté et Commandement » in *Revue de métaphysique et de morale*, 1953.

Le moi et l'autre ne se laissent pas surplomber, ne se laissent pas totaliser par un concept de relation. Et d'abord parce que le concept (matière du langage), toujours *donné à l'autre*, ne peut se fermer sur l'autre, le comprendre. La dimension dative ou vocative ouvrant la direction originaire du langage, elle ne saurait sans violence se laisser comprendre et modifier dans la dimension accusative ou attributive de l'objet. Le langage ne peut donc totaliser sa propre possibilité et *comprendre* en soi sa propre origine ou sa propre fin.

A vrai dire, on n'a pas à se demander *quelle* est cette rencontre. Elle est *la* rencontre, la seule issue, la seule aventure hors de soi, vers l'imprévisiblement-autre. *Sans espoir de retour*. Dans tous les sens de cette expression et c'est pourquoi cette eschatologie qui *n*'attend *rien* paraît parfois infiniment désespérée. A vrai dire, dans *la Trace de l'Autre*, l'eschatologie ne « paraît » pas seulement désespérée. Elle se donne comme telle et le renoncement appartient à sa signification essentielle. Décrivant la liturgie, le désir et l'œuvre comme ruptures de l'Économie et de l'Odyssée, comme impossibilité du retour au même, Levinas parle d'une « eschatologie sans espoir pour soi ou libération à l'égard de mon temps ».

Il n'y a donc pas de conceptualité de la rencontre : celle-ci est possible par l'autre, par l'imprévisible, « réfractaire à la catégorie ». Le concept suppose une anticipation, un horizon où l'altérité s'*amortit* en s'annonçant, et de se laisser prévoir. L'infiniment-autre ne se relie pas dans un concept, ne se pense pas à partir d'un horizon qui est toujours horizon du même, l'unité élémentaire dans laquelle les surgissements et les surprises sont toujours accueillis par une compréhension, sont reconnus. On doit ainsi penser contre une évidence dont on pouvait croire — dont on ne peut pas ne pas croire encore — qu'elle est l'éther même de notre pensée et de notre langage. Essayer de penser le contraire coupe le souffle. Et il ne s'agit pas seulement de penser le *contraire*, qui en est encore complice, mais de libérer sa pensée et son langage pour la rencontre par-delà l'alternative classique. Sans doute cette rencontre qui pour la première fois n'a pas la forme du contact intuitif (dans l'éthique, au sens que lui donne Levinas, la prohibition principale, centrale, est celle du contact), mais celle de la séparation (la rencontre comme séparation, autre brisure de la « logique formelle [1] »), sans doute cette rencontre de l'imprévisible *lui-même* est-elle la seule ouverture possible du temps, le seul avenir pur, la seule dépense pure *au-delà* de l'histoire comme économie. Mais cet avenir, cet au-delà n'est pas un autre temps, un lendemain de l'histoire. Il est *présent* au cœur de l'expérience. Présent non d'une présence totale mais de la *trace*. L'expérience elle-même est donc eschatologique, par origine et de part en part, avant tout dogme, toute conversion, tout article de foi ou de philosophie.

Face-à-face avec l'autre dans un regard *et* une parole qui maintiennent la distance et interrompent toutes les totalités, cet être-ensemble comme séparation précède ou déborde la société, la collectivité, la communauté. Levinas l'appelle *religion*. Elle ouvre l'éthique. La relation éthique est une relation religieuse. (DL.) Non pas *une* religion, mais *la* religion, la religiosité du religieux. Cette transcendance au-delà de la négativité ne s'accomplit pas dans l'intuition d'une présence positive, elle « instaure seulement le langage où ni le non ni le oui ne sont le premier mot » (TI), mais l'interrogation. Interrogation non théorique toutefois, question totale, détresse et dénuement, supplication, prière exigeante adressée à une liberté, c'est-à-dire commandement : le seul impératif éthique possible, la seule non-violence incarnée puisqu'elle est respect de l'autre. Respect immédiat de l'autre lui-même puisqu'il ne passe pas, pourrait-on peut-être dire sans suivre aucune indication littérale de Levinas, par l'élément neutre de l'universel et par le respect — au sens kantien [2] — de la Loi.

1. Parmi les nombreux passages qui dénoncent l'impuissance de ladite « logique formelle » en face des significations de l'expérience nue, signalons en particulier TI, p. 168, 237, 253, 345, où la description de la fécondité doit reconnaître « une dualité de l'Identique ». (Un en deux, un en trois... Le Logos grec n'avait-il pas déjà survécu à des secousses de cet ordre ? Ne les avait-il pas plutôt accueillies en lui ?)

2. Affirmation à la fois profondément fidèle à Kant (« Le respect s'applique toujours uniquement aux personnes », *Raison pratique*), et foncièrement anti-kantienne puisque sans l'élément formel de l'universalité, sans l'ordre pur de la loi, le respect de l'autre, le respect et l'autre n'échappent plus à l'immédiateté empirique et pathologique. Comment y échappent-ils néanmoins selon Levinas ? On regrettera peut-être ici qu'aucune confrontation systématique et patiente ne soit organisée en particulier avec Kant. A notre connaissance, il est seulement fait allusion, à peine au passage, dans un article, à des « échos kantiens » et « à la philosophie pratique de Kant dont nous nous sentons particulièrement près ». (« L'ontologie est-elle fondamentale ? »

Cette restauration de la métaphysique permet alors de radicaliser et de systématiser les réductions antérieures de la phénoménologie et de l'ontologie. Le *voir* est sans doute, de prime abord, une connaissance respectueuse et la lumière passe pour l'élément qui, le plus fidèlement, de la façon la plus neutre, en tiers, laisse être le connu. La relation théorique n'a pas été par hasard le schème préféré de la relation métaphysique (cf. TI). Lorsque le troisième terme est, dans sa plus neutre indétermination, lumière de l'être — qui n'est ni un étant ni un non-étant alors que le même et l'autre *sont* — la relation théorique est ontologie. Celle-ci, selon Levinas, ramène toujours l'autre au sein du même à la faveur de l'unité de l'être. Et la liberté théorétique qui accède à la pensée de l'être n'est que l'identification du même, lumière où je me donne ce que je dis rencontrer, liberté *économique* au sens particulier que Levinas donne à ce mot. Liberté dans l'immanence, liberté pré-métaphysique, on pourrait presque dire physique, liberté empirique même si dans l'histoire elle s'appelle raison. La raison serait nature. La métaphysique s'ouvre quand la théorie se critique comme ontologie, comme dogmatisme et spontanéité du même, quand, sortant de soi, elle se laisse mettre en question par l'autre dans le mouvement éthique. Postérieure en fait, la métaphysique, comme critique de l'ontologie, est en droit et philosophiquement première. S'il est vrai que « la philosophie occidentale a été le plus souvent une ontologie » dominée depuis Socrate par une Raison qui ne reçoit que ce qu'elle se donne [1], qui ne fait jamais que se rappeler elle-même, si l'ontologie est une tautologie et une égologie, elle a donc toujours *neutralisé* l'autre à tous les sens de ce mot. La neutralisation

---

R.M.M., 1951. Repris in *Phénoménologie, Existence*). Cette confrontation serait appelée non seulement par les thèmes éthiques, mais déjà par la différence entre totalité et infini pour laquelle Kant, parmi d'autres et peut-être plus que d'autres, eut aussi quelques pensées.

1. Levinas met souvent en accusation la maîtrise socratique qui n'enseigne rien, qui n'enseigne que le déjà connu et fait tout sortir de soi, c'est-à-dire du Moi ou du Même comme Mémoire. L'anamnèse serait aussi une procession du Même. (Sur ce point du moins, Levinas ne pourra pas s'opposer à Kierkegaard (cf. par exemple, J. Wahl, *Etudes kierkegaardiennes* pp. 308-309) : la critique qu'il adresse au platonisme est ici littéralement kierkegaardienne. Il est vrai que Kierkegaard opposait Socrate à Platon chaque fois qu'il était question de réminiscence. Celle-ci appartiendrait à la « spéculation » platonicienne dont Socrate se « sépare » *(Post-scriptum)*.

phénoménologique, serait-on peut-être tenté de dire, donne sa forme la plus subtile et la plus moderne à cette neutralisation historique, politique et policière. Seule la métaphysique pourrait libérer l'autre de cette lumière de l'être ou du phénomène qui « enlève à l'être sa résistance ».

L' « ontologie » heideggerienne, malgré de séduisantes apparences, n'échapperait pas à ce schéma. Elle resterait encore « égologie » et même « égoïsme » : « *Sein und Zeit* n'a peut-être soutenu qu'une seule thèse : l'être est inséparable de la compréhension de l'être (qui se déroule comme temps), l'être est déjà appel à la subjectivité. Le primat de l'ontologie heideggerienne ne repose pas sur le truisme : « Pour connaître l'étant, il faut avoir compris l'être de l'étant. » Affirmer la priorité de l'*être* par rapport à l'*étant*, c'est déjà se prononcer sur l'essence de la philosophie, subordonner la relation avec *quelqu'un* qui est un étant (la relation éthique) à une relation avec l'*être de l'étant* qui, impersonnel, permet la saisie, la domination de l'étant (à une relation de savoir), subordonne la justice à la liberté... façon de demeurer le Même au sein de l'Autre. » Malgré tous les malentendus qui peuvent se loger dans ce traitement de la pensée heideggerienne — nous les étudierons pour eux-mêmes plus loin — l'intention de Levinas, en tout cas, semble claire. La pensée neutre de l'être neutralise autrui comme étant : « L'ontologie comme philosophie première, est une philosophie de la puissance », philosophie du neutre, tyrannie de l'état comme universalité anonyme et inhumaine. Ici se tiennent les prémisses d'une critique de l'aliénation étatique dont l'anti-hegelianisme ne serait ni subjectiviste, ni marxiste; ni anarchiste, car c'est une philosophie du « principe, qui ne se peut que comme commandement ». Les « possibilités » heideggeriennes restent des pouvoirs. Pour être pré-techniques et pré-objectifs, ils n'en oppriment et ne possèdent pas moins. Par un autre paradoxe, la philosophie du neutre communique avec une philosophie du lieu, de l'enracinement, des violences païennes, du rapt, de l'enthousiasme, philosophie offerte au sacré, c'est-à-dire au divin anonyme, au divin sans Dieu (DL). « Matérialisme honteux », pour être complet, car en son fond, le matérialisme n'est pas d'abord un sensualisme, mais la primauté reconnue au neutre (TI). La notion de *primauté* dont use si fréquemment Levinas traduit bien le geste de toute sa critique. Selon l'indication présente dans la notion d'ἀρχή, le commencement philosophique est immédiatement transposé en commandement éthique ou politique. Le *primat* est d'entrée de jeu principe *et* chef. Toutes les pensées classiques interrogées par Levinas sont ainsi traînées vers l'*agora*, sommées de s'expliquer dans un langage éthico-politique qu'elles n'ont pas toujours voulu ou cru vouloir parler, sommées de se transposer en avouant leur dessein violent; et qu'elles parlaient déjà dans la cité, qu'elles disaient bien, par les détours et malgré le désintéressement apparent de la philosophie, à qui le pouvoir devait revenir. Ici se tiennent les prémisses d'une lecture non-marxiste de la philosophie comme idéologie. Les voies de Levinas sont décidément difficiles : refusant l'idéalisme et les philosophies de la subjectivité, il doit aussi dénoncer la neutralité d'un « Logos qui n'est verbe de personne » *(ibid.)*. (On pourrait sans doute montrer que Levinas, inconfortablement installé — et déjà par l'histoire de sa pensée — dans la différence entre Husserl et Heidegger, critique toujours l'un dans un style et selon un schéma empruntés à l'autre, finissant par les renvoyer ensemble dans les coulisses comme compères dans le « jeu du Même » et complices dans le même coup de force historico-philosophique). Le verbe doit non seulement être verbe de quelqu'un; il doit déborder vers l'autre ce qu'on appelle le sujet parlant. Ni les philosophies du neutre ni les philosophies de la subjectivité ne peuvent reconnaître ce trajet de la parole qu'aucune parole ne peut totaliser. Par définition, si l'autre est l'autre et si toute parole est pour l'autre, aucun logos comme savoir absolu ne peut *comprendre* le dialogue et le trajet vers l'autre. Cette incompréhensibilité, cette rupture du logos n'est pas le commencement de l'irrationalisme, mais blessure ou inspiration qui ouvre la parole et rend ensuite possible tout logos ou tout rationalisme. Un logos total devrait encore, pour être logos, se laisser offrir à l'autre au-delà de sa propre totalité. S'il y a, par exemple, une ontologie ou un logos de la compréhension de l'être (de l'étant), c'est que « celle-ci déjà se dit à l'étant qui resurgit derrière le thème où il s'offre. Ce « dire à Autrui » — cette relation avec Autrui comme interlocuteur, cette relation avec un *étant* — précède toute ontologie. Elle est la relation ultime dans l'être. L'ontologie suppose la métaphysique » (TI). « Au dévoilement de l'être en général, comme base de la connaissance et comme sens de l'être, préexiste la relation avec l'étant qui s'exprime; au plan de l'ontologie, le plan éthique. » L'éthique est donc la métaphysique. « La morale n'est pas une branche de la philosophie, mais la philosophie première. »

Le débordement absolu de l'ontologie — comme totalité et unité du même : l'être — par l'autre, se produit comme infini puisque aucune totalité ne peut l'étreindre. L'infini irréductible à la *représentation* de l'infini, excédant l'idéatum dans lequel il est pensé, pensé comme plus que je ne puis penser, comme ce qui ne peut être objet ou simple « réalité objective » de l'idée, tel est le pôle de la transcendance métaphysique. L'idée cartésienne de l'infini, après l'ἐπέκεινα τῆς οὐσίας, ferait affleurer une deuxième fois la métaphysique dans l'ontologie occidentale. Mais ce que ni Platon ni Descartes n'ont reconnu (avec quelques autres, s'il nous est permis de ne pas croire autant que Levinas à leur solitude au milieu d'une foule philosophique n'entendant ni la vraie transcendance ni l'étrange idée de l'Infini), c'est que l'expression de cet infini, c'est le *visage.*

Le visage, ce n'est pas seulement la face qui peut être surface des choses ou faciès animal, aspect ou espèce. Ce n'est pas seulement, comme le veut l'origine du mot, ce qui est *vu*, vu parce que nu. C'est aussi ce qui voit. Non pas tant ce qui voit les choses — relation théorique — mais ce qui échange son regard. La face n'est visage que *dans* le face-à-face. Comme le disait Scheler (mais notre citation ne doit pas nous faire oublier que Levinas n'est rien moins que schelerien) : « Je ne vois pas seulement les yeux d'un autre, je vois aussi qu'il me regarde. »

Hegel ne le disait-il pas déjà ? « Mais si nous nous demandons dans lequel de ces organes toute l'âme apparaît en tant qu'âme, nous pensons aussitôt à l'œil, car c'est dans l'œil que l'âme se trouve concentrée; elle ne voit pas seulement à travers l'œil mais s'y laisse voir à son tour. De même qu'en parlant de l'extérieur du corps humain nous avons dit que toute sa surface, par opposition à celle de l'animal, révèle la présence et les pulsations du cœur, nous dirons de l'art qu'il a pour tâche de faire en sorte qu'en tous les points de sa surface le phénoménal devienne l'œil, siège de l'âme et rendant visible l'esprit » (*Esthétique*). (Sur l'œil et l'intériorité de l'âme, voir aussi de longues et belles pages que nous ne pouvons citer ici, t. III, 1re part.).

C'est peut-être ici l'occasion de souligner sur un point précis un thème que nous élargirons plus loin : Levinas est très proche de Hegel, beaucoup plus proche qu'il ne le voudrait lui-même et ceci au moment où il s'oppose à lui de la manière apparemment la plus radicale. C'est là une situation qu'il doit partager avec tous les penseurs anti-hegeliens et dont il faudrait méditer la signifi-·cation dernière. Ici, en particulier, sur le rapport entre le désir et l'œil, le son et la théorie, la convergence est aussi profonde que la différence et ne s'ajoute ni ne se juxtapose simplement à elle. En effet, comme Levinas, Hegel pensait que l'œil, ne visant pas à « consommer », suspend le désir. Il est la limite même du désir (et peut-être par là sa ressource) et le premier sens théorique. Ce n'est pas à partir de quelque physiologie mais du rapport entre mort et désir qu'il faut penser la lumière et l'ouverture de l'œil. Après avoir parlé du goût, du tact et de l'odorat, Hegel écrit encore dans *l'Esthétique* : « La *vue*, au contraire, se trouve avec les objets dans un rapport purement théorique, par l'intermédiaire de la lumière, cette matière immatérielle qui laisse bien aux objets leur liberté, en les éclairant et en les illuminant, mais sans les consommer, comme le font l'air et le feu, d'une façon imperceptible ou manifeste. La vue exempte de désirs se porte donc sur tout ce qui existe matériellement dans l'espace, mais qui, gardant son intégrité, ne se manifeste que par la forme et la couleur. »

Cette neutralisation du désir est l'excellence de la vue pour Hegel. Mais elle est en outre, pour Levinas, et pour les mêmes raisons, la première violence, encore que le visage ne soit pas ce qu'il est quand le regard est absent. La violence serait donc la solitude d'un regard muet, d'un visage sans parole, *l'abstraction* du voir. Selon Levinas, le regard, *à lui seul*, contrairement à ce qu'on pourrait croire, ne *respecte* pas l'autre. Le respect, au-delà de la prise et du contact, du toucher, de l'odorat et du goût, ne se peut que comme désir et le désir métaphysique ne cherche pas, comme le désir hegelien ou comme le besoin, à consommer. C'est pourquoi Levinas entend le son au-dessus de la lumière. (« La pensée est langage et se pense dans un élément analogue au son et non pas à la lumière. » Que veut dire ici cette *analogie*, différence et ressemblance, rapport entre le son sensible et le son de la pensée comme parole intelligible, entre la sensibilité et la signification, les sens et le sens? C'est une question que pose aussi Hegel admirant le mot *Sinn*.)

Dans *Totalité et Infini*, le mouvement de la métaphysique est donc aussi la transcendance de l'entendre par rapport au voir. Mais dans l'*Esthétique* de Hegel aussi : « L'ouïe est l'autre sens théorique. Ici se produit le contraire de ce qui arrive pour la vue. L'ouïe a affaire, non à la couleur, à la forme, etc..., mais aux *sons*, aux vibrations de corps, ces vibrations n'étant pas un processus de dissociation ou d'évaporation, comme pour les objets perçus par l'odorat, mais un simple tremblement de l'objet qui reste lui-même intact. Ce mouvement idéal par lequel, dirait-on, se manifeste la simple subjectivité, l'âme du corps résonnant, l'oreille le perçoit de la même manière théorique que celle dont l'œil perçoit la couleur ou la forme, l'intériorité de l'objet devenant ainsi celle du sujet lui-même. » Mais : « ... L'ouïe qui, comme la vue, fait partie non des sens pratiques mais des sens théoriques..., est même plus idéelle que la vue. Car étant donné que la contemplation calme, désintéressée des œuvres d'art, loin de chercher à supprimer les objets, les laisse au contraire subsister tels qu'ils sont et là où ils sont, ce qui est saisi par la vue n'est pas l'idéel en soi, mais persévère au contraire dans son existence sensible. L'oreille, au contraire, sans se tourner pratiquement vers les objets, perçoit le résultat de ce tremblement intérieur du corps par lequel se manifeste et se révèle, non la figure matérielle, mais une première idéalité venant de l'âme. »

La question de l'*analogie* nous reconduirait ainsi à cette notion de *tremblement*, qui nous paraît décisive dans l'*Esthétique* de Hegel, en ce qu'elle ouvre le passage à l'idéalité. D'autre part, pour confronter systématiquement les pensées de Hegel et de Levinas, sur le thème du visage, il faudrait consulter non seulement les pages que la *Phénoménologie de l'esprit* consacre à la physiognomonie, mais le paragraphe 411 de l'*Encyclopédie* sur l'esprit, le visage et le langage.

Pour des motifs qui nous sont maintenant familiers, le face-à-face échappe donc à toute catégorie. Car le visage s'y donne simultanément comme expression et parole. Non seulement regard, mais unité originelle du regard et de la parole, des yeux et de la bouche — qui parle, mais dit aussi sa faim. Il est donc aussi ce qui *entend* l'invisible, car « la pensée est langage » et « se pense dans un élément analogue au son et non pas à la lumière ». Cette unité du visage précède, dans sa signification, la dispersion des sens et des organes de la sensibilité. Sa signification est donc irréductible. D'ailleurs le visage ne *signifie* pas. Il n'incarne pas, il ne revêt pas, il ne signale pas autre chose que soi, âme, subjectivité, etc. La pensée est parole, elle est donc immédiatement visage. En cela, la thématique du visage appartient à la philosophie la plus moderne du langage et du corps propre. L'autre ne se signale pas par son visage, il est ce visage : « ... absolument présent, dans son visage, Autrui — sans aucune métaphore — me fait face [1] ». L'autre ne se donne donc « en personne » et sans allégorie que dans le visage. Rappelons-nous ce que disait à ce sujet Feuerbach qui faisait aussi communiquer les thèmes de la hauteur, de la substance et du visage : « Ce qui est situé le plus haut dans l'espace est aussi dans la qualité le plus haut de l'homme, ce qui lui est le plus proche, ce qu'on ne peut plus séparer de lui — et c'est la *tête*. Si je vois la tête d'un homme, c'est lui-même que je vois; mais si je n'en vois que le tronc, je ne vois rien de plus que son tronc [2]. » *Ce qu'on ne peut plus séparer de...* c'est la substance dans ses prédicats essentiels et « en soi ». Levinas dit aussi souvent καθ'αὐτό et « substance » en parlant de l'autre comme visage. Le visage est présence, οὐσια.

Le visage n'est pas une métaphore, le visage n'est pas une figure. Le discours sur le visage n'est pas une allégorie, ni, comme on serait tenté de le croire, une prosopopée. Dès lors, la hauteur du visage (par rapport au reste du corps) détermine peut-être *en partie* (en partie seulement, nous le verrons plus loin) l'expression de *très-haut* sur laquelle nous nous interrogions à l'instant. Si la hauteur du très-haut, serions-nous tenté de dire, *n'appartient pas* à l'espace (et c'est pourquoi le superlatif doit détruire l'espace en construisant la métaphore) ce n'est pas d'être étrangère à l'espace, mais d'être, (dans) l'espace, l'origine de l'espace, d'orienter l'espace à partir de la parole et du regard, du visage, du chef qui commande de haut le corps et l'espace. (Aristote compare certes le principe transcendant du bien au chef des armées; il ignore pourtant le visage et que le

---

1. « A priori et subjectivité » in *Revue de métaphysique et de morale*, 1962.
2. *Manifestes philosophiques*, trad. L. Althusser.

dieu des armées est La Face). Le visage ne signifie pas, ne se présente pas comme un signe, mais *s'exprime*, se donnant *en personne*,
en soi, καθ'αὑτὸ : « La chose en soi s'exprime. » S'exprimer, c'est
être *derrière* le signe. Être derrière le signe, n'est-ce pas *d'abord*
être en mesure d'assister (à) sa parole, de lui porter secours, selon
le mot du *Phèdre* plaidant contre Thot (ou Hermès) et que Levinas
fait sien à plusieurs reprises ? Seule la vive parole, dans sa maîtrise
et sa magistralité, peut se porter secours, seule elle est expression
et non signe servant. Pourvu qu'elle soit vraiment parole, « la voix
créatrice, non la voix complice qui est une servante » (E. Jabès).
Et nous savons que tous les dieux de l'écriture (Grèce, Égypte,
Assyrie, Babylonie) ont le statut de dieux auxiliaires, secrétaires
serviles du grand dieu, passeurs lunaires et rusés qui détrônent
parfois le roi des dieux par des procédés sans honneur. L'écrit et
l'œuvre ne sont pas des expressions, mais des signes pour Levinas.

Avec la référence à *l'epekeina tes ousias*, c'est là au moins le
deuxième thème platonicien de *Totalité et Infini*. On le retrouve
aussi chez Nicolas de Cues. « Alors que l'ouvrier abandonne son
œuvre, qui ensuite poursuit sa destinée indépendante, le verbe
du professeur est inséparable de la personne même qui le profère [1]. »
La critique de l'œuvre ainsi impliquée sépare, pour une fois au
moins, Hegel de Nicolas de Cues.

Il faudrait aborder cette problématique séparément et pour elle-
même. « Le discours oral » est-il « la plénitude du discours » ? L'écrit
est-il seulement « langage redevenu signe » ? Ou, en un autre sens,
« parole activité » où je « m'absente et manque à mes produits » qui
me trahissent plutôt qu'ils ne m'expriment ? La « franchise » de
l'expression est-elle essentiellement du côté de la parole vive pour
qui n'est pas Dieu ? cette question n'a sans doute pas de sens pour
Levinas qui pense le visage dans la « ressemblance » de l'homme
et de Dieu. La hauteur et la magistralité de l'enseignement ne
sont-elles pas du côté de l'écriture ? Ne peut-on inverser toutes les
propositions de Levinas sur ce point ? En montrant, par exemple,
que l'écriture peut se porter secours, car elle *a le temps* et la liberté,
échappant mieux que la parole à l'urgence empirique ? Que,
neutralisant les requêtes de l' « économie » empirique, elle est

1. M. de Gandillac, *Introduction aux œuvres choisies de Nicolas de Cues*, p. 35.

d'essence plus « métaphysique » (dans le sens de Levinas) que la parole ? Que l'écrivain s'absente mieux, c'est-à-dire s'exprime mieux comme autre, et s'adresse mieux à l'autre que l'homme de parole ? Et que, se privant des *jouissances* et des effets de ses signes, il renonce mieux à la violence ? Il est vrai qu'il n'entend peut-être que les multiplier à l'infini, oubliant ainsi — au moins — l'autre, l'infiniment autre comme mort, pratiquant ainsi l'écriture comme *différance* et *économie de la mort* ? La limite entre la violence et la non-violence ne passe donc peut-être pas entre la parole et l'écriture, mais à l'intérieur de chacune d'elles. La thématique de la *trace* (distinguée par Levinas de l'effet, de la piste ou du signe qui ne se rapportent pas à l'autre comme invisible absolu), devrait conduire à une certaine réhabilitation de l'écriture. Le « Il » dont la transcendance et l'absence généreuse s'annoncent sans retour dans la trace n'est-il pas plus facilement l'auteur de l'écriture que celui de la parole ? L'œuvre, la trans-économie, la dépense pure telle que Levinas la détermine n'est ni le jeu, ni la mort. Elle ne se confond simplement ni avec la lettre ni avec la parole. Elle n'est pas un signe et son concept ne saurait donc recouvrir le concept d'œuvre qu'on rencontre dans *Totalité et Infini*. Levinas est donc à la fois très près et très loin de Nietzsche et de Bataille.

M. Blanchot dit son désaccord au sujet de cette prééminence du discours oral qui ressemble à « la tranquille parole humaniste et socratique qui nous rend proche celui qui parle[1] ». Comment l'hébraïsme pourrait-il, d'ailleurs, rabaisser la lettre, dont Levinas sait si bien écrire l'éloge ? Par exemple : « Admettre l'action de la littérature sur les hommes, — c'est peut-être l'ultime sagesse de l'Occident où le peuple de la Bible se reconnaîtra » (DL), et « L'esprit est libre dans la lettre et il es. enchaîné dans la racine »; puis « Aimer la Thora plus que Dieu » c'est « protection contre la folie d'un contact direct avec le Sacré... » (DL). On voit bien ce que Levinas veut sauver de la parole vive et originaire *elle-même*. Sans sa possibilité, hors de son horizon, l'écriture n'est rien. En ce sens, elle sera toujours seconde. La libérer de cette possibilité et de cet horizon, de cette secondarité essentielle, c'est la nier comme écriture et faire place nette à la grammaire ou au lexique sans langage, à

---

1. N.R.F., déc. 1961 : « Connaissance de l'inconnu ».

la cybernétique ou à l'électronique. Mais c'est en Dieu seulement que la parole, comme présence, comme origine et horizon de l'écriture, s'accomplit sans défaillance. Il faudrait pouvoir montrer que seule cette référence à la parole de Dieu distingue l'intention de Levinas de celle de Socrate dans le *Phèdre* ; que pour une pensée de la finitude originaire, cette distinction n'est plus possible. Et que si l'écriture est alors seconde, rien pourtant n'a lieu avant elle.

En ce qui concerne ses rapports avec Blanchot, il nous semble que malgré les rapprochements fréquents que propose Levinas, les affinités, profondes et incontestables, appartiennent toutes au moment de la critique et de la négativité, dans ce creux de la finitude où l'eschatologie messianique vient résonner, dans cette attente de l'attente où Levinas a commencé d'entendre une réponse. Cette réponse s'appelle encore attente, bien sûr, mais cette attente ne se fait plus attendre pour Levinas. L'affinité cesse, nous semble-t-il, au moment où la positivité eschatologique vient éclairer en retour le chemin commun, lever la finitude et la négativité pure de la question, quand le neutre se détermine. Blanchot pourrait sans doute étendre à toutes les propositions de Levinas ce qu'il dit de la dissymétrie dans l'espace de la communication : « Voilà, je crois, ce qui est décisif dans l'affirmation que nous devons entendre et qu'il faudra maintenir indépendamment du contexte théologique dans lequel cette affirmation se présente. » Mais cela est-il possible ? Rendu indépendant de son « contexte théologique » (expression que Levinas refuserait sans doute), tout ce discours ne s'effondrerait-il pas ?

Être derrière le signe qui est dans le monde, c'est *ensuite* demeurer invisible au monde dans l'épiphanie. Dans le visage, l'autre se livre en personne *comme autre*, c'est-à-dire comme ce qui ne se révèle pas, comme ce qui ne se laisse pas thématiser. Je ne saurais parler d'autrui, en faire un thème, le dire comme objet, à l'accusatif. Je puis seulement, je *dois* seulement parler à autrui, l'appeler au vocatif qui n'est pas une catégorie, un *cas* de la parole, mais le surgissement, l'élévation même de la parole. Il faut que les catégories manquent pour qu'autrui ne soit pas manqué ; mais pour qu'autrui ne soit pas manqué, il faut qu'il se présente comme absence et apparaisse comme non-phénoménalité. Toujours derrière ses signes et ses œuvres, dans son intériorité secrète et discrète à jamais, interrompant par sa liberté de parole toutes les totalités de l'histoire, le visage n'est pas « du monde ». Il en est l'origine. Je ne peux parler *de lui* qu'en *lui* parlant; et je ne *peux* l'atteindre que comme je *dois* l'atteindre. Mais je ne dois l'*atteindre* que comme l'inaccessible, l'invisible, l'intangible. Le secret, la séparation, l'invisibilité de Gygès (« condition même de l'homme ») sont l'état même, le statut de ce qu'on appelle la *psychè*. Cette séparation absolue, cet athéisme naturel, cette liberté de mensonge où s'enracinent la vérité et le discours, tout cela est « une grande gloire pour le créateur ». Affirmation qui, pour une fois au moins, ne dépaysera guère.

Pour que le visage présente l'autre sans métaphore, la parole ne doit pas seulement traduire la pensée. Il faut sans doute que la pensée soit déjà parole, mais il faut surtout que le corps reste aussi langage. Il faut que la connaissance rationnelle ne soit pas le premier mot des mots. La subordination classique du langage à la pensée et du corps au langage, Husserl et Heidegger l'auraient au fond, si l'on en croit Levinas, acceptée. Au contraire, Merleau-Ponty, « mieux que d'autres », aurait montré « que la pensée désincarnée, pensant la parole avant de la parler, la pensée constituant le monde de la parole était un mythe ». Mais par la force d'un mouvement qui lui est propre, Levinas n'assume l'extrême audace « moderne » que pour la replier vers un infinitisme qu'elle lui paraît devoir supposer et dont la forme est souvent très classique, pré-kantienne plus que hegelienne. Ainsi les thèmes du corps propre comme langage et intentionnalité ne peuvent contourner les écueils classiques, et la pensée ne peut être *d'abord* langage, que s'il est reconnu qu'elle est *d'abord* et irréductiblement rapport à l'autre (ce qui, nous semble-t-il, n'avait pas échappé à Merleau-Ponty [1]), mais à un autre irréductible qui me convoque sans retour au dehors, car en lui se présente l'infini sur lequel une pensée ne peut se fermer, qui interdit le monologue « eût-il « l'intentionnalité corporelle » de Merleau-Ponty ». Contre toutes les apparences et

---

[1]. Il est vrai que pour Merleau-Ponty — et à la différence de Levinas, — le phénomène de l'altérité était primordialement, sinon exclusivement, celui du mouvement de la temporalisation,

toutes les habitudes, on devrait donc reconnaître ici que la dissociation entre pensée et langage, et la subordination de celui-ci à
celle-là sont le propre d'une philosophie de la finitude. Et cette
démonstration nous renverrait encore au Cogito cartésien de la
troisième des *Méditations*, par-delà Merleau-Ponty, Heidegger et
Husserl. Cela suivant un schéma qui nous semble soutenir le tout de
cette pensée : l'autre n'est l'autre que si son altérité est absolument
irréductible, c'est-à-dire infiniment irréductible; et l'infiniment-
Autre ne peut être que l'Infini.

Parole et regard, le visage n'est donc pas dans le monde puisqu'il
ouvre et excède la totalité. C'est pourquoi il marque la limite de
tout pouvoir, de toute violence, et l'origine de l'éthique. En un
sens, le meurtre s'adresse toujours au visage, mais c'est pour le
manquer toujours. « Le meurtre exerce un pouvoir sur ce qui
échappe au pouvoir. Encore pouvoir, car le visage s'exprime dans
le sensible; mais déjà impuissance, parce que le visage déchire le
sensible. » « Autrui est le seul être que je peux vouloir tuer », mais
le seul aussi qui me commande le « tu ne commettras point de
meurtre » et limite absolument mon pouvoir. Non pas en m'opposant une autre force dans le monde, mais en me parlant et en me
regardant depuis une *autre* origine du monde, depuis ce qu'aucun
pouvoir fini ne saurait étreindre. Étrange, impensable notion
de résistance non réelle. Depuis son article de 1953 (déjà cité),
Levinas ne dit plus, à notre connaissance, « résistance intelligible » — expression dont le sens appartient encore, au moins
par sa littéralité, à la sphère du Même et qui n'avait été utilisée,
semble-t-il, que pour signifier une résistance non-réelle. Dans
Totalité et Infini, Levinas parle de « résistance éthique ».

Ce qui échappe au concept comme pouvoir, ce n'est donc pas
l'existence en général, mais l'existence d'autrui. Et d'abord parce
qu'il n'y a pas, malgré les apparences, de concept d'autrui. Il
faudrait réfléchir de façon artisanale, dans la direction où philosophie et philologie se contrôlent, unissent leur souci et leur rigueur,
à ce mot « Autrui », visé en silence par la majuscule grandissant
la neutralité de l'*autre*, et dont nous nous servons si familièrement
alors qu'il est le désordre même de la conceptualité. Est-ce seulement un nom commun sans concept? Mais d'abord est-ce un
nom? Ce n'est pas un adjectif, ni un pronom, c'est donc un sub-

stantif — et ainsi le classent les dictionnaires — mais un substantif qui n'est pas, comme d'habitude, une espèce de nom :
ni nom commun, car il ne supporte pas, comme dans la catégorie
de l'autre en général, de l'ἔτερον, l'article défini. Ni le pluriel.
« Dans la locution de chancellerie « *l'autrui* », il ne faut pas prendre
le pour l'article d'*autrui* : il y a sous-entendu *bien, droit ; le bien, le
droit d'autrui* », note Littré qui avait commencé ainsi : « *Autrui*,
de *alter-huic*, cet autre, à un cas régime : voilà pourquoi *autrui*
est toujours au régime, et pourquoi *autrui* est moins général que
les autres. » Il faudrait donc, sans faire de la langue l'accident de la
pensée, rendre compte de ceci : que ce qui est, dans la langue,
toujours « au régime » et dans la moindre généralité, soit, dans
son sens, indéclinable et outre-genre. Quelle est l'origine de ce
cas du sens dans la langue, de ce *régime* où la langue met le sens ?
Autrui n'est pas davantage un nom propre, bien que son anonymat ne signifie que la ressource innommable de tout nom propre.
Il faudrait réfléchir patiemment à ce qui survient dans la langue
quand la pensée grecque de l'ἔτερον semble s'essouffler devant
l'*alter-huic*, semble devenir impuissante à maîtriser ce qu'elle
seule permet pourtant de pré-comprendre en dissimulant comme
altérité (autre en général), ce qui en retour lui révélera le centre
irréductible de son sens (l'autre *comme* autrui). Il faudrait réfléchir
à la complicité de cette dissimulation et de cette pré-compréhension
qui ne se produit pas à l'intérieur d'un mouvement conceptuel,
car le mot français *autrui* ne désigne pas une espèce du genre *autre*.
Il faudrait réfléchir cette pensée de l'autre *en général* (qui n'est
pas un genre), pensée grecque à l'intérieur de laquelle cette
différence non spécifique (se) produit (dans) notre histoire. Plus
tôt : que signifie *autre* avant la détermination grecque de l'ἔτερον et
la détermination judéo-chrétienne d'*autrui* ? C'est le type de question que Levinas semble récuser en profondeur : selon lui, seule
l'irruption d'autrui permet d'accéder à l'altérité absolue et irréductible de l'autre. Il faudrait donc réfléchir à ce *Huic* d'autrui
dont la transcendance n'est pas encore celle d'un toi. C'est ici
que prend sens l'opposition de Levinas à Buber ou à G. Marcel.
Après avoir opposé la hauteur magistrale du *Vous* à la réciprocité intime du Moi-Toi (TI), c'est vers une philosophie du *Ille*, du *Il*
(du prochain comme étranger lointain, selon l'ambiguïté originelle

du mot qu'on traduit comme « prochain » à aimer) que semble s'orienter Levinas dans sa méditation de la *Trace*. D'un *Il* qui ne serait pas l'objet impersonnel opposé au *toi*, mais la transcendance invisible d'autrui [1]. Si dans le visage, l'expression n'est pas révélation, le non-révélable s'exprime par-delà toute thématisation, toute analyse constitutive, toute phénoménologie. A ses diverses étapes, la constitution transcendantale de l'*alter ego*, telle que Husserl tente d'en rassembler la description dans la cinquième des *Méditations cartésiennes*, présupposerait ce dont elle prétend (selon Levinas) suivre la genèse. Autrui ne serait pas constitué comme un alter ego, phénomène de l'ego, par et pour un sujet monadique procédant par analogie apprésentative. Toutes les difficultés rencontrées par Husserl seraient « surmontées » si la relation éthique était reconnue comme face-à-face originaire, comme surgissement de l'altérité absolue, d'une extériorité qui ne se laisse ni dériver, ni engendrer, ni constituer à partir d'une autre instance qu'elle-même. Dehors absolu, extériorité qui déborde infiniment la monade de l'*ego cogito*. Ici encore, Descartes contre Husserl, le Descartes de la troisième des *Méditations* que Husserl aurait méconnu. Alors que dans la réflexion sur le cogito, Des-

1. Tout en se défendant d'avoir « la ridicule prétention de « corriger » Buber » (TI), Levinas reproche, en substance, à la relation Je-Tu : 1. d'être réciproque et symétrique, faisant ainsi violence à la hauteur et surtout à la séparation et au secret; 2. d'être formelle, pouvant « unir l'homme aux choses autant que l'Homme à l'homme » (TI); 3. de préférer la préférence, la « relation privée », la « clandestinité » du couple « se suffisant et oublieux de l'univers » (TI). Car il y a aussi dans la pensée de Levinas, malgré la protestation contre la neutralité, une requête du tiers, du témoin universel, de la face du monde qui nous garde contre le « spiritualisme dédaigneux » du je-tu. D'autres diront peut-être si Buber se reconnaîtrait dans cette interprétation. On peut déjà le noter au passage, Buber semble avoir prévenu ces réticences. N'avait-il pas précisé que le rapport je-tu n'était ni une préférence ni une exclusive, étant antérieur à toutes ces modifications empiriques et éventuelles ? Fondé dans le Je-Tu absolu qui nous tourne vers Dieu, il ouvre au contraire la possibilité de tout rapport à autrui. Compris dans son authenticité originaire, il ne nous détourne ni ne nous divertit. Comme bien des contradictions dans lesquelles on a voulu embarrasser Buber, celle-ci cède, nous dit le *Post-scriptum* au « *Je et Tu* », à un niveau supérieur du jugement » et à « la désignation paradoxale de Dieu personne absolue »... « Dieu... fait participer son caractère d'absolu à la relation dans laquelle il entre avec l'homme. Se tournant vers lui, l'homme n'a donc besoin de se détourner d'aucune relation de *Je-Tu*. Il les conduit vers lui, légitimement, et leur offre la possibilité de se transfigurer « à la face de Dieu. »

cartes prend conscience que l'infini non seulement ne peut être constitué en objet (dubitable), mais l'a déjà rendu possible comme cogito en le débordant (débordement non spatial sur lequel se brise la métaphore), Husserl, lui, « voit dans le cogito une subjectivité sans aucun appui hors d'elle, il constitue l'idée d'infini elle-même, et se la donne comme objet » (TI). Or l'infini-(ment) (autre) ne peut être objet puisqu'il est parole, origine du sens et du monde. Aucune phénoménologie ne peut donc rendre compte de l'éthique, de la parole et de la justice.

Mais si toute justice commence avec la parole, toute parole n'est pas juste. La rhétorique peut revenir à la violence de la théorie qui *réduit* l'autre quand elle le *conduit*, dans la psychagogie, la démagogie, la pédagogie même qui n'est pas l'enseignement. Celui-ci descend de la hauteur du maître dont l'extériorité absolue ne blesse pas la liberté du disciple. Au-delà de la rhétorique, la parole découvre la nudité du visage sans laquelle aucune nudité n'aurait de sens. Toutes les nudités, « même la nudité du corps ressentie dans la pudeur », sont des « figures » pour la nudité sans métaphore du visage. Le thème est déjà très explicite dans *L'onto-logie est-elle fondamentale ?* « La nudité du visage n'est pas une figure dans le style. » Et toujours dans la forme de la théologie négative, il est montré que cette nudité n'est même pas ouverture, car l'ouverture est relative à « une plénitude environnante ». Le mot de « nudité » se détruit donc après avoir servi à indiquer au-delà de lui-même. Toute une lecture et toute une interrogation de *Totalité et Infini* pourraient être développées autour de cette affirmation. Celle-ci nous paraît soutenir très — peut-être trop — implicitement le partage décisif entre ce que Levinas appelle le visage et *l'au-delà du Visage,* section qui traite, outre la *Phénoménologie de l'Eros,* de l'Amour, de la Fécondité, du Temps. Cette nudité du visage, parole et regard, n'étant ni théorie ni théorème, elle est offerte et exposée comme dénuement, supplication exigeante, unité impensable d'une parole qui peut se porter secours et d'un regard qui appelle au secours.

L'asymétrie, la non-lumière, le commandement seraient la violence et l'injustice elles-mêmes — et c'est bien ainsi qu'on l'entend communément — si elles mettaient en rapport des êtres finis ou si l'autre n'était qu'une détermination négative du même (fini ou infini). Mais nous avons vu qu'il n'en était rien. L'infini (comme infiniment autre) ne peut être violent comme la totalité (qui est donc toujours *définie* par Levinas, toujours déterminée par une option, une décision initiale du discours, comme *totalité finie* : totalité veut dire, pour Levinas, totalité finie. Cette détermination est un axiome silencieux). C'est pourquoi Dieu seul empêche le monde de Levinas d'être celui de la pire et pure violence, le monde de l'immoralité elle-même. Les structures de l'expérience vive et nue que décrit Levinas sont celles mêmes d'un monde où la guerre ferait rage — étrange conditionnel — si l'infiniment autre n'était pas l'infini, s'il était d'aventure un homme nu, fini et seul. Mais dans ce cas, dirait sans doute Levinas, il n'y aurait même plus de guerre, car il n'y aurait ni visage ni véritable asymétrie. Il ne s'agirait donc plus de l'expérience nue et vive où Dieu a *déjà* commencé de parler. Autrement dit, dans un monde où le visage serait pleinement respecté (comme ce qui n'est pas du monde), il n'y aurait plus de guerre. Dans un monde où le visage ne serait absolument plus respecté, où il n'y aurait plus de visage, il n'y aurait plus lieu de guerre. Dieu est donc mêlé à la guerre. Son nom est aussi, comme nom de la paix, une fonction dans le système de la guerre, le seul à partir duquel nous puissions parler, le seul dont le langage puisse jamais parler. Sans Dieu ou avec Dieu, il n'y aurait pas la guerre. Celle-ci suppose et exclut Dieu. Nous ne pouvons avoir rapport à Dieu que dans un tel système. La guerre — *car il y a la guerre* — est donc la différence entre le visage et le monde fini sans visage. Mais cette différence, n'est-ce pas ce que toujours on a appelé le Monde, dans lequel *joue* l'absence-présence de Dieu ? Le jeu du monde permet seul de *penser l'essence* de Dieu. En un sens que notre langue accueillerait mal — et Levinas aussi — le jeu du monde précède Dieu.

Le face-à-face n'est donc pas déterminé originellement pour Levinas comme vis-à-vis de deux hommes égaux et debout. Celui-ci suppose le face-à-face de l'homme à la nuque rompue et aux yeux levés vers la hauteur de Dieu. Le langage est bien la possibilité du face-à-face et de l'être-debout, mais n'exclut pas l'infériorité, l'humilité du regard vers le père, comme le regard de l'enfant en mémoire d'avoir été expulsé avant de savoir marcher, d'avoir été livré, délivré, couché et infans, aux mains des maîtres adultes. L'homme, pourrait-on dire, est un Dieu trop tôt venu, c'est-à-dire un Dieu qui se sait à jamais en retard sur le déjà-là de l'Être. Mais on se doute bien que ces dernières remarques n'appartiennent pas, c'est le moins qu'on puisse dire, au genre du commentaire. Et nous ne faisons pas ici référence aux thèmes connus sous le nom de psychanalyse ni à des hypothèses de l'embryologie ou de l'anthropologie sur la naissance structurellement prématurée du petit d'homme. Qu'il nous suffise de savoir que l'homme naît [1].

Le nom de Dieu est souvent prononcé, mais ce retour à l'expérience et « aux choses mêmes » comme rapport à l'infini(ment) autre n'est pas théologique, même s'il est seul à pouvoir fonder ensuite le discours théologique qui jusqu'ici a « traité imprudemment en termes d'ontologie l'idée du rapport entre Dieu et la créature » (TI). Dans le retour aux choses mêmes se rencontrerait le fondement de la métaphysique — au sens de Levinas —, racine commune de l'humanisme et de la théologie : la ressemblance entre l'homme et Dieu, le visage de l'homme et la Face de Dieu. «... Autrui ressemble à Dieu » *(ibid)*. Par le passage de cette ressemblance, la parole de homme peut re-monter vers Dieu, *analogie* presque inouïe qui est le mouvement même du discours de Levinas sur le discours. Analogie comme dialogue avec Dieu : « Le Discours est discours avec Dieu... La métaphysique est l'essence de ce langage avec Dieu. » Discours avec Dieu et non en Dieu comme *participation*. Discours avec Dieu et non sur Dieu et ses attributs comme *théologie*. Et la dissymétrie de mon rapport à l'autre, cette « courbure de l'espace inter-subjectif signifie l'intention divine de toute vérité ». Elle « est, peut-être, la présence même de Dieu ». Présence comme séparation, présence-absence, rupture encore avec Parménide, Spinoza et Hegel, que seule peut consommer « l'idée de création *ex nihilo* ». Présence comme séparation, présence-absence comme ressemblance, mais ressemblance qui n'est pas la

1. Sur le thème de la hauteur de Dieu dans ses rapports avec la position couchée de l'enfant ou de l'homme (par exemple, sur son lit de malade ou de mort), sur les rapports de la *clinique* et de la *théologie*, cf., par exemple, FEUERBACH, *op. cit.*, p. 233.

« marque ontologique » de l'ouvrier empreinte sur son ouvrage (Descartes) ou sur des « êtres créés à son image et ressemblance » (Malebranche [1]), ressemblance qui ne se laisse comprendre ni en termes de communion ou de connaissance ni en termes de participation ou d'incarnation. Ressemblance qui n'est ni le signe ni l'effet de Dieu. Ni le signe ni l'effet n'excèdent le Même. Nous sommes « dans la Trace de Dieu ». Proposition qui risque d'être incompatible avec toute allusion à « la présence même de Dieu ». Proposition toute prête à se convertir en athéisme : et si Dieu était un *effet de trace* ? Si l'idée de la présence divine (vie, existence, parousie, etc.), si le nom de Dieu n'était que le mouvement d'effacement de la trace dans la présence ? Il s'agit de savoir si la trace permet de penser la présence dans son système ou si l'ordre inverse est le vrai. Il est sans doute l'*ordre vrai*. Mais c'est bien l'*ordre de la vérité* qui est ici en question. La pensée de Levinas se tient entre ces deux postulations.

La Face de Dieu se dérobe à jamais en se montrant. Ainsi se trouvent rassemblées dans l'unité de leur signification métaphysique, au cœur de l'expérience dénudée par Levinas, les diverses évocations de la Face de Yahweh qui n'est, bien sûr, jamais nommé dans *Totalité et Infini*. La face de Yahweh est la personne *totale* et la présence *totale* de « l'Éternel parlant face à face avec Moïse », mais qui lui dit aussi : « Tu ne pourras pas voir ma face, car l'homme ne peut me voir et vivre... tu te tiendras sur le rocher. Quand ma gloire passera, je te mettrai dans un creux du rocher, et je te couvrirai de ma main jusqu'à ce que j'aie passé. Et lorsque je retournerai ma main, tu me verras par derrière, mais ma face ne pourra pas être vue » (Exode). La face de Dieu qui commande en se cachant, est à la fois plus et moins visage que les visages. D'où, peut-être, malgré les précautions, cette complicité équivoque entre théologie et métaphysique dans *Totalité et Infini*. Levinas souscrirait-il à cette phrase infiniment ambiguë du *Livre des Questions* d'E. Jabès :

« Tous les visages sont le Sien; c'est pourquoi IL
n'a pas de visage » ?

---

1. Il faudrait interroger ici Malebranche se débattant aussi avec le problème de la lumière et de la face de Dieu (cf. surtout Xe *Éclaircissement*).

Le visage n'est ni la face de Dieu ni la figure de l'homme : il en est la ressemblance. Une ressemblance qu'il nous faudrait pourtant penser avant ou sans le secours du Même [1].

III. DIFFÉRENCE ET ESCHATOLOGIE

Les questions dont nous tenterons maintenant d'indiquer le principe sont toutes, en des sens divers, questions de langage : des questions de langage et la question du langage. Mais si notre commentaire n'a pas été trop infidèle, on doit être déjà convaincu qu'il n'est rien dans la pensée de Levinas qui ne se trouve de soi-même engagé par de telles questions.

De la polémique originaire.

Disons-le pour nous rassurer d'abord : tel est le chemin de pensée de Levinas que toutes nos questions appartiennent déjà à son dialogue intérieur, se déplacent dans son discours et ne font, à des distances et en des sens multiples, que l'écouter.

A. Ainsi, par exemple, *De l'existence à l'existant* et *le Temps et l'Autre* avaient semblé proscrire la « logique du genre » et les catégories du Même et de l'Autre. Celles-ci manquaient l'originalité de l'expérience à laquelle Levinas voulait nous reconduire : « Au cosmos qui est le monde de Platon s'oppose le monde de l'esprit où les implications de l'eros ne se réduisent pas à la logique du genre, où le moi se substitue au *même* et autrui à *l'autre* ». Or dans *Totalité et Infini* où les catégories du Même et de l'Autre reviennent en force, la *vis demonstrandi* et l'énergie de rupture avec la tradition, c'est précisément l'adéquation du Moi au Même, et d'Autrui à

---

1. Nous n'irons pas au-delà de ce schéma. Il serait vain de prétendre entrer ici dans les descriptions consacrées à l'intériorité, à l'économie, à la jouissance, à l'habitation, au féminin, à l'Eros, à tout ce qui est proposé sous le titre *Au-delà du visage* et dont la situation mériterait sans doute bien des questions. Ces analyses ne sont pas seulement une inlassable et interminable destruction de la « logique formelle » : elles sont si fines et si libres à l'égard de la conceptualité traditionnelle qu'un commentaire de quelques pages les trahirait démesurément. Qu'il nous suffise de savoir qu'elles dépendent, sans en être déduites, mais en la régénérant sans cesse, de la matrice conceptuelle que nous venons de dessiner.

l'Autre. Sans se servir de ces termes mêmes, Levinas nous avait souvent mis en garde contre la confusion de l'*identité* et de l'*ipséité*, du Même et du Moi : *idem* et *ipse*. Cette confusion, qui est en quelque sorte immédiatement pratiquée par les concepts grec de αὐτός et allemand de *selbst*, ne peut se produire aussi spontanément en français et redevient néanmoins, malgré les avertissements antérieurs, une sorte d'axiome silencieux dans *Totalité et Infini* [1]. Nous l'avons vu : il n'y aurait pas, selon Levinas, de différence intérieure, d'altérité fondamentale et autochtone dans le moi. Si l'intériorité, le secret, la séparation originaire avaient naguère permis de rompre avec l'usage classique des catégories grecques du Même et de l'Autre, l'amalgame du Même et du Moi (devenu homogène, et homogène au concept comme à la totalité finie) permet maintenant d'envelopper dans la même condamnation les philosophies grecques et les philosophies les plus modernes de la subjectivité, les plus soucieuses de distinguer, comme Levinas autrefois, le Moi du même et Autrui de l'autre. Si l'on ne se rendait pas attentif à ce double mouvement, à ce progrès qui semble contester sa propre condition et sa première étape, on laisserait échapper l'originalité de cette protestation contre le concept, l'état et la totalité : elle ne s'élève pas, comme c'est généralement le cas, au nom de l'existence subjective, mais contre elle. A la fois contre Hegel et contre Kierkegaard.

Levinas nous met souvent en garde contre la confusion — si tentante — de son anti-hegelianisme avec un subjectivisme ou un existentialisme de style kierkegaardien qui resteraient, selon lui, des égoïsmes violents et pré-métaphysiques : « Ce n'est pas moi qui me refuse au système, comme le pensait Kierkegaard, c'est l'Autre » (TI). Ne peut-on parier que Kierkegaard eût été sourd à cette distinction ? Et qu'il eût protesté à son tour contre cette conceptualité ? C'est en tant qu'existence subjective, eût-il peut-être remarqué, que l'Autre se refuse au système. L'Autre n'est pas moi, sans doute — et qui l'a jamais soutenu ? — mais il est *un* Moi, ce que doit bien supposer Levinas pour soutenir son propos. Ce

---

1. Sur ces thèmes décisifs de l'identité, de l'ipséité et de l'égalité, pour confronter Hegel et Levinas, cf. notamment J. Hyppolite, *Genèse et structure de la phénoménologie de l'esprit*, t. I, p. 147 et suiv. et Heidegger, *Identität und Differenz*.

passage de Moi à l'Autre comme à *un Moi* est le passage à l'*égoïté* essentielle, non empirique, de l'existence subjective *en général*. Ce n'est pas pour Sören Kierkegaard *seulement* que plaide le philosophe Kierkegaard (« cri égoïste de la subjectivité encore soucieuse de bonheur ou de salut de Kierkegaard »), mais pour l'existence subjective en général (expression non contradictoire) et c'est pourquoi son discours est philosophique et ne relève pas de l'égoïsme empirique. Le nom d'un sujet philosophique, quand il dit *Je*, est toujours d'une certaine façon un pseudonyme. C'est là une vérité que Kierkegaard a assumée de manière systématique, tout en protestant contre la « possibilisation » de l'existence individuelle par l'essence. C'est l'essence de l'existence subjective qui refuse le concept. Cette essence de l'existence subjective n'est-elle pas présupposée par le respect de l'Autre qui ne peut être ce qu'il est — l'Autre — qu'en tant qu'existence subjective ? Pour refuser la notion kierkegaardienne d'existence subjective, Levinas devrait donc chasser jusqu'à la notion d'*essence* et de *vérité* de l'existence subjective (de Moi et d'abord du Moi de l'Autre). Ce serait d'ailleurs dans la logique de la rupture avec la phénoménologie et l'ontologie. Le moins qu'on puisse dire c'est que Levinas ne le fait pas et ne peut le faire sans renoncer au discours philosophique. Et si l'on veut, *à travers* le discours philosophique auquel il est impossible de s'arracher totalement, tenter une percée vers son au-delà, on n'a de chance d'y parvenir *dans le langage* (Levinas reconnaît qu'il n'y a pas de pensée avant le langage et hors de lui) qu'à poser *formellement* et *thématiquement le problème des rapports entre l'appartenance et la percée*, le *problème de la clôture*. Formellement, c'est-à-dire le plus actuellement possible et de la manière la plus formelle, la plus formalisée : non pas dans une *logique*, autrement dit dans une philosophie, mais dans une description inscrite, dans une inscription des rapports entre le philosophique et le non-philosophique, dans une sorte de *graphique* inouïe, à l'intérieur de laquelle la conceptualité philosophique n'aurait plus qu'une *fonction*.

Ajoutons, pour lui rendre *justice*, que Kierkegaard avait quelque sens du rapport à l'irréductibilité du Tout-Autre, non pas dans l'en-deçà égoïste et esthétique mais dans l'au-delà religieux du concept, du côté d'un certain Abraham. A son tour, puisqu'il faut laisser la parole à l'Autre, n'eût-il pas vu dans l'Éthique, moment de la Catégorie et de la Loi, l'oubli, dans l'anonymat, de la subjectivité et de la religion ? Le moment éthique est à ses yeux le hegelianisme même et il le dit expressément. Ce qui ne l'empêche pas de réaffirmer l'éthique dans la répétition et de reprocher à Hegel de n'avoir pas constitué de morale. Il est vrai que l'Éthique, au sens de Levinas, est une Éthique sans loi, sans concept, qui ne garde sa pureté non-violente, qu'avant sa détermination en concepts et lois. Ceci n'est pas une objection : n'oublions pas que Levinas ne veut pas nous proposer des lois ou des règles morales, il ne veut pas déterminer *une* morale mais l'essence du rapport éthique en général. Mais cette détermination ne se donnant pas comme *théorie* de l'Éthique, il s'agit d'une Éthique de l'Éthique. Il est peut-être grave, dans ce cas, qu'elle ne puisse donner lieu à *une* éthique déterminée, à des lois déterminées, sans se nier et s'oublier elle-même. D'ailleurs, cette Éthique de l'Éthique est-elle au-delà de toute loi ? N'est-elle pas une Loi des lois ? Cohérence qui rompt la cohérence du propos contre la cohérence. Concept infini, caché dans la protestation contre le concept.

Si le rapprochement avec Kierkegaard s'est souvent imposé à nous, malgré les avertissements de l'auteur, nous sentons bien que sur l'essentiel et dans sa première inspiration, la protestation de Levinas contre le hegelianisme est étrangère à celle de Kierkegaard. En revanche, une confrontation de la pensée de Levinas avec l'anti-hegelianisme de Feuerbach et surtout de Jaspers, avec l'anti-husserlianisme aussi de ce dernier, nous paraît devoir découvrir des convergences et des affinités plus profondes, que la méditation de la Trace confirmerait encore. Nous parlons ici de convergences et non d'influence ; d'abord parce que c'est là une notion dont le sens philosophique ne nous est pas clair ; ensuite parce que Levinas, à notre connaissance, ne fait nulle part allusion à Feuerbach et à Jaspers.

Mais pourquoi, en tentant ce passage si difficile au-delà du débat — qui est aussi une complicité — entre le hegelianisme et l'anti-hegelianisme classique, Levinas recourt-il à des catégories qu'il semblait avoir préalablement refusées ?

Nous ne dénonçons pas ici une incohérence de langage ou une

contradiction de système. Nous nous interrogeons sur le sens d'une nécessité : celle de s'installer dans la conceptualité traditionnelle pour la détruire. Pourquoi cette nécessité s'est-elle finalement imposée à Levinas ? Est-elle extrinsèque ? N'affecte-t-elle qu'un instrument, qu'une « expression » qu'on pourrait mettre entre guillemets ? Ou bien cache-t-elle quelque ressource indestructible et imprévisible du logos grec ? Quelque puissance illimitée d'enveloppement dans laquelle celui qui voudrait le repousser serait toujours déjà *surpris* ?

B. A la même époque, Levinas avait congédié le concept d'*extériorité*. Celui-ci faisait à l'unité éclairée de l'espace une référence qui neutralisait l'altérité radicale : relation à l'autre, relation des Instants les uns aux autres, relation à la Mort, etc., qui ne sont pas relations d'un Dedans avec un Dehors. « La relation avec l'autre est une relation avec un Mystère. C'est son extériorité, ou plutôt son altérité, car l'extériorité est une propriété de l'espace et ramène le sujet à lui-même par la lumière, qui constitue tout son être » (T. A.). Or *Totalité et Infini,* sous-intitulé *essai sur l'extériorité,* n'use pas seulement en abondance de la notion d'extériorité. Levinas entend aussi y montrer que la *vraie* extériorité n'est pas spatiale, qu'il y a une extériorité absolue, infinie — celle de l'Autre — qui n'est pas spatiale, car l'espace est le lieu du Même. Ce qui veut dire que le Lieu est toujours lieu du Même. Pourquoi faut-il se servir encore du mot « extériorité » (qui, s'il a un sens, s'il n'est pas un *x* algébrique, fait obstinément signe vers l'espace et la lumière) pour signifier un rapport non spatial ? Et si tout « rapport » est spatial, pourquoi faut-il désigner encore comme « rapport » (non-spatial) le respect qui absout l'Autre ? Pourquoi faut-il *oblitérer* cette notion d'extériorité sans l'effacer, sans la rendre illisible, en disant que sa vérité est sa non-vérité, que la *vraie* extériorité n'est pas spatiale, c'est-à-dire n'est pas extériorité ? Qu'il faille dire *dans* le langage de la totalité l'*excès* de l'infini sur la totalité, qu'il faille dire l'Autre dans le langage du Même, qu'il faille penser la *vraie* extériorité comme non-*extériorité,* c'est-à-dire encore à travers la structure Dedans-Dehors et la métaphore spatiale, qu'il faille encore habiter la métaphore en ruine, s'habiller des lambeaux de la tradition et des haillons du diable, cela signifie peut-être qu'il n'y a pas de logos philosophique qui ne doive *d'abord* se laisser expatrier dans la structure Dedans-Dehors. Cette déportation hors de son lieu vers le Lieu, vers la localité spatiale, cette *métaphore* lui serait congénitale. Avant d'être procédé rhétorique dans le langage, la métaphore serait le surgissement du langage lui-même. Et la philosophie n'est que ce langage; ne peut dans le meilleur des cas et en un sens insolite de cette expression, que *le parler,* dire la métaphore *elle-même,* ce qui revient à la *penser* dans l'horizon silencieux de la non-métaphore : l'Être. Espace comme blessure et finitude de naissance (de *la* naissance) sans lequel on ne pourrait même pas ouvrir le langage, on n'aurait même pas à parler d'extériorité, vraie ou fausse. On peut donc, en en usant, *user* les mots de la tradition, les frotter comme une vieille pièce de monnaie fruste et dévaluée, on peut dire que la vraie extériorité est la non-extériorité sans être l'intériorité, on peut écrire par ratures et ratures de ratures : la rature écrit, elle dessine encore dans l'espace. On n'efface pas la syntaxe du Lieu dont l'inscription archaïque n'est pas lisible *sur* le métal du langage : elle est ce métal lui-même, sa trop sombre dureté et son trop lumineux éclat. Langage, fils de la terre et du soleil : écriture. On essaierait en vain, pour le sevrer de l'extériorité et de l'intériorité, pour le sevrer du sevrage, d'oublier les mots « dedans », « dehors », « extérieur », « intérieur », etc., de les mettre hors jeu par décret; on ne retrouverait pas un langage sans rupture d'espace, langage aérien ou aquatique où l'altérité serait d'ailleurs encore plus sûrement perdue. Car les significations qui rayonnent à partir du Dedans-Dehors, de la Lumière-Nuit, etc., n'habitent pas seulement les mots proscrits; elles sont logées, en personne ou par procuration, au cœur de la conceptualité elle-même. Cela tient à ce qu'elles ne signifient pas une immersion *dans* l'espace. La structure Dedans-Dehors ou Jour-Nuit n'a aucun sens *dans* un espace pur abandonné à lui-même et dés-orienté. Elle surgit à partir d'une origine *comprise*, d'un orient *inscrit* qui ne sont ni dans ni hors de l'espace. Ce texte du regard est *aussi* celui de la parole. On peut donc l'appeler Visage. Mais il ne faut plus, dès lors, espérer séparer le langage et l'espace, faire le vide de l'espace dans le langage ou dérober la parole à

la lumière, parler pendant qu'une Main cache la Gloire. On a
beau exiler tel ou tel mot (« dedans », « dehors », « extérieur »,
« intérieur », etc.), on a beau brûler ou enfermer les lettres de
lumière, le langage tout entier s'est déjà éveillé comme chute
dans la lumière. C'est-à-dire, si l'on préfère, qu'il se lève avec
le soleil. Même si « le soleil n'est point nommé, ... sa puissance
est parmi nous » (Saint-John Perse). Dire que l'extériorité infinie
de l'Autre *n'est pas* spatiale, est *non*-extériorité et *non*-intériorité,
ne pouvoir la désigner autrement que par voie négative, n'est-ce
pas reconnaître que l'infini (désigné lui aussi dans sa positivité
actuelle par voie négative : in-fini) ne se dit pas ? Cela ne revient-il
pas à reconnaître que la structure « dedans-dehors », qui est le
langage lui-même, marque la finitude originaire de la parole
et de ce qui advient à la parole ? Aucune langue philosophique
ne pourra jamais réduire cette naturalité de la praxis spatiale
dans le langage ; et il faudrait méditer l'unité de ce que Leibniz
distinguait sous les noms de « langage civil » et de « langage savant »
ou philosophique. Il faudrait méditer ici plus patiemment cette
complicité irréductible, malgré tous les efforts rhétoriques du
philosophe, entre le langage de la vie quotidienne et le langage
philosophique ; mieux, entre certaines langues historiques et le
langage philosophique. Une certaine naturalité indéracinable,
une certaine naïveté originaire du langage philosophique pourrait être vérifiée à propos de chaque concept spéculatif (sauf,
sans doute, à propos de ces non-concepts que sont le nom de
Dieu et le verbe *Être*). Le langage philosophique appartient à
un système de langue(s). Ce qui est ainsi importé dans la spéculation par cette ascendance non-spéculative, c'est toujours une
certaine équivocité. Celle-ci étant originaire et irréductible, il
faut peut-être que la philosophie assume cette équivocité, la
pense et se pense en elle, qu'elle accueille la duplicité et la différence dans la spéculation, dans la pureté même du sens philosophique. Nul plus profondément que Hegel ne l'a, nous
semble-t-il, tenté. Il faudrait refaire pour chaque concept, sans
user naïvement de la catégorie de la chance, de la prédestination
heureuse ou de la rencontre fortuite, ce que Hegel fait pour la
notion allemande de l'*Aufhebung* dont il juge l'équivocité et la
présence dans la langue allemande *réjouissantes* : « *Aufheben* a

dans la langue un double sens; celui de conserver, de garder et celui de faire cesser, de *mettre un terme*. Conserver a d'ailleurs une signification négative.... Lexicologiquement, ces deux déterminations de l'*Aufheben* peuvent être considérées comme deux *significations* du mot. Il est remarquable qu'une langue en soit venue à employer un seul et même mot pour deux significations contraires. La pensée spéculative *se réjouit* de trouver [nous soulignons] dans la langue des mots qui ont par eux-mêmes un sens spéculatif, et la langue allemande en possède plusieurs. » (*Science de la logique*, 1. 93-94.) Dans les *Leçons sur la philosophie de l'histoire*, Hegel note ainsi que, « dans notre langue », l'union de deux significations (*historia rerum gestarum* et *res gestas*) dans le mot *Geschichte* n'est pas une « simple contingence extérieure ».

Dès lors, si je ne puis désigner l'altérité irréductible (infinie) d'autrui qu'à travers la négation de l'extériorité spatiale (finie), c'est peut-être que son sens est fini, n'est pas positivement infini. L'infiniment autre, l'infinité de l'Autre n'est pas l'Autre *comme* infinité positive, Dieu ou ressemblance avec Dieu. L'infiniment autre ne serait pas ce qu'il est, autre, s'il était infinité positive et s'il ne gardait en lui la négativité de l'in-défini, de l'ἄπειρον. « Infiniment autre » ne signifie-t-il pas d'abord ce dont je ne peux venir à bout malgré un travail et une expérience interminables ? Peut-on respecter l'Autre comme Autre et chasser la négativité, le travail, hors de la transcendance comme le voudrait Levinas ? L'Infini positif (Dieu), si ces mots ont un sens, ne peut pas être infiniment Autre. Si l'on pense, comme Levinas, que l'Infini positif tolère ou même exige l'altérité infinie, il faut alors renoncer à tout langage et d'abord au mot *infini* et au mot *autre*. L'infini ne s'entend comme Autre que sous la forme de l'in-fini. Dès que l'on veut penser l'Infini comme plénitude positive (pôle de la transcendance non-négative de Levinas), l'Autre devient impensable, impossible, indicible. C'est peut-être vers cet impensable-impossible-indicible que nous appelle Levinas au delà de l'Être et du Logos (de la tradition). Mais cet appel *ne doit pouvoir ni se penser ni se dire*. En tout cas, que la plénitude positive de l'infini classique ne puisse se traduire dans le langage qu'en se trahissant par un mot négatif (in-fini,) cela situe peut-être le point où, le plus profondément, la pensée rompt avec le langage. Rupture qui ne fera ensuite que résonner à travers tout le langage. C'est pourquoi les pensées modernes qui ne veulent plus distinguer ni hiérarchiser la pensée et le langage sont essentiellement, certes, pensées de la finitude originaire. Mais elles devraient alors abandonner le mot de « finitude » à jamais prisonnier du schéma classique. Est-ce possible ? Et que signifie *abandonner* une notion classique ?

L'autre ne peut être ce qu'il est, infiniment *autre*, que dans la finitude et la mortalité (la mienne *et* la sienne). Dès qu'il vient au langage, bien sûr, et seulement alors, et seulement si le mot *autre* a un sens, mais Levinas ne nous a-t-il pas appris qu'on ne pense pas avant le langage ? C'est pourquoi nos questions gêneraient certes moins un infinitisme classique, de type cartésien, par exemple, qui dissociait la pensée et le langage, celui-ci n'allant jamais aussi vite et aussi loin que celle-là. Non seulement ces questions le gêneraient moins, mais elles pourraient être les siennes. D'une autre façon : vouloir neutraliser l'espace dans la description de l'Autre, pour libérer ainsi l'infinité positive, n'est-ce pas neutraliser la finitude essentielle d'un visage (regard-parole) qui *est corps* et non pas, Levinas y insiste assez, métaphore corporelle d'une pensée éthérée ? Corps, c'est-à-dire *aussi* extériorité, localité au sens pleinement spatial, littéralement spatial de ce mot ; point zéro, origine de l'espace, certes, mais origine qui n'a aucun sens avant le *de,* qui ne peut être séparée de la génitivité et de l'espace qu'elle engendre et oriente : origine *inscrite. L'inscription,* c'est l'origine écrite : tracée et dès lors *inscrite dans* un système, dans une figure qu'elle ne commande plus. Sans quoi il n'y aurait plus de corps propre. Si le visage de l'Autre n'était *aussi, irréductiblement,* extériorité spatiale, il faudrait encore distinguer entre l'âme et le corps, la pensée et la parole ; ou, au mieux, entre un vrai visage, non spatial, et son masque ou sa métaphore, sa figure spatiale. C'est toute la Métaphysique du Visage qui s'effondrerait. Encore une fois, cette question peut procéder aussi bien d'un infinitisme classique (dualisme de la pensée et du langage, mais aussi de la pensée et du corps) que de la pensée la plus moderne de la finitude. Cette étrange alliance dans la question signifie peut-être qu'on ne saurait, dans la philosophie et dans le langage, dans le *discours philosophique* (à supposer qu'il y en ait d'autres), sauver *à la fois* le thème de l'infinité positive et le thème du visage (unité non métaphorique du corps, du regard, de la parole et de la pensée). Cette dernière unité ne nous semble pouvoir être pensée que dans l'horizon de l'altérité infinie (indéfinie) comme horizon irréductiblement *commun* de la Mort et d'Autrui. Horizon de la finitude ou finitude de l'horizon.

Mais cela, répétons-le, *dans le discours philosophique,* où la pensée de la Mort *elle-même* (sans métaphore) et la pensée de l'Infini positif n'ont jamais pu s'entendre. Si le visage *est corps,* il est mortel. L'altérité infinie comme mort ne peut pas se concilier avec l'altérité infinie comme positivité et présence (Dieu). La transcendance métaphysique ne peut être à la fois transcendance vers l'Autre comme Mort et vers l'Autre comme Dieu. À moins que Dieu ne veuille dire Mort, ce qui après tout n'a jamais été *exclu* que par le tout de la philosophie classique à l'intérieur de laquelle nous l'entendons comme Vie et Vérité de l'Infini, de la Présence positive. Mais que signifie cette *exclusion* sinon l'exclusion de toute *détermination* particulière ? Et que Dieu *n'est rien* (de déterminé) n'est aucune vie parce qu'il est *tout* ? est donc à la fois le Tout et le Rien, la Vie et la Mort. Ce qui signifie que Dieu est ou apparaît, *est nommé* dans la différence entre le Tout et le Rien, la Vie et la Mort, etc. Dans la différence et au fond comme la Différence elle-même. Cette différence, c'est ce qu'on appelle l'Histoire. Dieu y est *inscrit.*

On dira que c'est contre ce discours philosophique que s'élève précisément Levinas. Mais dans ce combat, il s'est déjà privé de la meilleure arme : le mépris du discours. En effet, devant les classiques difficultés de langage que nous évoquons, Levinas ne peut se donner les ressources classiques. Aux prises avec des problèmes qui furent aussi bien ceux de la théologie négative que ceux du bergsonisme, il ne se donne pas le droit de parler comme eux dans un langage résigné à sa propre déchéance. La théologie négative se prononçait dans une parole qui se savait déchue, finie, inférieure au logos comme entendement de Dieu. Il n'était surtout pas question de Discours avec Dieu dans le face à face et le souffle à souffle de deux paroles, libres, malgré l'humilité et la hauteur, de rompre ou d'entreprendre l'échange. De façon analogue, Bergson avait le droit d'annoncer l'intuition de la durée et de dénoncer la spatialisation intellectuelle dans un langage dévoué à l'espace. Il n'était pas question de sauver, mais de détruire le discours dans la « métaphysique », « science qui prétend se passer de symboles » (Bergson). La multiplication des métaphores antagonistes s'employait méthodiquement à cette auto-destruction du langage et invitait à l'intuition métaphysique silencieuse. Le langage étant défini comme résidu historique, il n'y avait aucune incohérence à l'utiliser, tant bien que mal, pour dénoncer sa propre trahison et à l'abandonner ensuite à son insuffisance, déchet rhétorique, *parole perdue pour la métaphysique*. Comme la théologie négative, une philosophie de la communion intuitive se donnait (à tort ou à raison, c'est un autre problème) le droit de traverser le discours philosophique comme un élément étranger. Mais qu'arrive-t-il quand on ne se donne plus ce droit, quand la possibilité de la métaphysique est possibilité de la parole ? Quand la responsabilité métaphysique est responsabilité du langage parce que « la pensée consiste à parler » (TI) et que la métaphysique est un langage avec Dieu ? Comment penser l'Autre si celui-ci ne se parle que comme extériorité et à travers l'extériorité, c'est-à-dire la non-altérité ? Et si la parole qui doit instaurer et maintenir la séparation absolue est par essence enracinée dans l'espace qui ignore la séparation et l'altérité absolues ? Si, comme le dit Levinas, seul le discours peut être juste (et non le contact intuitif) et si, d'autre part, tout discours retient essentiellement l'espace et le Même en lui, cela ne signifie-t-il pas que le discours est originellement violent ? Et que la guerre habite le logos philosophique dans lequel seul pourtant on peut déclarer la paix ? La distinction entre discours et violence [1] serait toujours un inac-

---

1. Nous pensons ici à la distinction, commune en particulier à Levinas et à E. Weil entre discours et violence. Elle n'a pas le même sens chez l'un et chez l'autre. Levinas le note au passage, et, rendant hommage à E. Weil pour « l'emploi systématique et vigoureux du terme violence dans son opposition au discours », il affirme donner à cette distinction « un sens différent » (DL.). Nous serions tenté de dire un sens diamétralement opposé. Le discours que E. Weil reconnaît comme non-violent est ontologie, projet d'ontologie (Cf. *Logique de la philosophie*, par exemple, p. 28 et suiv. *la Naissance de l'ontologie, le Discours*). « L'accord entre les hommes s'établira de lui-même si les hommes ne s'occupent pas d'eux-mêmes, mais de ce qui est »; son pôle est la cohérence infinie et son style, au moins, est hegelien. Cette cohérence dans l'ontologie est la violence même pour Levinas : la « fin de l'histoire » n'est pas Logique absolue, cohé-

cessible horizon. La non-violence serait le *telos* et non l'essence du discours. On dira peut-être que quelque chose comme le discours a son essence dans son telos et la présence de son présent dans son avenir. Certes, mais à condition que son avenir et son telos soient non-discours : la paix comme un *certain* silence, un certain au-delà de la parole, une certaine possibilité, un certain horizon silencieux de la parole. Et le telos a toujours eu la forme de la présence, fût-ce d'une présence future. Il n'y a de guerre qu'après l'ouverture du discours et la guerre ne s'éteint qu'avec la fin du discours. La paix, comme le silence, est la vocation étrange d'un langage appelé hors de soi par soi. Mais comme le silence *fini* est aussi l'élément de la violence, le langage ne peut jamais que tendre indéfiniment vers la justice en reconnaissant et en pratiquant la guerre en soi. Violence contre violence. *Économie* de violence. Économie qui ne peut se réduire à ce que Levinas vise sous ce mot. Si la lumière est l'élément de la violence, il faut se battre contre la lumière avec une certaine autre lumière pour éviter la pire violence, celle du silence et de la nuit précédant ou réprimant le discours. Cette *vigilance* est une violence choisie comme la moindre violence par une philosophie qui prend l'histoire, c'est-à-dire la finitude, au sérieux; philosophie qui se sait *historique* de part en part (en un sens qui ne tolère ni la totalité finie, ni l'infinité positive) et qui se sait, comme le dit en un autre sens Levinas, *économie*. Mais une économie encore qui

rence absolue du Logos avec soi en soi, n'est pas accord dans le Système absolu, mais Paix dans la séparation, la diaspora des absolus. Inversement, le discours pacifique selon Levinas, celui qui respecte la séparation et refuse l'horizon de la cohérence ontologique, n'est-il pas la violence même pour E. Weil? Schématisons : selon E. Weil la violence ne sera, ou plutôt ne serait réduite qu'avec la réduction d'altérité ou de la volonté d'altérité. C'est le contraire pour Levinas. Mais c'est que pour lui, la cohérence est toujours finie (totalité au sens qu'il donne à ce mot, refusant toute signification à la notion de totalité infinie). Pour E. Weil, c'est la notion d'altérité qui implique au contraire la finitude irréductible. Mais pour tous deux, seul l'infini est non-violent et il ne peut s'annoncer que dans le discours. Il faudrait interroger les présuppositions communes de cette convergence et de cette divergence. Il faudrait se demander si la pré-détermination, commune à ces deux pensées, du viol et du logos purs, de leur incompatibilité surtout, renvoie à une évidence absolue ou peut-être déjà à une époque de l'histoire de la pensée, de l'histoire de l'Etre. Notons que Bataille s'inspire aussi, dans l'*Érotisme*, des concepts d'E. Weil et le déclare explicitement.

pour être histoire, ne peut être *chez soi* ni dans la totalité finie
que Levinas appelle le Même ni dans la présence positive de
l'Infini. La parole est sans doute la première défaite de la violence,
mais, paradoxalement, celle-ci n'existait pas avant la possibilité
de la parole. Le philosophe (l'homme) *doit* parler et écrire dans
cette guerre de la lumière en laquelle il se sait toujours déjà engagé
et dont il sait qu'il ne pourrait s'échapper qu'en reniant le discours,
c'est-à-dire en risquant la pire violence. C'est pourquoi cet aveu
de la guerre dans le discours, aveu qui n'est pas encore la paix,
signifie le contraire d'un bellicisme ; dont on sait bien — et qui l'a
mieux montré que Hegel ? — que l'irénisme est *dans l'histoire* son
meilleur complice. *Dans l'histoire* dont le philosophe ne peut
s'échapper parce qu'elle n'est pas l'histoire au sens que lui donne
Levinas (totalité), mais l'histoire des sorties hors de la totalité,
histoire comme le mouvement même de la transcendance, de
l'excès sur la totalité sans lequel aucune totalité n'apparaîtrait.
L'histoire n'est pas la totalité transcendée par l'eschatologie, la
métaphysique ou la parole. Elle est la transcendance elle-même.
Si la parole est un mouvement de transcendance métaphysique,
elle est l'histoire et non l'au-delà de l'histoire. Il est difficile de
penser l'origine de l'histoire dans une totalité parfaitement finie
(le Même), aussi bien, d'ailleurs, que dans un infini parfaitement
positif. Si, en ce sens, le mouvement de transcendance métaphysique est histoire, il est encore violent, car, c'est l'évidence légitime dont s'inspire toujours Levinas, l'histoire est violence.
La métaphysique est *économie* : violence contre violence, lumière
contre lumière : la philosophie (en général). Dont on peut dire,
en transposant l'intention de Claudel, que tout y « est peint sur
la lumière comme avec de la lumière condensée, comme l'air
qui *devient* du givre ». Ce devenir est la guerre. Cette polémique
est le langage lui-même. Son inscription.

De la violence transcendantale.

Aussi, ne pouvant échapper à l'ascendance de la lumière, la
métaphysique suppose-t-elle toujours une phénoménologie, dans
sa critique même de la phénoménologie et surtout si elle veut être,
comme celle de Levinas, discours et enseignement.

A. Cette phénoménologie, la suppose-t-elle seulement comme méthode, comme technique, au sens étroit de ces mots? Sans doute, rejetant la plupart des résultats littéraux de la recherche husserlienne, Levinas tient-il à l'héritage de la méthode : « ... La présentation et le développement des notions employées doivent tout à la méthode phénoménologique » (TI. DL). Mais la présentation et le développement des notions ne sont-ils qu'un vêtement de la pensée? Et la méthode peut-elle s'emprunter comme un outil? Levinas ne soutenait-il pas, trente ans plus tôt, dans la trace de Heidegger, qu'il est impossible d'isoler la méthode? Celle-ci abrite toujours, et surtout dans le cas de Husserl, « une vue anticipée du « sens » de l'être qu'on aborde » (THI). Levinas écrivait alors : « ... Nous ne pourrons par conséquent pas séparer, dans notre exposé, la théorie de l'intuition, comme méthode philosophique, de ce qu'on pourrait appeler l'*ontologie* de Husserl » (THI).

Or ce à quoi renvoie, explicitement et en dernier recours, cette méthode phénoménologique, c'est, il serait trop facile de le montrer, la décision même de la philosophie occidentale se choisissant, depuis Platon, comme science, comme théorie, c'est-à-dire précisément ce que Levinas voudrait mettre en question par les voies et la méthode de la phénoménologie.

B. Au-delà de la méthode, ce que Levinas entend retenir de « l'enseignement essentiel de Husserl » (TI), ce n'est pas seulement la souplesse et l'exigence descriptives, la fidélité au sens de l'expérience : c'est le concept de l'intentionnalité. D'une intentionnalité élargie au-delà de sa dimension représentative et théorétique, au-delà de la structure noético-noématique que Husserl aurait à tort reconnue comme structure primordiale. La répression de l'infini aurait empêché Husserl d'accéder à la véritable profondeur de l'intentionnalité comme désir et transcendance métaphysique vers l'autre au-delà du phénomène ou de l'être. Cette répression se produirait de deux façons.

D'*une part,* dans la valeur d'*adéquation.* Vision et intuition théorétique, l'intentionnalité husserlienne serait adéquation. Celle-ci épuiserait et intérioriserait toute distance et toute altérité véritables. « La vision est, en effet, essentiellement une adéquation

174

de l'extériorité à l'intériorité : l'extériorité s'y résorbe dans l'âme qui contemple et, comme *idée adéquate,* se révèle *a priori,* résultant d'une *Sinngebung* » (TI). Or, « l'intentionnalité, où la pensée reste *adéquation* à l'objet, ne définit... pas la conscience à son niveau fondamental ». Sans doute Husserl n'est-il pas nommé ici au moment précis où Levinas parle de l'intentionnalité comme adéquation et on peut toujours penser que par l'expression « l'intentionnalité, où la pensée reste *adéquation...* », il entend : « Une intentionnalité telle que, etc., une intentionnalité où du moins, etc. » Mais le contexte, de nombreux autres passages, l'allusion à la *Sinngebung* laissent clairement entendre que Husserl, dans la lettre de ses textes, n'aurait pas su reconnaître que « tout savoir en tant qu'intentionnalité suppose déjà l'idée de l'infini, l'*inadéquation* par excellence » (TI). Ainsi, à supposer que Husserl ait pressenti les horizons infinis qui débordent l'objectivité et l'intuition adéquate, il les aurait interprétés, *à la lettre,* comme « pensées visant des objets » : « Qu'importe si dans la phénoménologie husserlienne, prise à la lettre, ces horizons insoupçonnés s'interprètent, à leur tour, comme pensées visant des objets! » (déjà cité.)

D'*autre part,* à supposer que le Cogito husserlien soit ouvert sur l'infini, ce serait, selon Levinas, sur un infini-objet, infini sans altérité, faux-infini : « Si Husserl voit dans le cogito une subjectivité sans aucun appui hors d'elle, il constitue l'idée de l'infini elle-même, et se la donne comme objet. » Le « faux-infini », expression hegelienne que Levinas n'emploie jamais, nous semble-t-il, peut-être parce qu'elle est hegelienne, hante cependant de nombreux gestes de dénonciation dans *Totalité et Infini.* Comme pour Hegel, le « faux-infini » serait pour Levinas l'indéfini, la forme *négative* de l'infini. Mais puisque Levinas pense l'altérité *vraie* comme non-négativité (transcendance non-négative), il peut faire de l'autre le vrai infini et du même (étrangement complice de la négativité) le faux-infini. Ce qui eût paru absolument insensé à Hegel (et à toute la métaphysique qui s'épanouit et se repense en lui) : comment séparer l'altérité de la négativité, comment séparer l'altérité du « faux-infini »? Comment le vrai infini ne serait-il pas le même? Ou inversement comment le même absolu ne serait-il pas infini? Si le même était, comme le dit Levinas, totalité violente, cela signifierait qu'il est totalité finie, donc abstraite, donc encore autre que l'autre (qu'une autre totalité), etc. Le même comme totalité finie ne serait pas le même, mais encore l'autre. Levinas parlerait de l'autre sous le nom du même et du même sous le nom de l'autre, etc. Si la totalité finie était le même, elle ne saurait se penser ou se poser comme telle sans devenir autre que soi (c'est la guerre). Si elle ne le faisait pas, elle ne pourrait entrer en guerre avec les autres (totalités finies) ni être violente. Dès lors, n'étant pas violente, elle ne serait pas le même au sens de Levinas (totalité finie). Entrant en guerre — et il y a la guerre — elle se pense certes comme l'autre de l'autre, c'est-à-dire qu'elle accède à l'autre comme un autre (soi). Mais encore une fois, elle n'est plus alors totalité au sens de Levinas. Dans ce langage, qui est le seul langage de la philosophie occidentale, peut-on ne pas répéter le hegelianisme qui n'est que ce langage lui-même prenant absolument possession de soi ?

Dans ces conditions, la seule position efficace pour ne pas se laisser envelopper par Hegel pourrait sembler, pour un instant, être la suivante : tenir pour irréductible le faux-infini (c'est-à-dire en un sens profond la finitude originaire). C'est peut-être au fond ce que fait Husserl en montrant l'irréductibilité de l'inachèvement intentionnel, donc de l'altérité, et que la conscience-de étant irréductible, elle ne saurait jamais, par essence, devenir conscience-soi, ni se rassembler absolument auprès de soi dans la parousie d'un savoir absolu. Mais cela peut-il *se dire*, peut-on penser le « faux-infini » comme tel (en un mot, le temps), s'y arrêter comme à la vérité de l'expérience, sans avoir *déjà* (un *déjà* qui permet de penser le temps !) laissé s'annoncer, se présenter, se penser et se dire le *vrai* infini qu'il faut alors reconnaître comme tel ? Ce qu'on appelle la philosophie, qui n'est peut-être pas le tout de la pensée, ne peut penser le faux, ni même choisir le faux sans rendre hommage à l'antériorité et à la supériorité du vrai (même rapport entre l'autre et le même). Cette dernière question qui pourrait bien être celle de Levinas à Husserl démontrerait que dès qu'*il parle* contre Hegel, Levinas ne peut que confirmer Hegel, l'a *déjà* confirmé.

Mais est-il un thème plus rigoureusement et surtout plus littéralement husserlien que celui de l'inadéquation ? Et du débordement infini des horizons ? Qui plus que Husserl s'est obstinément attaché à montrer que la vision était originellement et essentiellement inadéquation de l'intériorité et de l'extériorité? Que la perception de la chose transcendante et étendue était par essence et à jamais inachevée? Que la perception immanente se faisait dans l'horizon infini du flux du vécu (Cf., par exemple, *Idées I*, § 83 et passim)? Et surtout, qui mieux que Levinas nous a d'abord fait comprendre ces thèmes husserliens? Il ne s'agit donc pas de rappeler leur existence, mais de se demander si finalement Husserl a *résumé* l'inadéquation et réduit à la condition d'*objets* disponibles les horizons infinis de l'expérience. Cela par l'interprétation seconde dont l'accuse Levinas.

Nous avons peine à le croire. Dans les deux directions intentionnelles dont nous venons de parler, l'*Idée au sens kantien* désigne le débordement infini d'un horizon qui, en raison d'une nécessité d'essence absolue, absolument principielle et irréductible, *ne pourra jamais* devenir lui-même objet ou se laisser combler, *égaler* par une intuition d'objet. Pas même celle d'un Dieu. L'horizon ne peut être lui-même objet, car il est la ressource inobjectivable de tout objet en général. L'impossibilité de l'adéquation est si radicale que ni l'*originarité* ni l'*apodicticité* des évidences ne sont nécessairement des adéquations (Cf., par exemple, *Idées I*, § 3, *Méditations cartésiennes*, § 9 et *passim*). (Cela n'implique pas, bien entendu, que certaines possibilités d'évidences adéquates — particulières et fondées — soient ignorées par Husserl.) L'importance du concept d'horizon, c'est précisément de ne pouvoir *faire l'objet* d'aucune constitution et d'ouvrir à l'infini le travail de l'objectivation. Le cogito husserlien, nous semble-t-il, ne constitue pas l'idée d'infini. Dans la phénoménologie, il n'y a jamais de constitution des horizons, mais des horizons de constitution. Que l'infinité de l'horizon husserlien ait la forme de l'ouverture in-définie, qu'il s'offre sans fin possible à la négativité de la constitution (du travail d'objectivation), n'est-ce pas ce qui le garde le plus sûrement contre toute totalisation, contre l'illusion de la présence immédiate d'un infini de plénitude où l'autre devient tout à coup introuvable? Si la conscience de l'inadéquation infinie à l'infini (et même au fini!) est le propre d'une pensée soucieuse de respecter l'extériorité, on voit mal comment, sur ce point du moins, Levinas peut se séparer de Husserl. L'intentionnalité n'est-elle pas le respect lui-même? L'irréductibilité à jamais de l'autre au même, mais de l'autre *apparaissant comme* autre au même? Car sans ce phénomène de l'autre comme autre, il n'y aurait pas de respect possible. Le phénomène du respect suppose le respect de la phénoménalité. Et l'éthique la phénoménologie.

En ce sens, la phénoménologie est le respect lui-même, le développement, le devenir-langage du respect lui-même. C'est ce que visait Husserl en disant que la raison ne se laissait pas distinguer en théorique, pratique, etc. (cité plus haut). Cela ne signifie pas que le respect comme éthique soit *dérivé* de la phénoménologie, qu'il la suppose comme ses prémisses ou comme une valeur antérieure ou supérieure. La présupposition de la phénoménologie est d'un ordre unique. Elle ne « commande » rien, au sens mondain (réel, politique, etc.) du commandement. Elle est la neutralisation même de ce type de commandement. Mais elle ne le neutralise pas pour lui en substituer un autre. Elle est profondément étrangère à toute hiérarchie. C'est dire que l'éthique non seulement ne se dissout pas dans la phénoménologie ni ne s'y soumet; elle trouve en elle son sens propre, sa liberté et sa radicalité. Que les thèmes de la non-présence (temporalisation et altérité) soient contradictoires avec ce qui fait de la phénoménologie une métaphysique de la présence, la *travaillent* sans cesse, cela nous paraît d'ailleurs incontestable et nous y insistons ailleurs.

C. Levinas peut-il se séparer plus légitimement de Husserl à propos du théorétisme et du primat de la conscience d'objet? N'oublions pas que le « primat » dont il doit être ici question est celui de l'objet ou de l'objectivité *en général*. Or la phénoménologie n'aurait rien apporté si elle n'avait infiniment renouvelé, élargi, assoupli cette notion d'objet en général. L'ultime juridiction de l'évidence est ouverte à l'infini, à tous les types d'objets possibles, c'est-à-dire à tout sens pensable, c'est-à-dire présent à une conscience en général. Aucun propos (par exemple, celui qui dans *Totalité et Infini* veut réveiller les évidences éthiques à leur indépendance absolue, etc.) n'aurait de sens, ne pourrait être pensé ni entendu s'il ne puisait à cette couche de l'évidence phénoménologique en général. Il suffit que le sens éthique soit *pensé* pour que

Husserl ait raison. Non seulement les définitions nominales, mais, avant elles, les possibilités d'essence guidant les concepts sont déjà présupposées quand on parle d'éthique, de transcendance, d'infini, etc. Ces expressions doivent avoir un sens pour une conscience concrète en général sans quoi aucun discours et aucune pensée ne seraient possibles. Ce domaine d'évidences absolument « préalables » est celui de la phénoménologie transcendantale en laquelle s'enracine une phénoménologie de l'éthique. Cet enracinement n'est pas *réel*, ne signifie pas une dépendance réelle et il serait vain de reprocher à la phénoménologie transcendantale d'être *en fait* impuissante à engendrer des valeurs ou des comportements éthiques (ou, ce qui revient au même, de pouvoir plus ou moins directement les réprimer). Tout sens déterminé, tout sens pensé, tout noème (par exemple, le sens de l'éthique) supposant la possibilité d'un *noème en général*, il convient de commencer *en droit* par la phénoménologie transcendantale. De commencer *en droit* par la possibilité en général d'un noème qui, rappelons ce point décisif, n'est pas un moment *réel (reell)* pour Husserl, n'a donc aucun rapport réel (hiérarchique ou autre) avec *quoi que ce soit d'autre :* quoi que ce soit d'autre ne pouvant être pensé que dans la noématicité. Cela signifie en particulier que, aux yeux de Husserl, l'éthique ne saurait *en fait*, dans l'existence et dans l'histoire, être *subordonnée* à la neutralisation transcendantale et lui être, en fait, d'aucune façon soumise. Ni l'éthique, ni d'ailleurs rien d'autre au monde. La neutralisation transcendantale est par principe et dans son sens étrangère à toute facticité, toute existence en général. Elle n'est en fait ni avant ni après l'éthique. Ni avant ni après quoi que ce soit.

On peut donc parler d'objectivité éthique, de valeurs ou d'impératifs éthiques comme objets (noèmes) avec toute leur originalité éthique, sans réduire cette objectivité à aucune de celles qui fournissent à tort (mais cela n'est pas le tort de Husserl) leur modèle à ce qu'on entend communément par objectivité (objectivité théorétique, politique, technique, naturelle, etc.). A vrai dire, il y a deux sens du théorétique : le sens courant, visé en particulier par la protestation de Levinas; et le sens plus caché en lequel se tient l'*apparaître* en général, l'apparaître du non-théorétique (au premier sens) en particulier. En ce deuxième sens, la phénoménologie est bien un théorétisme, mais dans la mesure où toute pensée et tout langage, en fait et en droit, ont partie liée avec le théorétisme. La phénoménologie mesure cette mesure. Je sais d'un savoir théorétique (en général) quel est le sens du non-théorétique (par exemple, l'éthique, le métaphysique au sens de Levinas) comme tel, et je le respecte comme tel, comme ce qu'il est, dans son sens. J'ai un regard pour reconnaître ce qui ne se regarde pas comme une chose, comme une facade, comme un théorème. J'ai un regard pour le visage lui-même.

D. Mais on le sait, le désaccord fondamental entre Levinas et Husserl n'est pas là. Il ne porte pas davantage sur l'anhistoricité du sens jadis reprochée à Husserl et à propos duquel celui-ci avait « réservé des surprises » (comme l'eschatologie de Levinas devait nous surprendre en nous parlant, trente ans plus tard, « *par-delà la totalité* ou l'histoire » (TI). Ce qui suppose encore une fois que la totalité soit finie (ce qui n'est nullement inscrit dans son concept), que l'histoire comme telle puisse être totalité finie et qu'il n'y ait pas d'histoire par delà la totalité finie. Il faudrait peut-être montrer, comme nous le suggérions plus haut, que l'histoire est impossible, n'a pas de sens dans la totalité finie, qu'elle est impossible et n'a pas de sens dans l'infinité positive et actuelle; et qu'elle se tient dans la différence entre la totalité et l'infini, qu'elle est précisément ce que Levinas appelle transcendance et eschatologie. Un *système* n'est ni fini ni infini. Une totalité structurale échappe en son jeu à cette alternative. Elle échappe à l'archéologique et à l'eschatologique et les inscrit en elle-même.

C'est à propos d'autrui que le désaccord paraît définitif. Nous l'avons vu : suivant Levinas, en faisant de l'autre, notamment dans les *Méditations cartésiennes*, un phénomène de l'ego, constitué par apprésentation analogique à partir de la sphère d'appartenance propre de l'ego, Husserl aurait manqué l'altérité infinie de l'autre et l'aurait réduite au même. Faire de l'autre un alter ego, dit souvent Levinas, c'est neutraliser son altérité absolue.

a) Or, il serait facile de montrer à quel point, en particulier dans les *Méditations cartésiennes*, Husserl se montre soucieux de respecter dans sa signification l'altérité d'autrui. Il s'agit pour lui de décrire comment l'autre *en tant qu'autre*, dans son altérité irréductible, se présente à moi. Se présente à moi, nous le verrons plus loin, comme non-présence originaire. C'est l'autre en tant qu'autre qui est phénomène de l'ego : phénomène d'une certaine non-phénoménalité irréductible pour l'ego comme ego en général (l'eidos ego). Car il est impossible de rencontrer l'alter ego (dans la forme même de la rencontre [1] que décrit Levinas), il est impossible de le respecter dans l'expérience et dans le langage sans que cet autre, dans son altérité, *apparaisse* pour un ego (en général). On ne pourrait ni parler, ni avoir quelque sens que ce soit du tout-autre s'il n'y avait un phénomène du tout-autre, une évidence du tout-autre comme tel. Que le style de cette évidence et de ce phénomène soit irréductible et singulier, que ce qui s'y montre soit une non-phénoménalisation originaire, nul plus que Husserl n'y a été sensible. Même si l'on ne veut ni ne peut thématiser l'autre *dont* on ne parle pas, mais *à qui* l'on parle, cette impossibilité et cet impératif ne peuvent eux-mêmes être thématisés (comme le fait Levinas) qu'à partir d'un certain apparaître de l'autre comme autre à un ego. C'est de ce *système*, de cet apparaître et de cette impossibilité de thématiser l'autre en personne que nous parle Husserl. C'est *son* problème : « Ils (les autres *ego*) ne sont pourtant

---

1. C'est au fond à la notion même de « constitution de l'alter ego » que Levinas refuse toute dignité. Il dirait sans doute, comme Sartre : « On *rencontre* autrui, on ne le constitue pas » *(l'Etre et le Néant)*. C'est là entendre le mot de « constitution » en un sens contre lequel Husserl prévient souvent son lecteur. La constitution ne s'oppose à aucune rencontre. Il va de soi qu'elle ne crée, ne construit, n'engendre rien : ni l'existence — ou le fait —, ce qui va de soi, ni même le sens, ce qui est moins évident, mais également certain pourvu qu'on prenne à ce sujet quelques précautions patientes; pourvu surtout que l'on distingue les moments de passivité et d'activité dans l'intuition au sens husserlien, et ce moment où la distinction devient impossible. C'est-à-dire où toute la problématique opposant « rencontre » à « constitution » n'a plus de sens, ou n'a qu'un sens dérivé et dépendant. Ne pouvant nous engager ici dans ces difficultés, rappelons simplement cette mise en garde de Husserl, parmi tant d'autres : « Ici aussi, comme à l'égard de l'*alter ego*, « effectuation de conscience » *(Bewusstseinleistung)* ne veut pas dire que j'invente *(erfinde)* et que je fais *(mache)* cette transcendance suprême. » (Il s'agit de Dieu.) (L. F. T., trad. S. Bachelard.)

Inversement, la notion de « rencontre » à laquelle il faut bien recourir si l'on refuse toute constitution, au sens husserlien du terme, outre qu'elle est guettée par l'empirisme, ne laisse-t-elle pas entendre qu'il y a un temps et une expérience sans « autre » *avant* la « rencontre »? On imagine à quelles difficultés on est alors conduit. La prudence philosophique de Husserl est à cet égard exemplaire. Les *Méditations cartésiennes* soulignent souvent qu'en *fait* et *réellement*, rien ne *précède* l'expérience d'autrui.

pas de simples représentations et des objets représentés en moi, des unités synthétiques d'un processus de vérification se déroulant « en moi », mais justement des « autres »... « sujets pour ce même monde... sujets qui perçoivent le monde... et qui ont par là l'expérience de moi, comme moi j'ai l'expérience du monde et en lui des « autres » » (MC, trad. Levinas). C'est cet apparaître de l'autre comme ce que je ne puis jamais être, c'est cette non-phénoménalité originaire qui est interrogée comme *phénomène intentionnel* de l'ego.

b) Car — et nous nous en tenons ici au sens le plus manifeste et le plus massivement incontestable de cette cinquième des *Méditations cartésiennes* dont le cours est si labyrinthique — l'affirmation la plus centrale de Husserl concerne le caractère *irréductiblement médiat* de l'intentionnalité visant l'autre comme autre. Il est évident, d'une évidence essentielle, absolue et définitive, que l'autre comme autre transcendantal (autre origine absolue et autre point zéro dans l'orientation du monde) ne peut jamais m'être donné de façon originaire et en personne, mais seulement par apprésentation analogique. La nécessité de recourir à l'apprésentation analogique, loin de signifier une réduction analogique et assimilante de l'autre au même, confirme et respecte la séparation, la nécessité indépassable de la médiation (non-objective). Si je n'allais pas vers l'autre par voie d'apprésentation analogique, si je l'atteignais immédiatement et originairement, en silence et par communion avec son propre vécu, l'autre cesserait d'être l'autre. Contrairement aux apparences, le thème de la transposition apprésentative traduit la reconnaissance de la séparation radicale des origines absolues, le rapport des absolus absous et le respect non-violent du secret : le contraire de l'assimilation victorieuse.

Les corps, les choses transcendantes et naturelles sont des autres en général pour ma conscience. Ils sont dehors et leur transcendance est le signe d'une altérité déjà irréductible. Levinas ne le croit pas, Husserl le croit et croit que « autre » veut déjà dire quelque chose quand il s'agit des choses. Ce qui est prendre au sérieux la réalité du monde extérieur. Un autre signe de cette altérité en général, que les choses partagent ici avec autrui, c'est que quelque chose en elles se cache aussi toujours et ne s'indique que par anticipation, analogie et apprésentation. Husserl le dit dans la cinquième des *Méditations cartésiennes* : l'apprésentation analogique appartient pour une part à *toute perception*. Mais dans le cas de l'autre comme chose transcendante, la possibilité de principe d'une présentation originaire et originale de la face cachée est toujours ouverte par principe et *a priori*. Cette possibilité est absolument refusée dans le cas d'autrui. L'altérité de la chose transcendante, bien qu'elle soit déjà irréductible, ne l'est que par l'inachèvement indéfini de mes perceptions originaires. Elle est donc sans commune mesure avec l'altérité aussi irréductible d'autrui qui ajoute à la dimension de l'inachèvement (le corps d'autrui dans l'espace, l'histoire de nos rapports, etc.) une dimension de non-originarité plus profonde, l'impossibilité radicale de faire le tour pour voir les choses de l'autre côté. Mais sans la première altérité, celle des corps (et autrui est aussi d'entrée de jeu un corps), la deuxième ne pourrait surgir. Il faut penser d'ensemble le système de ces deux altérités, l'une dans l'autre inscrites. L'altérité d'autrui est donc irréductible par une double puissance d'indéfinité. L'étranger est infiniment autre puisque par essence aucun enrichissement des profils ne peut me donner la face subjective de son vécu, *de son côté*, tel qu'il est vécu par lui. Jamais ce vécu ne me sera donné en original comme tout ce qui est *mir eigenes*, ce qui m'est *propre*. Cette transcendance du non-propre n'est plus celle du tout inaccessible à partir d'esquisses toujours partielles : transcendance de l'*Infini*, non de la *Totalité*.

Levinas et Husserl sont ici très proches. Mais en reconnaissant à cet infiniment autre *comme tel* (apparaissant comme tel) le statut d'une modification intentionnelle de l'ego en général, Husserl se donne le *droit de parler* de l'infiniment autre comme tel, rend compte de l'origine et de la légitimité de son langage. Il décrit le système de la phénoménalité de la non-phénoménalité. Levinas parle *en fait* de l'infiniment autre, mais, en refusant d'y reconnaître une modification intentionnelle de l'ego — ce qui serait pour lui un acte totalitaire et violent — il se prive du fondement même et de la possibilité de son propre langage. Qu'est-ce qui l'autorise à dire « infiniment autre » si l'infiniment autre n'apparaît pas comme tel dans cette zone qu'il appelle le même et qui est le niveau neutre de la description transcendantale ? Revenir, comme au seul point de départ possible, au phénomène intentionnel où l'autre apparaît comme autre et se prête au langage, à *tout langage possible*, c'est peut-être se livrer à la violence, s'en faire le complice au moins, et *donner droit* — au sens critique — à la violence du fait ; mais il s'agit alors d'une zone irréductible de la facticité, d'une violence originaire, transcendantale, antérieure à tout choix éthique, supposée même par la non-violence éthique. Y a-t-il quelque sens à parler d'une violence pré-éthique ? La « violence » transcendantale à laquelle nous faisons allusion, si elle est liée à la phénoménalité même et à la possibilité du langage, serait ainsi logée à la racine du sens et du logos, avant même que celui-ci ait à se déterminer en rhétorique, psychagogie, démagogie, etc.

c) Levinas écrit : « Autrui, en tant qu'autrui, n'est pas seulement un alter ego. Il est ce que moi je ne suis pas » (EE, et TA). La « décence » et la « vie courante » nous font croire à tort que « l'autre est connu par la sympathie, comme un autre moi-même, comme l'alter ego » (TA). C'est exactement ce que ne fait pas Husserl. Il veut seulement le reconnaître comme autrui dans sa forme d'ego, dans sa forme d'altérité qui ne peut être celle des choses dans le monde. Si l'autre n'était pas reconnu comme alter *ego* transcendantal, il serait tout entier dans le monde et non, comme moi, origine du monde. Refuser de voir en lui un ego en ce sens, c'est, dans l'ordre éthique, le geste même de toute violence. Si l'autre n'était pas reconnu comme ego, toute son altérité s'effondrerait. On ne peut donc, semble-t-il, sans maltraiter ses intentions les plus permanentes et les plus déclarées, supposer que Husserl fait de l'autre un autre moi-même (au sens factuel de ce mot), une modification *réelle* de *ma* vie. Si autrui était un moment réel de ma vie égologique, si « l'inclusion d'une autre monade dans la mienne » (MC) était réelle, je la percevrais *originaliter*. Husserl ne cesse de souligner que c'est là une impossibilité absolue. L'autre comme alter ego, cela signifie l'autre comme autre, irréductible à *mon* ego, précisément parce qu'il est ego, parce qu'il a la forme de l'ego. L'égoïté de l'autre lui permet de dire « ego » comme moi et c'est pourquoi il est autrui et non une pierre ou un être sans parole *dans mon économie réelle*. C'est pourquoi, si l'on veut, il est visage, peut me parler, m'entendre et éventuellement me commander. Aucune dissymétrie ne serait possible sans cette symétrie qui n'est pas du monde et qui, n'étant rien de réel, n'impose aucune limite à l'altérité, à la dissymétrie, la rend possible au contraire.

Cette dissymétrie est une *économie* en un sens nouveau, qui serait sans doute aussi intolérable à Lévinas.

C'est, malgré l'absurdité logique de cette formulation, la symétrie transcendantale de deux asymétries empiriques. L'autre est pour moi un ego dont je sais qu'il a rapport à moi comme à un autre. Où ces mouvements sont-ils mieux décrits que dans la *Phénoménologie de l'esprit ?* Le mouvement de transcendance vers l'autre, tel que l'évoque Levinas, n'aurait pas de sens s'il ne comportait, comme une de ses significations essentielles, que je me sache, dans mon ipséité, autre pour l'autre. Sans cela, « Je » (en général : l'égoïté), ne pouvant être l'autre de l'autre, ne serait jamais victime de violence. La violence dont parle Levinas serait une violence sans victime. Mais comme, dans la dissymétrie qu'il décrit, l'auteur de la violence ne saurait jamais être l'autre lui-même, mais toujours le même (ego) et que tous les ego sont des autres pour les autres, la violence sans victime serait aussi une violence sans auteur. Et l'on peut inverser toutes ces propositions sans peine. On s'apercevra vite que si le Parménide du *Poème* nous laisse croire que, par fantasmes historiques interposés, il s'est plusieurs fois prêté au parricide, la grande ombre blanche et redoutable qui parlait au jeune Socrate continue de sourire quand nous entamons de grands discours sur les êtres séparés, l'unité, la différence, le même et l'autre. A quels exercices se livrerait Parménide en marge de *Totalité et Infini* si nous tentions de lui faire entendre que *ego* égale *même* et que l'Autre n'est ce qu'il est que comme absolu, infiniment autre absous de son rapport au Même ! Par exemple : 1. L'infiniment autre, dirait-il peut-être, ne peut être ce qu'il est que s'il est autre, c'est-à-dire autre *que*. *Autre que* doit être *autre que* moi. Dès lors, il n'est plus absous de la relation à un ego. Il n'est donc plus infiniment, absolument autre. Il n'est plus ce qu'il est. S'il était absous, il ne serait pas davantage l'Autre, mais le Même. 2. L'infiniment autre ne peut être ce qu'il est — infiniment autre — qu'en n'étant absolument pas le même. C'est-à-dire, en particulier, en étant autre que soi (non ego). Etant autre que soi, il n'est pas ce qu'il est. Il n'est donc pas infiniment autre, etc.

Cet exercice, croyons-nous, ne serait pas, en son fond, verbosité ou virtuosité dialectique dans le « jeu du Même ». Il signifierait que l'expression « infiniment autre » ou « absolument autre » ne peut pas à la fois être dite et pensée; que l'Autre ne peut pas être absolument extérieur[1] au même sans cesser d'être autre, et que par suite, le même n'est pas une totalité close sur soi, une identité jouant avec soi, avec la seule apparence de l'altérité, dans ce que Levinas appelle l'économie, le travail, l'histoire. Comment pourrait-il y avoir un « jeu du Même » si l'altérité elle-même n'était pas déjà *dans* le Même, en un sens de l'inclusion que le mot *dans* trahit sans doute? Sans l'altérité *dans* le même, comment pourrait se produire le « jeu du Même », au sens de l'activité ludique ou au sens de la dislocation, dans une machine ou une totalité organique qui *joue* ou qui *travaille?* Et on pourrait montrer que pour Levinas le *travail*, toujours enfermé dans la totalité et l'histoire, reste fondamentalement un jeu. Proposition que nous accepterons, avec quelques précautions, plus facilement que lui.

Avouons enfin que nous sommes totalement sourd à des propositions de ce type : « L'être se produit comme multiple et comme scindé en Même et en Autre. C'est sa structure ultime » (TI). Qu'est-ce que la scission *de l'être entre* le même et l'autre, une scission *entre* le même et l'autre, et qui ne suppose pas, au moins, que le même *soit* l'autre de l'autre et l'autre le même que soi? Ne pensons plus seulement à l'exercice de Parménide jouant avec le jeune Socrate. L'Étranger du *Sophiste* qui semble rompre avec l'éléatisme, comme Levinas, au nom de l'altérité, sait que l'altérité ne se pense que comme négativité, ne se *dit*, surtout, que comme négativité — ce que Levinas commence par refuser — et que, à la différence de l'être, l'autre est toujours relatif, se dit *pros eteron*, ce qui ne l'empêche pas d'être un *eidos* (ou un *genre* en un sens non conceptuel), c'est-à-dire d'être le même que soi (« même que soi » supposant déjà, comme le note Heidegger dans *Identität und Differenz*, précisément à propos du *Sophiste*, médiation, relation et différence : ἕκαστον ἑαυτῷ ταὐτόν). De son côté, Levinas refuserait d'assimiler autrui à l'*eteron* dont il est ici question. Mais comment penser ou dire « autrui » sans la référence — nous ne

[1]. Ou du moins ne peut *être* ni être quoi que ce soit, et c'est bien l'autorité de l'être que Levinas récuse profondément. Que son discours doive encore se soumettre à l'instance contestée, c'est une nécessité dont il faut tenter d'inscrire systématiquement la règle dans le texte.

disons pas la réduction — à l'altérité de l'*eteron* en général? Cette dernière notion n'a dès lors plus le sens restreint qui permet de l'*opposer* simplement à celle d'*autrui*, comme si elle était confinée dans la région de l'objectivité réelle ou logique. L'*eteron* appartiendrait ici à une zone plus profonde et plus originaire que celle dans laquelle se déploie cette philosophie de la subjectivité (c'est-à-dire de l'objectivité) encore impliquée dans la notion d'autrui.

L'autre ne serait donc pas ce qu'il est (mon prochain comme étranger), s'il n'était pas alter ego. C'est là une évidence bien antérieure à la « décence » et aux dissimulations de la « vie courante ». Levinas ne traite-t-il pas l'expression *alter ego* comme si *alter* y était l'épithète d'un sujet réel (à un niveau pré-éidétique)? La modification accidentelle, épithétique de mon identité réelle (empirique)? Or la syntaxe transcendantale de l'expression *alter ego* ne tolère aucun rapport de substantif à adjectif, d'absolu à épithète, dans un sens ou dans l'autre. C'est là son étrangeté. Nécessité qui tient à la finitude du sens : l'autre n'est absolument autre qu'en étant un ego, c'est-à-dire d'une certaine façon le même que moi. Inversement, l'autre comme *res* est à la fois moins autre (non absolument autre) et moins « le même » que moi. Plus autre et moins autre à la fois, ce qui signifie encore que l'absolu de l'altérité est le même. Et cette contradiction (dans les termes d'une logique formelle que suit pour une fois au moins Levinas puisqu'il refuse d'appeler l'Autre *alter ego*), cette impossibilité de traduire dans la cohérence rationnelle du langage mon rapport à autrui, cette contradiction et cette impossibilité ne sont pas des signes d' « irrationalité » : le signe plutôt qu'on ne respire plus ici *dans* la cohérence du *Logos*, mais que la pensée se coupe le souffle dans la région de l'origine du langage comme dialogue et différence. Cette origine, comme condition concrète de la rationalité, n'est rien moins qu' « irrationnelle », mais elle ne saurait être « comprise » dans le langage. Cette origine est une inscription inscrite.

Aussi toute réduction de l'autre à un moment *réel* de *ma* vie, sa réduction à l'état d'alter ego-empirique est-elle une possibilité ou plutôt une éventualité empirique, qu'on appelle violence, et qui présuppose les rapports éidétiques nécessaires visés par la description husserlienne. Au contraire, accéder à l'égoïté de l'alter ego comme à son altérité même, c'est le geste le plus pacifique qui soit.

Nous ne disons pas absolument pacifique. Nous disons *économique.* Il y a une violence transcendantale et pré-éthique, une dissymétrie (en général), dont l'archie est le même et qui permet ultérieurement la dissymétrie inverse, la non-violence éthique dont parle Levinas. En effet, ou bien il n'y a que le même et il ne peut même plus apparaître et être dit, ni même exercer de violence (infinité ou finité pures); ou bien il y a le même *et* l'autre, et alors l'autre ne peut être l'autre — du même — qu'en étant le même (que soi : ego) et le même ne peut être le même (que soi : ego) qu'en étant l'autre de l'autre : alter ego. Que je sois aussi essentiellement l'autre de l'autre, que je le sache, voilà l'évidence d'une étrange symétrie dont la trace n'apparaît nulle part dans les descriptions de Levinas. Sans cette évidence, je ne pourrais désirer (ou) respecter l'autre dans la dissymétrie éthique. Cette violence transcendantale qui ne procède pas d'une résolution ou d'une liberté éthiques, d'une *certaine manière* d'aborder ou de déborder l'autre, instaure originairement le rapport entre deux ipséités finies. En effet, la nécessité d'accéder au sens de l'autre (dans son altérité irréductible) à partir de son « visage », c'est-à-dire du phénomène de sa non-phénoménalité, du thème du non-thématisable, autrement dit à partir d'une modification intentionnelle de mon ego (en général) (modification intentionnelle dans laquelle Levinas doit bien puiser le sens de son discours), la nécessité de parler de l'autre comme autre ou à l'autre comme autre à partir de son apparaître-pour-moi-comme-ce-qu'il-est : l'autre (apparaître qui dissimule sa dissimulation essentielle, qui le tire à la lumière, le dénude et cache ce qui en l'autre est le caché), cette nécessité à laquelle aucun discours ne saurait échapper dès sa plus jeune origine, cette nécessité, c'est la violence elle-même, ou plutôt l'origine transcendantale d'une violence irréductible, à supposer, comme nous le disions plus haut, qu'il y ait quelque sens à parler de violence pré-éthique. Car cette origine transcendantale, comme violence irréductible du rapport à l'autre est en même temps non-violence puisqu'elle ouvre le rapport à l'autre. C'est une *économie.* C'est elle qui, par cette ouverture, laissera cet accès à l'autre se déterminer, dans la liberté éthique, comme violence ou non violence morales. On ne voit pas comment la notion de violence (par exemple, comme dissimulation ou oppression de l'autre par le même, notion que Levinas utilise comme allant de soi et qui pourtant signifie déjà altération du même, de l'autre en tant qu'il est ce qu'il est) pourrait être déterminée avec rigueur à un niveau purement éthique, sans analyse éidétique-transcendantale préalable des rapports entre ego et alter ego en général, entre plusieurs origines du monde en général. Que l'autre n'apparaisse comme tel que dans son rapport au même, c'est une évidence que les Grecs n'avaient pas eu besoin de reconnaître dans l'égologie transcendantale qui la confirmera plus tard, et c'est la violence comme origine du sens et du discours dans le règne de la finitude [1]. La différence entre le même et l'autre, qui n'est pas une différence ou une relation parmi d'autres, n'a aucun sens dans l'infini, sauf à parler, comme Hegel et contre Levinas, de l'inquiétude de l'infini qui se détermine et se nie lui-même. La violence, certes, apparaît dans l'horizon d'une idée de l'infini. Mais cet horizon n'est pas celui de l'infiniment autre mais celui d'un règne où la différence

---

1. Cette connaturalité du discours et de la violence ne nous paraît pas être *survenue dans* l'histoire, ni être liée à telle ou telle forme de la communication, ou encore à telle ou telle « philosophie ». Nous voudrions montrer ici que cette connaturalité appartient à l'essence même de l'histoire, à l'historicité transcendantale, notion qui ne peut être ici entendue que dans la résonance d'une parole commune — en un sens qu'il faudrait encore éclaircir — à Hegel, Husserl et Heidegger.

L'information historique ou ethno-sociologique ne peut venir ici que confirmer ou soutenir, à titre d'exemple factuel, l'évidence eidétique-transcendantale. Même si cette information était maniée (recueillie, décrite, explicitée) avec la plus grande prudence philosophique ou méthodologique, c'est-à-dire même si elle s'articule correctement avec la lecture d'essence et respecte tous les niveaux de généralité eidétique, elle ne saurait en aucun cas *fonder* ni *démontrer* aucune nécessité d'essence. Par exemple, nous ne sommes pas sûr que ces précautions techniques aussi bien que transcendantales soient prises par C. Lévi-Strauss lorsque, dans *Tristes Tropiques*, il avance au milieu de très belles pages, « l'hypothèse »... « que la fonction primaire de la communication écrite est de faciliter l'asservissement... ». Si l'écriture — et déjà la parole en général — retient en soi une violence essentielle, cela ne peut se « démontrer » ou se « vérifier » à partir de « faits », à quelque sphère qu'ils soient empruntés et même si la totalité des « faits » pouvait être disponible en ce domaine. On voit souvent la pratique descriptive des « sciences humaines » mêler, dans la confusion la plus *séduisante* (à tous les sens de ce mot), l'enquête empirique, l'hypothèse inductive et l'intuition d'essence sans qu'aucune précaution ne soit prise quant à l'origine et à la fonction des propositions avancées.

entre le même et l'autre, la différance n'aurait plus cours, c'est-à-dire d'un règne où la paix elle-même n'aurait plus de sens. Et d'abord parce qu'il n'y aurait plus de phénoménalité et de sens en général. L'infiniment autre et l'infiniment même, si ces mots ont un sens pour un être fini, c'est le même. Hegel lui-même ne reconnaissait la négativité, l'inquiétude ou la guerre dans l'infini absolu que comme le mouvement de sa propre histoire et *en vue* d'un apaisement final où l'altérité serait absolument *résumée* sinon levée dans la parousie [1]. Comment interpréter la *nécessité* de *penser* le *fait* de ce qui est d'abord *en vue*, en l'occurrence de ce qu'on appelle, en général, la fin de l'histoire ? Ce qui revient à se demander ce que signifie la *pensée* de l'autre *comme* autre, et si, dans ce cas unique, la lumière du « comme tel » n'est pas la dissimulation elle-même. Cas unique ? Non, il faut renverser les termes : « autre » est le nom, « autre » est le sens de cette unité impensable de la lumière et de la nuit. Ce que veut dire « autre », c'est la phénoménalité comme disparition. S'agit-il là d'une « troisième voie exclue par ces contradictoires » (révélation et dissimulation, *la Trace de l'autre*) ? Mais elle ne peut apparaître et être dite que comme troisième. Si on l'appelle « trace », ce mot ne peut surgir que comme une métaphore dont l'élucidation philosophique fera sans cesse appel aux « contradictoires ». Sans quoi son originalité — ce qui la distingue du *Signe* (mot conventionnellement choisi par Levinas) — n'apparaîtrait pas. Or il *faut* la faire apparaître. Et le phénomène suppose sa contamination originaire par le signe.

La guerre est donc congénitale à la phénoménalité, elle est le surgissement même de la parole et de l'apparaître. Hegel ne s'abstient pas par hasard de prononcer le mot « homme » dans la *Phénoménologie de l'esprit* et décrit la guerre (par exemple, la dialectique du Maître et de l'Esclave) sans référence anthropologique, dans le champ d'une science de la *conscience*, c'est-à-dire de la phénoménalité elle-même, dans la structure nécessaire de son mouvement : science de l'expérience et de la conscience.

Le discours ne peut donc, s'il est originairement violent, que *se faire violence*, se nier pour s'affirmer, faire la guerre à la guerre qui l'institue sans *pouvoir* jamais, en tant que discours, se réap-

---

1. L'altérité, la différence, le temps ne sont pas *supprimés* mais *retenus* par le savoir absolu dans la forme de l'*Aufhebung*.

proprier cette négativité. Sans *devoir* se la réapproprier, car s'il le faisait, l'horizon de la paix disparaîtrait dans la nuit (pire violence comme pré-violence). Cette guerre seconde, comme aveu, est la moindre violence possible, la seule façon de réprimer la pire violence, celle du silence primitif et pré-logique, d'une nuit inimaginable qui ne serait même pas le contraire du jour, d'une violence absolue qui ne serait même pas le contraire de la non-violence : le rien ou le non-sens purs. Le discours se choisit donc violemment contre le rien ou le non-sens purs, et, dans la philosophie, contre le nihilisme. Pour qu'il n'en soit pas ainsi, il faudrait que l'eschatologie qui anime le discours de Levinas ait déjà tenu sa promesse, jusqu'à ne pouvoir même plus se produire dans le discours comme eschato*logie* et idée de la paix « au-delà de l'histoire ». Il faudrait que fût instauré le « triomphe messianique » « prémuni contre la revanche du mal ». Ce triomphe messianique qui est l'horizon du livre de Levinas, mais qui en « déborde le cadre » (TI), ne pourrait abolir la violence qu'en suspendant la différence (conjonction ou opposition) entre le même et l'autre, c'est-à-dire en suspendant l'*idée* de la paix. Mais cet horizon lui-même ne peut ici et maintenant (dans un présent en général) être dit, la fin ne peut être dite, l'eschato*logie* n'est possible qu'à *travers la violence*. Cette traversée infinie est ce qu'on appelle l'histoire. Ignorer l'irréductibilité de cette dernière violence, c'est revenir, dans l'ordre du discours philosophique qu'on ne peut *vouloir refuser* qu'en risquant la *pire violence*, au dogmatisme infinitiste de style pré-kantien qui ne pose pas la question de la responsabilité de son propre discours philosophique fini. Il est vrai que la délégation de cette responsabilité à Dieu n'est pas une abdication, Dieu n'étant pas un tiers fini : ainsi pensée, la responsabilité divine n'exclut ni ne diminue l'intégrité de la mienne, de celle du philosophe fini. L'exige et l'appelle au contraire, comme son telos ou son origine. Mais le *fait* de l'inadéquation des deux responsabilités ou de cette unique responsabilité à elle-même — l'histoire ou inquiétude de l'infini — n'est pas encore un *thème* pour les rationalistes pré-kantiens, il faudrait même dire pré-hegeliens.

Il en sera ainsi tant que ne sera pas levée cette évidence absolument principielle qui est, selon les propres termes de Levinas,

« cette impossibilité pour le moi de ne pas être soi » même quand il sort vers l'autre, et sans laquelle il ne pourrait d'ailleurs sortir de soi; « impossibilité » dont Levinas dit fortement qu'elle « marque le tragique foncier du moi, le fait qu'il est rivé à son être » (EE). Le fait, surtout, qu'il le sait. Ce savoir est le premier discours et le premier mot de l'eschato*logie ;* ce qui permet la séparation, et de parler à l'autre. Ce n'est pas un savoir parmi d'autres, c'est le savoir lui-même. « C'est cet « être-toujours-un-et-cependant-toujours-autre » qui est la caractéristique fondamentale du savoir, etc. » (Schelling). Aucune philosophie responsable de son langage ne peut renoncer à l'ipséité en général, et moins qu'une autre, la philosophie ou l'eschatologie de la séparation. Entre la tragédie originaire et le triomphe messianique, il y a *la philosophie*, où la violence se retourne contre soi dans le savoir, où la finitude originaire s'apparaît et où l'autre est respecté dans et par le même. Cette finitude s'apparaît dans une question irréductiblement ouverte comme *question philosophique en général : pourquoi* la forme essentielle, irréductible, absolument générale et inconditionnée de l'expérience comme sortie vers l'autre est-elle encore l'égoïté ? *Pourquoi* une expérience est-elle impossible, impensable, qui ne soit vécue comme *la mienne* (pour un ego en général, au sens éidétique-transcendantal de ces mots)? Cet impensable, cet impossible, sont les limites de la raison en général. Autrement dit : *pourquoi la finitude ?* si, comme l'avait dit Schelling, « l'égoïté est le principe général de la finitude ». *Pourquoi la Raison ?* s'il est vrai que « la Raison et l'Égoïté, dans leur Absoluité vraie, sont une seule et même chose... » (Schelling) et que « la raison... est une forme de structure universelle et essentielle de la subjectivité transcendantale en général » (Husserl). La philosophie qui est le discours de cette raison comme phénoménologie ne peut par essence répondre à une telle question car toute réponse ne peut se faire que dans un langage et le langage est ouvert par la question. La philosophie (en général) peut seulement s'ouvrir à la question, en elle et par elle. Elle peut seulement *se laisser questionner.*

Husserl le savait. Et il appelait archi-factualité *(Urtatsache),* factualité non-empirique, factualité transcendantale (notion à laquelle on n'a peut-être jamais prêté attention) l'essence irréductiblement égoïque de l'expérience. « Ce *je suis* est, pour moi qui le dis et le dis en le comprenant comme il faut, le *fondement primitif intentionnel pour mon monde (der intentionale Urgrund für meine Welt)* [1].... » *Mon monde* est l'ouverture où se produit toute expérience, y compris celle qui, expérience par excellence, est transcendance vers autrui comme tel. Rien ne peut apparaître hors de l'appartenance à « mon monde » pour un « Je suis ». « Que cela convienne ou pas, que cela puisse me paraître monstrueux (de par quelques préjugés que ce soit) ou non, c'est le *fait primitif auquel je dois faire face (die Urtatsache, der ich standhalten muss)*, dont en tant que philosophe je ne peux pas détourner les regards un seul instant. Pour les enfants philosophes, cela peut bien être le coin sombre où reviennent les fantômes du solipsisme, ou aussi du psychologisme, du relativisme. Le véritable philosophe préférera, au lieu de s'enfuir devant ces fantômes, éclairer le coin sombre [2]. » Compris en ce sens, le rapport intentionnel de « ego à mon monde » ne peut pas être ouvert à partir d'un infini-autre radicalement étranger à « mon monde », il ne peut pas m'être « imposé par un Dieu déterminant cette relation... puisque *l'a priori* subjectif, c'est ce qui précède l'être de Dieu et de tout ce qui, sans exception, existe pour moi, être qui pense. Dieu, lui aussi, est pour moi ce qu'il est, de par ma propre effectuation de conscience; de cela je ne peux pas détourner les yeux dans la crainte angoissée de ce qu'on peut penser être un blasphème, mais au contraire, je dois voir le problème. Ici aussi, comme à l'égard de *l'alter ego,* « effectuation de conscience » ne veut pas dire que j'invente et que je fais cette transcendance suprême [3] ». Dieu ne dépend pas plus *réellement* de moi que *l'alter ego*. Mais il n'a de *sens* que pour un ego en général. Ce qui signifie qu'avant tout athéisme ou toute foi, avant toute théologie, avant tout langage sur Dieu ou avec Dieu, la divinité de Dieu (l'altérité infinie de l'autre infini, par exemple) doit avoir un sens pour un ego en général. Notons au passage que cet « *a priori* subjectif » reconnu par la phénoménologie transcendantale est la seule possibilité de faire échec au totalitarisme du neutre, à une « Logique

---

1. *Logique formelle et logique transcendantale,* trad. S. Bachelard, p. 317. Husserl souligne.
2. *Ibid.,* p. 318. Husserl souligne.
3. *Ibid.,* p. 335-336.

absolue » sans personne, à une eschatologie sans dialogue et à tout ce qu'on range sous le titre conventionnel, très conventionnel, du hegelianisme.

La question sur l'égoïté comme archi-factualité transcendantale peut être répétée plus profondément vers l'archi-factualité du « présent vivant ». Car la vie égologique (l'expérience en général) a pour forme irréductible et absolument universelle le présent vivant. Il n'est pas d'expérience qui puisse être vécue autrement qu'au présent. Cette impossibilité absolue de vivre autrement qu'au présent, cette impossibilité éternelle définit l'impensable comme limite de la raison. La notion d'un passé dont le sens ne pourrait être pensé dans la forme d'un présent (passé) marque l'*impossible-impensable-indicible* non seulement pour une philosophie en général, mais même pour une pensée de l'être qui voudrait faire un pas hors de la philosophie. Cette notion devient pourtant un thème en cette méditation de la trace qui s'annonce dans les derniers écrits de Levinas. Dans le présent vivant, dont la notion est à la fois la plus simple et la plus difficile, toute altérité temporelle peut se constituer et apparaître comme telle : autre présent passé, autre présent futur, autres origines absolues re-vécues dans la modification intentionnelle, dans l'unité et l'actualité de mon présent vivant. Seule l'unité actuelle de mon présent vivant permet à d'autres présents (à d'autres origines absolues) d'apparaître comme telles dans ce qu'on appelle la mémoire ou l'anticipation (par exemple, mais en vérité dans le mouvement constant de la temporalisation). Mais seule l'altérité des présents passés et futurs permet l'identité absolue du présent vivant comme identité à soi de la non-identité à soi. Il faudrait, à partir des *Méditations cartésiennes,* montrer [1] comment, tout problème de genèse factuelle étant réduit, la question de l'*antériorité* dans le rapport entre la constitution de l'autre comme *autre présent* et de l'autre comme *autrui* est une fausse question, qui doit renvoyer à une racine structurelle commune. Bien que dans les *Méditations cartésiennes,* Husserl évoque seulement l'*analogie*

1. Bien entendu, nous ne pouvons le faire ici ; loin de penser qu'il faille admirer en silence cette cinquième des *Méditations cartésiennes* comme le dernier mot sur ce problème, nous n'avons voulu ici que commencer à éprouver, à respecter son pouvoir de résistance aux critiques de Levinas.

des deux mouvements (§ 52), il semble dans bien des inédits les tenir pour inséparables.

Si l'on veut en dernier recours déterminer la violence comme la nécessité pour l'autre de n'apparaître comme ce qu'il est, de n'être respecté que dans, pour et par le même, d'être dissimulé par le même dans la libération même de son phénomène, alors le temps est violence. Ce mouvement de libération de l'altérité absolue dans le même absolu est le mouvement de la temporalisation dans sa forme universelle le plus absolument inconditionnée : le présent vivant. Si le présent vivant, forme absolue de l'ouverture du temps à l'autre en soi, est la forme absolue de la vie égologique et si l'égoïté est la forme absolue de l'expérience, alors le présent, la présence du présent et le présent de la présence sont originairement et à jamais violence. Le présent vivant est originairement travaillé par la mort. La présence comme violence est le sens de la finitude, le sens du sens comme histoire.

Mais pourquoi ? Pourquoi la finitude ? Pourquoi l'histoire [1] ? Et pourquoi pouvons-nous, à partir de quoi pouvons-nous questionner sur cette violence comme finitude et histoire ? Pourquoi le pourquoi ? Et depuis où se laisse-t-il entendre dans sa détermination philosophique ?

La métaphysique de Levinas présuppose en un sens — du moins avons-nous tenté de le montrer — la phénoménologie transcendantale qu'elle veut mettre en question. Et pourtant la légitimité de cette mise en question ne nous en paraît pas moins radicale. Quelle est l'origine de la question sur l'archi-factualité transcendantale comme violence ? A partir de quoi questionne-t-on sur la finitude comme violence ? A partir de quoi la violence originelle du discours se laisse-t-elle commander de se retourner contre soi, d'être toujours, comme langage, retour contre soi reconnaissant l'autre comme autre ? On ne peut sans doute *répondre* à ces questions (par exemple, en disant que la question sur la violence de la finitude ne peut être posée qu'à partir de l'autre de la finitude et de l'idée de l'infini) qu'en entamant un nouveau discours qui justifiera de nouveau la phénoménologie transcendantale. Mais l'ouverture nue de la question, son ouver-

1. « *Die Frage des Warum ist ursprünglich Frage nach der Geschichte* » Husserl (inédit, E. III, 9, 1931).

ture silencieuse échappe à la phénoménologie, comme l'origine et la fin de son logos. Cette ouverture silencieuse de la question sur l'histoire comme finitude et violence permet l'apparaître de l'histoire *comme telle ;* elle est l'appel (à) (d')une eschatologie qui dissimule sa propre ouverture, la couvre de son bruit dès qu'elle se profère et se détermine. Cette ouverture est celle d'une question posée, dans l'inversion de la dissymétrie transcendantale, à la philosophie comme logos, finitude, histoire, violence. Interpellation du Grec par le non-Grec du fond d'un silence, d'un affect ultra-logique de la parole, d'une question qui ne peut se dire qu'en s'oubliant dans la langue des Grecs; qui ne peut se dire, en s'oubliant, que dans la langue des Grecs. Étrange dialogue entre la parole et le silence. Étrange communauté de la question silencieuse dont nous parlions plus haut. C'est le point où, nous semble-t-il, par delà tous les malentendus sur la littéralité de l'ambition husserlienne, la phénoménologie et l'eschatologie peuvent interminablement *entamer* le dialogue, *s'entamer* en lui, s'appeler l'une l'autre au silence.

De la violence ontologique.

> Le silence est un mot qui n'est pas un mot et le souffle un objet qui n'est pas un objet. (G. BATAILLE.)

Le mouvement de ce dialogue ne commande-t-il pas aussi l'explication avec Heidegger? Il n'y aurait là rien de surprenant. Il suffirait pour s'en persuader, de remarquer ceci, le plus schématiquement du monde : pour parler, comme nous venons de le faire, du présent comme forme absolue de l'expérience, il faut entendre *déjà ce que c'est* que le *temps,* ce que c'est que l'*ens du praes-ens* et ce que c'est que la proximité de *l'être de cet ens.* Le présent de la présence et la présence du présent supposent l'horizon, l'anticipation pré-compréhensive de l'être comme temps. Si le sens de l'être a toujours été déterminé par la philosophie comme présence, *la question de l'être,* posée à partir de l'horizon transcendantal du temps (première étape, dans *Sein und Zeit*) est le premier ébranlement de la sécurité philosophique comme de la présence assurée.

Or Husserl n'a jamais déployé cette question de l'être. Si la phénoménologie la porte en elle chaque fois qu'elle aborde les thèmes de la temporalisation et du rapport à l'alter ego, elle ne reste pas moins dominée par une métaphysique de la présence. La question de l'être ne gouverne pas son discours.

La phénoménologie en général, comme passage à l'essentialité, présuppose l'anticipation de l'*esse* de l'essence, de l'unité de l'*esse* antérieure à sa distribution en essence et existence. Par une autre voie, on pourrait sans doute montrer qu'une anticipation ou une décision métaphysique est silencieusement présupposée par Husserl lorsqu'il affirme, par exemple, l'être *(Sein)* comme non-réalité *(Realität)* de l'idéal *(Ideal)*. L'idéalité est irréelle, mais elle *est* — comme objet ou être-pensé. Sans l'accès présupposé à un sens de l'être que la réalité n'épuise pas, toute la théorie husserlienne de l'idéalité s'effondrerait, et avec elle toute la phénoménologie transcendantale. Husserl ne pourrait plus écrire, par exemple : *Offenbar muss überhaupt jeder Versuch, das Sein des Idealen in ein mögliches Sein von Realem umzudeuten, daran scheitern, dass Möglichkeiten selbst wieder ideale Gegenstände sind. So wenig in der realen Welt Zahlen im allgemeinen, Dreiecke im allgemeinen zu finden sind, so wenig auch Möglichkeiten.* « Manifestement toute tentative pour réinterpréter l'être de l'idéal comme être possible du réel doit en général échouer puisque les possibilités elles-mêmes sont à leur tour des objets idéaux. Dans le monde réel, on trouve aussi peu de possibilités que de nombres en général ou de triangles en général [1]. » Le sens de l'être — avant toute détermination régionale — doit d'abord être pensé pour que l'on puisse distinguer l'idéal qui *est* du réel qu'il n'*est* pas, mais aussi du fictif qui appartient au domaine du réel possible. (« Naturellement, il n'est pas dans notre intention de placer l'*être de l'idéal* sur le même plan que l'*être-pensé du fictif ou de l'absurde* [2]. » On pourrait citer cent autres textes analogues.) Mais si Husserl peut écrire cela, si donc il présuppose l'accès à un sens de l'être en général, comment peut-il distinguer son idéalisme comme théorie de la connaissance de l'idéalisme métaphysique [3]? Celui-ci aussi posait l'être non-réal de l'idéal. Husserl répondrait sans doute, pensant à Platon, que l'idéal y était *réalisé*, substantifié, hypostasié dès lors qu'il

1. *Logische Untersuchungen*, 2, 1, § 4 p. 115.
2. *Ibid.*, trad. H. Élie, L. Kelkel, R. Scherer, p. 150.
3. *Ibid.*, trad., p. 129, par exemple.

n'était pas entendu comme noème, essentiellement et de part en part, dès lors qu'on l'imaginait pouvoir être sans être pensé ou visé de quelque façon. C'est là une situation qui n'aurait pas été totalement modifiée lorsque, plus tard, l'eidos ne devenait originairement et essentiellement noème que dans l'Entendement ou Logos d'un sujet infini : Dieu. Mais dans quelle mesure l'idéalisme transcendantal, dont la voie était ainsi ouverte, échappe-t-il à l'*horizon,* du moins, de cette subjectivité infinie ? C'est ce dont on ne peut débattre ici.

Et pourtant, s'il avait naguère opposé Heidegger à Husserl, Levinas conteste maintenant ce qu'il appelle l' « ontologie heideggerienne » : « Le primat de l'ontologie heideggerienne ne repose pas sur le truisme : « Pour connaître l'*étant,* il faut avoir compris l'être de l'étant ». Affirmer la priorité de l'*être* par rapport à *l'étant,* c'est déjà se prononcer sur l'essence de la philosophie, subordonner la relation avec *quelqu'un* qui est un étant (la relation éthique), à une relation avec *l'être de l'étant* qui, impersonnel, permet la saisie, la domination de l'étant (à une relation de savoir), subordonne la justice à la liberté » (déjà cité). Cette ontologie vaudrait pour tout étant, « sauf pour autrui [1] ».

La phrase de Levinas est accablante pour l' « ontologie » : la pensée de l'être de l'étant n'aurait pas seulement la pauvreté logique du truisme, elle n'échappe à sa misère que pour l'arraisonnement et le meurtre d'Autrui. C'est une lapalissade criminelle qui met l'éthique sous la botte de l'ontologie.

Qu'en est-il donc de l' « ontologie » et du « truisme » (« pour connaître l'étant, il faut avoir compris l'être de l'étant ») ? Levinas dit que « le primat de l'ontologie ne repose pas » sur un « truisme ». Est-ce sûr ? Si le *truisme (truism, true, truth)* est fidélité à la vérité (c'est-à-dire à l'être de ce qui est en tant qu'il est et tel qu'il est) il n'est pas sûr que la pensée (de Heidegger, si l'on veut) ait jamais dû chercher à s'en garder. « Ce qu'il y a d'étrange dans cette pensée de l'être, c'est sa simplicité », dit Heidegger au moment où il montre d'ailleurs que cette pensée n'entretient aucun dessein théorique ou pratique. « Le faire de cette pensée n'est ni théorique ni pratique ; il ne consiste pas davantage dans l'union de ces deux

---

1. *L'ontologie est-elle fondamentale ?*

modes de comportement [1]. » Ce geste de remontée en deçà de la dissociation théorie-pratique n'est-il pas aussi celui de Levinas [2] qui devra ainsi définir la transcendance métaphysique comme éthique non (encore) pratique ? Nous avons affaire à des truismes bien étranges. C'est « par la simplicité de son essence » que « la pensée de l'être se fait pour nous inconnaissable [3] ».

Si par truisme on entend, au contraire, dans l'ordre du *jugement,* affirmation analytique et misère de la tautologie, alors la proposition incriminée est peut-être la moins analytique qui soit au monde ; s'il ne devait y avoir au monde qu'une seule pensée échappant à la forme du truisme, ce serait elle. D'abord ce qui est visé par Levinas sous le mot de « truisme » n'est pas une proposition judicative mais une vérité antérieure au jugement et fondatrice de tout jugement possible. Le truisme banal est la répétition du sujet dans le prédicat. Or l'être n'est pas un simple prédicat de l'étant, il n'en est pas davantage le sujet. Qu'on le prenne comme essence ou comme existence (comme être-tel ou être-là), qu'on le prenne comme copule ou comme position d'existence ou qu'on le prenne, plus profondément et plus originellement, comme le foyer unitaire de toutes ces possibilités, l'être de l'étant n'appartient pas au domaine de la prédication parce qu'il est déjà impliqué dans toute prédication en général et la rend possible. Il rend possible tout jugement synthétique ou analytique. Il est au-delà du genre et des catégories, transcendantal au sens scolastique avant que la scolastique n'ait fait du transcendantal un étant suprême et infini, Dieu lui-même. Singulier truisme que celui par lequel se cherche, le plus profondément, le plus concrètement pensé de toute pensée, la racine commune de l'essence et de l'existence, sans laquelle aucun jugement, aucun langage ne seraient possibles et que tout concept ne peut que présupposer en la dissimulant [4] !

1. *Lettre sur l'humanisme,* trad. R. Munier.

2. « Nous allons plus loin et, au risque de paraître confondre théorie et pratique, nous traitons l'une et l'autre comme des modes de la transcendance métaphysique. La confusion apparente est voulue et constitue l'une des thèses de ce livre » (TI).

3. *Lettre sur l'humanisme.*

4. Sur cette remontée vers l'être en deçà du prédicatif, en deçà de l'articulation essence-existence, etc., cf. entre mille exemples, *Kant et le problème de la métaphysique,* p. 40 et suiv.

Mais si l' « ontologie » n'est pas un truisme, ou du moins un truisme parmi d'autres, si l'étrange différence entre l'être et l'étant a un sens, est le sens, peut-on parler de « priorité » de l'être par rapport à l'étant ? Question importante ici puisque c'est cette prétendue « priorité » qui asservirait, aux yeux de Levinas, l'éthique à l' « ontologie ».

Il ne peut y avoir un ordre de priorité qu'entre deux choses déterminées, deux étants. L'être *n'étant rien* hors de l'étant, thème que Levinas avait si bien commenté naguère — il ne saurait le *précéder* en aucune façon, ni dans le temps, ni en dignité, etc. Rien n'est plus clair à cet égard dans la pensée de Heidegger. Dès lors, on ne saurait légitimement parler de « subordination » de l'étant à l'être, de la relation éthique, par exemple, à la relation ontologique. Pré-comprendre ou expliciter la relation implicite avec l'être de l'étant [1], ce n'est pas soumettre violemment l'étant (par exemple, quelqu'un) à l'être. L'être n'est que l'*être-de* cet étant et n'existe pas hors de lui comme une puissance étrangère, un élément impersonnel, hostile ou neutre. La neutralité si souvent accusée par Levinas ne peut être que le caractère d'un étant indéterminé, d'une puissance ontique anonyme, d'une généralité conceptuelle ou d'un principe. Or l'être n'est pas un principe, n'est pas un étant principiel, une *archie* qui permette à Levinas de faire glisser sous son nom le visage d'un tyran sans visage. La pensée de l'être (de l'étant) est radicalement étrangère à la recherche d'un principe ou même d'une racine (bien que certaines images le laissent parfois penser), ou d'un « arbre de la connaissance » : elle est, nous l'avons vu, au-delà de la théorie, non le premier mot de la théorie. Au-delà même de toute hiérarchie. Si toute « philosophie », toute « métaphysique » a toujours cherché à déterminer le premier étant, l'étant excellent et véritablement étant, la pensée de l'être de l'étant n'est pas cette métaphysique ou cette philosophie première. Elle n'est même pas ontologie (cf. plus haut) si l'ontologie est un autre nom pour la philosophie première. N'étant pas philosophie première concernant l'archi-

---

1. Par l'expression « être de l'étant », source de tant de confusions, nous n'entendons pas ici, comme le fait parfois Heidegger quand le contexte est assez clair pour prévenir le malentendu, l'être-étant de l'étant, l'étantité *(Seiendheit)*, mais bien l'être de l'étantité, ce que Heidegger appelle aussi la vérité de l'être.

étant, la première chose et la première cause qui commandent, la pensée de l'être ne concerne ni n'exerce aucune puissance. Car la puissance est un rapport entre des étants. « Une telle pensée n'a pas de résultat. Elle ne produit aucun effet » *(Humanisme)*. Levinas écrit : « L'ontologie, comme philosophie première, est une philosophie de la puissance » (TI). C'est peut-être vrai. Mais nous venons de le voir : la pensée de l'être n'est ni une ontologie, ni une philosophie première, ni une philosophie de la puissance. Étrangère à toute philosophie première, elle ne s'oppose à aucune sorte de philosophie première. Pas même à la morale si, comme le dit Levinas, « la morale n'est pas une branche de la philosophie mais la philosophie première » (TI). *Étrangère* à la recherche d'une archie ontique en général, d'une archie éthique ou politique en particulier, elle n'y est pas *étrangère* au sens où l'entend Levinas qui précisément l'en accuse, comme la violence à la non-violence ou le mal au bien. On pourrait dire d'elle ce qu'Alain disait de la philosophie : qu'elle « n'est pas plus une politique » (ou une éthique)... « qu'une agriculture ». Ce qui ne veut pas dire qu'elle soit une industrie. Radicalement étrangère à l'éthique, elle n'est pas une contre-éthique, ni une subordination de l'éthique à une instance en secret déjà violente dans le domaine de l'éthique : le neutre. Levinas reconstruit toujours et non seulement dans le cas de Heidegger, la cité ou le type de socialité qu'il croit voir se dessiner en filigrane à travers un discours qui ne se donne ni comme sociologique, ni comme politique, ni comme éthique. Il est paradoxal de voir ainsi la cité heideggerienne commandée par une puissance neutre, par un discours anonyme, c'est-à-dire par le « on » *(man)* dont Heidegger a été le premier à décrire l'inauthenticité. Et s'il est vrai, en un sens difficile, que le Logos, selon Heidegger, « n'est le Logos de personne », cela ne signifie certainement pas qu'il soit l'anonymat de l'oppression, l'impersonnalité de l'État ou la neutralité du « on dit ». Il n'est anonyme que comme la *possibilité* du nom et de la responsabilité. « Mais si l'homme doit un jour parvenir au voisinage de l'être, il lui faut d'abord apprendre à exister dans ce qui n'a pas de nom » *(Humanisme)*. La Cabbale ne parlait-elle pas aussi de l'innommable possibilité du Nom ?

La pensée de l'être ne peut donc avoir aucun dessein *humain*, secret ou non. Elle est, prise en elle-même, la seule pensée sur laquelle aucune anthropologie, aucune éthique, aucune psychanalyse éthico-anthropologique surtout ne peut sans doute se refermer [1].

Bien au contraire. Non seulement la pensée de l'être n'est pas violence éthique, mais aucune éthique — au sens de Levinas — ne semble pouvoir s'ouvrir sans elle. La pensée — ou du moins la pré-compréhension de l'être — *conditionne* (à sa manière, qui exclut toute conditionnalité ontique : principes, causes, prémisses, etc.) la *reconnaissance* de l'essence de l'étant (par exemple quelqu'un, étant *comme* autre, *comme* autre soi, etc.). Elle conditionne le *respect* de l'autre *comme ce qu'il est :* autre. Sans cette reconnaissance qui n'est pas une connaissance, disons sans ce « laisser-être » d'un étant (autrui) comme existant hors de moi dans l'essence de ce qu'il est (d'abord dans son altérité), aucune éthique ne serait possible. « Laisser-être » est une expression de Heidegger qui ne signifie pas, comme semble le penser Levinas [2], laisser-être comme « objet de compréhension d'abord » et, dans le cas d'autrui, comme « interlocuteur ensuite ». Le « laisser-être » concerne toutes les formes possibles de l'étant et même celles qui, *par essence,* ne se laissent pas transformer en « objets de compréhension [3] ». S'il appartient à l'essence d'autrui d'être d'abord et irréductiblement « interlocuteur » et « interpellé » *(ibid.),* le « laisser-être » le laissera être ce qu'il est, le respectera comme interlocuteur-interpellé. Le « laisser-être » ne concerne pas seulement ou par privilège les choses impersonnelles. Laisser-être l'autre dans son existence et dans son essence d'autre, cela signifie qu'accède à la pensée ou *(et)* que la pensée accède à ce que c'est qu'essence et ce que c'est qu'existence; et à ce que c'est que l'être qu'elles présupposent toutes deux. Sans cela, aucun laisser-être ne serait possible et d'abord celui du respect et du commandement éthique

1. « La pensée qui pose la question de la vérité de l'être... n'est ni éthique, ni ontologie. C'est pourquoi la question de la relation entre ces deux disciplines est, dans ce domaine, désormais sans fondement » *(Lettre sur l'humanisme).*

2. *L'ontologie est-elle fondamentale ?*

3. Thème très explicite dans *Sein und Zeit,* par exemple. Cf. l'opposition de *Sorge, besorgen* et *Fürsorge,* p. 121 et tout le § 26. Sur l'anti-théorétisme de Heidegger, en ce domaine, cf. surtout p. 150.

s'adressant à la liberté. La violence règnerait à un tel point qu'elle ne pourrait même plus s'apparaître et se nommer.

Il n'y a donc aucune « domination » possible de la « relation à l'étant » par la « relation à l'être de l'étant ». Heidegger critique-rait non seulement la notion de *relation* à l'être comme Levinas critique celle de relation *à l'autre*, mais aussi celle de *domination* : l'être n'est pas la hauteur, il n'est pas le seigneur de l'étant, car la hauteur est une détermination de l'étant. Il est peu de thèmes qui aient autant requis l'insistance de Heidegger : l'être n'est pas un étant excellent.

Que l'être ne soit pas *au-dessus* de l'étant, cela n'implique pas qu'il soit *à côté* de lui. Il serait alors un autre étant. On peut donc difficilement parler de « la signification ontologique de l'*étant* dans l'économie générale de l'être — que Heidegger pose simple-ment *à côté* de l'être par une distinction... » (EE). Il est vrai que Levinas reconnaît ailleurs que « s'il y a distinction, il n'y a pas séparation » (TA), ce qui est déjà reconnaître que tout rapport de domination ontique est impossible entre l'être et l'étant. En réalité, il n'y a même pas de *distinction*, au sens habituel de ce mot, entre l'être et l'étant. Pour des raisons essentielles, et d'abord parce que l'être n'est rien hors de l'étant et que l'ouverture revient à la différence ontico-ontologique, il est impossible d'éviter la métaphore ontique pour articuler l'être dans le langage, pour le laisser circuler en lui. C'est pourquoi Heidegger dit du langage qu'il est « *lichtend-verbergende Ankunft des Seins selbst* » (*Humanisme...*), Le langage éclaire et cache à *la fois et en même temps* l'être lui-même. Néanmoins l'être lui-même est *seul* à résister absolument à *toute métaphore*. Toute philologie qui prétend réduire le *sens* de l'être à l'origine métaphorique du *mot* « être » manque, quelle que soit la valeur historique (scientifique) de ses hypothèses, l'histoire du sens de l'être. Cette histoire est celle d'une telle libération de l'être à l'égard de l'étant déterminé, qu'on peut en venir à penser comme un étant parmi d'autres l'étant éponyme de l'être, par exemple la *respiration*. C'est en effet à la respiration, comme origine étymologique du mot *être* que se réfèrent, par exemple, Renan ou Nietzsche quand ils veulent réduire le sens de ce qu'ils croient être un concept, la généralité indéterminée de l'être, à sa modeste origine métaphorique. (Renan : *De l'origine du langage*.

Nietzsche : *la Naissance de la philosophie* [1]). On explique ainsi le tout de l'histoire empirique, sauf précisément l'essentiel, à savoir la pensée que, par exemple, la respiration et la *non-respiration sont*. Et sont de manière déterminée parmi d'autres déterminations ontiques. L'empirisme étymologique, racine cachée de tout empirisme, explique tout sauf que la métaphore, à un moment donné, ait été pensée *comme* métaphore, c'est-à-dire ait été déchirée comme voile de l'être. Ce moment est la percée de la pensée de l'être lui-même, le mouvement même de la métaphoricité. Car cette percée se produit encore et toujours sous une *autre* métaphore. Comme le dit quelque part Hegel, l'empirisme oublie toujours au moins ceci : qu'il se sert du mot *être*. L'empirisme, c'est la pensée *par* métaphore qui ne pense pas la métaphore *comme telle*.

A propos d' « être » et de « respiration », permettons-nous un rapprochement dont la valeur n'est pas seulement de curiosité historique. Dans une lettre à X... de mars 1638, Descartes explique que la proposition « « je respire donc je suis » ne conclut rien si l'on n'a auparavant prouvé qu'on existe ou si l'on ne sous-entend : *je pense que* je respire (même si je me trompe en cela) donc je suis; Et ce n'est autre chose à dire en ce sens-là : *je respire donc je suis,* sinon *Je pense donc je suis.* » Ce qui signifie, pour ce qui nous intéresse ici, que la *signification* de la respiration n'est jamais qu'une détermination dépendante et particulière de ma pensée et de mon existence, et *a fortiori* de la pensée et de l'être en général. A supposer que le mot « être » dérive d'un mot signifiant « respiration » (ou toute autre chose déterminée), aucune étymologie, aucune philologie — en tant que telles et comme sciences déterminées — ne pourront rendre compte de la pensée pour laquelle la « respiration » (ou toute autre chose) devient détermination de l'être parmi d'autres. Ici, par exemple, aucune philologie ne pourra rendre compte du geste de pensée de Descartes. Il faut passer par d'autres voies — ou par une autre lecture de Nietzsche — pour tracer la généalogie inouïe du sens de l'être.

C'est une première raison pour que la « relation avec un étant »,

1. Dans le même horizon problématique, on peut confronter les démarches de Heidegger (par exemple dans l'*Introduction à la métaphysique, Sur la grammaire et l'étymologie du mot « être »*) et de Benveniste (« Etre et avoir dans leurs fonctions linguistiques » in *Problèmes de linguistique générale*).

avec quelqu'un (relation éthique) ne puisse être « dominée » par « une relation avec l'être de l'étant (relation de savoir) ».

Deuxième raison : la « relation avec l'être de l'étant » qui n'a rien d'une relation, n'est surtout pas une « relation de savoir [1] ». Elle n'est pas une théorie, nous l'avons déjà vu, et ne nous apprend rien sur ce qui est. C'est parce qu'elle n'est pas science que Heidegger lui refuse parfois jusqu'au nom d'ontologie après l'avoir distinguée de la métaphysique et même de l'ontologie fondamentale. N'étant pas un savoir, la pensée de l'être ne se confond pas avec le concept de l'être pur comme généralité indéterminée. Levinas nous l'avait naguère fait comprendre : « Précisément parce que l'être n'est pas un étant, il ne faut pas le saisir *per genus et differentiam specificam* » (EDE). Or toute violence est, selon Levinas, violence du concept; et *L'ontologie est-elle fondamentale ?*, puis *Totalité et Infini* interprètent la pensée de l'être comme concept de l'être. S'opposant à Heidegger, Levinas écrit, entre bien d'autres passages semblables : « Dans notre rapport avec autrui, celui-ci ne nous affecte pas à partir d'un concept... » *(L'ontologie...)*. C'est selon lui le concept absolument indéterminé de l'être qui finalement offre autrui à notre compréhension, c'est-à-dire à notre pouvoir et à notre violence. Or Heidegger y insiste assez : l'être *dont il est question* n'est pas le concept auquel l'étant (par exemple quelqu'un) serait soumis (subsumé). L'être n'est pas le concept de ce prédicat assez indéterminé, assez abstrait, dans son extrême universalité, pour couvrir la totalité des étants :

1. parce qu'il n'est pas un prédicat et autorise toute prédication;

2. parce qu'il est plus « vieux » que la *présence* concrète de l'*ens;*

3. parce que l'appartenance à l'être n'annule aucune différence prédicative mais laisse surgir, au contraire, toute différence possible [2]. L'être est donc trans-catégorial et Heidegger dirait de lui ce

---

1. Nous pourrions ici nous référer à cent passages de Heidegger. Citons plutôt Levinas qui avait pourtant écrit : « Pour Heidegger, la compréhension de l'être n'est pas un acte purement théorique... un acte de connaissance comme un autre » (EDE).

2. Il n'est pas nécessaire ici de remonter aux présocratiques. Aristote avait déjà rigoureusement démontré que l'être n'est ni un genre ni un principe (Cf., par exemple, *Métaphysique*, B, 3, 998 b 20). Cette démonstration, menée en même temps qu'une critique de Platon, ne confirme-t-elle pas en vérité une intention du *Sophiste ?* L'être

que Levinas dit de l'autre : il est « réfractaire à la catégorie » (TI).
« La question de l'être, comme question de la possibilité du concept
d'être, jaillit de la compréhension pré-conceptuelle de l'être [1] »,
écrit Heidegger en amorçant à propos du concept hegelien de
l'être pur comme néant un dialogue et une répétition qui ne
cesseront de s'approfondir et, selon le style qui est presque toujours celui du dialogue de Heidegger avec les penseurs de la
tradition, de laisser grandir et parler la parole de Hegel, la parole
de toute métaphysique (Hegel y compris ou plutôt se comprenant
tout entière en Hegel).

Ainsi la pensée, ou la pré-compréhension de l'être ne signifie
rien moins qu'un com-prendre conceptuel et totalitaire. Ce que
nous venons de dire de l'être pourrait être dit du même [2]. Traiter
l'être (et le même) comme catégories, ou la « relation à l'être »
comme relation à une catégorie qui pourrait être elle-même (par
« inversion des termes », TI) post-posée ou subordonnée à une
relation déterminée (relation éthique, par exemple), n'est-ce pas s'in-

---

y était sans doute défini comme l'un des « plus grands genres » et le plus universel des
prédicats, mais aussi déjà comme ce qui permet toute prédication en général. En tant
qu'origine et possibilité de la prédication, il n'est pas un prédicat ou du moins pas un
prédicat comme un autre, mais un prédicat *transcendantal* ou *transcatégorial*. En outre,
le *Sophiste* — et c'est là son thème — nous apprend à penser que l'être, autre que
l'autre et autre que le même, même que soi, impliqué par tous les autres genres en tant
qu'ils *sont*, loin de fermer la différence, la libère au contraire et n'est lui-même ce qu'il
est que par cette libération.

1. *Kant et le problème de la métaphysique*, trad. fr., p. 282. Sur le caractère non-concep-
tuel de la pensée de l'être, cf. entre autres *Vom Wesen des Grundes*, trad. fr., p. 57 et
suiv. *Humanisme…*, trad. fr., p. 97. *Introduction à la métaphysique*, trad. fr., p. 49, suiv.
et passim. *Chemins…*, trad. fr., p. 287. Et d'abord le § 1 de *Sein und Zeit*.

2. Les rapports essentiels entre le même et l'autre (la différence) sont d'une telle
nature que l'hypothèse même d'une subsomption de l'autre sous le même (la violence
selon Levinas) n'a aucun sens. Le même n'est pas une catégorie, mais la possibilité
de toute catégorie. Il faudrait ici confronter attentivement les thèses de Levinas
avec le texte de Heidegger qui s'intitule *Identität und Differenz* (1957). Pour Levinas,
le même, c'est le concept, comme l'être et l'un sont des concepts et ces trois concepts
communiquent immédiatement entre eux (Cf. TI. p. 251, par exemple). Pour Heidegger, le même n'est pas l'identique (Cf. *Humanisme*, p. 163, par exemple). Et d'abord
parce qu'il n'est pas une catégorie. Le même n'est pas la négation de la différence,
l'être non plus.

terdire d'entrée de jeu toute détermination (éthique par exemple)?
Toute détermination pré-suppose en effet la pensée de l'être.
Sans elle, comment donner un sens à l'être comme autre, comme
autre soi, à l'irréductibilité de l'existence et de l'essence de l'autre,
à la responsabilité qui s'ensuit? etc... « Le privilège d'être responsable de soi-même, comme étant, en un mot d'exister, implique
lui-même la nécessité de comprendre l'être [1]. » Si comprendre
l'être, c'est pouvoir laisser être (respecter l'être dans l'essence et
l'existence, et être responsable de son respect), la compréhension
de l'être concerne toujours l'altérité et par excellence l'altérité
d'autrui avec toute son originalité : on ne peut avoir à laisser être
que ce qu'on n'est pas. Si l'être est toujours à laisser être et si
penser, c'est laisser être l'être, l'être est bien l'autre de la pensée.
Mais comme il n'est ce qu'il est que par le laisser-être de la pensée
et comme celle-ci ne pense que par la présence de l'être qu'elle
laisse être, la pensée et l'être, la pensée et l'autre sont le même;
qui, rappelons-le, ne veut pas dire l'identique ou l'un, ou l'égal.

Cela revient à dire que la pensée de l'être ne fait pas de l'autre
une espèce du genre être. Non seulement parce que l'autre est
« réfractaire à la catégorie » mais parce que l'être n'en est pas une.
Comme l'autre, l'être n'a aucune complicité avec la totalité, ni
avec la totalité finie, totalité violente dont parle Levinas, ni avec
une totalité infinie. La notion de totalité se rapporte toujours à
l'étant. Elle est toujours « métaphysique » ou « théologique » et
c'est par rapport à elle que les notions de fini et d'infini prennent
sens [2]. Étranger à la totalité finie ou infinie des étants, *étranger*

---

1. *Kant et le...*, p. 284.
2. Dans sa très belle étude, *Heidegger et la pensée de la finitude*, H. Birault montre
comment le thème de l'*Endlichkeit* est progressivement abandonné par Heidegger,
pour « *la même raison* qui avait motivé [son] emploi à une certaine époque... » et par
« souci d'écarter de la pensée de l'Être, non seulement les survivances et les méta-
morphoses de la théologie chrétienne, mais encore le *théologique* qui est absolument
constitutif de la métaphysique comme telle. En effet, si le concept heideggerien
d'*Endlichkeit* n'a jamais été le concept théologico-chrétien de la finitude, il n'en demeure
pas moins que l'idée de l'être-fini est en elle-même une idée *ontologiquement* théologique et, comme telle, incapable de satisfaire une pensée qui ne se retire de la Métaphysique que pour méditer, à la lumière de la vérité oubliée de l'Être, sur l'*unité*
encore cachée de son essence onto-théologique » (*Revue internationale de philosophie*,
1960, n° 52). Une pensée qui veut aller jusqu'au bout d'elle-même, dans son langage,
au bout de ce qu'elle vise sous le nom de finitude originaire ou de finitude de l'être

dans le sens que nous avons précisé plus haut, étranger sans être un autre étant ou une autre totalité d'étants, l'Être ne saurait opprimer ou renfermer l'étant et ses différences. Pour que le regard de l'autre me commande, comme le dit Levinas, et me commande de commander, il faut que je puisse laisser être l'Autre dans sa liberté d'Autre et réciproquement. Mais l'être lui-même ne commande rien ni personne. L'être n'étant pas le seigneur de l'étant, sa pré-séance (métaphore ontique) n'est pas une archie. La meilleure libération à l'égard de la violence, c'est une certaine mise en question sollicitant la recherche de l'ἀρχή. Seule la pensée de l'être le peut, et non la « philosophie » ou la « métaphysique » traditionnelles. Celles-ci sont donc des « politiques » qui ne peuvent échapper à la violence éthique que par économie : en luttant violemment contre les violences de l'*an-archie* dont la possibilité, dans l'histoire, est encore complice de l'archisme.

De même qu'il devait faire implicitement appel à des évidences phénoménologiques contre la phénoménologie, Levinas doit donc supposer et pratiquer sans cesse la pensée ou la pré-compréhension de l'être dans son discours, alors même qu'il le dirige contre l' « ontologie ». Que signifierait autrement « l'extériorité comme essence de l'être » (TI)? Et que « l'eschatologie met en relation avec l'être, *par delà la totalité* ou l'histoire et non pas avec l'être par delà le passé et le présent » (TI)? Et « soutenir le pluralisme comme structure de l'être » (DL)? Et que « la rencontre avec le visage est, absolument, un rapport avec ce qui est. Peut-être l'homme seul est substance et c'est pour cela qu'il est visage [1] »? La transcendance éthico-métaphysique suppose donc déjà la transcendance ontologique. L'ἐπέκεινα τῆς οὐσίας (interprétation de Levinas) ne mènerait pas au-delà de l'Être lui-même mais au-delà de la totalité de l'étant ou de l'étantité de l'étant (être

---

devrait donc abandonner non seulement les mots et les thèmes du fini et de l'infini mais, ce qui est sans doute *impossible*, tout ce qu'ils commandent dans le langage au sens le plus profond de ce mot. Cette dernière impossibilité ne signifie pas que l'au-delà de la métaphysique et de l'onto-théologie soit impraticable; elle confirme au contraire la nécessité pour ce débordement incommensurable de prendre appui dans la métaphysique. Nécessité clairement reconnue par Heidegger. Elle marque bien que seule la différence est fondamentale et que l'être n'est rien hors de l'étant.

1. « *Liberté et Commandement* », in *Revue de métaphysique et de morale*, 1953.

étant de l'étant) ou encore de l'histoire ontique. Heidegger se réfère aussi à l'ἐπέκεινα τῆς οὐσίας pour annoncer la transcendance ontologique [1], mais il montre aussi qu'on a trop vite déterminé l'indétermination de l'ἀγαθόν vers lequel perce la transcendance.

Ainsi la pensée de l'être ne saurait se produire comme violence éthique. C'est sans elle, au contraire, qu'on s'interdirait de laisser être l'étant et qu'on enfermerait la transcendance dans l'identification et l'économie empirique. En refusant, dans *Totalité et Infini*, de prêter quelque dignité à la différence ontico-ontologique, en n'y voyant qu'une ruse de guerre et en appelant *métaphysique* le mouvement intra-ontique de la transcendance éthique (mouvement respectueux d'un étant vers l'autre), Levinas confirme Heidegger dans son propos : celui-ci ne voit-il pas dans la métaphysique (dans l'ontologie métaphysique) l'oubli de l'être et la dissimulation de la différence ontico-ontologique ? « La Métaphysique ne pose pas la question de la vérité de l'Être lui-même [2]. » Elle pense l'être de manière implicite, comme c'est inévitable dans tout langage. C'est pourquoi la pensée de l'être doit prendre son essor dans la métaphysique et se produire d'abord comme métaphysique de la métaphysique dans la question : « Qu'est-ce que la Métaphysique ? » Mais la différence entre l'implicite et l'explicite est le tout de la pensée et, convenablement déterminée, elle donne sa forme aux ruptures et aux questions les plus radicales. « Il est vrai, dit encore Heidegger, que la Métaphysique représente l'étant dans son être et pense ainsi l'être de l'étant. Mais elle ne pense pas la différence de l'Être et de l'étant [3]. »

Pour Heidegger, c'est donc la métaphysique (ou l'ontologie métaphysique) qui reste clôture de la totalité et qui ne transcende l'étant que vers l'étant (supérieur) ou vers la totalité (finie ou infinie) de l'étant. Cette métaphysique serait essentiellement liée à un humanisme ne se demandant jamais « en quelle manière l'essence de l'homme appartient à la vérité de l'Etre [4] ». « Le propre de toute

---

1. *Vom Wesen des Grundes*, trad. fr., p. 91 et suiv. et *Introduction à la métaphysique*, trad., p. 210.
2. *Lettre sur l'humanisme*, trad. fr., p. 51 et passim.
3. *Ibid.*, p. 49. Cf. aussi, entre autres lieux, p. 67, 75, 113, etc.
4. *Ibid.*, p. 51.

métaphysique se révèle en ce qu'elle est « humaniste [1] ». Or ce que nous propose Levinas, c'est bien *à la fois* un humanisme et une métaphysique. Il s'agit, par la voie royale de l'éthique, d'accéder à l'étant suprême, au véritablement étant (« substance » et « en soi » sont des expressions de Levinas) comme autre. Et cet étant est l'homme, déterminé dans son essence d'homme, comme visage, à partir de sa ressemblance avec Dieu. N'est-ce pas ce que vise Heidegger quand il parle de l'unité de la métaphysique, de l'humanisme et de l'onto-théologie ? « La rencontre du visage n'est pas seulement un fait anthropologique. Elle est, absolument parlant, un rapport avec ce qui est. Peut-être l'homme seul est substance et c'est pour cela qu'il est visage. » Certes. Mais c'est l'analogie du visage avec la face de Dieu qui, de la façon la plus classique, distingue l'homme de l'animal et détermine sa substantialité : « Autrui ressemble à Dieu. » La substantialité de l'homme, qui lui permet d'être visage, est ainsi fondée dans la ressemblance avec Dieu qui est donc Le Visage et la substantialité absolue. Le thème du Visage appelle donc une deuxième référence à Descartes. Levinas ne la formule jamais : c'est, reconnue par l'École, l'équivocité de la notion de substance au regard de Dieu et des créatures (cf., par exemple, *Principes*, 1, § 51). A travers plus d'une médiation, nous sommes ainsi renvoyés à la problématique scolastique de l'analogie. Nous n'avons pas l'intention d'y entrer ici [2]. Remarquons simplement que, pensée à partir d'une doctrine de l'analogie, de la « ressemblance », l'expression de visage humain n'est plus, en profondeur, aussi étrangère à la *métaphore* que Levinas

---

1. *Ibid.*, p. 47.

2. Nous citerons plutôt un passage de la *Docte Ignorance* où Nicolas de Cues se demande : « Comment pourrons-nous donc comprendre la créature en tant que créature, laquelle procède de Dieu et tout ensemble ne saurait rien adjoindre à l'Être infini ? » Et pour illustrer le « double procès de l'enveloppement et du développement » dont « on ignore absolument le mode », il écrit : « Supposons un visage dont les images seraient multipliées et loin et près (on ne parle pas ici de distance spatiale, mais des degrés de participation de l'image à la vérité du modèle, car c'est en cela que consiste nécessairement la participation); dans ces images multipliées et diversifiées d'un unique visage, selon des modes divers et multiples, ce qui apparaîtrait, c'est un seul visage, au-delà de toute appréhension des sens ou de la pensée, de façon incompréhensible. » (Livre II, chap. III, in *Œuvres choisies*, par M. de Gandillac, p. 115.)

semble le vouloir. « ... Autrui ressemble à Dieu... » n'est-ce pas la métaphore originaire ?

La question de l'être n'est rien moins qu'une contestation de la vérité *métaphysique* de ce schéma dont, notons-le au passage, ce qu'on appelle « l'humanisme athée » se sert précisément pour y dénoncer le processus même de l'aliénation. La question de l'être rétrocède en deçà de ce schéma, de cette opposition des humanismes, vers la pensée de l'être que présuppose cette détermination de l'étant-homme, de l'étant-Dieu, de leur rapport analogique dont seule l'unité pré-conceptuelle et pré-analogique de l'être peut ouvrir la possibilité. Il ne s'agit ni de substituer l'être à Dieu ni de fonder Dieu sur l'être. L'être de l'étant (par exemple de Dieu [1]) n'est pas l'étant absolu, ni l'étant infini, ni même le fondement de l'étant en général. C'est pourquoi la question de l'être ne peut même pas entamer l'édifice métaphysique de *Totalité et Infini* (par exemple). Simplement elle se tient à jamais hors de prise pour « l'inversion des termes » *ontologie* et *métaphysique* proposée par Levinas. Le thème de cette inversion ne joue donc un rôle indispensable, il n'a de sens et de nécessité que dans l'économie et la cohérence du livre de Levinas en sa totalité.

Que signifierait, pour la métaphysique et pour l'humanisme, se demander « en quelle manière l'essence de l'homme appartient à la vérité de l'Être » *(Humanisme)* ? Peut-être ceci : l'expérience du visage serait-elle possible, pourrait-elle se dire si la pensée de l'être n'y était déjà impliquée ? Le visage est, en effet, l'unité inaugurante d'un regard nu et d'un droit à la parole. Mais les yeux et la bouche ne font un visage que si, au-delà du besoin, ils peuvent « laisser être », s'ils voient et disent ce qui est tel qu'il est, s'ils accèdent à l'être de ce qui est. Mais comme l'être est, il ne peut être simplement produit mais précisément respecté par un regard et une parole,

---

1. La pensée de l'être serait ce qui permet de dire, sans naïveté, réduction ou blasphème « Dieu, par exemple ». C'est-à-dire de *penser* Dieu comme ce qu'il est sans en faire un objet. C'est ce que Levinas, d'accord ici avec toutes les métaphysiques infinitistes les plus classiques, jugerait impossible, absurde ou purement verbal : comment penser ce qu'on dit quand on propose l'expression : *Dieu — ou l'infini — par exemple* ? Mais la notion d'*exemplarité* offrirait sans doute plus d'une ressource contre cette objection.

il doit les provoquer, les interpeller. Il n'est pas de parole sans penser et dire *de* l'être. Mais l'être n'étant rien hors de l'étant déterminé, il n'apparaîtrait pas comme tel sans la possibilité de la parole. L'être *lui-même* peut seulement être pensé et dit. Il est contemporain du Logos qui lui-même ne peut être que comme Logos *de* l'être, *disant* l'être. Sans cette double génitivité, la parole, sevrée de l'être, enfermée dans l'étant déterminé, ne serait, selon la terminologie de Levinas, que le cri du besoin avant le désir, geste du moi dans la sphère de l'homogène. C'est alors seulement que dans la réduction ou la subordination de la pensée de l'être, « le discours philosophique lui-même » ne serait « qu'un acte manqué », prétexte à une psychanalyse ou à une philologie ou à une sociologie ininterrompues où l'apparence d'un discours s'évanouit dans le Tout » (TI). C'est alors seulement que le rapport à l'extériorité ne trouverait plus sa respiration. La métaphysique du visage *enferme* donc la pensée de l'être, présuppose la différence entre l'être et l'étant en même temps qu'elle la tait.

Si cette différence est originaire, si penser l'être hors de l'étant, c'est *ne rien* penser, si c'est ne rien *penser* non plus que d'aborder l'étant autrement que dans son être, on a sans doute quelque droit à dire avec Levinas (à la réserve près de l'expression ambiguë de « être en général ») que « au dévoilement de l'être en général... *préexiste* la relation avec l'étant qui s'exprime; au plan de l'ontologie, le plan éthique » (TI. Nous soulignons). Si la pré-existence a le sens ontique qu'elle doit avoir, c'est incontestable. En fait, dans l'existence, le rapport avec l'étant qui *s'exprime* précède le dévoilement, la pensée explicite de l'être lui-même. A ceci près qu'il n'y a *expression*, au sens de parole et non de besoin que s'il y a déjà implicitement pensée de l'être. De même, *en fait*, l'attitude naturelle précède la réduction transcendantale. Mais on sait que la « pré-séance » ontologique ou transcendantale n'est pas de cet ordre et personne ne l'a jamais prétendu. Cette « pré-séance » ne contredit pas plus qu'elle ne confirme la précession ontique ou factuelle. Il s'ensuit que l'être, étant toujours *en fait* déjà déterminé comme étant et n'étant rien hors de lui, il est toujours déjà dissimulé. La phrase de Levinas — préexistence du rapport à l'étant — est la formule même de cette occultation initiale. L'être n'existant pas avant l'Étant — et c'est pourquoi il *est Histoire* — il commence par se cacher sous sa détermination. Cette détermination comme révélation de l'étant (Métaphysique) est le voilement même de l'être. Il n'y a rien là d'accidentel ou de regrettable. « L'éclosion de l'étant, l'éclat qui lui est accordé, obscurcit la clarté de l'être. L'être se retire en ce qu'il se déclôt dans l'étant » (*Chemins*). N'est-il donc pas risqué de parler de la pensée de l'être comme d'une pensée dominée par le thème du dévoilement (TI)? Sans cette dissimulation de l'être sous l'étant, il n'y aurait rien, et il n'y aurait pas d'histoire. Que l'être se produise de part en part comme histoire et monde, cela signifie qu'il ne peut être qu'en retrait sous les déterminations ontiques dans l'histoire de la métaphysique. Car les « époques » historiques sont les déterminations métaphysiques (onto-théologiques) de l'être qui se met ainsi lui-même entre parenthèses, se réserve sous les concepts métaphysiques. C'est dans cette étrange lumière de l'être-histoire que Heidegger laisse resurgir la notion d' « eschatologie », telle qu'elle apparaît, par exemple, dans *Chemins* : « L'être même... est en lui-même eschatologique. » Il faudrait méditer de plus près le rapport de cette eschatologie à l'eschatologie messianique. La première suppose que la guerre n'est pas un accident survenant à l'être mais l'être lui-même. *Das Sein selber das Strittige ist (Humanisme)*. Proposition qu'il ne faut pas entendre dans la consonance hegelienne : ici la négativité n'a son origine ni dans la négation ni dans l'inquiétude d'un étant infini et premier. La guerre n'est peut-être même plus pensable comme négativité.

La dissimulation originelle de l'être sous l'étant, qui est antérieure à l'erreur de jugement et que rien ne précède dans l'ordre ontique, Heidegger l'appelle, on le sait, errance. « Toute époque de l'histoire mondiale est une époque de l'errance » (*Chemins*). Si l'être est temps et histoire, c'est que l'errance et l'essence époquale de l'être sont irréductibles. Dès lors, comment accuser cette pensée de l'errance interminable d'être un nouveau paganisme du Lieu, un culte complaisant du Sédentaire (TI, DL) [1] ? La

---

[1]. Dans un violent article (*Heidegger, Gagarine et nous*, DL), Heidegger est désigné comme l'ennemi de la technique, et rangé parmi les « ennemis de la société industrielle » qui « sont la plupart du temps réactionnaires ». C'est une accusation à laquelle

requête du Lieu et de la Terre n'a rien ici, est-il besoin de le souligner, de l'attachement passionnel au territoire, à la localité, rien
du provincialisme ou du particularisme. Elle est au moins aussi
peu liée au « nationalisme » empirique que ne l'est ou ne devrait
l'être la nostalgie hébraïque de la Terre, nostalgie *provoquée* non
par la passion empirique mais par l'irruption d'une parole et
d'une promesse [1]. Interpréter le thème heideggerien de la Terre
ou de l'Habitation comme le thème d'un nationalisme ou d'un
barrésisme, n'est-ce pas d'abord exprimer une *allergie* — ce mot,
cette accusation dont Levinas joue si souvent — au « climat » de la
philosophie de Heidegger ? Levinas reconnaît d'ailleurs que ses
« réflexions », après s'être laissées inspirer par « la philosophie de
Martin Heidegger », « sont commandées par un besoin profond

Heidegger a si fréquemment et si clairement répondu que nous ne pouvons mieux
faire ici que renvoyer à ses écrits, en particulier à *La question de la technique* traitant de
la technique comme « mode du dévoilement » (in *Essais et Conférences*), à la *Lettre
sur l'humanisme*, à l'*Introduction à la métaphysique (La limitation de l'Être)*, où une certaine
violence, dont nous parlerons tout à l'heure, est liée, en un sens non péjoratif et non
éthique (p. 173) à la technique dans le dévoilement de l'Être (δεινόν-τεχνη).
On voit en tout cas se préciser la cohérence de l'accusation lancée par Levinas.
L'être (comme concept) serait la violence du neutre. Le sacré serait la *neutralisation*
du Dieu personnel. La « réaction » contre la technique ne viserait pas le danger de
dépersonnalisation technique, mais ce qui précisément libère du ravissement par le
Sacré et de l'enracinement dans le Lieu.
1. Ne pouvant ici déployer ce débat, nous renvoyons aux textes les plus clairs de
Heidegger à ce sujet : *a. Sein und Zeit :* thèmes de la « Unheimlichkeit » essentielle, de
la « nudité » de l'être-dans-le-monde, « als Un-zubause » (p. 276-277). C'est cette condition authentique que fuit précisément l'existence *neutre* du On. — *b. Humanisme*,
p. 93, à propos du poème *Retour* de Hölderlin, Heidegger note que dans son commentaire, le mot « patrie » « est ici pensé en un sens essentiel, non point patriotique,
ni nationaliste, mais bien plutôt du point de vue de l'Histoire de l'Être ». — *c. Ibid.*,
p. 103. Heidegger y écrit en particulier : « Tout nationalisme est, sur le plan métaphysique, un anthropologisme et comme tel un subjectivisme. Le nationalisme n'est
pas surmonté par le pur internationalisme, mais seulement élargi et érigé en système. »
— *d.* Enfin, quant à l'habitation et à la maison (que Levinas s'entend aussi à chanter,
mais, il est vrai, comme moment de l'intériorité et précisément comme économie),
Heidegger précise bien que la maison ne détermine pas métaphoriquement l'être à
partir de son économie, mais ne se laisse au contraire déterminer comme telle qu'à
partir de l'essence de l'être. *Ibid.*, p. 151. Cf. aussi... *L'homme habite en poète* où, notons-
le au passage, Heidegger distingue le Même et l'Égal *(das Selbe-das Gleiche)* : « Le
Même écarte tout empressement à résoudre les différences dans l'Égal », in *Essais et
Conférences*, p. 231. Cf. enfin *Bâtir, Habiter, Penser (ibid)*.

de quitter le climat de cette philosophie » (EE). Il s'agit là d'un
besoin dont nous serions le dernier à contester la légitimité naturelle et nous croyons de plus que le climat n'est jamais totalement
extérieur à la pensée elle-même. Mais n'est-ce pas au-delà du
« besoin », du « climat » et d'une certaine « histoire » que paraît la
vérité nue de l'autre ? Et qui nous l'enseigne mieux que Levinas ?

Le Lieu n'est donc pas un Ici empirique mais toujours un *Illic* :
pour Heidegger comme pour le Juif et le Poète. La proximité du
Lieu est toujours réservée, dit Hölderlin commenté par Heidegger [1].
La pensée de l'être n'est donc pas un culte païen du *Lieu* puisque
le Lieu n'est pas la proximité donnée mais promise. Puis aussi
parce qu'elle n'est pas un *culte païen*. Le Sacré dont elle parle *n'appartient* ni à la religion en général ni à quelque théologie, et ne se
laisse donc déterminer par aucune histoire de la religion. Il est
d'abord l'expérience essentielle de la divinité ou de la déité. Celle-ci
n'étant ni un concept ni une réalité, elle doit donner accès à soi
dans une proximité étrangère à la théorie ou à l'affectivité mystique,
à la théologie et à l'enthousiasme. Dans un sens qui n'est, encore
une fois, ni chronologique ni logique, ni ontique en général, elle
précède tout rapport à Dieu ou aux Dieux. Ce dernier rapport,
quel qu'en soit le type, suppose pour être vécu et pour être dit,
quelque pré-compréhension de la déité, de l'être-dieu de Dieu, de
la « dimension du divin » dont parle aussi Levinas en disant qu'elle
« s'ouvre à partir du visage humain » (TI). C'est tout et c'est,
comme d'habitude, simple et difficile. Le sacré est le « seul espace
essentiel de la divinité qui à son tour ouvre seule une dimension
pour les dieux et le dieu... » *(Humanisme...).* Cet espace (dans lequel
Heidegger dit aussi la Hauteur [2]) est en deçà de la foi et de l'athéisme. Tous deux le présupposent. « Ce n'est qu'à partir de la
vérité de l'Être qu'on peut penser l'essence du Sacré. Ce n'est
qu'à partir de l'essence du Sacré qu'il faut penser l'essence de la
Divinité. Ce n'est que dans la lumière de l'essence de la Divinité
qu'on peut penser et dire ce que doit désigner le mot « Dieu »
(Humanisme). » Cette précompréhension du Divin ne peut pas

1. Cf., par exemple, *Retour*, in *Approche de Hölderlin*.
2. *Ibid.*

ne pas être présupposée par le discours de Levinas au moment même où il veut opposer Dieu au divin sacré. Que les dieux ou Dieu ne puissent s'annoncer que dans l'espace du Sacré et la lumière de la déité, c'est à la fois la *limite* et la *ressource* de l'être-fini comme histoire. Limite parce que la divinité *n'est pas* Dieu. En un sens, elle n'est rien. « Le sacré, il est vrai, paraît. Mais le dieu reste loin [1]. » Ressource parce que cette anticipation comme pensée de l'être (de l'étant Dieu) toujours *voit venir* Dieu, ouvre la possibilité (l'éventualité) d'une rencontre de Dieu et d'un dialogue avec Dieu [2].

Que la déité de Dieu, qui permet de penser et de nommer Dieu, ne soit rien, ne soit surtout pas Dieu lui-même, c'est ce que Maître Eckhart, en particulier, disait ainsi : « Dieu et la déité sont aussi différents l'un de l'autre que le ciel et la terre... Dieu opère, la déité n'opère pas, elle n'a rien à opérer, il n'y a pas d'opération en elle, elle n'a jamais eu aucune opération en vue... » (Sermon

---

1. *Retour, Approche de Hölderlin*, p. 34.

2. Cf. aussi *Vom Wesen des Grundes*, trad. Corbin, p. 91, note 1. La théologie, pensée de l'étant-Dieu, de l'essence et de l'existence de Dieu, supposerait donc la pensée de l'être. Il n'est pas nécessaire de se référer ici à Heidegger pour comprendre ce mouvement; mais d'abord à Duns Scot à qui, on le sait, Heidegger avait consacré un de ses premiers écrits. Pour Duns Scot, la pensée de l'être commun et univoque est nécessairement antérieure à la pensée de l'étant déterminé (déterminé, par exemple en fini ou infini, créé ou incréé, etc.). Ce qui ne signifie pas :

1° que l'être commun et univoque soit un genre et Duns Scot reprend à cet égard la démonstration aristotélicienne sans néanmoins recourir à l'analogie. (Cf. à ce sujet notamment E. Gilson, *Jean Duns Scot, Introduction à ses positions fondamentales*, p. 104-105.)

2° que la doctrine de l'univocité de l'être soit incompatible avec la doctrine aristotélico-thomiste et avec l'analogie qui, comme le montre E. Gilson (*ibid.*, p. 84-115) se situe sur un autre plan et répond à une autre question. Le problème qui se pose à Duns Scot — et qui est celui qui nous occupe ici, dans ce dialogue entre Levinas et Heidegger — « se pose donc sur un terrain, écrit E. Gilson, qui n'est plus celui d'Aristote ni de Thomas d'Aquin puisque, pour y pénétrer, il faut d'abord sortir du dilemme qu'imposait l'aristotélisme entre le singulier et l'universel, le « premier » et le « second », échapper du même coup à la nécessité de choisir entre l'analogue et l'univoque, ce que l'on ne peut faire qu'en isolant une notion d'être en quelque sorte métaphysiquement pure de toute détermination » (*ibid.*, p. 89). Il s'ensuit que la pensée de l'être (que Gilson appelle ici, à la différence de Heidegger, « métaphysique »), si elle est impliquée dans toute théologie, ne la *précède* ni ne la commande en rien, comme feraient un principe ou un concept. Les rapports de « premier » et de « second », etc., n'ont ici aucun sens.

Nolite timere eos). Mais cette déité est encore déterminée ici comme essence-du-Dieu-trinitaire. Et quand Maître Eckhart veut aller au-delà des déterminations, le mouvement qu'il esquisse reste enfermé, semble-t-il, dans la transcendance ontique : « Quand j'ai dit que Dieu n'était pas un être et était au-dessus de l'être, je ne lui ai pas par là contesté l'être, au contraire je lui ai attribué un *être plus élevé* » *(Quasi stella matutina...)*. Cette théologie négative est encore une théologie et, *dans sa lettre du moins*, il s'agit pour elle de libérer et de reconnaître la transcendance ineffable d'un étant infini, « être au-dessus de l'être et négation superessentielle ». *Dans sa lettre du moins*, mais la différence entre l'onto-théologie métaphysique, d'une part, et la pensée de l'être (de la différence), d'autre part, signifie l'importance essentielle de la *lettre*. Tout se passant à travers des mouvements d'explicitation, la différence littérale est presque le tout de la différence de pensée. C'est pourquoi, ici, la pensée de l'être, quand elle va au-delà des déterminations ontiques, n'est pas une théologie négative ni même une ontologie négative.

L'anticipation « ontologique », la transcendance vers l'être permet donc de s'entendre, par exemple sur le mot Dieu, et même si cette entente n'est que l'éther où peut résonner la dissonance. Cette transcendance habite et fonde le langage et avec lui la possibilité de tout être-ensemble; d'un *Mitsein* bien plus originel que telle de ses formes éventuelles avec laquelle on a voulu le confondre: la solidarité, l'équipe, le compagnonnage [1]. Impliquée par le discours de *Totalité et Infini*, permettant seule de *laisser* être les autres dans leur vérité, libérant le dialogue et le face à face, la

---

[1]. Sartre avait déjà, comme Levinas, interprété le *Mitsein* dans le sens de la camaraderie, de l'équipe, etc. Nous renvoyons ici à *Sein und Zeit*. Cf. aussi *le Concept de monde chez Heidegger*. Walter Biemel, avec beaucoup de justesse et de clarté, y confronte cette interprétation et les intentions de Heidegger (p. 90 et suiv.). Ajoutons simplement que, *originellement*, l'*avec* du *Mitsein* ne dénote pas plus une structure d'équipe animée par une tâche neutre et commune que l'*avec* du « langage *avec* Dieu » (TI). L'être qui peut interpeller le *Mitsein* n'est pas, comme le laisse souvent entendre Levinas, un troisième terme, une vérité commune, etc. Enfin, la notion de *Mitsein* décrit une structure originaire du rapport entre Da-Sein et Da-Sein qui est antérieure à toute signification de « rencontre » ou de « constitution », c'est-à-dire au débat que nous évoquions plus haut (cf. aussi *Sein und Zeit* : « *Avec* et *aussi* doivent être entendus à la manière des *existentiaux* et non des *catégories* » (p. 48).

pensée de l'être est donc aussi proche que possible de la non-violence.

Nous ne la disons pas non-violence pure. Comme la violence pure, la non-violence pure est un concept contradictoire. Contradictoire au-delà de ce que Levinas appelle « logique formelle ». La violence pure, rapport entre des êtres sans visage, n'est pas encore violence, est non-violence pure. Et réciproquement : la non-violence pure, non-rapport du même à l'autre (au sens où l'entend Levinas) est violence pure. Seul un visage peut arrêter la violence mais d'abord parce que seul il peut la provoquer. Levinas le dit fort bien : « La violence ne peut viser qu'un visage » (TI). Aussi, sans la pensée de l'être qui ouvre le visage, il n'y aurait que non-violence ou violence pures. La pensée de l'être n'est donc jamais, dans son dévoilement, étrangère à une certaine violence [1]. Que cette pensée apparaisse toujours dans la différence, que le même (la pensée *(et) (de)* l'être) ne soit jamais l'identique, cela signifie d'abord que l'être est histoire, se dissimule lui-même dans sa production et se fait originairement violence dans la pensée pour se dire et s'apparaître. Un être sans violence serait un être qui se produirait hors de l'étant : rien; non-histoire; non-production; non-phénoménalité. Une parole qui se produirait sans la moindre violence ne dé-terminerait rien, ne dirait rien, n'offrirait rien à l'autre; elle ne serait pas *histoire* et ne *montrerait* rien : à tous les sens de ce mot, et d'abord en son sens grec, ce serait une parole sans *phrase*.

A la limite, le langage non-violent, selon Levinas, serait un langage qui se priverait du verbe *être*, c'est-à-dire de toute prédication. La prédication est la première violence. Le verbe *être* et l'acte prédicatif étant impliqués dans tout autre verbe et dans tout nom commun, le langage non-violent serait à la limite un langage de pure invocation, de pure adoration, ne proférant que des noms propres pour appeler l'autre au loin. Un tel langage serait en effet, comme le souhaite expressément Levinas, purifié de toute *rhétorique*, c'est-à-dire au sens premier de ce mot qu'on évoquera ici sans artifice, de tout *verbe*. Un tel langage méritera-t-il encore son nom ? Un langage pur de toute rhétorique est-il possible ?

---

1. Cf. *Introduction à la métaphysique* (surtout *La limitation de l'Être*).

Les Grecs, qui nous ont appris ce que *Logos* voulait dire, ne l'auraient jamais admis. Platon nous le dit dans le *Cratyle* (425 a), dans le *Sophiste* (262 ad) et dans la *Lettre VII* (342 b) : il n'y a pas de *Logos* qui ne suppose l'entrelacement de noms et de verbes.

Enfin, si l'on se tient à l'intérieur du propos de Levinas, qu'offrirait à l'autre un langage sans phrase, un langage qui ne dirait rien ? Le langage doit donner le monde à l'autre, nous dit *Totalité et Infini*. Un maître qui s'interdirait la *phrase* ne donnerait rien ; il n'aurait pas de disciples, mais seulement des esclaves. Lui serait interdite l'œuvre — ou la liturgie, — cette dépense rompant l'économie et qu'il ne faut pas penser, selon Levinas, comme un Jeu.

Ainsi, dans sa plus haute exigence non-violente, dénonçant le passage par l'être et le moment du concept, la pensée de Levinas ne nous proposerait pas seulement, comme nous le disions plus haut, une éthique sans loi mais aussi un langage sans phrase. Ce qui serait tout à fait cohérent si le visage n'était que regard, mais il est aussi parole ; et dans la parole, c'est la phrase qui fait accéder le cri du besoin à l'expression du désir. Or il n'est pas de phrase qui ne détermine, c'est-à-dire qui ne passe par la violence du concept. La violence apparaît avec l'*articulation*. Et celle-ci n'est ouverte que par la circulation (d'abord pré-conceptuelle) de l'être. L'élocution même de la métaphysique non-violente est son premier démenti. Levinas ne nierait sans doute pas que tout langage historique comporte un irréductible moment conceptuel et donc une certaine violence. Simplement, à ses yeux, l'origine et la possibilité du concept ne sont pas la pensée de l'être mais le don du monde à autrui comme tout-autre (cf. par exemple, TI, p. 149). En cette possibilité originaire de *l'offre*, en son intention encore silencieuse, le langage est non-violent (mais est-il alors langage, dans cette pure intention ?). Il ne deviendrait violent que dans son histoire, dans ce que nous avons appelé la phrase, qui l'oblige à *s'articuler* dans une syntaxe conceptuelle ouvrant la circulation au même, se laissant contrôler par l'« ontologie » et par ce qui reste pour Levinas le concept des concepts : l'être. Or le concept d'être ne serait à ses yeux qu'un moyen abstrait produit pour le don du monde à l'autre qui est *au-dessus de l'être*. Dès lors, c'est en son origine silencieuse seulement que le langage, avant l'être, serait non-violent. Mais pourquoi l'histoire? Pourquoi la phrase s'impose-t-elle? Parce que, si l'on n'arrache pas violemment l'origine silencieuse à elle-même, si l'on décide de ne pas parler, la pire violence co-habitera en silence avec l'*idée* de la paix? La paix ne se fait que dans un *certain silence*, déterminé et protégé par la violence de la parole. Ne disant rien d'autre que l'horizon de cette paix silencieuse par laquelle elle se fait appeler, qu'elle a mission de protéger et de préparer, la parole *indéfiniment* garde le silence. On n'échappe jamais à *l'économie de guerre*.

On le voit : séparer la possibilité originaire du langage — comme non-violence et don — de la violence nécessaire dans l'effectivité historique, c'est appuyer la pensée à une transhistoricité. Ce que fait explicitement Levinas malgré sa critique initiale de l' « anhistoricisme » husserlien. L'origine du sens est pour lui non-histoire, « au-delà de l'histoire ». Il faudrait alors se demander s'il est dès lors possible d'identifier, comme le veut Levinas, pensée et langage; si cette trans-historicité du sens est authentiquement hébraïque dans son inspiration; si enfin cette non-histoire s'arrache à l'historicité en général ou seulement à une certaine dimension empirique ou ontique de l'histoire. Et si l'eschatologie invoquée peut se séparer de toute référence à l'histoire. *Car notre propre référence à l'histoire n'est ici que contextuelle. L'économie dont nous parlons ne s'accommode pas davantage du concept d'histoire tel qu'il a toujours fonctionné et qu'il est difficile, sinon impossible, d'enlever à son horizon téléologique ou eschatologique.*

Cette an-historicité du sens en son origine est donc ce qui sépare en profondeur Levinas de Heidegger. L'être étant histoire pour ce dernier, il *n'est pas* hors de la différence et se produit donc originairement comme violence (non-éthique), comme dissimulation de soi dans son propre dévoilement. Que le langage cache ainsi toujours sa propre origine, ce n'est pas là une contradiction mais l'histoire elle-même. Dans la violence ontologique-historique[1], qui permet de penser la violence éthique, dans l'économie comme

---

1. Il faut préciser ici que « ontologique » ne renvoie pas à ce concept d'ontologie auquel Heidegger nous propose de « renoncer » (cf. plus haut), mais à cette expression introuvable, par laquelle il faudrait le remplacer. Le mot « historique » doit aussi être modifié pour être entendu en consonance avec le mot « ontologique » dont il n'est pas l'attribut et par rapport auquel il ne marque aucune dérivation.

pensée de l'être, l'être est nécessairement dissimulé. La première violence est cette dissimulation mais elle est aussi la première défaite de la violence nihiliste et la première épiphanie de l'être. L'être est donc moins le *primum cognitum*, comme on disait, que le *premier dissimulé* et ces deux propositions ne se contredisent pas. Pour Levinas, au contraire, l'être (entendu comme concept) est le *premier dissimulant*, et la différence ontico-ontologique neutraliserait ainsi la différence, l'altérité infinie du tout-autre. La différence ontico-ontologique ne serait d'ailleurs pensable qu'à partir de l'idée de l'Infini, de l'irruption inanticipable de l'étant tout-autre. Celui-ci serait donc antérieur à la différence entre l'être et l'étant et à l'altérité historique qu'elle peut ouvrir. Pour Levinas comme pour Heidegger, le langage serait à la fois éclosion et réserve, éclairement et occultation; pour tous les deux, la dissimulation serait geste conceptuel. Mais pour Levinas, le concept est du côté de l'être, pour Heidegger, du côté de la détermination ontique.

Ce schéma accuse l'opposition mais, comme c'est souvent le cas, laisse aussi deviner la proximité. Proximité de deux « eschatologies » qui par des voies opposées répètent et mettent à la question le tout de l'aventure « philosophique » issue du platonisme. L'interrogent à la fois du dedans et du dehors sous la forme d'une question à Hegel en qui se résume et se pense cette aventure. Cette proximité s'annoncerait dans des questions de ce type : *d'un côté*, Dieu (étant-infini-autre) est-il encore un étant se laissant pré-comprendre à partir d'une pensée de l'être (singulièrement de la divinité)? Autrement dit, l'infini peut-il être appelé détermination ontique? Dieu n'a-t-il pas toujours été pensé comme le nom de ce qui n'est pas étant suprême pré-compris à partir d'une pensée de l'être? Dieu, n'est-ce pas le nom de ce qui ne peut se laisser anticiper à partir de la dimension du divin? Dieu n'est-il pas l'autre nom de l'être (nom parce que non-concept) dont la pensée ouvrirait la différence et l'horizon ontologique au lieu de s'y annoncer seulement? Ouverture *de* l'horizon et non *dans* l'horizon. Par la pensée de l'infini, la fermeture ontique aurait été déjà brisée, en un sens de l'impensé qu'il faudrait interroger de plus près, par ce que Heidegger appelle la métaphysique et l'onto-théologie. *De l'autre côté* : la pensée de l'être n'est-elle pas la pensée *de* l'autre avant d'être l'identité homogène du concept et l'asphyxie du même ? L'outre-histoire de l'eschatologie n'est-elle pas l'autre nom du passage à une histoire plus profonde, à l'Histoire elle-même ? Mais à une histoire qui, ne pouvant plus être *elle-même* dans quelque *présence,* originaire ou finale, devrait changer de nom ?

En d'autres termes, on pourrait peut-être dire que l'ontologie *ne* précède la théologie *qu'*en mettant entre parenthèses le contenu de la détermination ontique de ce que, dans la pensée philosophique post-hellénique, on appelle Dieu : à savoir l'infinité positive. L'infinité positive n'aurait que l'apparence — nominale — de ce qu'on appelle une détermination ontique. Elle serait en vérité ce qui se refuse à être détermination ontique comprise comme telle à partir de et dans la lumière d'une pensée de l'être. C'est l'infinité au contraire — en tant que non-détermination et opération concrète — qui permettrait de penser la différence entre l'être et la détermination ontique. Le contenu ontique de l'infinité détruirait la fermeture ontique. Implicitement ou non, la pensée de l'infinité ouvrirait la question et la différence ontico-ontologique. Ce serait paradoxalement cette pensée de l'infinité (ce qu'on appelle la pensée de Dieu) qui permettrait d'affirmer la préséance de l'onto-logie sur la théologie, et que la pensée de l'être est présupposée par la pensée de Dieu. C'est pour cette raison sans doute, que, respectueux de la présence de l'être *univoque* ou de l'être *en général* en toute pensée, Duns Scot ou Malebranche n'ont pas cru devoir distinguer les niveaux de l'ontologie (ou métaphysique) et de la théologie. Heidegger nous rappelle souvent à l' « étrange simplicité » de la pensée de l'être : c'est là sa difficulté et ce qui touche proprement à l' « inconnaissable ». L'infinité ne serait pour Heidegger qu'une détermination ultérieure de cette simplicité. Pour Malebranche, elle en est la forme même : « L'idée de l'infini en étendue renferme donc plus de réalité que celle des cieux ; et l'idée de l'infini en tous genres d'être, celle qui répond à ce mot, l'*être*, l'être infiniment parfait, en contient infiniment davantage, quoique la perception dont cette idée nous touche soit la plus légère de toutes ; d'autant plus légère qu'elle est plus vaste, et par conséquent infiniment légère parce qu'elle est infinie » *(Entretien d'un philosophe chrétien avec un philosophe chinois).* L'Être n'étant rien (de déterminé), il se *produit* nécessairement dans la différence (*comme* différence). Dire, d'une part, qu'il est infini, ou dire, d'autre part, qu'il ne se révèle ou ne se produit que « d'un seul coup avec » *(in eins mit)* le Néant *(Qu'est-ce que la métaphysique ?)* — ce qui signifie qu'il est « fini dans son essence » *(ibid.)*, est-ce dire fondamentalement autre chose ? Mais il faudrait montrer que Heidegger n'a jamais voulu dire « autre chose » que la métaphysique classique et que la transgression de la métaphysique n'est pas une nouvelle thèse métaphysique ou onto-théologique. Ainsi, la question sur l'être de l'étant n'*introduirait* pas seulement — et entre autres — à la question sur l'étant-Dieu ; elle *supposerait* déjà Dieu comme possibilité même de sa question, et la réponse dans sa question. Dieu serait toujours impliqué en toute question sur Dieu et précéderait toute « méthode ». Le contenu même de la pensée de Dieu est celui d'un être *sur* lequel aucune question ne peut être posée (sauf à être posée par lui) et qui ne peut se laisser déterminer comme un étant. Dans *le Profane (Idiota)*, une admirable méditation de Nicolas de Cues développe cette implication de Dieu en toute question et d'abord dans la question de Dieu. Par exemple, *le Profane :* « Vois combien la difficulté théologique est facile, puisque la réponse s'offre toujours au chercheur selon le mode même de la question posée. *L'Orateur :* Certes rien n'est plus surprenant. *Pr :* Toute recherche concernant Dieu présuppose l'objet même de cette recherche. A toute question posée sur Dieu, ce qu'il faut répondre, c'est cela précisément que suppose d'abord la question. Car bien qu'il dépasse toute signification, Dieu se signifie par toute signification quel que soit le mot qui l'exprime. *Or :* Explique-toi... *Pr :* La question de l'existence de Dieu ne suppose-t-elle pas d'avance la notion même d'existence ? *Or :* Oui bien. *Pr :* Dès que tu as posé la question : *Dieu existe-t-il ?* tu peux répondre ce qui est précisément en question, à savoir qu'il existe puisqu'il est l'Être même présupposé dans la question. Il en est de même pour la question *Qui est Dieu ?* puisque cette question suppose la quiddité ; tu pourras donc répondre que Dieu est la Quiddité absolue en elle-même. Et ainsi pour toute question. Et sur ce point pas d'hésitation possible. Car Dieu est la présupposition universelle en elle-même, qui est présupposée de toutes façons, comme la cause est présupposée en tout effet. Vois donc, Orateur, combien facile est la difficulté théologique. ...Si tout cela même qui est supposé d'avance en toute question théologique donne ainsi réponse à la question, il n'existe donc aucune question qui concerne proprement Dieu, puisque dans la question posée la réponse coïncide avec l'interrogation [1]. »

En faisant du rapport à l'infiniment autre l'origine du langage, du sens et de la différence, sans rapport au même, Levinas se résout donc à trahir son intention dans son discours philosophique. Celui-ci n'est entendu et n'enseigne qu'en laissant d'abord circuler en lui le même et l'être. Schéma classique, compliqué ici par une métaphysique du dialogue et de l'enseignement, d'une démonstration qui contredit le démontré par la rigueur et la vérité même de son enchaînement. Cercle mille fois dénoncé du scepticisme, de l'historicisme, du psychologisme, du relativisme, etc. Mais le vrai nom de cette inclination de la pensée devant l'Autre, de cette acceptation résolue de l'incohérence incohérente inspirée par une vérité plus profonde que la « logique » du discours philosophique, le vrai nom de cette *résignation* du concept, des *a priori* et des horizons transcendantaux du langage, c'est l'*empirisme*. Celui-ci au fond n'a jamais commis qu'une faute : la faute philosophique de se présenter comme une philosophie. Et il faut reconnaître la profondeur de l'intention empiriste sous la naïveté de certaines de ses expressions historiques. Elle est le *rêve* d'une pensée purement *hétérologique* en sa source. Pensée *pure* de la différence *pure*. L'empirisme est son nom philosophique, sa prétention ou sa modestie métaphysiques. Nous disons le *rêve* parce qu'il s'évanouit *au jour* et dès le lever du langage. Mais on objectera peut-être que c'est le langage qui dort. Sans doute, mais alors il faut, d'une certaine manière, redevenir classique et retrouver d'autres motifs de divorce entre la parole et la pensée. C'est un chemin très, peut-être trop abandonné aujourd'hui. Entre autres par Levinas.

En radicalisant le thème de l'extériorité infinie de l'autre, Levinas assume ainsi le dessein qui a animé plus ou moins secrè-

1. *Œuvres choisies de N. de Cues*, par M. de Gandillac.

tement tous les gestes philosophiques qu'on a appelés *empirismes* dans l'histoire de la philosophie. Il le fait avec une audace, une profondeur et une résolution qu'on n'avait jamais atteintes. En allant jusqu'au terme de ce projet, il renouvelle totalement l'empirisme et le renverse en le révélant à lui-même comme métaphysique. Malgré les étapes husserlienne et heideggerienne de sa pensée, Levinas ne veut même pas reculer devant le mot *empirisme*. A deux reprises au moins, il se réclame de « l'empirisme radical confiant dans l'enseignement de l'extériorité » (TI). L'expérience de l'autre (de l'infini) est irréductible, elle est donc « l'expérience par excellence » *(ibid.)*. Et à propos de la mort qui en est bien l'irréductible ressource, Levinas parle d'un « empirisme qui n'a rien de positiviste [1] ». Mais peut-on parler d'une *expérience* de l'autre ou de la différence? Le concept d'expérience n'a-t-il pas toujours été déterminé par la métaphysique de la présence? L'expérience n'est-elle pas toujours rencontre d'une présence irréductible, perception d'une phénoménalité?

Cette complicité entre l'empirisme et la métaphysique n'a rien de surprenant. En les critiquant ou plutôt en les « limitant » d'un seul et même geste, Kant et Husserl avaient bien reconnu leur solidarité. Il faudrait la méditer de plus près. Dans cette méditation, Schelling était allé très loin [2].

---

1. *Entre deux mondes (Biographie spirituelle de Franz Rosenzweig*, in *la Conscience juive*, P. U. F., 1963, p. 126). Cette conférence est, à notre connaissance, avec un article de A. Néher (*Cahiers de l'Institut de science économique appliquée*, 1959), le seul texte important consacré à Rosenzweig, plus connu en France comme l'auteur de *Hegel und der Staat* que de *Der Stern der Erlösung* (l'Étoile de la Rédemption) [1921]. L'influence de Rosenzweig sur Levinas semble avoir été profonde. « L'opposition à l'idée de totalité, nous a frappé dans le *Stern der Erlösung* de Franz Rosenzweig, trop souvent présent dans ce livre pour être cité » (TI).

2. Dans son *Exposé de l'empirisme philosophique*, Schelling écrit : « Dieu serait ainsi l'Être enfermé en lui-même d'une façon absolue, il serait substance au sens le plus élevé, libre de toute relation. Mais du fait même que nous considérons ces déterminations comme purement immanentes, comme ne se rapportant à rien d'extérieur, on se trouve dans la nécessité de les concevoir en partant de *Lui*, c'est-à-dire de le concevoir lui-même comme le *prius*, voire comme le *prius* absolu. Et c'est ainsi que l'empirisme poussé jusqu'à ses dernières conséquences nous conduit au supra-empirique. » Naturellement, par « enfermé » et « replié », il ne faut pas entendre clôture finie et mutisme égoïste, mais l'altérité absolue, ce que Levinas appelle l'Infini absous de la relation. Un mouvement analogue se dessine chez Bergson qui, dans son *Introduction*

Mais l'empirisme a toujours été déterminé par la philosophie, de Platon à Husserl, comme *non-philosophie* : prétention philosophique de la non-philosophie, incapacité de se justifier, de se porter secours comme parole. Mais cette incapacité, lorsqu'elle est assumée avec résolution, conteste la résolution et la cohérence du logos (la philosophie) en sa racine au lieu de se laisser questionner par lui. Rien ne peut donc *solliciter* aussi profondément le logos grec — la philosophie — que cette irruption du tout-autre, rien ne peut autant le réveiller à son origine comme à sa mortalité, à son autre.

Mais si (ce n'est pour nous qu'une hypothèse) on appelle judaïsme cette expérience de l'infiniment autre, il faut réfléchir à cette nécessité où il se trouve, à cette injonction qui lui est faite de se produire comme logos et de réveiller le Grec dans la syntaxe autistique de son propre rêve. Nécessité d'éviter la pire violence qui menace quand on se livre silencieusement à l'autre dans la nuit. Nécessité d'emprunter les voies de l'unique logos philosophique qui ne peut que renverser la « courbure de l'espace » au profit du même. D'un même qui n'est pas l'identique et qui ne renferme pas l'autre. C'est un Grec qui a dit : « S'il faut philosopher, il faut philosopher; s'il ne faut pas philosopher, il faut encore philosopher (pour le dire et le penser). Il faut toujours philosopher. » Levinas le sait mieux que d'autres : « On ne saurait refuser les Écritures sans savoir les lire, ni museler la philologie sans philosophie, ni arrêter, si besoin était, le discours philosophique, sans philosopher encore » (DL). « Il faut recourir — j'en suis convaincu — au médium de toute compréhension et de toute entente, où toute vérité se réfléchit — précisément à la civilisation grecque, à ce qu'elle engendra : au logos, au discours cohérent de la raison, à la vie dans un État raisonnable. C'est là le véritable terrain de toute entente » (DL). Un tel lieu de rencontre ne peut offrir seulement une hospitalité *de rencontre* à une pensée qui lui resterait étrangère. Encore moins le Grec peut-il s'absenter, ayant prêté sa maison et son langage, pendant que le Juif et le Chrétien se rencontrent chez lui (puisque c'est de cette rencontre

---

à *la métaphysique* critique au nom d'un *empirisme vrai* les doctrines empiristes, infidèles à l'expérience pure, et conclut : « *Cet empirisme vrai est la vraie métaphysique.* »

qu'il s'agit dans le texte que nous venons de citer). La Grèce n'est pas un territoire neutre, provisoire, hors frontière. L'histoire dans laquelle se produit le logos grec ne peut être l'accident heureux livrant un terrain d'entente à ceux qui entendent la prophétie eschatologique et à ceux qui ne l'entendent point. Elle ne peut être *dehors* et *accident* pour aucune pensée. Le miracle grec, ce n'est pas ceci ou cela, telle ou telle réussite étonnante; c'est l'impossibilité à jamais, pour aucune pensée, de traiter ses sages, suivant l'expression de saint Jean Chrysostome, comme des « sages du dehors ». En ayant proféré l'ἐπέκεινα τῆς οὐσίας, en ayant reconnu dès son deuxième mot (par exemple, dans *le Sophiste*) que l'altérité devait circuler à l'origine du sens, en accueillant l'altérité en général au cœur du logos, la pensée grecque de l'être s'est protégée à jamais contre toute convocation absolument *surprenante*.

Sommes-nous des Juifs? Sommes-nous des Grecs? Nous vivons dans la différence entre le Juif et le Grec, qui est peut-être l'unité de ce qu'on appelle l'histoire. Nous vivons dans et de la différence, c'est-à-dire dans l'*hypocrisie* dont Levinas dit si profondément qu'elle est « non seulement un vilain défaut contingent de l'homme, mais le déchirement profond d'un monde attaché à la fois aux philosophes et aux prophètes » (TI).

Sommes-nous des Grecs? Sommes-nous des Juifs? Mais qui, nous? Sommes-nous (question non chronologique, question pré-logique) *d'abord* des Juifs ou *d'abord* des Grecs? Et l'étrange dialogue entre le Juif et le Grec, la paix elle-même, a-t-il la forme de la logique spéculative absolue de Hegel, logique vivante *réconciliant* la tautologie formelle et l'hétérologie empirique[1] après

---

1. La différence pure n'est pas absolument différente (de la non-différence). La critique par Hegel du concept de différence pure est sans doute ici, pour nous, le thème le plus incontournable. Hegel a pensé la différence absolue et a montré qu'elle ne pouvait être pure qu'en étant impure. Dans la *Science de la Logique*, à propos de *La différence absolue*, Hegel écrit par exemple : « Cette différence est la différence en-soi-et-pour-soi, la différence absolue, la différence de l'Essence. C'est la différence en-soi-et-pour-soi non par l'effet d'une cause extérieure, mais une différence qui se rapporte à elle-même, donc une différence simple. Il importe essentiellement de voir dans la différence absolue, une différence simple... La différence en soi est la différence se rapportant à elle-même; aussi est-elle sa propre négativité, la différence, non par rapport à un *autre*, mais par rapport à elle-même.

avoir *pensé* le discours prophétique dans la Préface de la *Phénoménologie de l'esprit* ? Cette paix a-t-elle, au contraire, la forme de la séparation infinie et de la transcendance impensable, indicible, de l'autre ? A l'horizon de quelle paix appartient le langage qui pose cette question ? Où puise-t-il l'énergie de sa question ? Peut-il rendre compte de l'*accouplement* historique du judaïsme et de l'hellénisme ? Quelle est la légitimité, quel est le sens de la *copule* dans cette proposition du plus hegelien, peut-être, des romanciers modernes : « *Jewgreek is greekjew. Extremes meet* [1] » ?

Mais ce qui diffère de la différence est l'identité. La différence est donc à la fois elle-même et identité. Ce sont les deux réunies qui forment la différence; la différence est à la fois le tout et son propre moment. On peut dire avec autant de raison que la différence, en tant que simple, n'est pas une différence; ceci ne serait vrai que par rapport à l'identité; mais en tant que telle, la différence contient à la fois elle-même et ce rapport. La différence est le tout et son propre moment, de même que l'identité est le tout et son propre moment » (tr. T. 11, p. 38-39).

1. J. Joyce, *Ulysses*, p. 622. Mais Levinas n'aime pas Ulysse ni les ruses de ce héros trop hegelien, de cet homme du νόστος et du cercle fermé, dont l'aventure se résume toujours dans sa totalité. Il s'en prend souvent à lui (TI, DL). « Au mythe d'Ulysse retournant à Ithaque, nous voudrions opposer l'histoire d'Abraham quittant à jamais sa patrie pour une terre encore inconnue et interdisant à son serviteur de ramener même son fils à ce point de départ » (*la Trace de l'autre*). L'impossibilité du retour n'est sans doute pas ignorée par Heidegger : l'historicité originaire de l'être, l'originarité de la différence, l'errance irréductible interdisent le retour à l'être *lui-même* qui n'est rien. Levinas est donc ici du côté de Heidegger. En revanche, le thème du retour est-il si peu hébraïque ? En construisant Bloom et Stephen (saint Étienne, Juif-Hellène), Joyce s'intéressa beaucoup aux thèses de Victor Bérard qui faisait d'Ulysse un Sémite. Il est vrai que « *Jewgreek is greekjew* » est une proposition *neutre*, anonyme, au sens exécré par Levinas, inscrite sur le *couvre-chef* de Lynch. « Langage de personne » dirait Levinas. Elle est de plus attribuée à ce qu'on appelle a « logique féminine » : « *Woman's reason. Jewgreek is greekjew.* » Notons au passage, à ce sujet, que *Totalité et Infini* pousse le respect de la dissymétrie jusqu'au point où il nous paraît impossible, essentiellement impossible, qu'il ait été écrit par une femme. Le sujet philosophique en est l'homme [*vir*]. (Cf., par exemple, la *Phénoménologie de l'Eros* qui occupe une place si importante dans l'économie du livre.) Cette impossibilité principielle pour un livre d'avoir été écrit par une femme n'est-elle pas unique dans l'histoire de l'écriture métaphysique ? Levinas reconnaît ailleurs que la féminité est une « catégorie ontologique ». Faut-il mettre cette remarque en rapport avec la virilité essentielle du langage métaphysique ? Mais peut-être le désir métaphysique est-il essentiellement viril, même chez ce qu'on appelle la femme. C'est, semble-t-il, ce que Freud (qui aurait méconnu la sexualité comme « rapport avec ce qui est absolument autre » (TI)), pensait non du désir, certes, mais de la libido.

« GENÈSE ET STRUCTURE »
ET LA PHÉNOMÉNOLOGIE

Je dois commencer par une *précaution* et par un *aveu*. Quand,
pour s'approcher d'une philosophie, on est déjà armé non seulement d'une paire de concepts — ici, « structure et genèse » —
qu'une longue tradition problématique a souvent fixés ou sur-
chargés de réminiscences, mais aussi d'une grille spéculative où
apparaît déjà la figure classique d'un antagonisme, le débat opératoire qu'on s'apprête à instituer à l'intérieur ou à partir de cette
philosophie risque de ressembler moins à une écoute attentive
qu'à une mise à la question, c'est-à-dire à une enquête abusive
qui introduit préalablement ce qu'elle veut trouver et fait violence
à la physiologie propre d'une pensée. Sans doute le traitement
d'une philosophie où l'on introduit le corps étranger d'un débat
peut-il être efficace, livrer ou délivrer le sens d'un travail latent,
mais il commence par une agression et une infidélité. Il ne faudra
pas l'oublier.

Dans ce cas précis, c'est encore plus vrai que d'habitude.
Husserl a toujours marqué son aversion pour le débat, le dilemme,
l'aporie, c'est-à-dire par la réflexion sur le mode alternatif où le
philosophe, au terme d'une délibération, veut conclure, c'est-à-
dire fermer la question, clore l'attente ou le regard en une option,
une décision, une solution; ce qui procéderait d'une attitude
spéculative ou « dialectique », au sens que Husserl, du moins,
a toujours voulu prêter à ce mot. De cette attitude sont coupables
non seulement les métaphysiciens mais aussi, souvent à leur
insu, les tenants des sciences empiriques : les uns et les autres
seraient congénitalement coupables d'un certain péché d'explica-
tivisme. Le phénoménologue, au contraire, est le « vrai positiviste »
qui retourne aux choses mêmes et s'efface devant l'originalité

et l'originarité des significations. Le procès d'une compréhension ou d'une description fidèles, la continuité de l'explicitation dissipent le fantôme du choix. On pourrait donc dire, de façon toute préjudicielle, que, par son refus du système et de la clôture spéculative, Husserl est déjà, dans son style de pensée, plus attentif à l'historicité du sens, à la possiblité de son devenir, plus respectueux de ce qui, dans la structure, reste ouvert. Et quand même on en vient à penser que l'ouverture de la structure est « structurelle », c'est-à-dire essentielle, on est déjà passé à un ordre hétérogène au premier : la *différence* entre la structure mineure — nécessairement close — et la structuralité d'une ouverture, tel est peut-être le lieu insituable où la philosophie s'enracine. En particulier quand elle dit et décrit des structures. Ainsi, la présomption d'un conflit entre approche génétique et approche structurale paraît d'entrée de jeu surimposée à la spécificité de ce qui se donne à un regard vierge. Et si l'on avait exposé *ex abrupto* la question « structure *ou* genèse » à Husserl, je gage qu'il eût été très étonné de se voir convoqué à un tel débat; il aurait répondu que cela dépendait de quoi l'on entendait parler. Il y a des données qui doivent se décrire en termes de structure, d'autres en termes de genèse. Il y a des couches de signification qui apparaissent comme des systèmes, des complexes, des configurations statiques, à l'intérieur desquels, d'ailleurs, le mouvement et la genèse sont possibles qui devront obéir à la légalité propre et à la signification fonctionnelle de la structure considérée. D'autres couches, tantôt plus profondes, tantôt plus superficielles, se donnent sur le mode essentiel de la création et du mouvement, de l'origine inaugurale, du devenir ou de la tradition, ce qui requiert qu'on parle à leur sujet le langage de la genèse, à supposer qu'il y en ait un ou qu'il n'y en ait qu'un.

L'image de cette fidélité au thème de la description, nous la trouvons dans la fidélité, au moins apparente, de Husserl à lui-même tout au long de son itinéraire. Je prendrai, pour le montrer, deux exemples.

1. Le passage des recherches génétiques dans le seul livre dont Husserl ait renié la méthode ou certaines présuppositions psychologistes (je pense à *Philosophie der Arithmetik*) aux *Recherches logiques* en particulier, où il s'agissait surtout de décrire l'objectivité

des objectités idéales dans une certaine fixité intemporelle et dans leur autonomie au regard d'un certain devenir subjectif; ce passage a la continuité de l'explicitation, Husserl en est si sûr qu'il écrit près de quarante ans après [1] :

« La fixation de l'attention sur le formel, je l'ai acquise déjà grâce à ma *Philosophie de l'arithmétique* (1891) qui, quelque défaut de maturité qu'elle comportât en tant que premier écrit, représentait pourtant un premier essai pour obtenir la clarté sur le sens véritable, sur le sens authentique et originel des concepts de la théorie des ensembles et de la théorie des nombres, et cela en revenant aux activités spontanées de colligation et de numération dans lesquelles les collections (« totalités », « ensembles ») et les nombres sont donnés d'une manière originellement productrice. C'était donc, pour me servir de ma manière ultérieure de m'exprimer, une recherche relevant de la phénoménologie constitutive... » etc.

On objectera qu'ici la fidélité s'explique facilement puisqu'il s'agit de ressaisir dans la dimension de la « genèse transcendantale » une intention qui s'était d'abord attachée, plus « naïvement » mais avec une inquiétude sûre, à une genèse psychologique.

2. Mais on ne peut en dire autant du passage — à l'intérieur de la phénoménologie cette fois — des analyses structurales de constitution statique pratiquées dans *Ideen 1* (1913) aux analyses de constitution génétique qui suivirent et qui sont parfois très nouvelles dans leur contenu. Et pourtant ce passage est encore un simple progrès qui n'implique aucun « dépassement », comme on dit, encore moins une option et surtout pas de repentir. C'est l'approfondissement d'un travail qui laisse intact ce qui a été découvert, un travail de fouille où la mise au jour des fondations génétiques et de la productivité originaire non seulement n'ébranle ni ne ruine aucune des structures superficielles déjà exposées, mais encore fait apparaître à nouveau des formes eidétiques, des « apriori structuraux » — c'est l'expression de Husserl — de la genèse elle-même.

Ainsi, dans l'esprit de Husserl du moins, il n'y aurait jamais eu de problème « structure-genèse » mais seulement privilège de

---

1. *Logique formelle et logique transcendantale*, trad. S. Bachelard, p. 119.

l'un ou de l'autre de ces deux concepts opératoires, selon l'espace de description, le *quid* ou le *quomodo* des données. Dans cette phénoménologie où, à première vue et si l'on se laisse inspirer par des schémas traditionnels, les motifs de conflits ou de tensions paraissent nombreux (c'est une philosophie des essences toujours considérées dans leur objectivité, leur intangibilité, leur apriorité; mais c'est, dans le même geste, une philosophie de l'expérience, du devenir, du flux temporel du vécu qui est l'ultime référence; c'est aussi une philosophie dans laquelle la notion d' « expérience transcendantale » désigne le champ même de la réflexion, en un projet qui, aux yeux de Kant, par exemple, eût relevé de la tératologie), il n'y aurait donc aucun heurt, et la maîtrise du phénoménologue en son travail aurait assuré à Husserl une sérénité parfaite dans l'usage de deux concepts opératoires toujours complémentaires. La phénoménologie, dans la clarté de son intention, serait donc offusquée par notre question préalable.

Ces précautions prises quant au dessein de Husserl, je dois maintenant avouer le mien. Je voudrais en effet tenter de montrer :

1º que, en dessous de l'usage serein de ces concepts se tient un débat qui règle et rythme l'allure de la description, qui lui prête son « animation » et dont l'inachèvement, laissant en déséquilibre chaque grande étape de la phénoménologie, rend indéfiniment nécessaires une réduction et une explicitation nouvelles;

2º que ce débat, mettant en péril à chaque instant les principes mêmes de la méthode, paraît — je dis bien « paraît », car il s'agit ici d'une hypothèse qui, si elle ne se confirme pas, pourrait permettre au moins d'accuser les traits originaux de la tentative husserlienne — paraît donc contraindre Husserl à transgresser l'espace purement descriptif et la prétention transcendantale de sa recherche vers une métaphysique de l'histoire, où la structure solide d'un *Telos* lui permettrait de réapproprier, en l'essentialisant et en en prescrivant en quelque sorte l'horizon, une genèse sauvage qui devenait de plus en plus envahissante et qui semblait s'accommoder de moins en moins de l'apriorisme phénoménologique et de l'idéalisme transcendantal.

Je suivrai alternativement le fil d'un débat intérieur à la pensée de Husserl et celui d'un combat que Husserl, à deux reprises, a dû mener sur le flanc de son champ de recherches, je veux parler de deux polémiques qui l'ont opposé à ces philosophies de la structure que sont le *diltheyanisme* et le *gestaltisme*.

Husserl tente donc sans cesse de concilier l'exigence *structuraliste* qui conduit à la description compréhensive d'une totalité, d'une forme ou d'une fonction organisée selon une légalité interne et dans laquelle les éléments n'ont de sens que dans la solidarité de leur corrélation ou de leur opposition, avec l'exigence *génétiste*, c'est-à-dire la requête d'origine et du fondement de la structure. On pourrait montrer pourtant que le projet phénoménologique lui-même est issu d'un premier échec de cette tentative.

Dans *Philosophie der Arithmetik*, l'objectivité d'une structure, celle des nombres et des séries arithmétiques — et, corrélativement, celle de l'attitude arithmétique — est rapportée à la genèse concrète qui doit la rendre possible. L'intelligibilité et la normativité de cette structure universelle, Husserl refuse déjà et refusera toujours de les accepter comme la manne tombée d'un « lieu céleste [1] » ou comme une vérité éternelle créée par une raison infinie. S'efforcer vers l'origine subjective des objets et des valeurs arithmétiques, c'est ici redescendre vers la perception, vers les ensembles perceptifs, vers les pluralités et les totalités qui s'y offrent dans une organisation pré-mathématique. Par son style, ce retour à la perception et aux actes de colligation ou de numération cède à la tentation alors fréquente qu'on appelle, d'un nom bien vague, le « psychologisme [2] ». Mais sur plus d'un point, il marque ses distances et jamais il ne va jusqu'à tenir la constitution génétique *de fait* pour une *validation épistémologique*, ce qu'avaient

1. Cf. *Recherches logiques*, t. II, 1, § 31, p. 118, trad. Élie, Kelkel, Schérer.

2. Il s'agit, dit alors Husserl, « de préparer par une série de recherches psychologiques et logiques les fondements scientifiques sur lesquels on pourrait asseoir ultérieurement les mathématiques et la philosophie ». *Ph. der Ar.*, p. v. Dans les *Recherches logiques*, t. I, p. VIII, il écrira : J'étais parti de la conviction dominante que c'est de la psychologie que la logique de la science déductive, comme la logique en général, doit attendre son élucidation philosophique ». Et dans un article légèrement postérieur à *Ph. der Arith.*, Husserl affirme encore : « Je crois pouvoir prétendre qu'aucune théorie du jugement ne pourra s'accorder avec les faits si elle ne s'appuie sur une étude approfondie des rapports descriptifs et *génétiques* des intuitions et des représentations » (*Psychologische Studien zur elementaren Logik*).

tendance à faire Lipps, Wundt et quelques autres (il est vrai qu'à être lus attentivement et pour eux-mêmes, ils se révéleraient plus prudents et moins simplistes qu'on ne serait tenté de le croire d'après les critiques de Husserl).

L'originalité de Husserl se reconnaît à ce que : *a*) il distingue le nombre d'un concept, c'est-à-dire d'un *constructum,* d'un arte-factum psychologique; *b*) il souligne l'irréductibilité de la syn-thèse mathématique ou logique à *l'ordre* — aux deux sens de ce mot — de la temporalité psychologique; *c*) il appuie toute son analyse psychologique à la possibilité *déjà donnée* d'un *etwas überhaupt* objectif, que Frege critiquera sous l'appellation de *spectre exsangue,* mais qui désigne déjà la dimension intentionnelle [1] de l'objectivité, le rapport transcendantal à l'objet qu'aucune genèse psycholo-gique ne pourra instaurer mais seulement présupposer dans sa possibilité. Par conséquent, le respect du *sens* arithmétique, de son *idéalité* et de sa *normativité,* interdit déjà à Husserl toute déduc-tion psychologique du nombre au moment même où sa méthode déclarée et les tendances de l'époque auraient dû l'y pousser. Il reste que l'intentionnalité présupposée par le mouvement de la genèse est encore pensée par Husserl comme un *trait,* une *structure psychologique de la conscience,* comme le caractère et l'état d'une factualité. Or de l'intentionnalité d'une conscience de fait, le sens du nombre se passe fort bien. Ce sens, c'est-à-dire l'objecti-vité idéale et la normativité, c'est justement cette indépendance à l'égard de toute conscience de fait; et Husserl sera vite obligé de reconnaître la légitimité des critiques de Frege : l'essence du nombre relève autant de la psychologie que l'existence de la mer du Nord. D'autre part, ni l'unité ni le zéro ne peuvent être engendrés à partir d'une multiplicité d'actes positifs, de faits ou d'événements psychiques. Ce qui est vrai de l'unité arithmétique l'est aussi de l'unité de tout objet en général.

Si devant toutes ces difficultés pour rendre compte d'une structure de sens idéale à partir d'une genèse factuelle, Husserl renonce à la voie psychologiste [2], il n'en refuse pas moins la

<hr/>

1. La *Philosophie der Arithmetik* est dédiée à Brentano.
2. Évoquant la tentative de *Philosophie der Arithmetik,* Husserl note dans la préface des *Recherches logiques* (1re éd., p. VIII) : ... « Les recherches psychologiques tiennent... dans le premier tome [seul publié]... une très large place. Ce fondement psycholo-

conclusion logiciste à laquelle ses critiques voulaient l'acculer. Qu'il fût alors de style platonicien ou kantien, ce logicisme s'attachait surtout à l'autonomie de l'idéalité logique au regard de toute conscience en général ou de toute conscience concrète et non formelle. Husserl, lui, veut *maintenir* à la fois l'autonomie normative de l'idéalité logique ou mathématique au regard de toute conscience factuelle et sa dépendance originaire à l'égard d'une subjectivité *en général ; en général* mais *concrète*. Il lui fallait donc passer entre les deux écueils du structuralisme logiciste et du génétisme psychologiste (même sous la forme subtile et pernicieuse du « psychologisme transcendantal » attribué à Kant). Il lui fallait ouvrir une nouvelle direction de l'attention philosophique et laisser se découvrir une intentionnalité concrète, mais non empirique, une « expérience transcendantale » qui fût « constituante », c'est-à-dire *à la fois,* comme toute intentionnalité, productrice et révélatrice, active et passive. L'unité originaire, la racine commune de l'activité et de la passivité, telle est très tôt pour Husserl la possibilité même du sens. On ne cessera d'éprouver que cette racine commune est aussi celle de la structure *et* de la genèse et qu'elle est dogmatiquement présupposée par toutes les problématiques et toutes les dissociations *survenues* à leur sujet. L'accès à cette radicalité commune, c'est ce que Husserl tentera de ménager par les diverses « réductions » qui se présentent d'abord comme les neutralisations de la genèse psychologique et même de toute genèse factuelle en général. La première phase de la phénoménologie est, dans son style et dans ses objets, plus structuraliste parce qu'elle veut d'abord et surtout se garder du psychologisme et de l'historicisme. Mais ce n'est pas la description génétique *en général* qui est mise hors jeu, seulement celle qui emprunte ses schémas au causalisme et au naturalisme, celle qui s'appuie sur une science de « faits », donc sur un empirisme;

---

gique ne m'avait jamais paru suffire vraiment pour certains enchaînements. Là où il s'agissait de la question de l'origine des représentations mathématiques ou du façonnement, effectivement déterminé psychologiquement, des méthodes pratiques, les résultats de l'analyse psychologique me paraissaient clairs et riches en enseignements. Mais dès qu'on passait des enchaînements psychologiques de la pensée à l'unité logique du contenu de la pensée (c'est-à-dire à l'unité de la... théorie), aucune continuité ni clarté véritables n'apparaissaient » (trad. H. Élie).

donc, conclut Husserl, sur un relativisme impuissant à assurer sa propre vérité; donc sur un scepticisme. Le passage à l'attitude phénoménologique est donc rendu nécessaire par l'impuissance ou la fragilité philosophique du génétisme quand celui-ci, par un positivisme qui ne se comprend pas lui-même, croit pouvoir s'enfermer dans une « science-des-faits » *(Tatsachenwissenschaft)*, qu'elle soit science naturelle ou science de l'esprit. C'est le domaine de ces sciences que recouvre l'expression de « genèse mondaine ».

Tant que l'espace phénoménologique n'est pas découvert, tant que la description transcendantale n'est pas entreprise, le problème « structure-genèse » semble donc n'avoir aucun sens. Ni l'idée de structure qui isole les différentes sphères de signification objective dont elle respecte l'originalité statique, ni l'idée de genèse qui effectue des passages abusifs d'une région à l'autre ne paraissent propres à éclairer le problème du *fondement de l'objectivité*, qui est déjà celui de Husserl.

Cela pourrait paraître sans gravité : ne peut-on en effet imaginer une fécondité méthodologique de ces deux notions dans les domaines divers des sciences naturelles et humaines, dans la mesure où celles-ci, dans leur mouvement et dans leur moment propres, dans leur travail effectif, n'ont pas à répondre du sens et de la valeur de leur objectivité? Nullement. La mise en œuvre la plus naïve de la notion de genèse et surtout de la notion de structure suppose au moins une délimitation rigoureuse des régions naturelles et des domaines d'objectivité. Or cette délimitation préalable, cette élucidation du sens de chaque structure régionale ne peut relever que d'une critique phénoménologique. Celle-ci est toujours première *en droit* parce qu'elle seule peut répondre, avant toute enquête empirique et pour qu'une telle enquête soit possible, à des questions de ce type : qu'est-ce que la chose physique, qu'est-ce que la chose psychologique, qu'est-ce que la chose historique, etc., etc.? — questions dont la réponse était plus ou moins dogmatiquement impliquée par les techniques structurales ou génétiques.

N'oublions pas que si *Philosophie der Arithmetik* est contemporaine des tentatives psychogénétiques les plus ambitieuses, les plus systématiques et les plus optimistes, les premières œuvres phénoménologiques de Husserl se développent à peu près en même temps que les premiers projets structuralistes, ceux qui du moins déclarent la structure comme thème, car on n'aurait aucune peine à montrer qu'un certain structuralisme a toujours été le geste le plus spontané de la philosophie Or à ces premières philosophies de la structure, le diltheyanisme et le gestaltisme, Husserl adresse des objections identiques, dans leur principe, à celles qu'il avait dirigées contre le génétisme.

Le structuralisme de la *Weltanschauungsphilosophie* est, aux yeux de Husserl, un historicisme. Et malgré les protestations véhémentes de Dilthey, Husserl persistera à penser que, comme tout historicisme et en dépit de son originalité, il n'évite ni le relativisme, ni le scepticisme [1]. Car il résume la norme à une factualité historique, il finit par confondre, pour parler le langage de Leibniz et celui des *Recherches logiques* (I, 146-148), les *vérités de fait* et les *vérités de raison*. La vérité pure ou la prétention à la vérité pure sont manquées dans leur *sens,* dès qu'on tente, comme le fait Dilthey, d'en rendre compte à l'intérieur d'une totalité historique déterminée, c'est-à-dire d'une totalité de fait, d'une totalité finie dont toutes les manifestations et les productions culturelles sont structurellement solidaires, cohérentes, réglées par la même fonction, par la même unité finie d'une subjectivité totale. Ce sens de la vérité ou de la prétention à la vérité, c'est l'exigence d'une omni-temporalité et d'une universalité absolues, infinies, sans limites d'aucune sorte. L'Idée de la vérité, c'est-à-dire l'Idée de la philosophie ou de la science, est une Idée infinie, une Idée au sens kantien. Toute totalité, toute structure finie lui est inadéquate. Or l'Idée ou le projet qui animent et unifient toute struc-

---

1. Husserl écrit en effet : « Je ne comprends pas comment il [Dilthey] croit avoir obtenu, à partir de son analyse si instructive de la structure et de la typologie de la *Weltanschauung,* des raisons décisives contre le scepticisme » (*Philosophie comme science rigoureuse*). Naturellement, l'historicisme n'est condamné que dans la mesure où il est nécessairement lié à une histoire empirique, à une histoire comme *Tatsachenwissenschaft.* « L'histoire, la *science empirique* de l'esprit en génésie, écrit Husserl, est incapable avec ses propres moyens de décider dans un sens ou dans l'autre s'il y a lieu de distinguer la religion comme forme particulière de la culture, de la religion comme idée, c'est-à-dire comme religion valable; s'il faut distinguer de l'art comme forme de culture l'art valable, du droit historique le droit valable; et finalement s'il faut distinguer entre la philosophie dans le sens historique et la philosophie valable... » *ibid.*).

ture historique *déterminée,* toute *Weltanschauung,* sont *finis*[1] : à partir de la description structurale d'une *vision du monde,* on peut donc rendre compte de tout, sauf de l'ouverture infinie à la vérité, c'est-à-dire de la philosophie. C'est d'ailleurs toujours quelque chose comme une *ouverture* qui mettra en échec le dessein structuraliste. Ce que je ne peux jamais comprendre, dans une structure, c'est ce par quoi elle n'est pas close.

Si Husserl s'est acharné contre le diltheyanîsme[2], c'est qu'il s'agit là d'une tentative *séduisante,* d'une aberration tentante. Dilthey a en effet le mérite de s'élever contre la naturalisation positiviste de la vie de l'esprit. L'acte du « comprendre » qu'il oppose à l'explication et à l'objectivation doit être la voie première et la voie majeure des sciences de l'esprit. Husserl rend donc hommage à Dilthey et se montre très accueillant : 1° à l'idée d'un principe de « compréhension » ou de re-compréhension, de « re-vivre » *(Nachleben),* notions qu'il nous faut rapprocher à la fois de celle de l'*Einfühlung,* empruntée à Lipps et transformée par Husserl, et de celle de *Reaktivierung,* qui est le revivre actif de l'intention passée d'un *autre* esprit et le réveil d'une production de sens; il s'agit là de la possibilité même d'une science de l'esprit; — 2° à l'idée qu'il existe des structures totalitaires douées d'une unité de sens interne, des sortes d'organismes spirituels, des mondes culturels dont toutes les fonctions et manifestations sont solidaires et auxquels correspondent corrélativement des *Weltanschauungen;* — 3° à la distinction entre les structures physiques, où le principe de la relation est la causalité externe, et les structures de l'esprit, où le principe de relation est ce que Husserl appellera la « motivation ».

Mais ce renouvellement n'est pas fondamental et ne fait qu'aggraver la menace historiciste. L'histoire ne cesse pas d'être science empirique des « faits » parce qu'elle a réformé ses méthodes et ses techniques et parce qu'à un causalisme, à un atomisme, à un naturalisme, elle a substitué un structuralisme compréhensif et s'est rendue plus attentive aux totalités culturelles. Sa prétention à fonder la normativité sur une factualité mieux comprise

1. Cf. *Philosophie comme science rigoureuse,* trad. Q. Lauer, p. 113.
2. La polémique se poursuivra au-delà de *Philosophie comme science rigoureuse.* Cf. *Phänomenologische Psychologie. Vorlesungen Sommersemester* 1925.

ne devient pas plus légitime, elle ne fait qu'accroître ses puissances
de séduction philosophique. Sous la catégorie équivoque de
l'historique s'abrite la confusion de la valeur et de l'existence;
de façon plus générale encore, celle de tous les types de réalités
et de tous les types d'idéalités [1]. Il faut donc reconduire, réduire
la théorie de la *Weltanschauung* aux limites strictes de son propre
domaine; ses contours sont dessinés par une certaine *différence*
entre la sagesse et le savoir; et par une prévention, une précipitation éthiques. Cette irréductible différence tient à une interminable *différance* du fondement théorique. Les urgences de la vie
exigent qu'une réponse pratique s'organise sur le champ de l'existence historique et aille au-devant d'une science absolue dont
elle ne peut attendre les conclusions. Le système de cette anticipation, la structure de cette réponse arrachée, c'est ce que Husserl
appelle *Weltanschauung*. On pourrait dire, avec quelques précautions, qu'il lui reconnaît la situation et le sens d'une « morale
provisoire [2] », qu'elle soit personnelle ou communautaire.

Jusqu'ici, nous nous sommes intéressés au problème « structure-
genèse » qui s'est imposé d'abord à Husserl hors des frontières
de la phénoménologie. C'est la radicalisation des présupposés de
la psychologie et de l'histoire qui a rendu nécessaire le passage

---

1. Évoquant le sentiment de puissance que peut assurer le relativisme historique,
Husserl écrit : « Nous insistons sur le fait qu'aussi les principes de telles évaluations
relatives appartiennent à la sphère idéale, que l'historien qui fait des jugements de
valeur, qui ne veut pas comprendre uniquement de purs développements [ici, de
faits], ne peut que présupposer mais ne peut pas — comme historien — assurer les
fondements. La norme du mathématique se trouve dans la mathématique; celle du
logique dans la logique, celle de l'éthique dans l'éthique, etc. » *La Philosophie comme
science rigoureuse*, trad. Lauer, p. 105.

2. ... « La sagesse ou *Weltanschauung* appartient à la communauté culturelle et à
l'époque et il y a en relation avec ses formes les plus prononcées, un sens juste dans
lequel on parle non seulement de la culture et de la *Weltanschauung* d'un individu
déterminé, mais de celles de l'époque... » C'est cette sagesse, poursuit Husserl, qui
donne « la réponse relativement la plus parfaite aux énigmes de la vie et du monde,
c'est-à-dire qu'elle mène à une solution et à une clarification satisfaisante, de la meilleure manière possible, des désaccords théoriques, axiologiques et pratiques de la vie,
que l'expérience, la sagesse, la pure vue du monde et de la vie ne peuvent surmonter
qu'imparfaitement... Dans l'urgence de la vie, dans la nécessité pratique de prendre
position, l'homme ne pouvait attendre jusqu'à ce que — peut-être dans des millé-
naires — la science soit là, en supposant même qu'il connaisse déjà, après tout, l'idée
de science rigoureuse » *Ibid.*, trad. Lauer.

à l'attitude phénoménologique. Tentons maintenant de surprendre le même problème dans le champ de la phénoménologie, en tenant compte des prémisses méthodologiques de Husserl et notamment de la « réduction » sous ses formes eidétique et transcendantale. A vrai dire, il ne peut s'agir, nous le verrons, du *même* problème; seulement d'un problème analogue, Husserl dirait « parallèle », et le sens de cette notion de « parallélisme » que nous effleurerons tout à l'heure ne pose pas les problèmes les moins difficiles.

Si la première phase de la description phénoménologique et des « analyses constitutives » (phase dont *Ideen 1* est la trace la plus élaborée) est, dans son dessein, résolument statique et structurelle, c'est, semble-t-il, au moins pour deux raisons. A) En réaction contre le génétisme historiciste ou psychologiste avec lequel il continue à rompre des lances, Husserl exclut systématiquement *toute* préoccupation génétique[1]. L'attitude contre laquelle il s'élève ainsi a peut-être contaminé et déterminé indirectement la sienne : tout se passe comme s'il considérait alors *toute* genèse comme associative, causale, factuelle et mondaine. B) Soucieux avant tout d'ontologie formelle et d'objectivité en général, Husserl s'attache surtout à l'articulation entre l'objet en général (quelle qu'en soit l'appartenance régionale) et la conscience en général *(Ur-Region)*, il définit les formes de l'évidence en général et veut atteindre ainsi l'ultime juridiction critique et phénoménologique à laquelle sera plus tard soumise la description génétique la plus ambitieuse.

S'il distingue donc entre structure empirique et structure eidétique d'une part, entre structure empirique et structure eidético-transcendantale d'autre part, Husserl n'a pas encore, à cette époque, fait le même geste en ce qui concerne la genèse.

A l'intérieur de la transcendantalité pure de la conscience, lors de cette phase de description, notre problème prendrait au moins — puisqu'il nous faut choisir — deux formes. Et dans les deux cas, il s'agit d'un problème de *clôture* ou d'*ouverture*.

1. A la différence des essences mathématiques, les essences de la conscience pure ne sont pas, ne peuvent par principe être

1. Cf. notamment *Ideen* I, I, § 1, n.a.

exactes. On connaît la différence reconnue par Husserl entre *exactitude* et *rigueur*. Une science eidétique descriptive, telle la phénoménologie, peut être rigoureuse mais elle est nécessairement inexacte — je dirais plutôt « anexacte » — et il n'y faut voir aucune infirmité. L'exactitude est toujours le produit dérivé d'une opération d'« idéalisation » et de « passage à la limite » qui ne peut concerner qu'un moment abstrait, une composante eidétique *abstraite* (la spatialité, par exemple) d'une chose matériellement déterminée comme corps objectif, abstraction faite, précisément, des autres composantes eidétiques d'un corps en général. C'est pourquoi la géométrie est une science « matérielle » et « abstraite [1] ». Il s'ensuit qu'une « géométrie du vécu », une « mathématique des phénomènes » est impossible : c'est un « fallacieux projet [2] ». Cela signifie en particulier, pour ce qui nous intéresse ici, que les essences de la conscience, donc les essences des « phénomènes » en général ne peuvent appartenir à une structure et à une « multiplicité » de type mathématique. Or qu'est-ce qui caractérise une telle multiplicité aux yeux de Husserl, et à cette époque ? En un mot, la possibilité de la *clôture* [3]. Nous ne pouvons pas entrer ici dans les difficultés intra-mathématiques que n'a cessé de soulever cette conception husserlienne de la « définitude » mathématique, surtout lorsqu'elle fut confrontée à certains développements ultérieurs de l'axiomatique et aux

---

1. Cf. *Ideen* I, 9, p. 37 et § 25, p. 80, trad. P. Ricœur.

2. *Ibid.*, § 71, p. 228.

3. « A l'aide des axiomes, c'est-à-dire des lois eidétiques primitives, elle [la géométrie] est en mesure de dériver par voie purement déductive *toutes* les formes « existant » (*existierenden*) dans l'espace, c'est-à-dire toutes les formes spatiales idéalement possibles et toutes les relations eidétiques qui les concernent, sous forme de concepts qui déterminent exactement leur objet... L'essence générique du domaine géométrique, ou l'essence pure de l'espace est de telle nature que la géométrie peut être certaine de pouvoir, en vertu de sa méthode, maîtriser véritablement et avec exactitude toutes les possibilités. En d'autres termes la multiplicité des configurations spatiales en général a une propriété logique fondamentale remarquable pour laquelle nous introduisons le terme de multiplicité « définie » *(definite)* ou de *multiplicité mathématique au sens fort*. Ce qui la caractérise, c'est qu'*un nombre fini de concepts et de propositions... détermine totalement et sans équivoque l'ensemble de toutes les configurations possibles du domaine ; cette détermination réalise le type de la nécessité purement analytique ;* il en résulte que *par principe il ne reste plus rien d'ouvert* (offen) *dans ce domaine* » (*Ibid.*, § 72, p. 231-232).

découvertes de Gödel. Ce que Husserl veut souligner par cette comparaison entre science exacte et science morphologique, ce que nous devons retenir ici, c'est la principielle, l'essentielle, la structurelle impossibilité de clore une phénoménologie structurale. C'est l'ouverture infinie du vécu, signifiée en plusieurs moments de l'analyse husserlienne par la référence à une *Idée au sens kantien,* irruption de l'infini auprès de la conscience, qui permet d'en unifier le flux temporel comme elle unifie l'objet et le monde, par anticipation et malgré un irréductible inachèvement. C'est l'étrange *présence* de cette Idée qui permet aussi tout passage à la limite et la production de toute exactitude.

2. L'intentionnalité transcendantale est décrite dans *Ideen 1* comme une structure originaire, une archi-structure *(Ur-Struktur)* à quatre pôles et deux corrélations : la corrélation ou structure noético-noématique et la corrélation ou structure morphè-hylétique. Que cette structure complexe soit celle de l'intentionnalité, c'est-à-dire celle de l'origine du sens, de l'ouverture à la lumière de la phénoménalité, que l'occlusion de cette structure soit le non-sens même, cela se marque au moins à deux signes : A) La noèse et le noème, moments intentionnels de la structure, se distinguent en ceci que le noème n'appartient pas *réellement* à la conscience. Il y a *dans* la conscience en général une instance qui *ne* lui appartient *pas réellement.* C'est le thème difficile mais décisif de l'inclusion non-réelle *(reell)* du noème [1]. Celui-ci, qui est l'objectivité de l'objet, le sens et le « comme tel » de la chose pour la conscience n'est ni la chose déterminée elle-même, dans son existence sauvage dont le noème est justement l'apparaître, ni un moment proprement subjectif, « réellement » subjectif puisqu'il se donne indubitablement comme objet pour la conscience. Il n'est ni du monde ni de la conscience, mais le monde ou quelque chose du monde *pour* la conscience. Sans doute ne peut-il être découvert, en droit, qu'à partir de la conscience intentionnelle mais il ne lui emprunte pas ce qu'on pourrait appeler métaphoriquement, en évitant de réaliser la conscience, son « étoffe ». Cette non-appartenance réelle à quelque région que ce soit, fût-ce à l'archi-région, cette *anarchie* du noème est

_____

1. Cf. *Ideen I,* notamment 3⁰ section, chap. III et IV.

la racine et la possibilité même de l'objectivité et du sens. Cette irrégionalité du noème, ouverture au « comme tel » de l'être et à la détermination de la totalité des régions en général, ne peut être décrite, *stricto sensu et simplement,* à partir d'une structure régionale déterminée. C'est pourquoi la réduction transcendantale (dans la mesure où elle doit rester réduction eidétique pour savoir de quoi on continuera à parler et pour éviter l'idéalisme empirique ou l'idéalisme absolu) pourrait paraître dissimulatrice puisqu'elle donne encore accès à une région déterminée, quel que soit son privilège fondateur. On pourrait penser que, la non-réellité du noème une fois clairement reconnue, il eût été conséquent de convertir toute la méthode phénoménologique et d'abandonner, avec la Réduction, le tout de l'idéalisme transcendantal. Mais n'était-ce pas alors se condamner au silence — ce qui est d'ailleurs toujours possible — et en tous cas renoncer à une rigueur que seule la *limitation* eidétique-transcendantale, et un certain « régionalisme » peuvent assurer ? En tous cas, la transcendantalité de l'ouverture est à la fois l'origine et la défaite, la condition de possibilité et une certaine impossibilité de toute structure et de tout structuralisme systématique. — B) Alors que le noème est une composante intentionnelle et non-réelle, la hylè est une composante réelle mais non-intentionnelle du vécu. Elle est la matière sensible (vécue et non réale) de l'affect avant toute animation par la forme intentionnelle. C'est le pôle de passivité pure, de cette non-intentionnalité sans laquelle la conscience ne recevrait rien qui lui fût *autre* et ne pourrait exercer son activité intentionnelle. Cette réceptivité est aussi une ouverture essentielle. Si, au niveau où se tient *Ideen 1*, Husserl renonce à décrire et à interroger la hylè pour elle-même et dans sa génialité pure, s'il renonce à examiner les possibilités intitulées *matières sans forme et formes sans matière*[1], s'il s'en tient à la corrélation hylè-morphique constituée, c'est que ses analyses se déroulent encore (et ne le feront-elles pas toujours d'une certaine façon ?) à l'intérieur d'une temporalité constituée[2]. Or dans sa plus grande

1. *Ibid.,* § 85, p. 290.
2. Dans le paragraphe consacré à la *hylè* et à la *morphè,* Husserl écrit notamment : « Au niveau de considération auquel nous nous limitons jusqu'à nouvel ordre, et qui nous dispense de descendre dans les profondeurs obscures de l'ultime conscience qui

profondeur et dans sa pure spécificité, la hylè est d'abord matière temporelle. Elle est la possibilité de la genèse elle-même. Ainsi apparaîtrait, en ces deux pôles d'ouverture et à l'intérieur même de la structure transcendantale de toute conscience, la nécessité de passer à une constitution génétique et à cette nouvelle « esthétique transcendantale » qui sera sans cesse annoncée mais toujours différée, et dans laquelle les thèmes de l'Autre et du Temps devaient laisser apparaître leur irréductible complicité. C'est que la constitution de l'autre et du temps renvoient la phénoménologie à une zone dans laquelle son « principe des principes » (selon nous son principe *métaphysique* : *l'évidence originaire* et la *présence* de la chose elle-même en personne) est radicalement mis en question. En tous cas, on le voit, la nécessité de ce passage du structural au génétique n'est rien moins que la nécessité d'une rupture ou d'une conversion.

Avant de suivre ce mouvement intérieur à la phénoménologie et le passage aux analyses génétiques, arrêtons-nous un instant à un deuxième problème de frontière.

Tous les schémas problématiques que nous venons de signaler

---

constitue toute temporalité du vécu... » (*Ibid.*, p. 288). Plus loin : « En tous cas, dans l'ensemble du domaine phénoménologique (dans l'ensemble : c'est-à-dire *à l'intérieur du plan de la temporalité constituée* qu'il faut constamment conserver), cette dualité et cette unité remarquables de la ὕλη sensuelle et de la μορφή intentionnelle jouent un rôle dominant » (p. 289). Un peu auparavant, après avoir comparé la dimension spatiale et la dimension temporelle de la *hylè*, Husserl annonce ainsi, en les justifiant, les limites de la description statique et la nécessité de passer ensuite à la description génétique : « Le temps, comme le montreront les études ultérieures, est d'ailleurs un titre qui couvre tout un ensemble de problèmes parfaitement délimités et d'une difficulté exceptionnelle. Il apparaîtra que nos analyses antérieures ont jusqu'à un certain point passé sous silence toute une dimension de la conscience; elle a été obligée de le faire, afin de protéger contre toute confusion les aspects qui d'abord ne sont visibles que dans l'attitude phénoménologique... L' « absolu » transcendantal que nous nous sommes ménagé par les diverses réductions, n'est pas en vérité le dernier mot; c'est quelque chose *(etwas)* qui, en un certain sens profond et absolument unique, se constitue soi-même, et qui prend sa source radicale *(Urquelle)* dans un absolu définitif et véritable » (p. 274-275). Cette limitation sera-t-elle jamais levée dans les œuvres élaborées ? On rencontre des réserves de ce type dans tous les grands livres ultérieurs, en particulier dans *Erfahrung und Urteil* (p. 72, 116, 194, etc.) et chaque fois qu'il annonce une « esthétique transcendantale » (Conclusion de « *Logique formelle et logique transcendantale* », § 61 des *Méditations cartésiennes*.)

appartiennent à la sphère transcendantale. Mais est-ce qu'une psychologie renouvelée sous la double influence de la phénoménologie et de la *Gestaltpsychologie* [1], et prenant ses ·distances à l'égard de l'associationnisme, de l'atomisme, du causalisme, etc., ne pourrait pas prétendre assumer seule une telle description et de tels schémas problématiques ? En un mot, est-ce qu'une psychologie structuraliste, si elle prétend à l'indépendance à l'égard d'une phénoménologie transcendantale, sinon d'une psychologie phénoménologique, peut se rendre invulnérable au reproche de psychologisme adressé naguère à la psychologie classique ? Il était d'autant plus tentant de le croire que Husserl lui-même a prescrit la constitution d'une psychologie phénoménologique, apriorique, sans doute, mais mondaine (en ce qu'elle ne peut exclure la position de cette chose du monde qu'est la *psychè*) et strictement *parallèle* à la phénoménologie transcendantale. Or le franchissement de cette invisible différence qui sépare des parallèles n'est pas innocent : il est le geste le plus subtil et le plus ambitieux de l'abus psychologiste. C'est là le principe des critiques que Husserl, dans son *Nachwort* aux *Ideen 1* (1930), adresse aux psychologies de la structure ou de la totalité. La *Gestaltpsychologie* est expressément visée [2]. Il ne suffit pas d'échapper à l'atomisme pour éviter le « naturalisme ». Pour éclaircir la *distance* qui doit séparer une psychologie phénoménologique d'une phénoménologie transcendantale, il faudrait interroger sur ce

---

1. C'est notamment la tentative de Köhler pour qui la psychologie doit se livrer à une « description phénoménologique », et de Koffka, disciple de Husserl, qui, dans ses *Principles of Gestalt Psychology*, veut montrer que par son structuralisme, la « psychologie de la forme » échappe à la critique du psychologisme.

La conjonction de la phénoménologie et de la « psychologie de la forme » était aisément prévisible. Non pas au moment où Husserl aurait eu, comme le suggère M. Merleau-Ponty (*Phénoménologie de la perception*, p. 62, n. 1), à « reprendre » dans la *Krisis* « la notion de « configuration » et même de *Gestalt* », mais au contraire parce que Husserl a toujours prétendu, avec quelque apparence de raison, avoir prêté à la Gestalt-psychologie ses propres concepts, en particulier celui de « motivation » (cf. *Ideen I*, § 47, p. 157, n.a. et *Méditations cartésiennes*, § 37, trad. Levinas, p. 63) qui serait apparu dès les *Recherches logiques*, et celui de totalité organisée, de pluralité unifiée, déjà présent dans *Philosophie der Arithmetik* (1887-1891). Sur toutes ces questions, nous renvoyons à l'important ouvrage de A. Gurwitsch, *Théorie du champ de la conscience* (trad. M. Butor).

2. P. 564 et suiv.

rien qui les empêche de se rejoindre, sur cette parallélité qui libère l'espace d'une question transcendantale. Ce *rien* est ce qui permet la réduction transcendantale. La réduction transcendantale est ce qui convertit notre attention vers ce *rien* où la totalité du sens et le sens de la totalité laissent apparaître leur origine. C'est-à-dire, selon l'expression de Fink, l'*origine du monde*.

Il faudrait maintenant nous approcher, si nous en avions ici le temps et les moyens, des gigantesques problèmes de la phéno-ménologie génétique, telle qu'elle se développe après *Ideen 1*. Je noterai simplement les points suivants.

L'unité profonde de cette description génétique se diffracte, sans se disperser, selon *trois directions*.

A) La voie *logique*. La tâche de *Erfahrung und Urteil*, de *Logique formelle et logique transcendantale* et de nombreux textes connexes, est de défaire, de « réduire » non seulement les superstructures des idéalisations scientifiques et les valeurs d'exactitude objective mais aussi toute sédimentation prédicative appartenant à la couche culturelle des vérités subjectives-relatives dans la *Lebenswelt*. Cela afin de ressaisir et de « réactiver » le surgissement de la prédi-cation en général — théorétique ou pratique — à partir de la vie pré-culturelle la plus sauvage.

B) La voie *égologique*. En un sens, elle est déjà sous-jacente à la précédente. D'abord parce que, de la façon la plus générale, la phénoménologie ne peut et ne doit jamais décrire que des modifications intentionnelles de l'*eidos ego* en général [1]. Ensuite parce que la généalogie de la logique se tenait dans la sphère des *cogitata* et les actes de l'*ego*, comme son existence et sa *vie* propres, n'étaient lus qu'à partir des signes et des résultats noématiques. Maintenant, comme il est dit dans les *Méditations cartésiennes*, il s'agit de redescendre en deçà, si je puis dire, du couple *cogito-cogitatum* pour ressaisir la genèse de l'*ego lui-même*, existant pour soi et « se constituant continuellement lui-même comme exis-

1. « Puisque l'*ego* monadique concret contient l'ensemble de la vie consciente, réelle et potentielle, il est clair que le *problème de l'explication phénoménologique de cet ego mona-dique* (le problème de sa constitution pour lui-même) *doit embrasser tous les problèmes constitutifs en général*. Et, en fin de compte, la phénoménologie de cette constitution de soi pour soi-même coïncide avec la *phénoménologie en général* » (*M.C.*, § 33, trad. Lévinas, p. 58).

tant [1] ». Outre les délicats problèmes de *passivité et d'activité*, cette description génétique de l'*ego* rencontrera des *limites* que nous serions tentés de juger définitives mais que Husserl considère, bien entendu, comme provisoires. Elles tiennent, dit-il, à ce que la phénoménologie n'en est qu'à ses commencements [2]. La description génétique de l'*ego* prescrit en effet à chaque instant la tâche formidable d'une phénoménologie génétique *universelle*. Celle-ci s'annonce dans la troisième voie.

C) La voie *historico-téléologique*. « La téléologie de la raison traverse de part en part toute l'historicité [3]. » et en particulier « l'unité de l'histoire de l'*ego* [4] ». Cette troisième voie, qui devra donner accès à l'*eidos* de l'historicité en général (c'est-à-dire à son *telos* car l'*eidos* d'une historicité, donc du mouvement du

1. « Mais nous devons maintenant attirer l'attention sur une grande lacune de notre exposition. L'*ego* existe *pour-lui-même* ; il est pour lui-même avec une évidence continue et par conséquent il se *constitue continuellement lui-même comme existant*. Mais nous n'avons jusqu'à présent touché qu'à un seul côté de cette constitution de soi-même ; nous n'avons dirigé notre regard que sur le *courant du cogito*. L'*ego* ne se saisit pas soi-même uniquement comme courant de vie, mais comme *moi*, moi qui vit ceci ou cela, moi *identique*, qui vit tel ou tel autre *cogito*. Nous nous sommes occupés jusqu'à présent uniquement du rapport intentionnel entre la conscience et son objet, entre le *cogito* et le *cogitatum*..., etc. » p.(56).

2. « Il est très difficile d'atteindre et d'accéder à la dernière généralité des problèmes phénoménologiques eidétiques, et, par là même, aux problèmes génétiques ultimes. Le phénoménologue débutant se trouve involontairement lié par le fait qu'il a pris son point de départ en lui-même. Dans l'analyse transcendantale, il se trouve en tant qu'*ego* et puis en tant qu'*ego* en général ; mais ces *ego* ont déjà la conscience d'un monde, *d'un type ontologique qui nous est familier*, contenant une nature, une culture (sciences, beaux-arts, techniques, etc.), des personnalités d'un ordre supérieur (État, Église), etc. La phénoménologie élaborée en premier lieu est *statique*, ses descriptions sont analogues à celles de l'histoire naturelle qui étudie les types particuliers et, tout au plus, les ordonne d'une façon systématique. On est encore loin des problèmes de la genèse universelle et de la structure génétique de l'*ego* dépassant la simple forme du temps ; en effet ce sont là des questions d'un ordre supérieur. Mais même lorsque nous les posons, nous ne le faisons pas en toute liberté. En effet, l'analyse essentielle s'en tiendra tout d'abord à l'*ego*, mais ne trouve qu'un *ego* pour lequel un monde constitué existe d'ores et déjà. C'est là une étape nécessaire à partir de laquelle seulement — en dégageant les formes des lois génétiques qui lui sont inhérentes, — on peut apercevoir les possibilités d'une *phénoménologie eidétique* absolument universelle » (p. 64-65).

3. *Krisis* (Beilage III, p. 386).

4. *M.C.*, p. 64, § 37.

sens, mouvement nécessairement rationnel et spirituel, ne peut être qu'une norme, une valeur plus qu'une essence), cette troisième voie n'est pas une voie parmi d'autres. L'eidétique de l'histoire n'est pas une éidétique parmi d'autres : elle embrasse la totalité des étants. En effet l'irruption du *logos,* l'avènement à la conscience humaine de l'Idée d'une tâche infinie de la raison ne se produit pas seulement par séries de révolutions qui sont en même temps des conversions à soi, les déchirures d'une finitude antérieure dénudant une puissance d'infinité cachée et rendant sa voix à la δύναμις d'un silence. Ces ruptures qui sont en même temps des dévoilements (et aussi des recouvrements car l'origine se dissimule immédiatement sous le nouveau domaine d'objectivité découvert ou produit), ces ruptures *s'annoncent toujours déjà,* reconnaît Husserl, « dans la confusion et dans la nuit », c'est-à-dire non seulement dans les formes les plus élémentaires de la vie et de l'histoire humaine, mais de proche en proche dans l'animalité et dans la nature en général. Comment une telle affirmation, rendue nécessaire *par* et *dans* la phénoménologie elle-même, peut-elle y être totalement assurée? Car elle ne concerne plus seulement des phénomènes et des évidences vécues. Qu'elle ne puisse *s'annoncer* rigoureusement que dans l'élément d'une phénoménologie, cela l'empêche-t-il d'être déjà - ou encore - assertion métaphysique, affirmation d'une métaphysique s'articulant sur un discours phénoménologique? Ce sont des questions que je me contente ici de poser.

La raison se dévoile donc elle-même. La raison, dit Husserl, est le *logos* qui se produit dans l'histoire. Il traverse l'être en vue de soi, en vue de s'apparaître à lui-même, c'est-à-dire, comme *logos,* de se dire et de s'entendre lui-même. Il est la parole comme auto-affection : le s'entendre-parler. Il sort de soi pour se reprendre en soi, dans le « présent vivant » de sa présence à soi. Sortant de lui-même, le s'entendre-parler se constitue en histoire de la raison par le détour d'une *écriture. Il se diffère ainsi pour se réapproprier. L'origine de la géométrie* décrit la nécessité de cette exposition de la raison dans l'inscription mondaine. Exposition indispensable à la constitution de la vérité et de l'idéalité des objets mais aussi menace du sens par le dehors du signe. Dans le moment de l'écriture, le signe peut toujours se « vider », se dérober au réveil, à la « réactivation », il peut rester à jamais clos et muet.

Comme pour Cournot, l'écriture est ici « l'époque critique ».

Il faut ici se rendre bien attentif au fait que ce langage n'est pas *immédiatement* spéculatif et métaphysique, comme certaines phrases consonantes de Hegel semblaient l'être pour Husserl, à tort ou à raison. Car ce *logos* qui s'appelle et s'interpelle lui-même comme *telos* et dont la δύναμις tend vers son ἐνέργεια ou son ἐντελέχεια, ce *logos* ne se produit pas *dans* l'histoire et ne traverse pas l'être comme une empiricité étrangère en laquelle sa transcendance métaphysique et l'actualité de son essence infinie descendraient et condescendraient. Le *logos n'est rien* hors de l'histoire et de l'être puisqu'il est discours, discursivité infinie et non infinité actuelle; et puisqu'il est sens. Or l'irréalité ou l'idéalité du sens a été découverte par la phénoménologie comme ses propres prémisses. Inversement, aucune histoire comme tradition de soi et aucun être n'auraient de sens sans le *logos* qui est *le* sens se projetant et se proférant lui-même. Malgré toutes ces notions classiques, il n'y a donc aucune *abdication* de soi par la phénoménologie au bénéfice d'une spéculation métaphysique classique qui au contraire, selon Husserl, devrait reconnaître dans la phénoménologie l'énergie claire de ses propres intentions. Ce qui revient à dire qu'en critiquant la métaphysique classique, la phénoménologie accomplit le projet le plus profond de la métaphysique. Husserl le reconnaît ou plutôt le revendique lui-même, en particulier dans les *Méditations cartésiennes*. Les résultats de la phénoménologie sont « métaphysiques, s'il est vrai que la connaissance ultime de l'être doit être appelée métaphysique. Mais ils ne sont rien moins que de la métaphysique au sens habituel du terme; cette métaphysique, dégénérée au cours de son histoire, n'est pas du tout conforme à l'esprit dans lequel elle a été originellement fondée en tant que « philosophique première ». ... « la phénoménologie... n'élimine que la métaphysique naïve... mais elle n'exclut pas la métaphysique en général » (§ 60 et 64). Car à l'intérieur de l'*eidos* le plus universel de l'historicité spirituelle, la conversion de la philosophie en phénoménologie serait le dernier stade de différenciation (stade, c'est-à-dire *Stufe,* étage structurel ou étape génétique) [1]. Les deux stades antérieurs seraient

1. Ces expressions du dernier Husserl s'ordonnent comme dans la métaphysique aristotélicienne où l'*eidos*, le *logos* et le *telos* déterminent le passage de la puissance à

d'abord celui d'une culture pré-théorétique, puis celui du projet théorétique ou philosophique (moment gréco-européen) [1].

La présence à la conscience phénoménologique du *Telos* ou *Vorhaben,* anticipation théorétique infinie se donnant simultanément comme tâche pratique infinie, est indiquée chaque fois que Husserl parle de l'*Idée au sens kantien.* Celle-ci se donne dans l'évidence phénoménologique comme évidence d'un débordement essentiel de l'évidence actuelle et adéquate. Il faudrait donc examiner de près cette intervention de l'Idée au sens kantien en divers points de l'itinéraire husserlien. Il apparaîtrait peut-être alors que cette Idée est l'Idée ou le projet même de la phénoménologie, ce qui la rend possible en débordant son système d'évidences ou de déterminations actuelles, en le débordant comme sa source ou sa fin.

Le *Telos* étant totalement ouvert, étant l'ouverture même, dire qu'il est le plus puissant *apriori* structural de l'historicité, ce n'est pas le désigner comme une valeur statique et déterminée qui informerait et enfermerait la genèse de l'être et du sens. Il est la possibilité concrète, la naissance même de l'histoire et le sens du devenir en général. Il est donc structurellement la genèse elle-même, comme origine et comme devenir.

Tous ces développements ont été possibles grâce à la distinction initiale entre différents types irréductibles de la genèse et de la structure : genèse mondaine et genèse transcendantale, structure empirique, structure eidétique et structure transcendantale. Se poser la question historico-sémantique suivante : « Que veut dire, qu'a toujours voulu dire la notion de genèse *en général* à partir de laquelle la diffraction husserlienne a pu surgir

l'acte. Certes, comme le nom de Dieu que Husserl appelle aussi Entéléchie, ces notions sont affectées d'un indice transcendantal et leur vertu métaphysique est neutralisée par des guillemets phénoménologiques. Mais bien sûr, la possibilité de cette neutralisation, de sa pureté, de ses conditions ou de son « immotivation », ne cessera jamais d'être problématique. Elle n'a d'ailleurs jamais cessé de l'être pour Husserl lui-même, comme la possibilité de la réduction transcendantale elle-même. Celle-ci garde une affinité essentielle avec la métaphysique.

1. Cf. *Krisis,* p. 502-503.

et être entendue ? que veut dire et qu'a toujours voulu dire, à travers ses déplacements, la notion de structure *en général* à partir de laquelle Husserl *opère* et opère des distinctions entre les dimensions empirique, eidétique et transcendantale ? Et quel est le rapport historico-sémantique entre la genèse et la structure *en général* ? », ce n'est pas poser simplement une question linguistique préalable. C'est poser la question de l'unité du sol historique à partir duquel une réduction transcendantale est possible et se motive elle-même. C'est poser la question de l'unité du monde dont se délivre, pour en faire apparaître l'origine, la liberté transcendantale elle-même. Si Husserl n'a pas posé ces questions en termes de philologie historique, s'il ne s'est pas interrogé d'abord sur le sens *en général* de ses instruments opératoires, ce n'est pas par naïveté, par précipitation dogmatique et spéculative, ou parce qu'il aurait négligé la charge historique du langage. C'est parce que s'interroger sur le sens de la notion de structure ou de genèse *en général,* avant les dissociations introduites par la réduction, c'est interroger sur ce qui précède la réduction transcendantale. Or celle-ci n'est que l'acte libre de la question qui s'arrache à la totalité de ce qui la précède pour pouvoir accéder à cette totalité et en particulier à son historicité et à son passé. La question de la possibilité de la réduction transcendantale ne peut être en attente de sa réponse. Elle est la question de la possibilité de la question, l'ouverture elle-même, la béance à partir de laquelle le *Je transcendantal* que Husserl a eu la tentation de dire « éternel » (ce qui de toute façon ne veut dire dans sa pensée ni infini ni anhistorique, bien au contraire) est convoqué à s'interroger sur tout, en particulier sur la possibilité de la factualité sauvage et nue du non-sens, en l'occurrence, par exemple, de sa propre mort.

LA PAROLE SOUFFLÉE

*Quand j'écris il n'y a pas autre chose que ce que j'écris. Ce que j'ai
senti d'autre que je n'ai pas pu dire et qui m'a échappé sont des idées
ou un verbe volé et que je détruirai pour le remplacer par autre chose.*
(*Rodez, avril 1946*).

... Dans quelque sens que tu te retournes tu n'as pas encore commencé
à penser. (*l'Art et la Mort.*)

Naïveté du discours que nous ouvrons ici, parlant en direction
d'Antonin Artaud. Pour la réduire, il eût fallu attendre longtemps :
qu'un dialogue fût ouvert en vérité entre — disons pour faire
vite — le discours *critique* et le discours *clinique*. Et qui portât
au-delà de leurs deux trajets, vers le commun de leur origine et
de leur horizon. Cet horizon et cette origine, pour notre chance,
s'annoncent mieux aujourd'hui. Près de nous, M. Blanchot, M. Foucault, J. Laplanche se sont interrogés sur l'unité problématique de
ces deux discours, ont tenté de reconnaître le passage d'une parole
qui sans se dédoubler, sans même se distribuer, d'un seul et simple
trait, parlerait de la folie *et* de l'œuvre, s'enfonçant d'abord vers
leur énigmatique conjonction.

Pour mille raisons qui ne sont pas seulement matérielles, nous
ne pouvons déployer ici, bien que nous leur reconnaissions une
priorité de droit, les questions que ces essais laissent pour nous
irrésolues. Nous sentons bien que si leur lieu commun a été, dans
le meilleur des cas, de loin désigné, *en fait* les deux commentaires —
le médical et l'autre — ne se sont jamais dans aucun texte confondus.
(Est-ce parce qu'il s'agit d'abord de commentaires ? et qu'est-ce
qu'un commentaire ? Lançons ces questions en l'air pour voir
plus loin où Artaud doit nécessairement les faire retomber.)

Nous disons *en fait*. Décrivant les « oscillations extraordinaire-

ment rapides » qui, dans *Hölderlin et la question du père*, produisent
l'illusion de l'unité, « permettant, dans les deux sens, le transfert
imperceptible de figures analogiques », et le parcours du « domaine
compris entre les formes poétiques et les structures psychologiques [1] », M. Foucault conclut à une impossibilité essentielle et
de droit. Loin de l'exclure, cette impossibilité procéderait d'une
sorte de proximité infinie : « Ces deux discours, malgré l'identité
d'un contenu toujours réversible de l'un à l'autre et pour chacun
démonstratif, sont sans doute d'une profonde incompatibilité.
Le déchiffrement conjoint des structures poétiques et des structures psychologiques n'en réduira jamais la distance. Et pourtant
ils sont infiniment proches l'un de l'autre, comme est proche du
possible la possibilité qui la fonde ; c'est que la *continuité du sens* entre
l'œuvre et la folie n'est possible qu'à partir de l'*énigme du même*
qui laisse apparaître l'*absolu de la rupture*. » Mais M. Foucault
ajoute un peu plus loin : « Et ce n'est point là une figure abstraite,
mais un rapport historique où notre culture doit s'interroger. »
Le champ pleinement *historique* de cette interrogation, dans lequel
le recouvrement est peut-être autant à constituer qu'à restaurer,
ne pourrait-il nous montrer comment une impossibilité de fait a
pu se donner pour une impossibilité de droit ? Encore faudrait-il
ici que l'historicité et la différence entre les deux impossibilités
soient pensées en un sens insolite, et cette première tâche n'est
pas la plus facile. Cette historicité ne peut être plus soustraite,
depuis longtemps soustraite à la pensée, qu'au moment où le
commentaire, c'est-à-dire précisément le « déchiffrement de structures », a commencé son règne et déterminé la position de la
question. Ce moment d'autant plus absent à notre mémoire
qu'il n'est pas *dans* l'histoire.

Or nous sentons bien que, en fait, si le commentaire clinique
et le commentaire critique revendiquent partout leur autonomie,
veulent se faire l'un par l'autre reconnaître et respecter, ils n'en
sont pas moins complices — par une unité qui renvoie par des
médiations impensées à celle que nous cherchions à l'instant —
dans la même abstraction, la même méconnaissance et la même
violence. La critique (esthétique, littéraire, philosophique, etc.),

---

1. « *Le « non » du père* », *Critique,* mars 1962, p. 207-208.

dans l'instant où elle prétend protéger le sens d'une pensée ou la valeur d'une œuvre contre les réductions psycho-médicales, aboutit par une voie opposée au même résultat : *elle fait un exemple*. C'est-à-dire un *cas*. L'œuvre ou l'aventure de pensée viennent témoigner, en exemple, en martyre, d'une structure dont on se préoccupe d'abord de déchiffrer la permanence essentielle. Prendre au sérieux, pour la critique, et *faire cas* du sens ou de la valeur, c'est lire l'essence sur l'exemple qui tombe dans les parenthèses phéno-ménologiques. Cela selon le geste le plus irrépressible du commentaire le plus respectueux de la singularité sauvage de son thème. Bien qu'elles s'opposent de manière radicale et pour les bonnes raisons que l'on sait, ici, devant le problème de l'œuvre et de la folie, la *réduction psychologique* et la *réduction eidétique* fonctionnent de la même manière, ont à leur insu la même fin. La maîtrise que la psycho-pathologie, quel que soit son style, pourrait s'assurer du cas Artaud, à supposer qu'elle atteigne dans sa lecture la sûre profondeur de M. Blanchot, aboutirait au fond à la même *neutra-lisation* de « ce pauvre M. Antonin Artaud ». Dont l'aventure totale devient, dans *le Livre à venir*, exemplaire. Il s'agit là d'une lecture — d'ailleurs admirable — de « l'impouvoir » (Artaud parlant d'Artaud) « essentiel à la pensée » (M. Blanchot). « Il a comme touché, malgré lui et par une erreur pathétique d'où viennent ses cris, le point où penser, c'est toujours déjà ne pas pouvoir penser encore : « *impouvoir* », selon son mot, qui est comme essentiel à la pensée... » (p. 48). L' « *erreur pathétique* », c'est ce qui de l'exemple revient à Artaud : on ne la retiendra pas dans le décryptage de la vérité essentielle. L'erreur, c'est l'histoire d'Artaud, sa trace effacée sur le chemin de la vérité. Concept pré-hegelien des rapports entre la vérité, l'erreur et l'histoire. « Que la poésie soit liée à cette impossibilité de penser qu'est la pensée, voilà la vérité qui ne peut se découvrir, car toujours elle se détourne et l'oblige à l'éprouver au-dessous du point où il l'éprouverait vraiment » *(ibid)*. L'erreur pathétique d'Artaud : épaisseur d'exemple et d'existence qui le tient à distance de la vérité qu'il indique désespérément : le néant au cœur de la parole, le « manque de l'être », le « scandale d'une pensée séparée de la vie » etc. Ce qui appartient sans recours à Artaud, son expérience elle-même, le critique pourra l'abandonner sans dommage aux psychologues ou aux médecins. Mais « pour nous, il ne faut pas commettre l'erreur de lire comme les analyses d'un état psychologique les descriptions précises, et sûres et minutieuses, qu'il nous en propose » (p. 51). Ce qui n'appartient plus à Artaud, dès lors que nous pouvons le lire à travers lui, le dire, le répéter et le prendre en charge, ce dont Artaud n'est que le témoin, c'est une essence universelle de la pensée. L'aventure totale d'Artaud ne serait que l'index d'une structure transcendantale : « Car jamais Artaud n'acceptera le scandale d'une pensée séparée de la vie, même quand il est livré à l'expérience la plus directe et la plus sauvage qui ait jamais été faite de l'essence de la pensée entendue comme séparation, de cette impossibilité qu'elle affirme contre elle-même comme la limite de sa puissance infinie » (*ibid*). La pensée séparée de la vie, c'est là, on le sait, une de ces grandes figures de l'esprit dont Hegel donnait déjà quelques exemples. Artaud en fournirait donc un autre.

Et la méditation de M. Blanchot s'arrête là : sans que ce qui revient irréductiblement à Artaud, sans que l'affirmation [1] propre qui soutient la non-acceptation de ce scandale, sans que la « sauvagerie » de cette expérience soient interrogées pour elles-mêmes. La méditation s'arrête là ou presque : juste le temps d'évoquer une tentation qu'il *faudrait* éviter mais qu'on n'a en fait jamais évitée : « Il serait tentant de rapprocher ce que nous dit Artaud de ce que nous disent Hölderlin, Mallarmé : que l'inspiration est d'abord ce point pur où elle manque. Mais il faut résister à cette tentation des affirmations trop générales. Chaque poète dit le même, ce n'est pourtant pas le même, c'est l'unique, nous le sentons. La part d'Artaud lui est propre. Ce qu'il dit est d'une intensité que nous ne devrions pas supporter » (p. 52). Et dans les dernières lignes qui suivent, de l'unique il n'est rien dit. On retourne à l'essentialité : « Quand nous lisons ces pages, nous apprenons ce que nous

---

1. Cette *affirmation*, qui a pour nom « le théâtre de la cruauté », est prononcée après les Lettres à J. Rivière et les premières œuvres mais elle les commande déjà. « Le théâtre de la cruauté / n'est pas le symbole d'un vide absent, / d'une épouvantable incapacité de se réaliser dans sa vie / d'homme, / il est l'affirmation / d'une terrible / et d'ailleurs inéluctable nécessité. » *Le Théâtre de la Cruauté*, in 84, n°⁵ 5-6, 1948, p. 124. Nous indiquerons le tome et la page, sans autre titre, chaque fois que nous renverrons à la précieuse et rigoureuse édition des *Œuvres complètes* (Gallimard). Une simple date, entre parenthèses, signalera des textes inédits.

ne parvenons pas à savoir : que le fait de penser ne peut être que bouleversant; que ce qui est à penser est dans la pensée ce qui se détourne d'elle et s'épuise inépuisablement en elle; que souffrir et penser sont liés d'une manière secrète » *(ibid)*. Pourquoi ce retour à l'essentialité? Parce que par définition il n'y a rien à dire de l'unique? C'est une trop ferme évidence vers laquelle nous ne nous précipiterons pas ici.

Il était d'autant plus tentant, pour M. Blanchot, de rapprocher Artaud de Hölderlin que le texte à ce dernier consacré, « *La folie par excellence* [1] » se déplace dans le même schéma. Tout en affirmant la nécessité d'échapper à l'alternative des deux discours (« car le mystère tient aussi à cette double lecture simultanée d'un événement qui cependant ne se situe ni dans l'une ni dans l'autre des deux versions », et d'abord parce que cet événement est celui du démonique qui « se tient hors de l'opposition maladie-santé »), Blanchot rétrécit le champ du savoir médical qui manque la singularité de l'événement et maîtrise d'avance toute surprise. « Pour le savoir médical, cet événement est dans « la règle », n'est du moins pas surprenant, correspond à ce que l'on sait de ces malades à qui le cauchemar prête une plume » (p. 15). Cette réduction de la réduction clinique est une réduction essentialiste. Tout en protestant, ici aussi, contre les « formules... trop générales... », M. Blanchot écrit : « On ne peut pas se contenter de voir dans le destin de Hölderlin celui d'une individualité, admirable ou sublime, qui, ayant voulu trop fortement quelque chose de grand, dut aller jusqu'au point où elle se brisa. Son sort n'appartient qu'à lui, mais lui-même appartient à ce qu'il exprima et découvrit, non pas comme étant à lui seul, mais comme la vérité et l'affirmation de l'essence poétique... Ce n'est pas son destin qu'il décide, mais c'est le destin poétique, c'est le sens de la vérité qu'il se donne pour tâche d'accomplir... et ce mouvement n'est pas le sien propre, il est l'accomplissement même du vrai, qui, à un certain point et en dépit de lui, exige de sa raison personnelle qu'elle devienne la pure transparence impersonnelle, d'où il n'est plus de retour »

1. Préface à K. Jaspers, *Strindberg et Van Gogh, Hölderlin et Swedenborg*. Éd. de Minuit. Le même schéma essentialiste, cette fois encore plus dépouillé, apparaît dans un autre texte de M. Blanchot : *La cruelle raison poétique* in *Artaud et le théâtre de notre temps*, p. 66.

(p. 26). Ainsi, on a beau le saluer, l'unique est bien ce qui disparaît dans ce commentaire. Et ce n'est pas un hasard. La disparition de l'unicité est même présentée comme le sens de la vérité hölder-linienne : « ... La parole authentique, celle qui est médiatrice parce qu'en elle le médiateur disparaît, met fin à sa particularité, retourne à l'élément d'où il vient » (p. 30). Et ce qui permet ainsi de dire toujours « le poète » au lieu de Hölderlin, ce qui rend possible cette dissolution de l'unique, c'est que l'unité ou l'unicité de l'unique — ici l'unité de la folie et de l'œuvre — est pensée comme une conjoncture, une composition, une « combinaison » : « Une telle combinaison ne s'est pas rencontrée deux fois » (p. 20).

J. Laplanche reproche à M. Blanchot une « interprétation idéa-liste », « résolument anti- « scientifique » et anti-« psychologique » » (p. 11), et il propose de substituer un autre type de théorie unitaire à celle d'Hellingrath vers laquelle, malgré sa différence propre, pencherait aussi M. Blanchot. Ne voulant pas renoncer à l'unita-risme, J. Laplanche veut « comprendre dans un seul mouvement son œuvre et son évolution [celles de Hölderlin] vers et dans la folie, ce mouvement fût-il scandé comme une dialectique et multi-linéaire comme un contrepoint » (p. 13). En fait, on s'en rend compte très vite, cette scansion « dialectique » et cette multilinéarité ne font que compliquer une dualité qui n'est jamais réduite, elles ne font jamais, comme le dit justement M. Foucault, qu'accroître la rapidité, jusqu'à la rendre mal perceptible, des oscillations. A la fin du livre, on s'essouffle encore devant l'unique qui, lui-même, en tant que tel, s'est dérobé au discours et toujours s'y dérobera : « Le rapprochement que nous établissons entre l'évolution de la schizophrénie et celle de l'œuvre aboutit à des conclusions qui ne peuvent absolument pas être généralisées : il s'agit du rapport dans un cas particulier, peut-être unique, de la poésie à la maladie mentale » (p. 132). Unicité encore de conjonction et de rencontre. Car une fois qu'on l'a de loin annoncée comme telle, on en revient à l'exemplarisme qu'on critiquait expressément [1] chez M. Blanchot. Le style psychologiste et, à l'opposé, le style structuraliste ou essentialiste ont presque totalement disparu, certes, et le geste

---

1. « L'existence de Hölderlin serait ainsi particulièrement exemplaire du destin poétique, que Blanchot relie à l'essence même de la parole comme « rapport à l'absence », (p. 10).

philosophique nous séduit : il ne s'agit plus de comprendre le poète Hölderlin à partir d'une structure schizophrénique où d'une structure transcendantale dont le sens nous serait connu et ne nous réserverait aucune surprise. Au contraire, il faut lire et voir se dessiner chez Hölderlin un accès, le meilleur, peut-être, un accès exemplaire à l'essence de la schizophrénie en général. Celle-ci n'est pas un fait psychologique ni même anthropologique disponible pour les sciences déterminées qu'on appelle psychologie ou anthropologie : « ... c'est lui [Hölderlin] qui rouvre la question de la schizophrénie comme problème universel » (p. 133). Universel et non seulement humain, non d'abord humain puisque c'est depuis la possibilité de la schizophrénie que se constituerait une véritable anthropologie; cela ne veut pas dire que la possibilité de la schizophrénie puisse se rencontrer *en fait* chez d'autres êtres que l'homme : simplement elle n'est pas l'attribut parmi d'autres d'une essence de l'homme préalablement constituée et reconnue. De même que « dans certaines sociétés, l'accession à la Loi, au Symbolique, est dévolue à d'autres institutions qu'à celle du père » (p. 133) — qu'elle permet donc de pré-comprendre, de même, analogiquement, la schizophrénie n'est pas, parmi d'autres, une des dimensions ou des possibilités de l'étant appelé homme mais bien la structure qui nous ouvre la vérité de l'homme. Cette ouverture se produit exemplairement dans le cas de Hölderlin. On pourrait croire que, par définition, l'unique ne peut être l'exemple ou le cas d'une figure universelle. Si. L'exemplarité ne contredit l'unicité qu'en apparence. L'équivocité qui se loge dans la notion d'exemple est bien connue : elle est la ressource de complicité entre le discours clinique et le discours critique, entre celui qui réduit le sens ou la valeur et celui qui voudrait les restaurer. C'est ce qui permet ainsi à M. Foucault de conclure pour son compte : « ... Hölderlin occupe une place unique et exemplaire » (p. 209).

Tel est le cas qu'on a pu faire de Hölderlin et d'Artaud. Notre intention n'est surtout pas de réfuter ou de critiquer le principe de ces lectures. Elles sont légitimes, fécondes, vraies; ici, de surcroît, admirablement conduites, et instruites par une vigilance critique qui nous font faire d'immenses progrès. D'autre part, si nous paraissons inquiet du traitement réservé à l'unique, ce n'est

pas de penser, qu'on nous en fasse le crédit, qu'il faille, par précaution morale ou esthétique, protéger l'existence subjective,
l'originalité de l'œuvre ou la singularité du beau contre les violences du concept. Ni, inversement, lorsque nous paraissons
regretter le silence ou la défaite devant l'unique, que nous croyions
à la nécessité de réduire l'unique, de l'analyser, de le décomposer
en le brisant davantage. Mieux : nous croyons qu'aucun commentaire ne peut échapper à ces défaites, faute de se détruire lui-même
comme commentaire en exhumant l'unité dans laquelle s'enracinent les différences (de la folie et de l'œuvre, de la psychè et du
texte, de l'exemple et de l'essence, etc...) qui soutiennent implicitement la critique et la clinique. Ce sol, que nous n'approchons ici
que par voie négative, est *historique* en un sens qui, nous semble-t-il,
n'a jamais eu valeur de thème dans les commentaires dont nous
venons de parler et se laisse, à vrai dire, mal tolérer par le concept
métaphysique d'histoire. La présence tumultueuse de ce sol
archaïque aimantera donc le propos que les cris d'Antonin Artaud
vont ici attirer dans leur résonance propre. De loin, encore une
fois, car notre première clause de naïveté n'était pas une clause de
style.

Et si nous disons pour commencer qu'Artaud nous enseigne
cette unité antérieure à la dissociation, ce n'est pas pour constituer
Artaud en exemple de ce qu'il nous enseigne. Nous n'avons pas,
si nous l'entendons, à attendre de lui une leçon. Aussi les considérations précédentes ne sont-elles rien moins que des prolégomènes méthodologiques ou des généralités annonçant un nouveau
traitement du cas Artaud. Elles indiqueraient plutôt la question
même qu'Artaud veut détruire en sa racine, ce dont il dénonce
inlassablement la dérivation sinon l'impossibilité, ce sur quoi
rageusement ses cris n'ont cessé de fondre. Car ce que ses hurle-
ments nous promettent, s'articulant sous les noms d'*existence*, de
chair, de *vie*, de *théâtre*, de *cruauté*, c'est, avant la folie *et* l'œuvre, le
sens d'un art qui ne donne pas lieu à des œuvres, l'existence d'un
artiste qui n'est plus la voie ou l'expérience qui donnent accès à
autre chose qu'elles-mêmes, d'une parole qui est corps, d'un corps
qui est un théâtre, d'un théâtre qui est un texte parce qu'il· n'est

plus asservi à une écriture plus ancienne que lui, à quelque archi-texte ou archi-parole. Si Artaud résiste absolument — et, croyons-nous, comme on ne l'avait jamais fait auparavant — aux exégèses cliniques ou critiques — c'est par ce qui dans son aventure (et par ce mot nous désignons une totalité antérieure à la séparation de la vie et de l'œuvre) est la protestation *elle-même* contre l'exemplification *elle-même*. Le critique et le médecin seraient ici sans ressource devant une existence refusant de signifier, devant un art qui s'est voulu sans œuvre, devant un langage qui s'est voulu sans trace. C'est-à-dire sans différence. En poursuivant une manifestation qui ne fût pas une expression mais une création pure de la vie, qui ne tombât jamais loin du corps pour déchoir en signe ou en œuvre, en objet, Artaud a voulu détruire une histoire, celle de la métaphysique dualiste qui inspirait plus ou moins souterrainement les essais évoqués plus haut : dualité de l'âme et du corps soutenant, en secret, bien sûr, celle de la parole et de l'existence, du texte et du corps, etc. Métaphysique du commentaire qui autorisait les « commentaires » parce qu'elle commandait *déjà* les œuvres commentées. Œuvres non théâtrales, au sens où l'entend Artaud, et qui sont déjà des commentaires déportés. Fouettant sa chair pour la réveiller jusqu'à la veille de cette déportation, Artaud a voulu interdire que sa parole loin de son corps lui fût soufflée.

Soufflée : entendons *dérobée* par un commentateur possible qui la reconnaîtrait pour la ranger dans un ordre, ordre de la vérité essentielle ou d'une structure réelle, psychologique ou autre. Le premier commentateur est ici l'auditeur ou le lecteur, le récepteur que ne devrait plus être le « public » dans le théâtre de la cruauté [1]. Artaud savait que toute parole tombée du corps, s'offrant à être entendue ou reçue, s'offrant en spectacle, devient aussitôt parole volée. Signification dont je suis dépossédé parce qu'elle est signification. Le vol est toujours le vol d'une parole ou d'un

---

1. Le public ne devrait pas exister hors de la scène de la cruauté, avant ou après elle, ne devrait ni l'attendre, ni la contempler, ni lui survivre, ne devrait même pas exister comme public. D'où cette énigmatique et lapidaire formule, dans le *Théâtre et son Double*, au milieu des abondantes, des intarissables définitions de « la mise en scène », du « langage de la Scène », des « instruments de musique », de « la lumière », du « costume », etc. Le problème du public est ainsi épuisé : « *Le public* : il faut d'abord que le théâtre soit » (t. IV, p. 118).

texte, d'une trace. Le vol d'un bien ne devient ce qu'il est que si la chose est un bien, si donc elle a pris sens et valeur d'avoir été investie par le vœu, au moins, d'un discours. Propos qu'il y aurait quelque niaiserie à interpréter comme le congé donné à toute autre théorie du vol, dans l'ordre de la morale, de l'économie, de la politique ou du droit. Propos antérieur à de tels discours puisqu'il fait communiquer, explicitement et dans une même question, l'essence du vol et l'origine du discours en général. Or tous les discours sur le vol, chaque fois qu'ils sont déterminés par telle ou telle circonscription, ont déjà obscurément résolu ou refoulé cette question, ils se sont déjà rassurés dans la familiarité d'un savoir premier : chacun sait ce que voler veut dire. Mais le vol de la parole n'est pas un vol parmi d'autres, il se confond avec la possibilité même du vol et en définit la structure fondamentale. Et si Artaud nous le donne à penser, ce n'est plus comme l'exemple d'une structure puisqu'il s'agit de cela même — le vol — qui constitue la structure d'exemple comme telle.

Soufflée : entendons du même coup *inspirée* depuis une *autre* voix, lisant elle-même un texte plus vieux que le poème de mon corps, que le théâtre de mon geste. L'inspiration, c'est, à plusieurs personnages, le drame du vol, la structure du théâtre classique où l'invisibilité du souffleur assure la différance et le relais indispensables entre un texte déjà écrit d'une autre main et un interprète déjà dépossédé de cela même qu'il reçoit. Artaud a voulu la conflagration d'une scène où le souffleur fût possible et le corps aux ordres d'un texte étranger. Artaud a voulu que fût soufflée la machinerie du souffleur. Faire voler en éclats la structure du vol. Il fallait pour cela, d'un seul et même geste, détruire l'inspiration poétique et l'économie de l'art classique, singulièrement du théâtre. Détruire du même coup la métaphysique, la religion, l'esthétique, etc., qui les supportaient et ouvrir ainsi au Danger un monde où la structure du dérobement n'offrît plus aucun abri. Restaurer le Danger en réveillant la Scène de la Cruauté, telle était du moins l'intention *déclarée* d'Antonin Artaud. C'est elle que nous allons suivre à la différence près d'un glissement calculé.

L' « *impouvoir* », dont le thème apparaît dans les lettres à J. Rivière [1], n'est pas, on le sait, la simple impuissance, la stérilité du « rien à dire » ou le défaut d'inspiration. Au contraire, il est l'inspiration elle-même : force d'un vide, tourbillon du souffle d'un souffleur qui aspire vers lui et me dérobe cela même qu'il laisse venir à moi et que j'ai cru pouvoir dire *en mon nom*. La générosité de l'inspiration, l'irruption positive d'une parole dont je ne sais pas d'où elle vient, dont je sais, si je suis Antonin Artaud, que je ne sais pas d'où elle vient et qui la parle, cette fécondité de l'*autre* souffle est l'impouvoir : non pas l'absence mais l'irresponsabilité radicale de la parole, l'irresponsabilité comme puissance et origine de la parole. J'ai rapport à moi dans l'éther d'une parole qui m'est toujours soufflée et qui me dérobe cela même avec quoi elle me met en rapport. La conscience de parole, c'est-à-dire la conscience tout court, est l'insu de qui parle au moment et au lieu où je profère. Cette conscience est donc aussi une inconscience (« Dans mon inconscient ce sont les autres que j'entends. » 1946), contre laquelle il faudra reconstituer une autre conscience qui cette fois sera cruellement présente à elle-même et s'entendra parler. Cette irresponsabilité, il ne revient ni à la morale, ni à la logique, ni à l'esthétique de la définir : elle est une déperdition totale et originaire de l'existence elle-même. Selon Artaud, elle se produit aussi et d'abord dans mon Corps, dans ma Vie, expressions dont il faut entendre le sens au-delà des déterminations métaphysiques et des « limitations de l'être » qui séparent l'âme du corps, la parole du geste, etc. La déperdition est précisément cette détermination métaphysique dans laquelle je devrai glisser mon œuvre si je veux la faire entendre dans un monde et une littérature commandés sans le savoir par cette métaphysique et dont J. Rivière était le délégué. « Ici encore je crains l'équivoque. Je voudrais que vous compreniez bien qu'il ne s'agit pas de ce plus ou moins d'existence qui ressortit à ce que l'on est convenu d'appeler l'inspiration, mais d'une absence totale, d'une véritable déperdition » (I, p. 20). Artaud le répétait sans cesse : l'origine et l'urgence de la parole, ce qui le poussait à s'exprimer se confondait avec le défaut propre de la parole en lui, avec le « n'avoir rien à dire » en son nom propre.

1. Le mot apparaît dans *le Pèse-Nerfs*. (1. p. 90).

« Cet éparpillement de mes poèmes, ces vices de forme, ce fléchissement constant de ma pensée, il faut l'attribuer non pas à un manque d'exercice, de possession de l'instrument que je maniais, de *développement intellectuel ;* mais à un effondrement central de l'âme, à une espèce d'érosion, essentielle à la fois et fugace, de la pensée, à la non-possession passagère des bénéfices matériels de mon développement, à la séparation anormale des éléments de la pensée... Il y a donc un quelque chose qui détruit ma pensée ; un quelque chose qui ne m'empêche pas d'être ce que je pourrais être, mais qui me laisse, si je puis dire, en suspens. Un quelque chose de furtif qui m'enlève les mots *que j'ai trouvés* » (I, p. 25-6, Artaud souligne).

Il serait tentant, facile et jusqu'à un certain point légitime, de souligner l'exemplarité de cette description. L'érosion « essentielle » et « fugace », « essentielle à la fois et fugace » est produite par le « quelque chose de furtif qui m'enlève les mots *que j'ai trouvés* ». Le furtif est fugace mais il est plus que le fugace. Le furtif, c'est — en latin — la manière du voleur ; qui doit faire très vite pour me dérober les mots que j'ai trouvés. Très vite parce qu'il doit se glisser invisiblement dans le rien qui me sépare de mes mots, et me les subtiliser avant même que je les aie trouvés, pour que, les ayant trouvés, j'aie la certitude d'en avoir toujours déjà été dépouillé. Le furtif serait donc la vertu dépossédante qui creuse toujours la parole dans le dérobement de soi. Le langage courant a effacé du mot « furtif » la référence au vol, au subtil subterfuge dont on fait glisser la signification — c'est le vol du vol, le furtif qui se dérobe lui-même dans un geste nécessaire — vers l'invisible et silencieux frôlement du fugitif, du fugace et du fuyant. Artaud n'ignore ni ne souligne le sens propre du mot, il se tient dans le mouvement de l'effacement : dans *le Pèse-Nerfs* (p. 89), à propos de « déperdition », de « perte », de « dépossession », de « chausse-trape dans la pensée », il parle, dans ce qui n'est pas une simple redondance, de ces « rapts furtifs ».

Dès que je parle, les mots que j'ai trouvés, dès lors que ce sont des mots, ne m'appartiennent plus, sont originairement *répétés* (Artaud veut un théâtre où la répétition soit impossible. Cf. *le Théâtre et son Double*, IV, p. 91). Je dois d'abord m'entendre. Dans le soliloque comme dans le dialogue, parler, c'est s'entendre,

Dès que je suis entendu, dès que je m'entends, le je qui *s'entend*, qui *m'*entend, devient le je qui parle et prend la parole, *sans jamais la lui couper*, à celui qui croit parler et être entendu en son nom. S'introduisant dans le nom de celui qui parle, cette différence n'est rien, elle est le furtif : la structure du dérobement instantané et originaire sans lequel aucune parole ne trouverait son souffle. Le dérobement se produit comme l'*énigme* originaire, c'est-à-dire comme une parole ou une histoire (αἶνος) qui cache son origine et son sens, ne disant jamais d'où elle vient ni où elle va, d'abord parce qu'elle ne le sait pas, et que cette ignorance, à savoir l'absence de son *sujet* propre, ne lui survient pas mais la constitue. Le dérobement est l'unité première de ce qui ensuite se diffracte comme vol et comme dissimulation. Entendre le dérobement exclusivement ou fondamentalement comme vol ou viol, c'est là le fait d'une psychologie, d'une anthropologie ou d'une métaphysique de la subjectivité (conscience, inconscient ou corps propre). Nul doute que cette métaphysique soit d'ailleurs puissamment à l'œuvre dans la pensée d'Artaud.

Dès lors, ce qu'on appelle le sujet parlant n'est plus celui-là même ou celui-là seul qui parle. Il se découvre dans une irréductible secondarité, origine toujours déjà dérobée à partir d'un champ organisé de la parole dans lequel il cherche en vain une place toujours manquante. Ce champ organisé n'est pas seulement celui que pourraient décrire certaines théories de la psychè ou du fait linguistique. Il est d'abord — mais sans que cela veuille dire autre chose — le champ culturel où je dois puiser mes mots et ma syntaxe, champ historique dans lequel je dois lire en écrivant. La structure de vol (se) loge déjà (dans) le rapport de la parole à la langue. La parole est volée : volée à la langue, elle l'est donc du même coup à elle-même, c'est-à-dire au voleur qui en a toujours déjà perdu la propriété et l'initiative. Parce qu'on ne peut prévenir sa prévenance, l'acte de lecture troue l'acte de parole ou d'écriture. Par ce trou je m'échappe à moi-même. La forme du trou — qui mobilise les discours d'un certain existentialisme et d'une certaine psychanalyse à qui « ce pauvre M. Antonin Artaud » fournirait en effet des exemples — communique chez lui avec une thématique scato-théologique que nous interrogerons plus loin. Que la parole et l'écriture soient toujours inavouablement empruntées à une lecture, tel est le vol originaire, le dérobement le plus archaïque qui me cache à la fois et me *subtilise* ma puissance inaugurante. L'*esprit* subtilise. La parole proférée ou inscrite, *la lettre*, est toujours volée. Toujours volée parce que toujours *ouverte*. Elle n'est jamais propre à son auteur ou à son destinataire et il appartient à sa nature qu'elle ne suive jamais le trajet qui mène d'un sujet propre à un sujet propre. Ce qui revient à reconnaître comme son historicité l'autonomie du signifiant qui avant moi dit tout seul plus que ce que je crois vouloir dire et par rapport auquel mon vouloir dire, subissant au lieu d'agir, se trouve en défaut, s'inscrit dirions-nous, *en passif*. Même si la réflexion de ce défaut détermine comme un excès l'urgence de l'expression. Autonomie comme stratification et potentialisation historique du sens, système historique, c'est-à-dire quelque part ouvert. La sur-signifiance surchargeant le mot « souffler », par exemple, n'a pas fini de l'illustrer.

Ne prolongeons pas la description banale de cette structure. Artaud ne l'exemplifie pas. Il veut la faire sauter. A cette inspiration de déperdition et de dépossession, il oppose une bonne inspiration, celle-là même qui manque à l'inspiration comme manque. La bonne inspiration est le souffle de la vie qui ne se laisse rien dicter parce qu'elle ne lit pas et parce qu'elle précède tout texte. Souffle qui prendrait possession de soi en un lieu où la propriété ne serait pas encore le vol. Inspiration qui me rétablirait dans une vraie communication avec moi-même et me rendrait la parole : « Le difficile est de bien trouver sa place et de retrouver la communication avec soi. Le tout est dans une certaine floculation des choses, dans le rassemblement de toute cette pierrerie mentale autour d'un point qui est justement à trouver. / Et voilà, moi, ce que je pense de la pensée : / CERTAINEMENT L'INSPIRATION EXISTE » (*le Pèse-Nerfs*, I, p. 90. Artaud souligne). L'expression « à trouver » ponctuera plus tard une autre page. Il sera alors temps de se demander si Artaud ne désigne pas de la sorte, chaque fois, l'introuvable lui-même.

La vie, source de la bonne inspiration, doit être entendue, si l'on veut accéder à cette métaphysique de la vie, avant celle dont parlent les sciences biologiques : « Aussi bien, quand nous prononçons le mot de vie, faut-il entendre qu'il ne s'agit pas de la vie reconnue par le dehors des faits, mais de cette sorte de fragile et remuant foyer auquel *ne touchent pas les formes*. Et s'il est encore quelque chose d'infernal et de véritablement maudit dans ce temps, c'est de s'attarder artistiquement sur des formes, au lieu d'être comme des suppliciés que l'on brûle et qui font des signes sur leurs bûchers » (*le Théâtre et la Culture*, V, p. 18. Nous soulignons). La vie « reconnue par le dehors des faits » est donc la vie des formes. Dans *Position de la Chair*, Artaud lui opposera la « force de vie » (I, p. 235)[1]. Le théâtre de la cruauté devra réduire cette différence entre la force et la forme.

Ce que nous venons d'appeler le dérobement n'est pas une abstraction pour Artaud. La catégorie du furtif ne vaut pas seulement pour la voix ou l'écriture désincarnées. Si la différence, dans son phénomène, se fait signe volé ou souffle subtilisé, elle est d'abord sinon en soi dépossession totale qui me constitue comme la privation de moi-même, dérobement de mon existence, donc à la fois de mon corps et de mon esprit : de ma chair. Si ma parole n'est pas mon souffle, si ma lettre n'est pas ma parole, c'est que déjà mon souffle n'était plus mon corps, que mon corps n'était plus mon geste, que mon geste n'était plus ma vie. Il faut restaurer dans le théâtre l'intégrité de la chair déchirée par toutes ces différences. Une métaphysique de la chair, déterminant l'être comme vie, l'esprit comme corps propre, pensée non séparée, esprit « obscur » (car « l'Esprit clair appartient à la matière », I, p.236), tel est le trait continu et toujours inaperçu qui relie *le Théâtre et son Double* aux premières œuvres et au thème de l'impouvoir. Cette métaphysique de la chair est aussi commandée par l'angoisse de la dépossession, l'expérience de la vie perdue, de la pensée séparée, du corps exilé loin de l'esprit. Tel est le premier cri. « Je pense à la vie. Tous les systèmes que je pourrai édifier n'égaleront jamais mes cris d'homme occupé à refaire sa vie... Ces forces informulées qui m'assiègent, il faudra bien un jour que ma raison les accueille, qu'elles s'installent à la place de la haute pensée, ces forces qui du dehors ont la forme d'un cri. Il y a des

1. Avec les précautions requises, on pourrait parler de la veine bergsonienne d'Artaud. Le passage continu de sa métaphysique de la vie à sa théorie du langage et à sa critique du mot, lui dicte un grand nombre de métaphores énergétiques et de formules théoriques rigoureusement bergsoniennes. Cf. en particulier le t. V, p. 15, 18, 56, 132, 141, etc.

cris intellectuels, des cris qui proviennent de la *finesse* des moelles. C'est cela, moi, que j'appelle la Chair. Je ne sépare pas ma pensée de ma vie. Je refais à chacune des vibrations de ma langue tous les chemins de la pensée dans ma chair... Mais que suis-je au milieu de cette théorie de la Chair ou pour mieux dire de l'Existence ? Je suis un homme qui a perdu sa vie et qui cherche par tous les moyens à lui faire reprendre sa place... Mais il faut que j'inspecte ce sens de la chair qui doit me donner une métaphysique de l'Être, et la connaissance définitive de la Vie » (*Position de la Chair*, I, p. 235, 236).

Ne nous arrêtons pas ici à ce qui peut ressembler à l'essence du mythique lui-même : le rêve d'une vie sans différence. Demandons-nous plutôt ce que peut signifier pour Artaud la différence dans la chair. Mon corps m'a été volé par effraction. L'Autre, le Voleur, le grand Furtif a un nom propre : c'est Dieu. Son histoire a eu lieu. Elle a eu un lieu. Le lieu de l'effraction n'a pu être que l'ouverture d'un orifice. Orifice de la naissance, orifice de la défécation auxquels renvoient, comme à leur origine, toutes les autres béances. « Ça se remplit, / ça ne se remplit pas, / il y a un vide, / un manque, / un défaut de / qui est toujours pris par un parasite au vol » (avril 1947). *Au vol* : le jeu du mot est sûr.

Depuis que j'ai rapport à mon corps, donc depuis ma naissance, je ne suis plus mon corps. Depuis que j'ai un corps, je ne le suis pas, donc je ne l'ai pas. Cette privation institue et instruit mon rapport à ma vie. Mon corps m'a donc été volé depuis toujours. Qui a pu le voler sinon un Autre et comment a-t-il pu s'en emparer dès l'origine s'il ne s'est pas introduit à ma place dans le ventre de ma mère, s'il n'est pas né à ma place, si je n'ai pas été *volé à ma naissance*, si ma naissance ne m'a pas été subtilisée, « comme si naître puait depuis longtemps la mort » (84, p. 11) ? La mort se donne à penser sous la catégorie du vol. Elle n'est pas ce que nous croyons pouvoir anticiper comme le terme d'un processus ou d'une aventure que nous appelons — assurément — la vie. La mort est une forme articulée de notre rapport à l'autre. Je ne meurs que *de* l'autre : par lui, pour lui, en lui. Ma mort est *représentée*, qu'on fasse varier ce mot comme on voudra. Et si je meurs par représentation à la « minute de la mort extrême », ce dérobement représentatif n'en a pas moins travaillé toute la structure de mon existence, depuis l'origine. C'est pourquoi, à la limite, « on ne se suicide pas tout seul. / Nul n'a jamais été seul pour naître. / Nul non plus n'est seul pour mourir... ../... Et je crois qu'il y a toujours quelqu'un d'autre à la minute de la mort extrême pour nous dépouiller de notre propre vie » (*Van Gogh, le suicidé de la société*, p. 67). Le thème de la mort comme vol est au centre de *La Mort et l'Homme* (Sur un dessin de Rodez, in 84, n° 13).

Et qui peut être le voleur sinon ce grand Autre invisible, persécuteur furtif me *doublant* partout, c'est-à-dire me redoublant et me dépassant, arrivant toujours avant moi où j'ai choisi d'aller, comme « ce corps qui me poursuivait » (me persécutait) « et ne suivait pas » (me précédait), qui peut-il être sinon Dieu? « ET QU'AS-TU FAIT DE MON CORPS, DIEU? » (84; p. 108). Et voici la réponse : depuis le trou noir de ma naissance, dieu m'a « *salopé vivant* / pendant toute mon existence / et cela / uniquement à cause du fait / que c'est *moi* / qui étais dieu, / véritablement dieu, / moi un homme / et non le soi-disant esprit / qui n'était que la projection dans les nuées / du corps d'un autre homme que moi, / lequel / s'intitulait le / Démiurge / Or la hideuse histoire du Démiurge / on la connaît / C'est celle de ce corps / qui *poursuivait* (et ne suivait pas) le mien / et qui pour passer premier et naître / se projeta à travers mon corps / et / naquit / par l'éventration de mon corps / dont il garda un morceau sur lui / afin / de se faire passer / pour moi-même. / Or il n'y avait personne que moi et lui, / lui / un corps abject / dont les espaces ne voulaient pas, / moi / un corps en train de se faire / par conséquent non encore parvenu à l'état d'achèvement / mais qui évoluait /vers la pureté intégrale / comme celui du soi-disant Démiurge, / lequel se sachant irrecevable / et voulant vivre quand même à tout prix / ne trouva rien de mieux / pour *être* / que de naître du prix de / mon assassinat. / Mon corps s'est refait malgré tout / contre / et à travers mille assauts du mal / et de la haine / qui chaque fois le détérioraient / et me laissaient mort. / Et c'est ainsi qu'à force de mourir / j'ai fini par gagner une immortalité réelle. / Et / c'est l'histoire vraie des choses / telle qu'elle s'est réellement passée / et / non / comme vue dans l'atmosphère légendaire des mythes / qui escamotent la réalité. » (84, p. 108-110).

Dieu est donc le nom propre de ce qui nous prive de notre propre nature, de notre propre naissance et qui par la suite, à la dérobée, aura toujours parlé avant nous. Il est la différence qui s'insinue comme ma mort entre moi et moi. C'est pourquoi — tel est le concept du vrai suicide selon Artaud — je dois mourir à ma mort pour renaître « immortel » à la veille de ma naissance. Dieu ne met pas seulement la main sur tel ou tel de nos attributs innés, il s'empare de notre innéité elle-même, de la propre innéité de notre être à lui-même : « Il y a des imbéciles qui se croient des êtres, êtres par innéité. / Moi je suis celui qui pour être doit fouetter son innéité. / Celui qui par innéité est celui qui doit être un être, c'est-à-dire toujours fouetter cette espèce de négatif chenil, ô chiennes d'impossibilité » (I, p. 9).

Pourquoi cette aliénation originaire est-elle pensée comme souillure, obscénité, « saloperie », etc. ? Pourquoi Artaud, criant après la perte de son corps, regrette-t-il une pureté autant qu'un bien, une propreté autant qu'une propriété ? « J'ai été trop supplicié... / ... / J'ai trop travaillé à être pur et fort / ... / J'ai trop cherché à avoir un corps propre. » (84, p. 135).

Par définition, c'est de mon bien que j'ai été volé, de mon prix, de ma valeur. Ce que je vaux, ma vérité, m'a été subtilisé par quelqu'Un qui est devenu à ma place, à la sortie de l'Orifice, à la naissance, Dieu. Dieu est la fausse valeur comme le premier prix de ce qui naît. Et cette fausse valeur devient la Valeur puisqu'elle a toujours déjà *doublé* la vraie valeur qui n'a jamais existé ou, ce qui revient au même, n'a jamais existé qu'avant sa propre naissance. Dès lors, la valeur originaire, l'archi-valeur que j'aurais dû retenir en moi, ou plutôt retenir comme moi-même, comme ma valeur et mon être même, ce dont j'ai été volé dès que je suis tombé loin de l'Orifice et dont je suis encore volé chaque fois qu'une partie de moi tombe loin de mon corps, c'est l'œuvre, c'est l'excrément, la scorie, valeur annulée de n'être pas retenue et qui peut devenir, comme on sait, une arme persécutrice, éventuellement contre moi-même. La défécation « séparation quotidienne d'avec les selles, parties précieuses du corps » (Freud) est, comme une naissance, comme ma naissance, le premier vol qui à la fois me dé-précie [1] et me souille. C'est pourquoi l'histoire

1. Chaque fois qu'il se produit dans le schéma que nous essayons de restituer ici, le langage d'Artaud ressemble très précisément, dans sa syntaxe et dans son lexique, à celui du jeune Marx. Dans le premier des *Manuscrits de 44*, le travail qui

de Dieu comme généalogie de la valeur dérobée se récite comme l'histoire de la défécation. « Connaissez-vous quelque chose de plus outrageusement fécal / que l'histoire de dieu... » (*le Théâtre de la Cruauté*, in 84, p. 121).

C'est peut-être à cause de sa complicité avec l'origine de l'œuvre qu'Artaud appelle aussi Dieu le Démiurge. Il s'agit là d'une métonymie du nom de Dieu, nom propre du voleur et nom métaphorique de moi-même : la métaphore de moi-même est ma dépossession dans le langage. En tous cas Dieu-Démiurge ne *crée* pas, il n'est pas la vie, il est le sujet des œuvres et des manœuvres, le voleur, le trompeur, le faussaire, le pseudonyme, l'usurpateur, le contraire de l'artiste créateur, l'être-artisan, l'être de l'artifice : Satan. Je suis Dieu et Dieu est Satan; et comme Satan est la créature de Dieu (... « l'histoire de Dieu / et de son être : SATAN... » in 84, p. 121), Dieu est ma créature, mon double qui s'est introduit dans la différence qui me sépare de mon origine, c'est-à-dire dans le rien qui ouvre mon histoire. Ce qu'on appelle la présence de Dieu n'est que l'oubli de ce rien, le dérobement du dérobement, qui n'est pas un accident mais le mouvement même du dérobement : « ...Satan, / qui de ses tétines baveuses / ne nous a jamais dissimulé / que le Néant ? » *(ibid)*.

L'histoire de Dieu est donc l'histoire de l'Œuvre comme excrément. La scato-logie elle-même. L'œuvre, comme l'excrément, suppose la séparation et s'y produit. Elle procède donc de l'esprit séparé du corps pur. Elle est une chose de l'esprit et retrouver un corps sans souillure, c'est se refaire un corps sans œuvre. « Car il faut être un esprit pour / chier, / un corps *pur* ne peut pas / chier. / Ce qu'il chie / c'est la colle des esprits / acharnés à lui voler quelque chose / car sans corps on ne peut pas exister. » (in 84, p. 113). On lisait déjà dans *le Pèse-Nerfs* : « Cher ami, ce que vous avez

---

produit *l'œuvre*, qui met en valeur *(Verwertung)* accroît en raison directe la dé-préciation *(Entwertung)* de son auteur. « L'actualisation du travail est son objectivation. Au stade de l'économie, cette actualisation du travail apparaît comme la *perte* pour l'ouvrier *de sa réalité*, l'objectivation comme la *perte de l'objet* ou l'*asservissement* à celui-ci, l'appropriation comme l'*aliénation*, le *désaisissement*. » Ce rapprochement échappe à l'ordre du bricolage et des curiosités historiques. Sa nécessité apparaîtra plus loin, quand se posera la question de l'appartenance à ce que nous appelons la métaphysique du propre (ou de l'aliénation).

pris pour mes œuvres n'était que les déchets de moi-même »
(I, p. 91).

Mon œuvre, ma trace, l'excrément qui *me* vole *de* mon bien après
que *j*'aie été volé *à* ma naissance, doit donc être refusé. Mais le
refuser ce n'est pas ici le rejeter, c'est le retenir. Pour me garder,
pour garder mon corps et ma parole, il me faut retenir l'œuvre
en moi [1], me confondre avec elle pour qu'entre elle et moi le
Voleur n'ait aucune chance, l'empêcher de déchoir loin de moi
comme écriture. Car « toute l'écriture est de la cochonnerie » (*le
Pèse-Nerfs*, I, p. 95). Ainsi, ce qui me dépossède et m'éloigne de
moi, ce qui rompt ma proximité à moi-même, me salit : je m'y
départis de mon propre. Propre est le nom du sujet proche de
soi — qui est ce qu'il est —, abject le nom de l'objet, de l'œuvre à
la dérive. J'ai un nom propre quand je suis propre. L'enfant
n'entre sous son nom dans la société occidentale — d'abord à
l'école —, il n'est vraiment bien nommé que quand il est propre.
Cachée sous sa dispersion apparente, l'unité de ces significations,
l'unité du propre comme non-souillure du sujet absolument proche
de soi, ne se produit pas avant l'époque latine de la philosophie
(*proprius* se rattache à *prope*) et pour la même raison, la détermination métaphysique de la folie comme mal d'aliénation ne pouvait
pas commencer à mûrir. (Nous ne faisons du phénomène linguistique, cela va de soi, ni une cause ni un symptôme : le concept de
folie ne se fixe, simplement, que dans le temps d'une métaphysique
de la subjectivité propre). Artaud *sollicite* cette métaphysique,
l'*ébranle* lorsqu'elle se ment et met pour condition au phénomène
du propre qu'on se départisse proprement de son propre (c'est
l'aliénation de l'aliénation); la *requiert* encore, puise encore à son
fonds de valeurs, veut y être plus fidèle qu'elle-même en restaurant
absolument le propre à la veille de toute discession.

---

1. Nous nous sommes délibérément abstenu, cela va de soi, de tout ce qu'on appelle
« référence biographique ». Si nous rappelons en ce lieu précis qu'Artaud est mort
d'un cancer du rectum, ce n'est pas pour que l'exception faite souligne la bonne
règle, mais parce que nous pensons que le statut (à trouver) de cette remarque et
d'autres semblables, ne doit pas être celui de la dite « référence biographique ». Le
nouveau statut — à trouver — est celui des rapports entre l'existence et le texte,
entre ces deux formes de textualité et l'écriture générale dans le jeu de laquelle elles
s'articulent.

Comme l'excrément, comme le bâton fécal, métaphore, on le sait aussi, du pénis [1], l'œuvre *devrait* rester debout. Mais l'œuvre, comme excrément, n'est que matière : sans vie, sans force ni forme. Elle tombe toujours et s'effondre aussitôt hors de moi. C'est pourquoi l'œuvre — poétique ou autre — ne me mettra jamais debout. Ce n'est jamais en elle que je m'érigerai. Le salut, le statut, l'être-debout, ne seront donc possibles que dans un art sans œuvre. L'œuvre étant toujours œuvre de mort, l'art sans œuvre, la danse ou le théâtre de la cruauté, sera l'art de la vie elle-même. « J'ai dit cruauté comme j'aurais dit vie » (IV, p. 137).

Dressé contre Dieu, crispé contre l'œuvre, Artaud ne renonce pas au salut. Bien au contraire. La sotériologie sera l'eschatologie du corps propre. « C'est l'*état* de mon / corps qui fera / le Jugement Dernier » (in 84, p. 131). Corps-propre-debout-sans-déchet. Le mal, la souillure, c'est le *critique* ou le *clinique :* devenir dans sa parole et dans son corps une œuvre, objet livré, parce que couché, à l'empressement furtif du commentaire. Car la seule chose qui par définition ne se laisse jamais commenter, c'est la vie du corps, la chair vive que le théâtre maintient dans son intégrité contre le mal et la mort. La maladie, c'est l'impossibilité de l'être-debout dans la danse et dans le théâtre. « Il n'y a la peste, / le choléra, / la variole noire / que parce que la danse / et par conséquent le théâtre / n'ont pas encore commencé à exister » (in 84, p. 127).

Tradition dè poètes fous ? Hölderlin : « Pourtant il nous revient, sous le tonnerre de Dieu / O Poètes ! d'être debout, la tête découverte, / De saisir l'éclair paternel, lui-même, en mains propres, / Et de porter au peuple voilé / Dans le chant, le don du ciel » (*Tel, au jour de repos*, trad. J. Fédier). Nietzsche : « ... Faut-il que je dise qu'il est aussi nécessaire de le savoir [danser] avec la plume ? » (*Crépuscule des idoles*, trad. G. Bianquis, p. 138) [2]. Ou encore :

---

1. Artaud écrit dans le *Préambule* aux *Œuvres complètes* : « La canne des « Nouvelles Révélations de l'Être » est tombée dans la poche noire, et la petite épée aussi. Une autre canne y est préparée qui accompagnera mes œuvres complètes, dans une bataille corps à corps non avec des idées mais avec les singes qui ne cessent de les enfourcher du haut en bas de ma conscience, dans mon organisme par eux carié... Ma canne sera ce livre outré appelé par d'antiques races aujourd'hui mortes et tisonnées dans mes fibres, comme des filles excoriées » (p. 12-13).

2. ... « Saisir l'éclair paternel, lui-même, en mains propres... » « Savoir danser avec la plume »... « La canne... la petite épée... une autre canne... Ma canne sera ce

« Seules les pensées qui vous viennent en marchant ont de la valeur » (p. 93). On pourrait donc être tenté, sur ce point comme sur beaucoup d'autres, d'envelopper ces trois poètes fous, en compagnie de quelques autres, dans l'élan d'un même commentaire et la continuité d'une seule généalogie[1]. Mille autres textes sur l'être-debout et sur la danse viendraient en effet encourager un tel dessein. Mais celui-ci ne manquerait-il pas alors la décision essentielle d'Artaud? L'être-debout et la danse, de Hölderlin à Nietzsche, restent peut-être métaphoriques. L'érection en tout cas ne doit pas se déporter dans l'œuvre, se déléguer au poème, s'expatrier dans la souveraineté de la parole ou de l'écriture, dans l'être-debout sur le pied de la lettre ou au bout de la plume. L'être-debout de l'œuvre, c'est, plus précisément encore, l'empire de la lettre sur le souffle. Nietzsche avait certes dénoncé la structure grammaticale dans l'assise d'une métaphysique à démolir, mais avait-il jamais interrogé dans son origine le rapport entre la sécurité grammaticale, par lui reconnue, et l'être-debout de la lettre? Heidegger l'annonce dans une brève suggestion de l'*Introduction à la métaphysique* : « Les Grecs considéraient la langue optiquement, en un sens relativement large, à savoir du point de vue de l'écrit. C'est là que le parlé vient à stance. La langue est, c'est-à-dire qu'elle se tient debout, dans l'œil du mot, dans les

---

livré outré... » Et dans *Les Nouvelles Révélations de l'Être* : Parce que le 3 juin 1937, les cinq serpents sont apparus qui étaient déjà dans l'épée dont la force de décision est représentée par une canne! Qu'est-ce que cela veut dire? Cela veut dire que Moi qui parle j'ai une Épée et une Canne » (p. 18). Collage ici de ce texte de Genet : « Tous les cambrioleurs comprendront la dignité dont je fus paré quand je tins dans la main la pince-monseigneur, la « plume ». De son poids, de sa matière, de son calibre, enfin de sa fonction, émanait une autorité qui me fit homme. J'avais, depuis toujours, besoin de cette verge d'acier pour me libérer complètement de mes bourbeuses dispositions, de mes humbles attitudes et pour atteindre à la claire simplicité de la virilité » (*Miracle de la rose*, Œuvres complètes, II, p. 205).

1. Reconnaissons-le : Artaud est le premier à vouloir rassembler en un arbre martyrologique la vaste famille des fous de génie. Il le fait dans *Van Gogh, le suicidé de la société* (1947), un des rares textes où Nietzsche soit nommé, au milieu des autres « suicidés » (Baudelaire, Poe, Nerval, Nietzsche, Kierkegaard, Hölderlin, Coleridge, cf. p. 15). Artaud écrit plus loin (p. 65) : « Non, Socrate n'avait pas cet œil, seul peut-être avant lui (Van Gogh) le malheureux Nietzsche eut ce regard à déshabiller l'âme, à délivrer le corps de l'âme, à mettre à nu le corps de l'homme, hors des subterfuges de l'esprit. »

signes de l'écriture, dans les lettres, γράμματα. C'est pourquoi la grammaire représente la langue étante tandis que par le flux des paroles, la langue se perd dans l'inconsistant. Ainsi donc, jusqu'à notre époque, la théorie de la langue a été interprétée grammaticalement » (trad. G. Kahn, p. 74). Cela ne contredit pas mais paradoxalement confirme le mépris de la lettre qui, dans le *Phèdre* par exemple, sauve l'écriture métaphorique comme inscription première de la vérité dans l'âme; la sauve et d'abord s'y réfère comme à la plus ferme assurance, et au sens propre de l'écriture (276 *a*).

C'est la métaphore que veut détruire Artaud. C'est avec l'être-debout comme érection métaphorique dans l'œuvre écrite qu'il veut en finir[1]. Cette aliénation dans la métaphore de l'œuvre écrite est le phénomène de la superstition. Et « il faut en finir avec cette superstition des textes et de la poésie écrite » (*le Théâtre et son Double*, V, p. 93-94). La superstition est donc l'essence de notre rapport à Dieu, de notre persécution par le grand furtif. Aussi la sotériologie passe-t-elle par la destruction de l'œuvre et de Dieu. La mort de Dieu[2] assurera notre salut parce qu'elle seule peut réveiller le Divin. Le nom de l'homme — être scato-théologique, être capable de se laisser souiller par l'œuvre et cons-

---

1. « Et je vous l'ai dit : pas d'œuvres, pas de langue, pas de parole, pas d'esprit, rien.

Rien, sinon un beau Pèse-Nerfs.

Une sorte de station incompréhensible et toute droite au milieu de tout dans l'esprit » (*le Pèse-Nerfs*, 1, p. 96).

2. « Car même l'infini est mort, / infini est le nom d'un mort » (in 84, p. 118). Ce qui veut dire que Dieu n'est pas mort à un moment donné de l'histoire mais que Dieu est Mort parce qu'il est le nom de la Mort elle-même, le nom de la mort en moi et de ce qui, me *volant à ma naissance, a entamé* ma vie. Comme Dieu-Mort est la différence dans la vie, il n'a jamais fini de mourir, c'est-à-dire de vivre. « Car même l'infini est mort / infini est le nom d'un mort / qui n'est pas mort » (*ibid.*/. La vie sans différence, la vie sans mort aura seule raison de la mort et de Dieu. Mais ce sera en se niant comme vie, dans la mort, et en devenant Dieu lui-même. Dieu est donc la Mort : la Vie infinie, sans différence, telle qu'elle est attribuée à Dieu par l'onto-théologie ou métaphysique classique (à l'exception ambiguë et remarquable de Hegel) à laquelle Artaud appartient encore. Mais comme la mort est le nom de la différence dans la vie, de la finitude comme essence de la vie, l'infinité de Dieu, comme Vie et Présence, est l'autre nom de la finitude. Mais l'autre nom de la même chose *ne veut pas dire* la même chose que le premier nom, il n'en est pas *synonyme et c'est toute l'histoire.*

tituer par son rapport au Dieu voleur — désigne la corruption historique du Divin innommable. « Et cette faculté est humaine exclusivement. Je dirai même que c'est cette infection de l'humain qui
nous gâte des idées qui auraient dû demeurer divines; car loin de
croire le surnaturel, le divin inventés par l'homme je pense que
c'est l'intervention millénaire de l'homme qui a fini par nous corrompre le divin » (*ibid.*, p. 13). Dieu est donc un péché contre le
divin. L'essence de la culpabilité est scato-théologique. La pensée
à laquelle l'essence scato-théologique de l'homme apparaît comme
telle ne peut être simplement une anthropologie ni un humanisme
métaphysiques. Cette pensée pointe au-delà de l'homme, au-delà
de la métaphysique du théâtre occidental dont « les préoccupations...
puent l'homme invraisemblablement, l'homme provisoire et
matériel, je dirai même l'*homme-charogne* » (IV, p. 51. Cf. aussi 111,
p. 129, où une lettre d'injures à la Comédie-Française dénonce en
termes exprès la vocation scatologique de son concept et de ses
opérations).

Par ce refus de la stance métaphorique dans l'œuvre et malgré
des ressemblances frappantes (ici malgré ce passage au-delà de
l'homme et de Dieu), Artaud n'est pas le fils de Nietzsche. Encore
moins de Hölderlin. En tuant la métaphore (être-debout-hors-
de-soi-dans-l'œuvre-volée), le théâtre de la cruauté nous jettera
vers « une nouvelle idée du *Danger* » (lettre à Marcel Dalio, V, P. 95).
L'aventure du Poème est la dernière angoisse à vaincre avant
l'aventure du Théâtre[1]. Avant l'être en sa propre station.

---

1. C'est pourquoi la poésie en tant que telle reste aux yeux d'Artaud un art abstrait,
qu'il s'agisse de parole ou d'écriture poétiques. Seul le théâtre est art total où se
produit, outre la poésie, la musique et la danse, la surrection du corps lui-même.
Aussi est-ce la pensée d'Artaud en son nerf central qui nous échappe lorsque nous
voyons en lui *d'abord* un poète. Sauf évidemment à faire de la poésie un genre illimité,
c'est-à-dire le théâtre avec son espace réel. Jusqu'où peut-on suivre M. Blanchot lorsqu'il écrit : « Artaud nous a laissé un document majeur, qui n'est rien d'autre qu'un
Art poétique. Je reconnais qu'il y parle du théâtre, mais ce qui est en cause, c'est
l'exigence de la poésie telle qu'elle ne peut s'accomplir qu'en refusant les genres
limités et en affirmant un langage plus originel... il ne s'agit plus alors seulement
de l'espace réel que la scène nous présente, mais d'un *autre* espace... »? Jusqu'à quel
point a-t-on le droit d'ajouter entre crochets « de la poésie » lorsqu'on cite une phrase
d'Artaud définissant « la plus haute idée du théâtre »? (cf. *La cruelle raison poétique*
p. 69).

Comment le théâtre de la cruauté me sauvera-t-il, me rendra-t-il l'institution de ma chair elle-même? Comment empêchera-t-il ma vie de tomber hors de moi? Comment m'évitera-t-il « d'avoir vécu / comme le « Démiurge » / avec / un corps volé par effraction » (in 84, p. 113)?

D'abord en résumant l'organe. La destruction du théâtre classique — et de la métaphysique qu'il met en scène — a pour premier geste la réduction de l'organe. La scène occidentale classique définit un théâtre de l'organe, théâtre de mots, donc d'interprétation, d'enregistrement et de traduction, de dérivation à partir d'un texte pré-établi, d'une table écrite par un Dieu-Auteur et seul détenteur du premier mot. D'un maître gardant la parole volée qu'il prête seulement à ses esclaves, ses metteurs en scène et ses acteurs. « Si donc, l'auteur est celui qui dispose du langage de la parole, et si le metteur en scène est son esclave, il y a là une simple question de mots. Il y a une confusion sur les termes, venue de ce que, pour nous, et suivant le sens qu'on attribue généralement à ce terme de metteur en scène, celui-ci n'est qu'un artisan, un adaptateur, une sorte de traducteur éternellement voué à faire passer une œuvre dramatique d'un langage dans un autre; et cette confusion ne sera possible et le metteur en scène ne sera contraint de s'effacer devant l'auteur que tant qu'il demeurera entendu que le langage des mots est supérieur aux autres, et que le théâtre n'en admet pas d'autre que celui-là » (*le Théâtre et son Double*, IV, p. 143)[1].

---

1. Étrange ressemblance encore d'Artaud à Nietzsche. L'éloge des mystères d'Eleusis (IV, p. 63) et un certain mépris de la latinité (p. 49) la confirmeraient encore. Pourtant une différence s'y cache, disions-nous plus haut lapidairement et c'est ici le lieu de préciser. Dans l'*Origine de la tragédie*, au moment où (§ 19) il désigne la « culture socratique » dans son « contenu le plus intérieur » et sous son nom le plus « aigu » comme « la culture de l'opéra », Nietzsche s'interroge sur la naissance du récitatif et du *stilo rappresentativo*. Cette naissance ne peut nous renvoyer qu'à des instincts contre-nature et étrangers à toute esthétique, apollinienne ou dionysiaque. Le récitatif, l'assujettissement de la musique au livret, répond finalement à la peur et au besoin de sécurité, à la « nostalgie de la vie idyllique », à « la croyance à l'existence préhistorique de l'homme artiste et bon ». « Le récitatif passait pour le langage retrouvé de cet homme de l'origine »... L'opéra était un « moyen de consolation contre le pessimisme » dans une situation de « sinistre insécurité ». Et voici, comme dans *le Théâtre et son double*, la place du texte reconnue comme celle de la maîtrise usurpée et la propre — non métaphorique — pratique de l'esclavage. La disposition du texte est la maîtrise. « L'opéra est le produit de l'homme théorique, du critique novice,

Les différences dont vit la métaphysique du théâtre occidental (auteur-texte/metteur-en-scène-acteurs), sa différenciation et ses relais transforment les « esclaves » en commentateurs, c'est-à-dire en organes. Ici organes d'enregistrement. Or « Il faut croire à un sens de la vie renouvelé par le théâtre, et où l'homme impavide-

---

non de l'artiste : un des faits les plus étranges dans l'histoire de tous les arts. C'était l'exigence d'auditeurs parfaitement étrangers à la musique que celle de comprendre avant tout le Mot ; de telle sorte qu'une renaissance de l'art musical aurait seulement dépendu de la découverte de quelque mode du chant dans lequel le Texte aurait dominé le Contrepoint comme le Maître l'Esclave. » Et ailleurs, à propos de l'accoutumance « à jouir séparément du texte — à la lecture » (le Drame musical grec, in la Naissance de la tragédie, p. 159), à propos des rapports entre le cri et le concept (la Conception dionysiaque du monde, trad. G. Bianquis, ibid., p. 182), à propos des rapports entre « le symbolisme du geste » et le « ton du sujet parlant », à propos de la relation « hiéroglyphique » entre le texte d'un poème et la musique, à propos de l'illustration musicale du poème et du projet de « prêter un langage intelligible à la musique » (« C'est comme si le fils voulait engendrer le père », fragment sur la Musique et le Langage, ibid., p. 214-215), de nombreuses formules annoncent Artaud. Mais ici, comme ailleurs la danse, c'est la musique que Nietzsche veut libérer du texte et de la récitation. Libération sans doute abstraite aux yeux d'Artaud. Seul le théâtre, art total comprenant et utilisant la musique et la danse parmi d'autres formes de langage, peut accomplir cette libération. S'il prescrit souvent la danse, tout comme Nietzsche, Artaud, il faut le noter, ne l'abstrait jamais du théâtre. Quand bien même on la prendrait à la lettre et non, comme nous le disions plus haut, en un sens analogique, la danse ne serait pas tout le théâtre. Artaud ne dirait peut-être pas comme Nietzsche « Je ne peux croire qu'à un Dieu qui saurait danser ». Non seulement parce que, comme le savait Nietzsche, Dieu ne saurait danser, mais parce que la danse seule est un théâtre appauvri. Cette précision était d'autant plus nécessaire que Zarathoustra condamne aussi les poètes et l'œuvre poétique comme aliénation du corps dans la métaphore. Des poètes commence ainsi : « Depuis que je connais mieux le corps, disait Zarathoustra à l'un de ses disciples, l'esprit n'est plus pour moi qu'une métaphore ; et d'une façon générale, l' « éternel » n'est aussi que symbole. — Je te l'ai déjà entendu dire, répondit le Disciple, et tu ajoutas alors : Mais les poètes mentent trop. Pourquoi disais-tu donc que les poètes mentent trop ?... — Ils aiment à se faire passer pour médiateurs, mais à mes yeux ils restent des entremetteurs, des tripoteurs et des malpropres faiseurs de compromis. / Hélas, il est vrai que j'ai un jour jeté mon filet dans leur mer, espérant y prendre de beaux poissons ; mais je n'en ai retiré que la tête de quelque dieu ancien. » Nietzsche méprisait aussi le spectacle (« L'esprit du poète » a besoin de spectateurs, fussent-ils des buffles ») et l'on sait que pour Artaud la visibilité du théâtre devait cesser d'être un objet de spectacle. Il ne s'agit pas, dans cette confrontation, de se demander qui, de Nietzsche ou d'Artaud, est allé le plus loin dans la destruction. A cette question, qui est sotte, nous semblons peut-être répondre Artaud. Dans une autre direction, nous pourrions aussi légitimement soutenir le contraire.

ment se rend le *maître de ce qui n'est pas encore* (nous soulignons), et le fait naître. Et tout ce qui n'est pas né peut encore naître pourvu que nous ne nous contentions pas de demeurer de simples organes d'enregistrement » (*le Théâtre et la Culture*, IV, p. 18).

Mais avant de corrompre la métaphysique du théâtre, ce que nous appellerons la différenciation organique avait fait rage dans le corps. L'*organisation* est l'articulation, l'ajointement des fonctions ou des membres (ἄρθρον, *artus*), le travail et le jeu de leur différenciation. Celle-ci constitue à la fois la membrure et le démembrement de mon (corps) propre. Artaud redoute le corps articulé comme il redoute le langage articulé, le membre comme le mot, d'un seul et même trait, pour une seule et même raison. Car l'articulation est la structure de mon corps et la structure est toujours structure d'expropriation. La division du corps en organes, la différence intérieure de la chair ouvre le manque par lequel le corps s'absente à lui-même, se faisant ainsi passer, se prenant pour l'esprit. Or « il n'y a pas d'esprit, rien que des différenciations de corps » (3-1947). Le corps qui « cherche toujours à se rassembler[1] », s'échappe à lui-même par ce qui lui permet de fonctionner et de s'exprimer, s'écoutant, comme on dit des malades, donc se déroutant de lui-même. « Le corps est le corps,/ il est seul/ et n'a pas besoin d'organes,/ le corps n'est jamais un organisme,/ les organismes sont les ennemis du corps,/ les choses que l'on fait se passent toutes seules sans le concours d'aucun organe,/ tout organe est un parasite,/ il recouvre une fonction parasitaire/ destinée à faire vivre un être qui ne devrait pas être là. » (in 84, p. 101). L'organe accueille donc la différence de l'étranger dans mon corps, il est toujours l'organe de ma déperdition et ceci est d'une vérité si originaire que ni le cœur, organe central de la vie, ni le sexe, organe premier de la vie, ne sauraient y échapper : « C'est ainsi qu'il n'y a de fait rien de plus ignoblement inutile et superflu que l'organe appelé cœur/ qui est le plus sale moyen que les êtres aient pu inventer de pomper la vie en moi./ Les mouvements du cœur ne sont pas autre chose qu'une manœuvre à laquelle l'être se livre sans cesse sur moi pour me prendre ce que je lui refuse sans cesse... » (in 84, p. 103). Plus loin : « Un

1. In *Centre-Nœuds*, Rodez, avril 1946. Publié dans *Juin*, N° 18.

homme vrai n'a pas de sexe » (p. 112) [1]. L'homme vrai n'a pas de sexe car il doit être son sexe. Dès que le sexe devient organe, il me devient étranger, il m'abandonne d'acquérir ainsi l'autonomie arrogante d'un objet enflé et plein de soi. Cette enflure du sexe devenu objet séparé est une sorte de castration. « Il dit me voir dans une grande préoccupation du sexe. Mais du sexe tendu et soufflé comme un objet » (l'Art et la Mort, I, p. 145).

L'organe, lieu de la déperdition parce que son centre a toujours la forme de l'orifice. L'organe fonctionne toujours comme embouchure. La reconstitution et la ré-institution de ma chair suivront donc la fermeture du corps sur soi et la réduction de la structure organique : « J'étais vivant / et j'étais *là* depuis *toujours*. / Mangeai-je ? / Non, / mais quand j'avais faim je reculai avec mon corps et ne me mangeai pas moi-même / mais tout cela s'est décomposé, / une opération étrange avait lieu..... / Dormè-je ? / Non, je ne dormais pas, / il faut être chaste pour savoir ne pas manger. / Ouvrir la bouche, c'est s'offrir aux miasmes. / Alors, pas de bouche ! / Pas de bouche, / pas de langue, / pas de dents, / pas de larynx, / pas d'œsophage, / pas d'estomac, / pas de ventre, / pas d'anus. / Je reconstruirai l'homme que je suis » (nov. 47, in 84, p. 102). Plus loin : « (Il ne s'agit pas spécialement du sexe ou de l'anus / qui sont d'ailleurs à trancher et à liquider,...) » (in 84, p. 125). La reconstitution du corps doit être autarcique, elle ne doit pas se faire prêter la main ; et le corps doit être refait d'une seule pièce. « C'est / moi / qui / me / serai / refait / moi-même / entièrement / ...par moi / qui suis un corps / et n'ai pas en moi de régions » (3-1947).

La danse de la cruauté rythme cette reconstruction et il s'agit encore une fois de la *place à trouver :* « La réalité n'est pas encore construite parce que les organes vrais du corps humain ne sont pas encore composés et placés. / Le théâtre de la cruauté a été créé pour achever cette mise en place et pour entreprendre par une danse nouvelle du corps de l'homme une déroute de ce monde des microbes qui n'est que du néant coagulé. / Le théâtre de la cruauté

---

1. Vingt-deux ans plus tôt, dans *l'Ombilic des Limbes :* « Je ne souffre pas que l'Esprit ne soit pas dans la vie et que la vie ne soit pas l'Esprit, je souffre de l'Esprit-organe, de l' « Esprit-traduction, ou de l'Esprit-intimidation-des-choses pour les faire entrer dans l'Esprit » (I, p. 48).

veut faire danser des paupières couple à couple avec des coudes, des rotules, des fémurs, et des orteils et qu'on le voie » (in 84, p. 101).

Le théâtre ne pouvait donc être un genre parmi d'autres pour Artaud, homme du théâtre avant d'être écrivain, poète ou même homme de théâtre : acteur au moins autant qu'auteur et non seulement parce qu'il a beaucoup joué, n'ayant écrit qu'une seule pièce et manifesté pour un « théâtre avorté »; mais parce que la théâtralité requiert la totalité de l'existence et ne tolère plus l'instance intepétative ni la distinction entre l'auteur et l'acteur. La première urgence d'un théâtre in-organique, c'est l'émancipation à l'égard du texte. Bien qu'on n'en trouve le rigoureux système que dans le *Théâtre et son Double*, la protestation contre la lettre avait été depuis toujours le premier souci d'Artaud. Protestation contre la lettre morte qui s'absente loin du souffle et de la chair. Artaud avait d'abord rêvé d'une graphie qui ne partît point à la dérive, d'une inscription non séparée : incarnation de la lettre et tatouage sanglant. « A la suite de cette lettre [de J. Paulhan, 1923], je travaillai encore un mois à écrire un poème verbalement, et non grammaticalement, réussi. Puis j'y renonçai. La question n'était pas pour moi de savoir ce qui parviendrait à s'insinuer dans les cadres du langage écrit, / mais dans la trame de mon âme en vie. / Par quelques mots entrés au couteau dans la carnation qui demeure, / dans une incarnation qui meure bien sous la travée de la flamme-îlot d'une lanterne d'échafaud,... » (I, p. 9) [1].

Mais le tatouage paralyse le geste et tue la voix qui appartient aussi à la chair. Il réprime le cri et la chance d'une voix encore in-organisée. Et plus tard, projetant de soustraire le théâtre au texte, au souffleur et à la toute-puissance du logos premier, Artaud ne livrera pas simplement la scène au mutisme. Il voudra seulement y resituer, y subordonner une parole qui jusqu'ici énorme,

1. Zarathoustra : *Lire et Ecrire :* « De tout ce qu'on écrit, je n'aime que ce qu'on écrit avec son sang. Ecris avec ton sang, et tu découvriras que le sang est esprit. / Il n'est guère possible de comprendre le sang d'autrui; je hais tous ceux qui lisent en badauds. / Quand on connaît le lecteur, on ne fait plus rien pour le lecteur. Encore un siècle de lecteurs, et l'esprit lui-même sera une puanteur. »

envahissante, omniprésente et pleine de soi, parole soufflée, avait démesurément pesé sur l'espace théâtral. Il faudra maintenant que, sans disparaître, elle se tienne à sa place, et pour cela qu'elle se modifie dans sa fonction même : qu'elle ne soit plus un langage de mots, de termes « dans un sens de définition » (*le Théâtre et son Double*, I, p. 142 et *passim*), de concepts qui terminent la pensée et la vie. C'est dans le silence des mots-définitions que « nous pourrions mieux écouter la vie » (*ibid.*). On réveillera donc l'onomatopée, le geste qui dort dans toute parole classique : la sonorité, l'intonation, l'intensité. Et la syntaxe réglant l'enchaînement des mots-gestes ne sera plus une grammaire de la prédication, une logique de l' « esprit clair » ou de la conscience connaissante. « Quand je dis que je ne jouerai pas de pièce écrite, je veux dire que je ne jouerai pas de pièce basée sur l'écriture et la parole,... et que même la partie parlée et écrite le sera dans un sens nouveau » (p. 133). « Il ne s'agit pas de supprimer la parole articulée, mais de donner aux mots à peu près l'importance qu'ils ont dans les rêves » (p. 112) [1].

Étranger à la danse, immobile et monumental comme une définition, matérialisé c'est-à-dire appartenant à « l'esprit clair », le tatouage est donc encore trop silencieux. Silence d'une lettre libérée, parlant toute seule et prenant plus d'importance que la parole n'en a dans le rêve. Le tatouage est un dépôt, une œuvre, et c'est l'œuvre qu'il faut détruire, on le sait maintenant. A fortiori le chef-d'œuvre : il faut « en finir avec les chefs-d'œuvre » (titre d'un des textes les plus importants du *Théâtre et son Double*, I, p. 89). Ici encore, renverser le pouvoir de l'œuvre littérale, ce n'est pas effacer la lettre : la subordonner seulement à l'instance de l'illisible ou du moins de l'analphabétique. « C'est pour des analphabètes que j'écris [2]. » On le voit dans certaines civilisations

1. Pourquoi ne pas jouer au jeu sérieux des citations rapprochées? On a écrit depuis : « Que le rêve dispose de la parole n'y change rien, vu que pour l'insconcient elle n'est qu'un élément de mise en scène comme les autres ». J. Lacan. *L'instance de la lettre dans l'insconscient ou la raison depuis Freud*, in *Écrits*, p. 511.

2. « Sous la grammaire il y a la pensée qui est un opprobre plus fort à vaincre, une vierge beaucoup plus revêche, beaucoup plus rêche à outrepasser quand on la prend pour un fait inné. / Car la pensée est une matrone qui n'a pas toujours existé. / Mais que les mots enflés de ma vie s'enflent ensuite tout seuls dans le b a ba de l'écrit. C'est pour les analphabètes que j'écris » (I, p. 10-11).

non occidentales, celles qui précisément fascinaient Artaud, l'analphabétisme peut fort bien s'accommoder de la culture la plus profonde et la plus vivante. Les traces inscrites dans le corps ne seront donc pas des incisions graphiques mais les blessures reçues dans la destruction de l'Occident, de sa métaphysique et de son théâtre, les stigmates de cette impitoyable guerre. Car le théâtre de la cruauté n'est pas un nouveau théâtre destiné à escorter quelque nouveau roman modifiant seulement du dedans une tradition inébranlée. Artaud n'entreprend ni un renouvellement, ni une critique, ni une remise en question du théâtre classique : il entend détruire effectivement, activement et non théoriquement, la civilisation occidentale, ses religions, le tout de la philosophie qui fournit ses assises et son décor au théâtre traditionnel sous ses formes en apparence le plus novatrices.

Le stigmate et non le tatouage : ainsi dans l'exposé de ce qui aurait dû être le premier spectacle du théâtre de la cruauté (*la Conquête du Mexique*), incarnant la « question de la colonisation » et qui eût « fait revivre de façon brutale, implacable, sanglante, la fatuité toujours vivace de l'Europe » (*le Théâtre et son Double*, IV, p. 152), le stigmate se substitue au texte : « De ce heurt du désordre moral et de l'anarchie catholique avec l'ordre païen, elle peut faire jaillir des conflagrations inouïes de forces et d'images, semées de-ci de-là de dialogues brutaux. Et ceci par des luttes d'homme à homme portant en eux comme des stigmates les idées les plus opposées » (*ibid*).

Le travail de subversion auquel Artaud avait ainsi depuis toujours soumis l'impérialisme de la lettre avait le sens négatif d'une *révolte* tant qu'il se produisait dans le milieu de la littérature comme telle. C'étaient les premières œuvres autour des lettres à J. Rivière. L'affirmation *révolutionnaire* [1] qui recevra une remar-

---

1. Révolutionnaire au sens plein et en particulier au sens politique. Tout *le Théâtre et son Double* pourrait être lu — il ne peut l'être ici — comme un manifeste politique, au demeurant fort ambigu. Renonçant à l'action politique immédiate, à la guérilla, à ce qui eût été un gaspillage de forces dans l'économie de son intention politique, Artaud entendait préparer un théâtre irréalisable sans la ruine des structures politiques de notre société. « Cher ami, je n'ai pas dit que je voulais agir directement sur l'époque; j'ai dit que le théâtre que je voulais faire supposait pour être possible, pour être admis par l'époque, une autre forme de civilisation » (mai 33, IV, p. 140). La révolution politique doit d'abord arracher le pouvoir à la lettre et au monde des lettres (cf. par

quable expression théorique dans *le Théâtre et son Double* avait néanmoins percé dans le *Théâtre Alfred Jarry* (1926-30). Il y était déjà prescrit de descendre vers une profondeur de la manifestation des forces où la distinction des organes du théâtre (auteur-texte / metteur en scène-acteur-public) ne fût pas encore possible. Or ce système de relais organiques, cette *différance*, n'a jamais été possible qu'à se distribuer autour d'un objet, livre ou livret. La profondeur recherchée est donc celle de l'illisible : « Tout ce qui appartient à l'illisibilité... nous voulons le... voir triompher sur une scène... » (II, p. 23). Dans l'illisibilité théâtrale, dans la nuit qui précède le livre, le signe n'est pas encore séparé de la force [1]. Il n'est pas encore tout à fait un signe, au sens où nous l'entendons, mais il n'est plus une *chose*, ce que nous ne pensons que dans son opposition au signe. Il n'a alors aucune chance de devenir, en tant que tel, texte écrit ou parole articulée; aucune chance de s'élever et de s'enfler au-dessus de l'*energeia* pour revêtir, selon la distinction humboldtienne, l'impassibilité morne et objective de l'*ergon*. Or l'Europe vit sur l'idéal de cette séparation entre la force et le sens comme texte, au moment même où, comme nous le suggérions plus haut, croyant élever l'esprit au-dessus de la lettre, elle lui préfère encore l'écriture métaphorique. Cette dérivation de la force dans le signe divise l'acte théâtral, déporte l'acteur loin de la responsabilité du sens, en fait un interprète se laissant insuffler sa vie et souffler ses mots, recevant son jeu comme un ordre, se soumettant comme une bête au plaisir de la docilité. Il n'est plus alors, comme le public assis, qu'un consommateur, un esthète,

---

exemple le Post-scriptum au *Manifeste pour un théâtre avorté* : au nom de la révolution théâtrale contre les *lettres*, Artaud visant ici les Surréalistes « révolutionnaires au papier de fiente » « agenouillés devant le Communisme », dit son mépris pour la « révolution de paresseux », pour la révolution comme « simple transmission des pouvoirs ». « Il y a des bombes à mettre quelque part, mais à la base de la plupart des habitudes de la pensée présente, européenne ou non. De ces habitudes, Messieurs les Surréalistes sont beaucoup plus atteints que moi. » « La Révolution la plus urgente » serait « une sorte de régression dans le temps »... vers « la mentalité ou même simplement les habitudes de vie du Moyen-Age » (II, p. 25).

1. « La vraie culture agit par son exaltation et par sa force, et l'idéal européen de l'art vise à jeter l'esprit dans une attitude séparée de la force et qui assiste à son exaltation » (IV, p. 15).

un « jouisseur » (cf. IV, p. 15). La scène alors n'est plus cruelle, n'est plus la scène, mais comme un agrément, l'illustration luxueuse du livre. Dans le meilleur des cas un autre genre littéraire. « Le dialogue — chose écrite et parlée — n'appartient pas spécifiquement à la scène, il appartient au livre; et la preuve, c'est que l'on réserve dans les manuels d'histoire littéraire une place au théâtre considéré comme une branche accessoire de l'histoire du langage articulé » (p. 45. Cf. aussi p. 89, 93, 94, 106, 117, 315 etc.).

Se laisser ainsi souffler la parole, c'est, comme l'écrire lui-même, l'archi-phénomène de la *réserve* : abandon de soi au furtif, discrétion, séparation et en même temps accumulation, capitalisation, mise en sécurité aussi dans la décision déléguée ou différée. Laisser la parole au furtif, c'est se rassurer dans la différance, c'est-à-dire dans l'économie. Le théâtre du souffleur construit donc le système de la peur et la tient à distance par la machinerie savante de ses médiations substantialisées. Or on le sait, comme Nietzsche, mais par le théâtre, Artaud veut nous rendre au Danger comme au Devenir. « Le théâtre... est en décadence parce qu'il a rompu... avec le Danger » (IV, p. 51), avec « le Devenir » (p. 84)... « Il semble en un mot que la plus haute idée du théâtre qui soit est celle qui nous réconcilie philosophiquement avec le Devenir » (p. 130).

Refuser l'œuvre, et de se laisser souffler sa parole, son corps et sa naissance par le dieu furtif, c'est donc bien se garder contre le théâtre de la peur multipliant les différences entre moi et moi. Restaurée dans son absolue et terrible proximité, la scène de la cruauté me rendrait ainsi l'immédiate autarcie de ma naissance, de mon corps et de ma parole. Où Artaud a-t-il mieux défini la scène de la cruauté que dans *Ci-Gît*, hors de toute référence apparente au théâtre : « Moi, Antonin Artaud, je suis mon fils, / mon père, ma mère, / et moi »... ?

Mais le théâtre ainsi décolonisé ne succombera-t-il pas sous sa propre cruauté ? Résistera-t-il à son propre danger ? Libéré de la diction, soustrait à la dictature du texte, l'athéisme théâtral ne sera-t-il pas livré à l'anarchie improvisatrice et à l'inspiration capricieuse de l'acteur ? Un autre assujettissement ne se prépare-t-il pas? Un autre dérobement du langage dans l'arbitraire et l'irresponsabilité? Pour parer à ce danger qui intestinement menace le danger lui-même, Artaud, par un étrange mouvement, informe le langage de la cruauté dans une nouvelle écriture : la plus rigoureuse, la plus impérieuse, la plus réglée, la plus mathématique, la plus formelle. Incohérence apparente suggérant une objection hâtive. En vérité la volonté de garder la parole en s'y gardant commande de sa logique toute-puissante et infaillible un renversement qu'il nous faut suivre ici.

A J. Paulhan : « Je ne crois pas que mon Manifeste une fois lu vous puissiez persévérer dans votre objection ou alors c'est que vous ne l'aurez pas lu ou que vous l'aurez mal lu. Mes spectacles n'auront rien à voir avec les improvisations de Copeau. Si fort qu'ils plongent dans le concret, dans le dehors, qu'ils prennent pied dans la nature ouverte et non dans les chambres fermées du cerveau, ils ne sont pas pour cela livrés au caprice de l'inspiration inculte et irréfléchie de l'acteur; surtout de l'acteur moderne qui, sorti du texte, plonge et ne sait plus rien. Je n'aurais garde de livrer à ce hasard le sort de mes spectacles et du théâtre. Non » (sept. 32, IV, p. 131). « Je me livre à la fièvre des rêves, mais c'est pour en retirer de nouvelles lois. Je recherche la multiplication, la finesse, l'œil intellectuel dans le délire, non la vaticination hasardée » (*Manifeste en langage clair*, I, p. 239).

S'il faut donc renoncer « à la superstition théâtrale du texte et à la dictature de l'écrivain » (p. 148), c'est que celles-ci n'ont pu s'imposer qu'à la faveur d'un certain modèle de parole et d'écriture : parole représentative d'une pensée claire et prête, écriture (alphabétique ou en tout cas phonétique) représentative d'une parole représentative. Le théâtre classique, théâtre de spectacle, était la représentation de toutes ces représentations. Or cette différance, ces délais, ces relais représentatifs détendent et libèrent le jeu du signifiant, multipliant ainsi les lieux et les moments du dérobement. Pour que le théâtre ne soit ni soumis à cette structure de langage ni abandonné à la spontanéité de l'inspiration furtive, on devra le régler selon la nécessité d'un autre langage et d'une autre écriture. Hors de l'Europe, dans le théâtre balinais, dans les vieilles cosmogonies mexicaine, hindoue, iranienne, égyptienne, etc., on cherchera sans doute des thèmes mais aussi parfois des modèles d'écriture. Cette fois, non seulement l'écriture ne sera plus transcription de la parole, non seulement elle sera l'écriture *du* corps lui-même, mais elle se produira, dans les mouvements du théâtre, selon les règles du hiéroglyphe, d'un système de signes où ne commande plus l'institution de la voix. « Le chevauchement des images et des mouvements aboutira, par des collusions d'objets, de silences, de cris et de rythmes, à la création d'un véritable langage physique à base de signes et non plus de mots » (IV, p. 149). Les mots eux-mêmes, redevenus signes physiques non transgressés vers le concept mais « pris dans un sens incantatoire, vraiment magique, — pour leur forme, leurs émanations sensibles » *(ibid)* cesseront d'aplatir l'espace théâtral, de le coucher à l'horizontale comme faisait la parole logique; ils en restitueront le « volume » et l'utiliseront « dans ses dessous » *(ibid)*. Ce n'est pas un hasard, dès lors, si Artaud dit « hiéroglyphe » plutôt qu'idéogramme : « L'esprit des plus antiques hiéroglyphes présidera à la création de ce langage théâtral pur » *(ibid.,* cf. aussi, en particulier, p. 73, 107 sq). (En disant hiéroglyphe, Artaud pense seulement au *principe* des écritures dites hiéroglyphiques qui, on le sait, n'ignorent pas *en fait* le phonétisme.)

Non seulement la voix ne donnera plus d'ordre mais elle devra se laisser rythmer par la loi de cette écriture théâtrale. La seule façon d'en finir avec la liberté de l'inspiration et avec la parole soufflée, c'est de créer une maîtrise absolue du souffle dans un système d'écriture non phonétique. D'où *Un athlétisme affectif*, ce texte étrange où Artaud cherche les lois du souffle dans la Kabbale ou dans le *Yin et Yang*, et veut « avec l'hiéroglyphe d'un souffle retrouver une idée du théâtre sacré » (IV, p. 163). Ayant toujours préféré le cri à l'écrit, Artaud veut maintenant élaborer une rigoureuse écriture du cri, et un système codifié des onomatopées, des expressions et des gestes, une véritable pasigraphie théâtrale portant au-delà des langues empiriques [1], une grammaire universelle de la cruauté : « Les dix mille et une expressions du visage prises à l'état de masques, pourront être étiquetées et cataloguées, en vue de participer directement et symboliquement à ce langage

---

1. Le souci de l'écriture universelle transparaît aussi dans les *Lettres de Rodez*. Artaud y prétendait avoir écrit dans « une langue qui n'était pas le Français, mais que tout le monde pouvait lire, à quelque nationalité qu'il appartînt » (à H. Parisot).

concret » (p. 112). Artaud veut même retrouver sous leur contingence apparente la nécessité des productions de l'inconscient (cf. p. 96) en calquant en quelque sorte l'écriture théâtrale sur l'écriture originaire de l'inconscient, celle peut-être dont Freud parle dans la *Notiz über den « Wunderblock »* comme d'une écriture qui s'efface et se retient elle-même, après nous avoir pourtant prévenu dans la *Traumdeutung*, contre la métaphore de l'inconscient, texte original subsistant à côté de l'*Umschrift*, et après avoir comparé, dans un petit texte de *1913*, le rêve « plutôt qu'à un langage », à « un système d'écriture » et même d'écriture « hiéroglyphique ».

Malgré les apparences, entendons malgré le tout de la métaphysique occidentale, cette formalisation mathématicienne libérerait la fête et la génialité refoulées. « Que cela choque notre sens européen de la liberté scénique et de l'inspiration spontanée, c'est possible, mais que l'on ne dise pas que cette mathématique est créatrice de sécheresse ni d'uniformité. La merveille est qu'une sensation de richesse, de fantaisie, de généreuse prodigalité se dégage de ce spectacle réglé avec une minutie et une conscience affolantes » (p. 67 cf. aussi p. 72). « Les acteurs avec leurs costumes composent de véritables hiéroglyphes qui vivent et se meuvent. Et ces hiéroglyphes à trois dimensions sont à leur tour surbrodés d'un certain nombre de gestes, de signes mystérieux qui correspondent à l'on ne sait quelle réalité fabuleuse et obscure que nous autres, gens d'Occident, avons définitivement refoulée » (p. 73-74).

Comment cette libération et cet exhaussement du réprimé sont-ils possibles ? et non pas en dépit mais à la faveur de cette codification totalitaire et de cette rhétorique des forces ? A la faveur de la *cruauté* qui signifie d'abord « rigueur » et « soumission à la nécessité » (p. 121) ? C'est que, interdisant le hasard, réprimant le jeu de la machine, cette nouvelle information théâtrale suture toutes les failles, toutes les ouvertures, toutes les différences. Leur origine et leur mouvement actif, le différer, la différance, sont *refermés*. Alors, définitivement, nous est rendue la parole dérobée. Alors la cruauté s'apaise-t-elle peut-être dans son absolue proximité retrouvée, dans une autre résumption du devenir, dans la perfection et *l'économie* de sa remise en scène. « Moi, Antonin Artaud, je suis mon fils, / mon père, ma mère, / et moi. » Telle est, selon le désir déclaré d'Artaud, la *loi de la maison*, la première organisation d'un espace d'habitation, l'archi-scène. Celle-ci est alors *présente*, rassemblée dans sa présence, *vue*, maîtrisée, terrible et apaisante.

Ce n'est pas à la faveur de l'écriture mais entre deux écritures que la différance furtive avait pu s'insinuer, mettant ma vie hors d'œuvre et faisant de son origine, de ma chair, l'exergue et le gisant essoufflé de mon discours. Il fallait par l'écriture faite chair, par l'hiéroglyphe théâtral, détruire le double, effacer l'écriture *apo-cryphe* qui, me dérobant l'être comme vie, me tenait à distance de la force cachée. Maintenant le discours peut rejoindre sa naissance dans une parfaite et permanente présence à soi. « Il arrive que ce maniérisme, cet hiératisme excessif, avec son alphabet roulant, avec ses cris de pierres qui se fendent, avec ses bruits de branches, ses bruits de coupes et de roulements de bois, compose dans l'air, dans l'espace, aussi bien visuel que sonore, une sorte de susurrement matériel et animé. Et au bout d'un instant l'identification magique est faite : NOUS SAVONS QUE C'EST NOUS QUI PARLIONS » (p. 80. Artaud souligne). Savoir *présent* du *propre-passé* de notre parole.

Identification magique, bien sûr. La différence des temps suffirait à en témoigner. C'est peu de dire qu'elle est magique. On pourrait montrer qu'elle est l'essence même de la magie. Magique et de surcroît introuvable. Introuvable, « la grammaire de ce nouveau langage » dont Artaud concède qu'elle « est encore à trouver » (p. 132). Artaud a dû *en fait*, contre toutes ses intentions, réintroduire le préalable du texte écrit, dans des « spectacles »... « rigoureusement composés et *fixés* une fois pour toutes avant d'être joués » (V, p. 41). « ... Tous ces tâtonnements, ces recherches, ces chocs, aboutiront tout de même à une œuvre, à une composition *inscrite* [souligné par Artaud], fixée dans ses moindres détails, et notée avec des moyens de notation nouveaux. La composition, la création, au lieu de se faire dans le cerveau d'un auteur, se feront dans la nature même, dans l'espace réel, et le résultat définitif demeurera aussi rigoureux et aussi déterminé que celui de n'importe quelle œuvre écrite, avec une immense richesse objective en plus » (p. 133-34. Cf. aussi p. 118 et p. 153). Même si Artaud n'avait pas dû, comme *il l'a fait*[1], rendre ses droits à l'œuvre et à l'œuvre écrite, son projet même (la réduction de l'œuvre et de la différence, donc de l'historicité) n'indique-t-il pas l'essence même de la folie ? Mais cette folie, comme métaphysique de la vie inaliénable et de l'indifférence historique, du « Je dis / de par-dessus / le temps » *(Ci-gît)*, dénonçait, non moins légitimement, dans un geste n'offrant aucun surplomb à une autre métaphysique, l'*autre* folie comme métaphysique vivant *dans* la différence, dans la métaphore et dans l'œuvre, donc dans l'aliénation, sans les penser *comme telles*, au-delà de la métaphysique. La folie est aussi bien l'aliénation que l'inaliénation. L'œuvre ou l'absence d'œuvre. Ces deux déterminations s'affrontent indéfiniment dans le champ clos de la métaphysique comme s'affrontent dans l'histoire ceux qu'Artaud appelle « les aliénés évidents » ou « authentiques » et les autres. S'affrontent, s'articulent et s'échangent nécessairement dans les catégories, reconnues ou non, mais toujours reconnaissables, d'un seul discours historico-métaphysique. Les concepts de folie, d'aliénation ou d'inaliénation appartiennent irréductiblement à l'histoire de la métaphysique. Plus étroitement : à cette époque de la métaphysique déterminant l'être comme vie d'une subjectivité propre. Or la différence — ou la différance, avec toutes les modifications qui se sont chez Artaud dénudées — ne peut se penser comme telle qu'au-delà de la métaphysique, vers la Différence — ou la Duplicité — dont

---

1. Artaud n'a pas seulement réintroduit l'œuvre écrite dans sa théorie du théâtre, il est aussi, en fin de compte, l'auteur d'une œuvre. Et le sait. Dans une lettre de 1946 (citée par M. Blanchot in *l'Arche*, 27-28, 1948, p. 133), il parle de ces « deux très courts livres » *(l'Ombilic* et *le Pèse-Nerfs)* qui « roulent sur cette absence profonde, invétérée, endémique de toute idée ». « Sur le moment, ils m'ont paru pleins de lézardes, de failles, de platitudes et comme farcis d'avortements spontanés... Mais après vingt ans écoulés, ils m'apparaissent stupéfiants, non de réussite par rapport à moi, mais par rapport à l'inexprimable. C'est ainsi que les œuvres prennent de la bouteille et que *mentent* toutes par rapport à l'écrivain, elles constituent par elles-mêmes une vérité bizarre... Un inexprimable exprimé par des œuvres qui ne sont que des débâcles présentes... ». Alors, pensant au refus crispé de l'œuvre, ne peut-on dire avec la même intonation le contraire de ce que dit M. Blanchot dans *le Livre à venir ?* Non pas « naturellement, ce n'est pas une œuvre » (p. 49) mais « naturellement, ce n'est encore qu'une œuvre » ? Dans cette mesure, elle autorise l'effraction du commentaire et la violence de l'exemplification, celle-là même que nous n'avons pu éviter, au moment où nous entendions nous en défendre. Mais peut-être comprenons-nous mieux maintenant la nécessité de cette incohérence.

parle Heidegger. On pourrait croire que celle-ci, ouvrant et à la fois recouvrant la vérité, ne distinguant rien en fait, complice invisible de toute parole, est le pouvoir furtif lui-même, si ce n'était confondre la catégorie métaphysique et métaphorique du furtif avec ce qui la rend possible. Si la « destruction [1] » de l'histoire de la métaphysique n'est pas, au sens rigoureux où l'entend Heidegger, un simple dépassement, on pourrait alors, séjournant en un lieu qui n'est ni dans ni hors de cette histoire, s'interroger sur ce qui lie le concept de la folie au concept de la métaphysique en général : celle qu'Artaud détruit et celle qu'il s'acharne encore à construire ou à préserver dans le même mouvement. Artaud se tient sur la limite et c'est sur cette limite que nous avons tenté de le lire. Par toute une face de son discours, il détruit une tradition qui vit *dans* la différence, l'aliénation, le négatif sans en voir l'origine et la nécessité. Pour réveiller cette tradition, Artaud la rappelle en somme à ses propres motifs : la présence à soi, l'unité, l'identité à soi, le propre, etc. En ce sens, la « métaphysique » d'Artaud, dans ses moments les plus critiques, accomplit la métaphysique occidentale, sa visée la plus profonde et la plus permanente. Mais par un autre tour de son texte, le plus difficile, Artaud affirme la loi *cruelle*, (c'est-à-dire, au sens où il entend ce dernier mot, nécessaire) de la différence ; loi cette fois portée à la conscience et non plus vécue dans la naïveté métaphysique. Cette duplicité du texte d'Artaud, à la fois plus et moins qu'un stratagème, nous a sans cesse obligé à passer de l'autre côté de la limite, à montrer ainsi la clôture de la présence en laquelle il devait s'enfermer pour dénoncer l'implication naïve dans la différence. Alors, les différents passant sans cesse et très vite l'un dans l'autre, et l'expérience *critique de la différence ressemblant* à l'implication naïve et *métaphysique dans la différence*, on peut paraître, à un regard non exercé, critiquer la métaphysique d'Artaud à partir de la métaphysique alors qu'on repère une complicité fatale. A travers elle se dit l'appartenance nécessaire de tous les discours destructeurs, qui doivent habiter les structures qu'ils abattent et y abriter un désir indestructible de présence pleine, de non-différence : à la

---

1. Et la folie se laisse aujourd'hui « détruire » de la même destruction que la métaphysique onto-théologique, que l'œuvre et le livre. Nous ne disons pas le texte.

fois vie et mort. Telle est la question que nous avons voulu *poser*, au sens où l'on pose un filet, entourant une limite de tout un réseau textuel, obligeant à substituer le *discours*, le détour obligé par des lieux, à la ponctualité de la *position*. Sans la durée et les traces nécessaires de ce texte, chaque position vire aussitôt dans son contraire. Cela aussi obéit à une loi. La transgression de la métaphysique par ce « penser » qui, nous dit Artaud, n'a pas encore commencé, risque toujours de retourner à la métaphysique. Telle est la question dans laquelle *nous sommes posés*. Question encore et toujours enveloppée chaque fois qu'une parole, protégée par les bornes d'un champ, se laissera de loin provoquer par l'énigme de chair qui voulut s'appeler proprement Antonin Artaud *.

---

* Longtemps après avoir écrit ce texte, je lis dans une lettre d'Artaud à P. Loeb (cf. *Lettres Nouvelles*, N° 59, avril 1958) :

> « ce trou de creux entre deux soufflets
> de force
> *qui n'étaient pas...* »

(septembre 1969).

FREUD
ET LA SCÈNE DE L'ÉCRITURE

Ce texte est le fragment d'une conférence prononcée à l'*Institut de psychanalyse* (Séminaire du Dr Green). Il s'agissait alors d'ouvrir un débat autour de certaines propositions avancées dans des essais antérieurs, notamment dans *De la grammatologie* (*Critique*, 223/4).

Ces propositions — qui resteront ici présentes, en arrière-plan — avaient-elles leur place dans le champ d'une interrogation psychanalytique? Au regard d'un tel champ, où se tenaient-elles quant à leurs concepts et à leur syntaxe?

La première partie de la conférence touchait à la plus grande généralité de cette question. Les concepts centraux en étaient ceux de *présence* et d'*architrace*. Nous indiquons sèchement par leur titre les principales étapes de cette première partie.

1. Malgré les apparences, la déconstruction du logocentrisme n'est pas une psychanalyse de la philosophie.

Ces apparences : analyse d'un refoulement et d'une répression historique de l'écriture depuis Platon. Ce refoulement constitue l'origine de la philosophie comme *épistémè*; de la vérité comme unité du *logos* et de la *phonè*.

Refoulement et non oubli; refoulement et non exclusion. Le refoulement, dit bien Freud, ne repousse, ne fuit ni n'exclut une force extérieure, il contient une représentation intérieure, dessinant au-dedans de soi un espace de répression. Ici, ce qui représente une force en l'espèce de l'écriture — intérieure et essentielle à la parole — a été contenu hors de la parole.

Refoulement non réussi : en voie de déconstitution historique. C'est cette déconstitution qui nous intéresse, c'est cette non-réussite qui confère à son devenir une certaine lisibilité et en limite l'opacité historique. « Le refoulement malheureux aura plus de titre à notre intérêt, dit Freud, que celui qui connaît quelque réussite et qui le plus souvent se soustrait à notre étude » (*G. W.*, x, p. 256).

La forme *symptomatique* du retour du refoulé : la métaphore de l'écriture qui hante le discours européen, et les contradictions systématiques dans l'exclusion onto-théologique de la trace. Le refoulement de l'écriture comme de ce qui menace la présence et la maîtrise de l'absence.

L'énigme de la présence « pure et simple » comme duplication, répétition originaire, auto-affection, différance. Distinction entre la maîtrise de l'absence comme parole et comme écriture. L'écriture dans la parole. Hallucination comme parole et hallucination comme écriture.

Le rapport entre *phonè* et conscience. Le concept freudien de représentation verbale comme préconscience. Le logo-phonocentrisme n'est pas une erreur philosophique ou historique dans laquelle se serait accidentellement, pathologiquement précipitée l'histoire de la philosophie, de l'Occident, voire du monde, mais bien un mouvement et une structure nécessaires et nécessairement finis : histoire de la possibilité symbolique *en général* (avant la distinction entre l'homme et l'animal et même entre vivant et non-vivant); histoire de la différance, histoire comme différance; qui trouve dans la philosophie comme *épistémè*, dans la forme européenne du projet métaphysique ou onto-théologique la manifestation privilégiée, mondialement maîtresse de la dissimulation, de la censure en général du texte en général.

2. Essai de justification d'une réticence théorique à utiliser les concepts freudiens autrement qu'entre guillemets : ils appartiennent tous, sans aucune exception, à l'histoire de la métaphysique, c'est à dire au système de répression logocentrique qui s'est organisé pour exclure ou abaisser, mettre dehors et en bas, comme métaphore didactique et technique, comme matière servile ou excrément, le corps de la trace écrite.

Par exemple, la répression logocentrique n'est pas intelligible à partir du concept freudien de refoulement; elle permet au contraire de comprendre comment un refoulement individuel et original est rendu possible dans l'horizon d'une culture et d'une appartenance historique.

Pourquoi il ne s'agit ni de suivre Jung ni de suivre le concept freudien de trace mnésique héréditaire. Sans doute le discours freudien — sa syntaxe ou, si l'on veut, son travail, — ne se confond-il pas avec ces concepts nécessairement métaphysiques et traditionnels. Sans doute ne s'épuise-t-il pas dans cette appartenance. En témoignent déjà les précautions et le « nominalisme » avec lesquels Freud manie ce qu'il appelle les conventions et les hypothèses conceptuelles. Et une pensée de la différence s'attache moins aux concepts qu'au discours. Mais le sens historique et théorique de ces précautions n'a jamais été réfléchi par Freud.

Nécessité d'un immense travail de déconstruction de ces concepts et des phrases métaphysiques qui s'y condensent et s'y sédimentent. Des complicités métaphysiques de la psychanalyse et des sciences dites humaines (les concepts de présence, de perception, de réalité, etc.). Le phonologisme linguistique.

Nécessité d'une question explicite sur le sens de la présence en général : comparaison entre la démarche de Heidegger et celle de Freud. L'époque de la présence, au sens heideggerien, et sa nervure centrale, de Descartes à Hegel : la présence comme conscience, la présence à soi pensée dans l'opposition conscient/inconscient. Les concepts d'archi-trace et de différance : pourquoi ils ne sont ni freudiens ni heideggeriens.

La différance, pré-ouverture de la différence ontico-ontologique (cf. *De la grammatologie*, p. 1029) et de toutes les différences sillonnant la conceptualité freudienne, telles qu'elles peuvent, ce n'est qu'un exemple, s'organiser autour de la différence entre le « plaisir » et la « réalité » ou en dériver. La différence entre le principe de plaisir et le principe de réalité, par exemple, n'est pas seulement ni d'abord une distinction, une extériorité, mais la possibilité originaire, dans la vie, du détour, de la différance (*Aufschub*) et de l'économie de la mort (cf. *Jenseits. G.W.*, XIII, p. 6).

Différance et identité. La différance dans l'économie du même. Nécessité de soustraire le concept de trace et de différance à toutes les oppositions conceptuelles classiques. Nécessité du concept d'archi-trace et de la rature de l'archie. Cette rature maintenant la lisibilité de l'archie signifie le rapport d'appartenance *pensée* à l'histoire de la métaphysique (*De la grammatologie*, II, p. 32).

En quoi les concepts freudiens d'écriture et de trace seraient-ils encore menacés par la métaphysique et le positivisme ? De la complicité de ces deux menaces dans le discours de Freud.

> *Worin die Bahnung sonst besteht, bleibt dahingestellt.*
>
> En quoi consiste d'ailleurs le frayage, la question en reste ouverte. (*Esquisse d'une psychologie scientifique*, 1895.)

Notre ambition est très limitée : reconnaître dans le texte de Freud quelques points de repère et isoler, au seuil d'une réflexion organisée, ce qui de la psychanalyse se laisse mal contenir dans la clôture logocentrique, telle qu'elle limite non seulement l'histoire de la philosophie mais le mouvement des « sciences humaines », notamment d'une certaine linguistique. Si la percée freudienne a une originalité historique, elle ne la tient pas de la coexistence pacifique ou de la complicité théorique avec cette linguistique, du moins en son phonologisme congénital.

Or ce n'est pas un hasard si Freud, dans les moments décisifs de son itinéraire, recourt à des modèles métaphoriques qui ne sont pas empruntés à la langue parlée, aux formes verbales, ni même à l'écriture phonétique, mais à une graphie qui n'est jamais assujettie, extérieure et postérieure à la parole. Freud en appelle à des signes qui ne viennent pas transcrire une parole vive et pleine, présente à soi et maîtresse de soi. A vrai dire, et ce sera notre problème, Freud alors *ne se sert pas simplement* de la métaphore de l'écriture non phonétique; il ne juge pas expédient de manier des métaphores scripturales à des fins didactiques. Si cette métaphorique est indispensable, c'est qu'elle éclaire peut-être en retour le sens de la trace en général et par suite, s'articulant avec lui, le sens de l'écriture au sens courant. Freud ne manie sans doute pas des métaphores, si manier des métaphores, c'est faire du connu allusion à l'inconnu. Par l'insistance de son investissement métaphorique, il rend énigmatique au contraire ce qu'on croit connaître sous le nom d'écriture. Un mouvement inconnu de la philosophie classique se produit peut-être ici, quelque part entre l'implicite et l'explicite. Depuis Platon et Aristote, on n'a cessé *d'illustrer* par des images graphiques les rapports de la raison et de l'expérience, de la perception et de la mémoire. Mais une confiance n'a jamais cessé de s'y rassurer dans le sens du terme connu et familier, à savoir de l'écriture. Le geste esquissé par Freud interrompt cette assurance et ouvre un nouveau type de question sur la métaphoricité, l'écriture et l'espacement en général.

Laissons-nous guider dans notre lecture par cet investissement métaphorique. Il finira par envahir la totalité du psychique. Le *contenu* du psychique sera *représenté* par un texte d'essence irréductiblement graphique. La *structure* de l'*appareil* psychique sera *représentée* par une machine d'écriture. Quelles questions ces représentations nous imposeront-elles ? Il ne faudra pas se demander si un appareil d'écriture, par exemple celui que décrit la *Note sur le bloc magique*, est une *bonne* métaphore pour représenter le fonctionnement du psychisme ; mais quel appareil il faut créer pour représenter l'écriture psychique, et ce que signifie, quant à l'appareil et quant au psychisme, l'imitation projetée et libérée dans une machine, de quelque chose comme l'écriture psychique. Non pas si le psychisme est bien une sorte de texte mais : qu'est-ce qu'un texte et que doit être le psychique pour être représenté par un texte ? Car s'il n'y a ni machine ni texte sans origine psychique, il n'y a pas de psychique sans texte. Quel doit être enfin le rapport entre le psychique, l'écriture et l'espacement pour qu'un tel passage métaphorique soit possible, non seulement ni d'abord à l'intérieur d'un discours théorique mais dans l'histoire du psychisme, du texte et de la technique ?

Le frayage et la différence.

De l'*Esquisse* (1895) à la *Note sur le bloc magique* (1925), étrange progression : une problématique du frayage s'élabore pour se conformer de plus en plus à une métaphorique de la trace écrite. Depuis un système de traces fonctionnant selon un modèle que Freud aurait voulu naturel et dont l'écriture est parfaitement absente, on s'oriente vers une configuration de traces qu'on ne peut plus représenter que par la structure et le fonctionnement d'une écriture. En même temps, le modèle structural de l'écriture auquel Freud fait appel aussitôt après l'*Esquisse* ne cesse de se différencier et d'aiguiser son originalité. Tous les modèles mécaniques seront essayés et abandonnés jusqu'à la découverte du

Wunderblock, machine d'écriture d'une merveilleuse complexité, dans laquelle on projettera le tout de l'appareil psychique. La solution de toutes les difficultés antérieures y sera représentée, et la *Note,* signe d'une admirable ténacité, répondra très précisément aux questions de l'*Esquisse.* Le *Wunderblock,* en chacune de ses pièces, réalisera l'appareil que Freud, dans l'*Esquisse,* jugeait « pour le moment inimaginable » (« Un appareil qui accomplirait une opération aussi compliquée, nous ne pouvons pour le moment l'imaginer ») et qu'il avait alors suppléé par une fable neurologique dont il n'abandonnera jamais, d'une certaine manière, ni le schéma ni l'intention.

Il s'agissait en 1895 d'expliquer la mémoire dans le style des sciences naturelles, de « proposer une psychologie comme science naturelle, c'est-à-dire de représenter les événements psychiques comme états quantitativement déterminés de particules matérielles distinctes ». Or, « une des propriétés principales du tissu nerveux est la mémoire, c'est-à-dire, d'une manière tout à fait générale, l'aptitude à être altéré d'une manière durable par des événements qui ne se produisent qu'une fois ». Et « toute théorie psychologique digne d'attention doit proposer une explication de la « mémoire » ». La croix d'une telle explication, ce qui rend l'appareil presque inimaginable, c'est qu'il lui faut rendre compte à la fois, comme le fera la *Note,* trente ans plus tard, de la permanence de la trace et de la virginité de la substance d'accueil, de la gravure des sillons et de la nudité toujours intacte de la surface réceptive ou perceptive : ici des neurones. « Les neurones doivent donc être impressionnés mais aussi bien inaltérés, non prévenus *(unvoreingenommen).* » Refusant la distinction, courante à son époque, entre « cellules de perception » et « cellules de souvenirs », Freud construit alors l'hypothèse des « grilles de contact » et du « frayage » *(Bahnung),* de la percée du chemin *(Bahn).* Quoi qu'on pense de la fidélité ou des ruptures à venir, cette hypothèse est remarquable, dès lors qu'on la considère comme un modèle métaphorique et non comme une description neurologique. Le frayage, le chemin tracé ouvre une voie conductrice. Ce qui suppose une certaine violence et une certaine résistance devant l'effraction. La voie est rompue, brisée, *fracta,* frayée. Or il y aurait deux sortes de neurones : les neurones perméables (φ)

n'offrant aucune résistance et ne retenant donc aucune trace des impressions seraient les neurones de la perception; d'autres neurones (ψ) opposeraient des grilles de contact à la quantité d'excitation et en garderaient ainsi la trace imprimée : ils « offrent donc une possibilité de se représenter *(darzustellen)* la mémoire ». Première représentation, première mise en scène de la mémoire. (La *Darstellung,* c'est la représentation, au sens effacé de ce mot mais aussi souvent au sens de la figuration visuelle, et parfois de la représentation théâtrale. Notre traduction variera selon l'inflexion du contexte.) Freud n'accorde la qualité psychique qu'à ces derniers neurones. Ils sont les « porteurs de la mémoire, et donc probablement des événements psychiques en général ». La mémoire n'est donc pas une propriété du psychisme parmi d'autres, elle est l'essence même du psychisme. Résistance et par là même ouverture à l'effraction de la trace.

Or à supposer que Freud n'entende ici parler que le langage de la quantité pleine et présente, à supposer, comme c'est du moins l'apparence, qu'il entende s'installer dans l'opposition simple de la quantité et de la qualité (celle-ci étant réservée à la transparence pure d'une perception sans mémoire), le concept de frayage s'y montre intolérant. L'égalité des résistances au frayage ou l'équivalence des forces de frayage réduirait toute *préférence* dans le choix des itinéraires. La mémoire serait paralysée. La différence entre les frayages, telle est la véritable origine de la mémoire et donc du psychisme. Seule cette différence libère la « préférence de la voie » *(Wegbevorzugung)* : « La mémoire est représentée *(dargestellt)* par les différences de frayages entre les neurones ψ ». On ne doit donc pas dire que le frayage sans la différence ne suffit pas à la mémoire; il faut préciser qu'il n'y a pas de frayage pur sans différence. La trace comme mémoire n'est pas un frayage pur qu'on pourrait toujours récupérer comme présence simple, c'est la différence insaisissable et invisible entre les frayages. On sait donc déjà que la vie psychique n'est ni la transparence du sens ni l'opacité de la force mais la différence dans le travail des forces. Nietzsche le disait bien.

Que la quantité devienne ψυχή et μνήμη par les différences plus que par les plénitudes, cela ne cesse ensuite de se confirmer dans l'*Esquisse* même. La *répétition* n'ajoute aucune quantité de force présente, aucune *intensité,* elle réédite la même impression : elle a pourtant pouvoir de frayage. « La mémoire, c'est-à-dire la force *(Macht),* toujours à l'œuvre, d'une expérience, dépend d'un facteur qu'on appelle la quantité de l'impression, et de la fréquence de répétition de la même impression ». Le nombre de répétitions s'ajoute donc à la quantité $(Q\eta)$ de l'excitation et ces deux quantités sont de deux ordres absolument hétérogènes. Il n'est de répétitions que discrètes et elles n'agissent comme telles que par le diastème qui les tient écartées. Enfin, si le frayage peut suppléer la quantité présentement à l'œuvre ou s'y ajouter, c'est qu'il lui est certes analogue mais aussi autre : la quantité « peut être remplacée par la quantité plus le frayage qui en résulte ». Cet autre de la quantité pure, ne nous hâtons pas de le déterminer comme qualité : on transformerait la force mnésique en conscience présente et perception translucide des qualités présentes. Ainsi, ni la différence entre les quantités pleines, ni l'interstice entre les répétitions de l'identique, ni le frayage lui-même ne se laissent penser dans l'opposition de la quantité et de la qualité [1]. La mémoire n'en peut dériver, elle échappe aux prises d'un « naturalisme » aussi bien que d'une « phénoménologie ».

Toutes ces différences dans la production de la trace peuvent être réinterprétées comme moments de la différance. Selon un motif qui ne cessera de gouverner la pensée de Freud, ce mouvement est décrit comme effort de la vie se protégeant elle-même en *différant* l'investissement dangereux, c'est-à-dire en constituant une *réserve (Vorrat).* La dépense ou la présence menaçantes sont différées à l'aide du frayage ou de la répétition. N'est-ce pas déjà le détour *(Aufschub)* instaurant le rapport du plaisir à la réalité *(Jenseits,* déjà cité)? N'est-ce pas déjà la mort au principe d'une vie qui ne peut se défendre contre la mort que par l'*économie*

---

1. Ici plus qu'ailleurs, à propos des concepts de différence, de quantité et de qualité, une confrontation systématique s'imposerait entre Nietzsche et Freud. Cf. par exemple, entre beaucoup d'autres, ce fragment du *Nachlass :* « Notre « connaître » se limite à l'établissement de « quantités »; mais nous ne pouvons nous empêcher de ressentir ces différences-de-quantité comme des *qualités.* La qualité est une vérité *perspective* pour *nous ;* non « en soi »... Si nos sens devenaient dix fois plus aigus ou plus émoussés, nous sombrerions : c'est-à-dire que nous ressentons aussi les *rapports-de-quantité* comme qualités en les rapportant à l'existence qu'ils rendent possible pour nous » *(Werke* III, p. 861).

de la mort, la différance, la répétition, la réserve? Car la répétition ne *survient* pas à l'impression première, sa possibilité est déjà là, dans la résistance offerte *la première fois* par les neurones psychiques. La résistance elle-même n'est possible que si l'opposition des forces dure ou se répète originairement. C'est l'idée même de *première fois* qui devient énigmatique. Ce que nous avançons ici ne nous paraît pas contradictoire avec ce que Freud dira plus loin « ... le frayage est probablement le résultat du passage unique *(einmaliger)* d'une grande quantité ». A supposer que cette affirmation ne renvoie pas de proche en proche au problème de la phylogénèse et des frayages héréditaires, on peut encore soutenir que dans la *première fois* du contact entre *deux* forces, la répétition a commencé. La vie est déjà menacée par l'origine de la mémoire qui la constitue et par le frayage auquel elle résiste, par l'effraction qu'elle ne peut contenir qu'à la répéter. C'est parce que le frayage fracture que, dans l'*Esquisse,* Freud reconnaît un privilège à la douleur. D'une certaine manière, il n'y a pas de frayage sans un commencement de douleur et « la douleur laisse derrière elle des frayages particulièrement riches ». Mais au-delà d'une certaine quantité, la douleur, origine menaçante du psychisme, doit être différée, comme la mort, car elle peut « mettre en échec » « l'organisation » psychique. Malgré l'énigme de la « première fois » et de la répétition originaire (avant, bien entendu, toute distinction entre la répétition dite normale et la répétition dite pathologique), il est important que Freud attribue tout ce travail à la fonction primaire et en interdise toute dérivation. Soyons attentifs à cette non-dérivation, même si elle ne rend que plus dense la difficulté du concept de « primarité » et d'intemporalité du processus primaire, et même si cette difficulté ne doit jamais cesser de s'épaissir par la suite. « Comme malgré soi, on pense ici à l'effort originaire du système de neurones, effort persévérant à travers toutes les modifications pour s'épargner la surcharge de quantité ($Q\eta$) ou pour la réduire autant que possible. Pressé par l'urgence de la vie, le système neuronique a été contraint de se ménager une réserve de quantité ($Q\eta$). A cette fin, il a dû multiplier ses neurones et ceux-ci devaient être imperméables. Il s'épargne alors d'être rempli, investi par la *quantité* ($Q\eta$), dans une certaine mesure du moins, en instituant les *frayages*. On voit donc que les *frayages servent la fonction primaire.* »

Sans doute la vie se protège-t-elle par la répétition, la trace, la différance. Mais il faut prendre garde à cette formulation : il n'y a pas de vie *d'abord* présente qui viendrait *ensuite* à se protéger, à s'ajourner, à se réserver dans la différance. Celle-ci constitue l'essence de la vie. Plutôt : la différance n'étant pas une essence, n'étant rien, elle *n'est* pas la vie si l'être est déterminé comme *ousia,* présence, essence / existence, substance ou sujet. Il faut penser la vie comme trace avant de déterminer l'être comme présence. C'est la seule condition pour pouvoir dire que la vie *est* la mort, que la répétition et l'au-delà du principe de plaisir sont originaires et congénitaux à cela même qu'ils transgressent. Lorsque Freud écrit dans l'*Esquisse* que « les frayages servent la fonction primaire », il nous interdit déjà d'être surpris par *Au-delà du principe de plaisir.* Il fait droit à une double nécessité : reconnaître la différance à l'origine et du même coup raturer le concept de *primarité :* on ne sera pas plus surpris par la *Traumdeutung* qui le définit une « fiction théorique » dans un paragraphe sur le « retardement » *(Verspätung)* du processus secondaire. C'est donc le retard qui est originaire [1]. Sans quoi la différance serait le délai que s'accorde une conscience, une présence à soi du présent. Différer ne peut donc signifier retarder un possible présent, ajourner un acte, surseoir à une perception déjà et maintenant possibles. Ce possible n'est possible que par la différance qu'il faut donc concevoir autrement que comme un calcul ou une mécanique de la décision. Dire qu'elle est originaire, c'est du même coup effacer le mythe d'une origine présente. C'est pourquoi il faut entendre « originaire » *sous rature,* faute de quoi

---

1. Ces concepts de différance et de retard originaires sont impensables sous l'autorité de la logique de l'identité ou même sous le concept de temps. L'absurdité même qui se signale ainsi *dans les termes* donne, pourvu qu'elle s'organise d'une certaine manière, à penser l'au-delà de cette logique et de ce concept. Sous le mot *retard,* il faut penser autre chose qu'un rapport entre deux « présents » ; il faut éviter la représentation suivante : n'arrive qu'en un présent B ce qui devait (aurait dû) se produire en un présent A (« antérieur »). Les concepts de « *différance* » et de « *retard* » *originaires* s'étaient imposés à nous à partir d'une lecture de Husserl (*Introduction à l'Origine de la géométrie* (1962), p. 170-171.)

on dériverait la différance d'une origine pleine. C'est la non-origine qui est originaire.

Plutôt que d'y renoncer, peut-être faut-il donc repenser le concept du « différer ». C'est ce que nous voudrions faire; et ce qui n'est possible qu'à déterminer la différance hors de tout horizon téléologique ou eschatologique. Ce n'est pas facile. Notons-le au passage : les concepts de *Nachträglichkeit* et de *Verspätung,* concepts directeurs de toute la pensée freudienne, concepts déterminatifs de tous les autres concepts, sont déjà présents et appelés par leur nom dans l'*Esquisse.* L'irréductibilité du « à-retardement », telle est sans doute la découverte de Freud. Cette découverte, Freud la met en œuvre jusque dans ses conséquences dernières et au-delà de la psychanalyse de l'individu. L'histoire de la culture doit selon lui la confirmer. Dans *Moïse et le monothéisme* (1937), l'efficace du retardement et de l'après-coup couvre de larges intervalles historiques (*G.W.*, XVI, p. 238-9). Le problème de la latence y communique d'ailleurs de façon très significative avec celui de la tradition orale et de la tradition écrite (p. 170 sq.).

Bien qu'à aucun moment, dans l'*Esquisse,* le frayage ne soit nommé écriture, les exigences contradictoires auxquelles répondra le *Bloc magique* sont déjà formulées en des termes littéralement identiques : « retenir tout en restant capable de recevoir ».

Les différences dans le travail du frayage ne concernent pas seulement les forces mais aussi les lieux. Et Freud veut déjà penser en même temps la force et le lieu. Il est le premier à ne pas croire au caractère descriptif de cette représentation hypothétique du frayage. La distinction entre les catégories de neurones « n'a aucune assise reconnue, du moins quant à la morphologie, c'est-à-dire à l'histologie ». Elle est l'index d'une description topique que l'espace extérieur, familier et constitué, le dehors des sciences naturelles, ne saurait contenir. C'est pourquoi sous le titre de « point de vue biologique », la « différence d'essence » (*Wesensverschiedenheit*) entre les neurones est « remplacée par une différence de milieu de destination » (*Schicksals-Milieuverschiedenheit*) : différences pures, différences de situation, de connexion, de localisation, de relations structurelles plus importantes que les termes de support, et pour lesquelles la relativité du dehors et du dedans est toujours arbitrale. La pensée de la différence ne peut ni se dispenser d'une topique ni accepter les représentations courantes de l'espacement.

Cette difficulté s'aiguise encore quand il faut expliquer les différences pures par excellence : celles de la qualité, c'est-à-dire, pour Freud, de la conscience. Il faut expliquer « ce que nous connaissons, de manière énigmatique *(rätselhaft)*, grâce à notre « conscience » ». Et « puisque cette conscience ne connaît rien de ce que nous avons pris jusqu'ici en considération, [la théorie] doit nous expliquer cette ignorance elle-même ». Or les qualités sont bien des différences pures : « La conscience nous donne ce qu'on appelle des *qualités,* une grande diversité de sensations qui sont *autrement (anders)* et dont l'*autrement (Anders)* se différencie *(unterschieden wird)* suivant des références au monde extérieur. Dans cet *autrement,* il y a des séries, des ressemblances, etc., mais il n'y a proprement aucune quantité. On peut se demander *comment* naissent ces qualités et *où* naissent ces qualités. »

Ni dehors ni dedans. Ce ne peut être dans le monde extérieur où le physicien ne connaît que des quantités, des « masses en mouvement et rien d'autre ». Ni dans l'intériorité du psychique, c'est-à-dire de la mémoire, car la « reproduction et le souvenir » sont « dépourvus de qualité » *(qualitätslos)*. Comme il n'est pas question de renoncer à la représentation topique, « on doit trouver le courage de supposer qu'il y a un troisième système de neurones, neurones perceptifs en quelque sorte; ce système, excité avec les autres pendant la perception, ne le serait plus pendant la reproduction et ses états d'excitation fourniraient les différentes qualités, c'est-à-dire seraient les *sensations conscientes* ». Annonçant certaine feuille intercalaire du bloc magique, Freud, gêné par son « jargon », dit à Fliess (lettre 39, 1.-1.-96) qu'il intercale, qu'il « fait glisser » *(schieben)* les neurones de perception (ω) entre les neurones φ et ψ.

De cette dernière audace naît une « difficulté d'apparence inouïe » : nous venons de rencontrer une perméabilité et un frayage qui ne procèdent d'aucune quantité. De quoi donc? Du temps pur, de la temporalisation pure en ce qui l'unit à l'espacement : de la périodicité. Seul le recours à la temporalité et à une temporalité discontinue ou périodique permet de résoudre la difficulté et l'on devrait patiemment méditer ses implications. « Je ne vois qu'une issue... jusqu'ici, je n'avais considéré l'écoulement de la quantité que comme le transfert d'une quantité ($Q\eta$) d'un neurone à l'autre. Mais il doit avoir un autre caractère, une nature temporelle. »

Si l'hypothèse discontinuiste « va plus loin », Freud le souligne, que « l'explication physicaliste » par la période, c'est qu'ici les différences, les intervalles, la discontinuité sont enregistrés, « appropriés » sans leur support quantitatif. Les neurones perceptifs, « incapables de recevoir des quantités, s'approprient la période de l'excitation ». Différence pure, encore, et différence entre les diastèmes. Le concept de *période en général* précède et conditionne l'opposition de la quantité et de la qualité, avec tout ce qu'elle commande. Car « les neurones ψ ont aussi leur période, mais celle-ci est sans qualité ou pour mieux dire monotone ». Nous le verrons, ce discontinuisme sera fidèlement repris en charge par la *Note sur le bloc magique* : comme dans l'*Esquisse,* dernière pointe de l'audace desserrant une ultime aporie.

La suite de l'*Esquisse* dépendra tout entière de cet appel incessant et de plus en plus radical au principe de la différence. On y retrouve toujours, sous une neurologie indicative, jouant le rôle représentatif d'un montage artificiel, le projet obstiné de rendre compte du psychisme par l'espacement, par une topographie des traces, par une carte des frayages; projet de situer la conscience ou la qualité dans un espace dont il faut donc repenser la structure et la possibilité; et de décrire « le fonctionnement de l'appareil » par des différences et des situations pures, d'expliquer comment « la quantité d'excitation s'exprime en ψ par la complication et la qualité par la *topique* ». C'est parce que la nature de ce système de différences et de cette topographie est originale et ne doit rien laisser hors de soi que Freud multiplie dans le montage de l'appareil les « actes de courage », les « hypothèses étranges mais indispensables » (à propos des neurones « sécréteurs » ou neutones « clés »). Et quand il renoncera à la neurologie et aux localisations anatomiques, ce ne sera pas pour abandonner mais pour transformer ses préoccupations topographiques. L'écriture alors entrera en scène. La trace deviendra le gramme; et le milieu du frayage, un espacement chiffré.

L'estampe et le supplément d'origine.

Quelques semaines après l'envoi de l'*Esquisse* à Fliess, au cours d'une « nuit de travail », tous les éléments du système s'ordonnent en une « machine ». Ce n'est pas encore une machine à écrire : « Tout semblait s'ajointer, les rouages s'ajustaient les uns aux autres, on avait l'impression que la chose était vraiment une machine et qu'elle marcherait bientôt toute seule [1] ». Bientôt : dans trente ans. Toute seule : presque.

Un peu plus d'un an après, la trace commence à devenir écriture. Dans la lettre 52 (6-12-96), tout le système de l'*Esquisse* est reconstitué dans une conceptualité graphique encore inédite chez Freud. Il n'est pas surprenant que cela coïncide avec le passage du neurologique au psychique. Au centre de cette lettre, les mots « signe » *(Zeichen)*, inscription *(Niederschrift)*, transcription *(Umschrift)*. Non seulement la communication y est explicitement définie de la trace et du retardement (c'est-à-dire d'un présent non constituant, originairement reconstitué à partir des « signes » de la mémoire), mais le site du verbal y est assigné à l'intérieur d'un système d'écriture stratifiée qu'il est fort loin de dominer : « Tu sais que je travaille sur l'hypothèse que notre mécanisme psychique s'est constitué par une superposition de strates *(Aufeinanderschichtung)*, c'est-à-dire que de temps en temps le matériel présent en fait de traces mnésiques *(Erinnerungsspuren)* est soumis à une *restructuration (Umordnung)*, selon de nouveaux rapports, à une *transcription (Umschrift)*. La nouveauté essentielle de ma théorie, c'est donc l'affirmation que la mémoire n'est pas présente une seule et simple fois mais se répète, qu'elle est consignée *(niederlegt)* en différentes sortes de signes... Quel est le nombre de telles inscriptions *(Niederschriften)*, je n'en sais rien. Au moins trois, vraisemblablement davantage... les inscriptions

---

1. *Lettre* 32. (20-10-95) La machine : « Les trois systèmes de neurones, l'état libre ou lié de la quantité, les processus primaire et secondaire, la tendance capitale du système nerveux et sa tendance au compromis, les deux règles biologiques de l'attention et de la défense, les indices de qualité, de réalité et de pensée, l'état du groupe psycho-sexuel, la condition sexuelle du refoulement, enfin les conditions de la conscience comme fonction perceptive, tout cela s'ajointait et s'ajointe encore aujourd'hui ! Naturellement, je ne contiens plus ma joie. Que n'ai-je attendu deux semaines pour t'adresser ma communication... »

individuelles sont séparées (de manière non nécessairement topique) selon leurs porteurs neuroniques... *Perception*. Ce sont les neurones dans lesquels naissent les perceptions, auxquels se lie la conscience, mais qui ne gardent en eux-mêmes aucune trace de l'événement. *Car la conscience et la mémoire s'excluent. Signe de perception*. C'est la première inscription des perceptions, tout à fait incapable d'accéder à la conscience, constituée par association simultanée... *Inconscient*. C'est la deuxième inscription... *Préconscient*. C'est la troisième inscription, liée aux représentations verbales, correspondant à notre moi officiel... cette conscience pensante secondaire, survenant à retardement dans le temps, est vraisemblablement liée à la reviviscence hallucinatoire de représentations verbales. »

C'est le premier geste en direction de la *Note*. Désormais, à partir de la *Traumdeutung* (1900), la métaphore de l'écriture va s'emparer *à la fois du problème de l'appareil psychique dans sa structure et de celui du texte psychique dans son étoffe*. La solidarité des deux problèmes nous y rendra d'autant plus attentifs : les deux séries de métaphores — texte et machine — n'entrent pas en scène en même temps.

« Les rêves suivent en général des frayages anciens », disait l'*Esquisse*. Il faudra donc interpréter désormais la régression topique, temporelle et formelle du rêve comme chemin de retour dans un paysage d'écriture. Non pas d'écriture simplement transcriptive, écho pierreux d'une verbalité assourdie, mais lithographie d'avant les mots : métaphonétique, non-linguistique, a-logique. (La logique obéit à la conscience, ou à la préconscience, lieu des représentations verbales; au principe d'identité, expression fondatrice de la philosophie de la présence. « Ce n'était qu'une contradiction logique, ce qui ne veut pas dire grand-chose », lit-on dans *l'Homme aux loups*.) Le rêve se déplaçant dans une forêt d'écriture, la *Traumdeutung*, l'interprétation des rêves sera sans doute, au premier abord, une lecture et un déchiffrement. Avant l'analyse du rêve d'Irma, Freud s'engage dans des considérations de méthode. Selon un de ses gestes familiers, il oppose la vieille tradition populaire à la psychologie dite scientifique. Comme toujours, c'est pour justifier l'intention profonde qui anime la première. Celle-ci s'égare, certes, quand, selon un procédé « symbolique », elle traite le contenu du rêve comme une totalité indécomposable et inarticulée à laquelle il suffira de substituer une autre totalité intelligible et éventuellement prémonitoire. Mais il s'en faut de peu que Freud n'accepte l' « autre méthode populaire » : « On pourrait la définir la « méthode du déchiffrement » *(Chiffriermethode)* puisqu'elle traite le rêve comme une sorte d'écriture secrète *(Geheimschrift)* dans laquelle chaque signe est traduit, grâce à une clé *(Schlüssel)* fixe, en un autre signe dont la signification est bien connue » *(G. W.* II / III, p. 102). Retenons ici l'allusion au code permanent : c'est la faiblesse d'une méthode à laquelle Freud reconnaît du moins le mérite d'être analytique et d'épeler un par un les éléments de la signification.

Curieux exemple que celui par lequel Freud illustre ce procédé traditionnel : un texte d'écriture phonétique est investi et fonctionne comme un élément discret, particulier, traduisible et sans privilège dans l'écriture générale du rêve. Écriture phonétique comme écriture dans l'écriture. Supposons par exemple, dit Freud, que j'aie rêvé d'une lettre *(Brief / epistóla),* puis d'un enterrement. Ouvrons un *Traumbuch,* un livre où sont consignées les clés des songes, une encyclopédie des signes oniriques, ce dictionnaire du rêve que Freud refusera tout à l'heure. Il nous apprend qu'il faut traduire *(übersetzen)* lettre par dépit et enterrement par fiançailles. Ainsi une lettre *(epistola)* écrite avec des lettres *(litterae),* un document de signes phonétiques, la transcription d'un discours verbal peut être traduite par un signifiant non verbal qui, en tant qu'affect déterminé, appartient à la syntaxe générale de l'écriture onirique. Le verbal est investi et sa transcription phonétique est enchaînée, loin du centre, dans un filet d'écriture muette.

Freud emprunte alors un autre exemple à Artémidore de Daldis (IIe siècle), auteur d'un traité d'interprétation des songes. Prenons-en prétexte pour rappeler qu'au XVIIIe siècle, un théologien anglais, inconnu de Freud [1], s'était déjà reporté à Artémidore dans une

---

1. Warburton, auteur de *la Mission divine de Moyse.* La quatrième partie de son ouvrage a été traduite en 1744 sous le titre *Essai sur les Hiéroglyphes des Égyptiens, où l'on voit l'Origine et le Progrès du langage et de l'écriture, l'Antiquité des Sciences en Égypte, et l'Origine du culte des Animaux.* Cet ouvrage, dont nous reparlerons ailleurs, eut une

intention qui mérite sans doute la comparaison. Warburton décrit le système des hiéroglyphes et y discerne, à tort ou à raison, peu importe ici, différentes structures (hiéroglyphes propres ou symboliques, chaque espèce pouvant être curiologique ou tropique, les rapports étant d'analogie ou de partie à tout) qu'il faudrait systématiquement confronter avec les formes de travail du rêve (condensation, déplacement, surdétermination). Or Warburton, soucieux, pour des raisons apologétiques, de faire ainsi, en particulier contre le Père Kircher, « la preuve de la grande antiquité de cette Nation », choisit l'exemple d'une science égyptienne qui trouve toute sa ressource dans l'écriture hiéroglyphique. Cette science, c'est la *Traumdeutung*, qu'on appelle aussi oneirocritie. Elle n'était à tout prendre qu'une science de l'écriture aux mains des prêtres. Dieu, croyaient les Égyptiens, avait fait don de l'écriture comme il inspirait les songes. Les interprètes n'avaient donc qu'à puiser, comme le rêve lui-même, dans le trésor tropique ou curiologique. Ils y trouvaient, toute prête, la clé des songes qu'ils faisaient ensuite semblant de deviner. Le code hiéroglyphique avait de soi-même valeur de *Traumbuch*. Don prétendu de Dieu, constitué en vérité par l'histoire, il était devenu le fonds commun auquel puisait le discours onirique : le décor et le texte de sa mise en scène. Le rêve étant construit comme une écriture, les types de transposition onirique correspondaient à des condensations et à des déplacements déjà opérés et enregistrés dans le système des hiéroglyphes. Le rêve ne ferait que manipuler des éléments (στοιχεῖα, dit Warburton, éléments ou lettres) enfermés dans le trésor hiéroglyphique, un peu comme une parole écrite puiserait dans une langue écrite : « ... Il est question d'examiner quel fondement peut avoir eu, originairement, l'interprétation que l'Oneirocritique donnait, quand il disait à une personne qui le consultait sur quelqu'un des songes suivants, qu'un *dragon* signifiait la royauté; qu'un *serpent* indiquait maladie...; que des *grenouilles* marquaient des imposteurs... » Que faisaient alors les herméneutes de l'époque? Ils consultaient l'écriture elle-même : « Or les premiers Interprètes des songes

_____

influence considérable. Toute la réflexion de cette époque sur le langage et les signes en fut marquée. Les rédacteurs de l'*Encyclopédie*, Condillac et, par son intermédiaire, Rousseau s'en inspirèrent étroitement, lui empruntant en particulier ce thème : le caractère originairement métaphorique du langage.

n'étaient point des fourbes et des imposteurs. Il leur est seulement arrivé, de même qu'aux premiers astrologues judiciaires, d'être plus superstitieux que les autres hommes de leur temps, et de donner les premiers dans l'illusion. Mais, quand nous supposerions qu'ils ont été aussi fourbes que leurs successeurs, au moins a-t-il fallu d'abord des matériaux propres à mettre en œuvre; et ces matériaux n'ont jamais pu être de nature à remuer d'une manière aussi bizarre l'imagination de chaque particulier. Ceux qui les consultaient auront voulu trouver une analogie connue, qui servît de fondement à leur déchiffrement; et eux-mêmes auront eu également recours à une autorité avouée, afin de soutenir leur science. Mais quelle autre analogie, et quelle autre autorité pouvait-il y avoir, que les *hiéroglyphes symboliques*, qui étaient alors devenus une chose sacrée et mystérieuse? Voilà la solution naturelle de la difficulté. La science symbolique... servait de fondement à leurs interprétations. »

Ici s'introduit la coupure freudienne. Sans doute Freud pense-t-il que le rêve se déplace comme une écriture originale, mettant les mots en scène sans s'y asservir; sans doute pense-t-il ici à un modèle d'écriture irréductible à la parole et comportant, comme les hiéroglyphes, des éléments pictographiques, idéogrammatiques et phonétiques. Mais il fait de l'écriture psychique une production si originaire que l'écriture telle qu'on croit pouvoir l'entendre en son sens propre, écriture codée et visible « dans le monde », n'en serait qu'une métaphore. L'écriture psychique, par exemple celle du rêve qui « suit des frayages anciens », simple moment dans la régression vers l'écriture « primaire », ne se laisse lire à partir d'aucun code. Sans doute travaille-t-elle avec une masse d'éléments codifiés au cours d'une histoire individuelle ou collective. Mais dans ses opérations, son lexique et sa syntaxe, un résidu purement idiomatique est irréductible, qui doit porter tout le poids de l'interprétation, dans la communication entre les inconscients. Le rêveur invente sa propre grammaire. Il n'y a pas de matériel signifiant ou de texte préalable qu'il se *contenterait* d'utiliser, même s'il ne s'en prive jamais. Telle est, malgré leur intérêt, la limite de la *Chiffriermethode* et du *Traumbuch*. Autant qu'à la généralité et à la rigidité du code, cette limite tient à ce qu'on s'y préoccupe trop des *contenus*, insuffisamment des relations, des situations, du fonctionnement et des différences : « Mon procédé n'est pas aussi commode que celui de la méthode populaire de déchiffrement qui traduit le contenu donné d'un rêve selon un code établi; je suis plutôt enclin à penser que le même contenu de rêve peut abriter aussi un sens autre chez des personnes différentes et dans un contexte différent » (p. 109). Ailleurs, pour soutenir cette affirmation, Freud croit pouvoir en appeler à l'écriture chinoise : « Ceux-ci [les symboles du rêve] ont souvent des significations multiples, si bien que, comme dans l'écriture chinoise, seul le contexte rend possible, dans chaque cas, l'appréhension correcte » (p. 358).

L'absence de tout code exhaustif et absolument infaillible, cela veut dire que dans l'écriture psychique, qui annonce ainsi le sens de toute écriture en général, la différence entre signifiant et signifié n'est jamais radicale. L'expérience inconsciente, avant le rêve qui suit des frayages anciens, n'emprunte pas, produit ses propres signifiants, ne les crée certes pas dans leur corps mais en produit la signifiance. Dès lors ce ne sont plus à proprement parler des signifiants. Et la possibilité de la traduction, si elle est loin d'être annulée — car entre les points d'identité ou d'adhérence du signifiant au signifié, l'expérience ne cesse ensuite de tendre des distances — parait principiellement et définitivement limitée. C'est ce que Freud entend peut-être, d'un autre point de vue, dans l'article sur *le Refoulement* : « Le refoulement travaille de manière *parfaitement individuelle* » (*G.-W.*, x, p. 252). (L'individualité n'est pas ici ni d'abord celle d'un individu mais celle de chaque « rejeton du refoulé, qui peut avoir son destin propre ».) Il n'y a de traduction, de système de traduction, que si un code permanent permet de substituer ou de transformer les signifiants en gardant le même signifié, toujours *présent* malgré l'absence de tel ou tel signifiant déterminé. La possibilité radicale de la substitution serait donc impliquée par le couple de concepts signifié /signifiant, donc par le concept de signe lui-même. Qu'on ne distingue le signifié du signifiant, avec Saussure, que comme les deux faces d'une même feuille, cela n'y change rien. L'écriture originaire, s'il en est une, doit produire l'espace et le corps de la feuille elle-même.

On dira : et pourtant Freud traduit tout le temps. Il croit à la généralité et à la fixité d'un certain code de l'écriture onirique : « Quand on s'est familiarisé avec l'exploitation surabondante de la symbolique pour la mise en scène du matériel sexuel dans le rêve, on doit se demander si bon nombre de ces symboles ne font pas leur entrée comme les « sigles » de la sténographie avec une signification bien établie une fois pour toutes et l'on se trouve devant la tentation d'esquisser un nouveau *Traumbuch* selon la méthode-de-déchiffrement » (II/III. p. 356). Et de fait, Freud n'a cessé de proposer des codes, des règles d'une très grande généralité. Et la substitution des signifiants paraît bien être l'activité essentielle de l'interprétation psychanalytique. Certes. Freud n'en assigne pas moins une limite essentielle à cette opération. Plutôt une double limite.

A considérer d'abord l'expression verbale, telle qu'elle est circonscrite dans le rêve, on remarque que sa sonorité, le corps de l'expression, ne s'efface pas devant le signifié ou du moins ne se laisse pas traverser et transgresser comme il le fait dans le discours conscient. Il agit en tant que tel, selon l'efficace qu'Artaud lui destinait sur la scène de la cruauté. Or un corps verbal ne se laisse pas traduire ou transporter dans une autre langue. Il est cela même que la traduction laisse tomber. Laisser tomber le corps, telle est même l'énergie essentielle de la traduction. Quand elle réinstitue un corps, elle est poésie. En ce sens, le corps du signifiant constituant l'idiome pour toute scène de rêve, le rêve est intraduisible : « Le rêve dépend si intimement de l'expression verbale que, Ferenczi peut justement le faire remarquer, chaque langue a sa propre langue de rêve. En règle générale, un rêve est intraduisible dans d'autres langues et un livre comme celui-ci ne l'est pas davantage, du moins le pensais-je. » Ce qui vaut ici d'une langue nationale déterminée vaut a fortiori pour une grammaire individuelle.

D'autre part, cette impossibilité horizontale, en quelque sorte, d'une traduction sans déperdition, a son principe dans une impossibilité verticale. Nous parlons ici du devenir-conscient des pensées inconscientes. Si l'on ne peut traduire le rêve dans une autre langue, c'est aussi qu'à l'intérieur de l'appareil psychique, il n'y a jamais de rapport de simple traduction. On parle à tort, nous dit Freud, de traduction ou de transcription pour décrire le passage des pensées inconscientes par le préconscient vers la conscience. Ici encore, le concept métaphorique de traduction *(Übersetzung)* ou de transcription *(Umschrift)* n'est pas dangereux en ce qu'il fait référence à l'écriture mais en ce qu'il suppose un texte déjà là, immobile, présence impassible d'une statue, d'une pierre écrite ou d'une archive dont on transporterait sans dommage le contenu signifié dans l'élément d'un autre langage, celui du préconscient ou du conscient. Il ne suffit donc pas de parler d'écriture pour être fidèle à Freud, on peut alors le trahir plus que jamais.

C'est ce qui nous est expliqué dans le dernier chapitre de la *Traumdeutung*. Il s'agit alors de compléter une métaphore purement et conventionnellement topique de l'appareil psychique par l'appel à la force et à deux sortes de processus ou de types de parcours de l'excitation : « Essayons maintenant de corriger quelques images [illustrations intuitives : *Anschauungen*] qui risquaient de se former à contre-sens, aussi longtemps que nous avions sous les yeux les deux systèmes, au sens le plus immédiat et le plus grossier, comme deux localités à l'intérieur de l'appareil psychique, images qui ont laissé leur frappe dans les expressions « refouler » et « pénétrer ». Aussi lorsque nous disons qu'une pensée inconsciente s'efforce, après traduction *(Übersetzung)* vers le préconscient pour pénétrer ensuite dans la conscience, nous ne voulons pas dire qu'une deuxième pensée, située en un nouveau lieu, a dû se former, une sorte de transcription *(Umschrift)*, à côté de laquelle se maintiendrait le texte original; et de l'acte de pénétrer dans la conscience, nous voulons aussi écarter soigneusement toute idée de changement de lieu [1]. »

Interrompons un instant notre citation. Le texte conscient n'est donc pas une transcription parce qu'il n'y a pas eu à transposer, à transporter un texte *présent ailleurs* sous l'espèce de l'inconscience. Car la valeur de présence peut aussi dangereusement affecter le concept d'inconscient. Il n'y a donc pas de vérité inconsciente à retrouver parce qu'elle serait écrite ailleurs. Il n'y a pas de texte écrit et présent ailleurs, qui donnerait lieu, sans en être modifié, à un travail et à une temporalisation (celle-ci appartenant, si l'on suit la littéralité freudienne, à la conscience) qui lui seraient extérieurs et flotteraient à sa surface. Il n'y a pas de texte présent en

---

1. (p. 615) *le Moi et le Ça* (G. W., XIII, ch. 2) souligne aussi le danger de la représentation topique des faits psychiques.

général et il n'y a pas même de texte présent-passé, de texte passé comme ayant été-présent. Le texte n'est pas pensable dans la forme, originaire ou modifiée, de la présence. Le texte inconscient est déjà tissé de traces pures, de différences où s'unissent le sens et la force, texte nulle part présent, constitué d'archives qui sont *toujours déjà* des transcriptions. Des estampes originaires. Tout commence par la reproduction. Toujours déjà, c'est-à-dire dépôts d'un sens qui n'a jamais été présent, dont le présent signifié est toujours reconstitué à retardement, *nachträglich*, après coup, *supplémentairement :* *nachträglich* veut dire aussi *supplémentaire*. L'appel du supplément est ici originaire et creuse ce qu'on reconstitue à retardement comme le présent. Le supplément, ce qui semble s'ajouter comme un plein à un plein, est aussi ce qui supplée. « Suppléer : 1. ajouter ce qui manque, fournir ce qu'il faut de surplus » dit Littré, respectant comme un somnambule l'étrange logique de ce mot. C'est en elle qu'il faut penser la possibilité de l'après-coup et sans doute aussi le rapport du primaire au secondaire à tous ses niveaux. Notons-le : *Nachtrag* a aussi un sens précis dans l'ordre de la lettre : c'est l'appendice, le codicille, le post-scriptum. Le texte qu'on appelle présent ne se déchiffre qu'en bas de page, dans la note ou le post-scriptum. Avant cette récurrence, le présent n'est qu'un appel de note. Que le présent en général ne soit pas originaire mais reconstitué, qu'il ne soit pas la forme absolue, pleinement vivante et constituante de l'expérience, qu'il n'y ait pas de pureté du présent vivant, tel est le thème, formidable pour l'histoire de la métaphysique, que Freud nous appelle à penser à travers une conceptualité inégale à la chose même. Cette pensée est sans doute la seule qui ne s'épuise pas dans la métaphysique ou dans la science.

Puisque le passage à la conscience n'est pas une écriture dérivée et répétitive, transcription doublant l'écriture inconsciente, il se produit de manière originale et, dans sa secondarité même, il est originaire et irréductible. Comme la conscience est pour Freud surface offerte au monde extérieur, c'est ici qu'au lieu de parcourir la métaphore dans le sens banal, il faut au contraire comprendre la possibilité de l'écriture se disant consciente et agissante dans le monde (dehors visible de la graphie, de la littéralité, du devenir-littéraire de la littéralité, etc.) à partir de ce travail d'écriture qui circule comme une énergie psychique entre l'inconscient et le conscient. La considération « objectiviste » ou « mondaine » de l'écriture ne nous apprend rien si on ne la réfère à un espace d'écriture psychique (on dirait d'écriture transcendantale au cas où, avec Husserl, on verrait dans la psyché une région du monde. Mais comme c'est aussi le cas de Freud qui veut respecter à la fois l'être-dans-le-monde du psychique, son être-local, et l'originalité de sa topologie, irréductible à toute intra-mondanité ordinaire, il faut peut-être penser que ce que nous décrivons ici comme travail de l'écriture efface la différence transcendantale entre origine du monde et être dans-le-monde. L'efface en la produisant : milieu du dialogue et du malentendu entre les concepts husserlien et heideggerien d'être-dans-le-monde).

Quant à cette écriture non-transcriptive, Freud ajoute en effet une précision essentielle. Elle mettra en évidence : 1) le danger qu'il y aurait à immobiliser ou refroidir l'énergie dans une métaphorique naïve du lieu; 2) la nécessité non pas d'abandonner mais de repenser l'espace ou la topologie de cette écriture; 3) que Freud, qui tient toujours à *représenter* l'appareil psychique dans un montage artificiel, n'a pas encore découvert un modèle mécanique adéquat à la conceptualité graphématique qu'il utilise déjà pour décrire le texte psychique.

« Lorsque nous disons qu'une pensée préconsciente est refoulée et ensuite reçue dans l'inconscient, ces images empruntées à la métaphorique *(Vorstellungskreis)* du combat pour l'occupation d'un terrain, pourraient nous entraîner à supposer qu'effectivement une organisation *(Anordnung)* s'est défaite dans l'une des localités psychiques et se trouve remplacée par une autre dans une autre localité. A la place de ces analogies, disons, ce qui semble mieux répondre à ce qui se passe réellement, qu'un investissement d'énergie *(Energiebesetzung)* est fourni ou retiré à une organisation déterminée, de telle sorte que la formation psychique est soumise ou soustraite à la maîtrise d'une instance. Ici encore, nous remplaçons un mode de représentation topique par un mode de représentation dynamique; ce n'est pas la formation psychique qui nous paraît être le mobile *(das Bewegliche)*, mais son innervation... » *(ibid)*.

Interrompons une fois encore notre citation. La métaphore de la traduction comme transcription d'un texte original séparerait la force et l'étendue, maintenant l'extériorité simple du traduit et du traduisant. Cette extériorité même, le statisme et le topologisme de cette métaphore, assureraient la transparence d'une traduction neutre, d'un processus phoronomique et non métabolique. Freud le souligne : l'écriture psychique ne se prête pas à une traduction parce qu'elle est un seul système énergétique, si différencié soit-il, et qu'elle couvre tout l'appareil psychique. Malgré la différence des instances, l'écriture psychique en général n'est pas le déplacement des significations dans la limpidité d'un espace immobile, prédonné, et la blanche neutralité d'un discours. D'un discours qui pourrait être chiffré sans cesser d'être diaphane. Ici l'énergie ne se laisse pas réduire et elle ne limite pas mais produit le sens. La distinction entre la force et le sens est dérivée par rapport à l'archi-trace, elle appartient à la métaphysique de la conscience et de la présence, ou plutôt de la présence dans le verbe, dans l'hallucination d'un langage déterminé à partir du mot, de la représentation verbale. Métaphysique de la préconscience, dirait peut-être Freud puisque le préconscient est le lieu qu'il assigne à la verbalité. Sans cela, Freud nous aurait-il appris quelque chose de nouveau ?

La force produit le sens (et l'espace) par le seul pouvoir de « répétition » qui l'habite originairement comme sa mort. Ce pouvoir c'est à dire cet impouvoir qui ouvre et limite le travail de la force inaugure la traductibilité, rend possible ce qu'on appelle « le langage », transforme l'idiome absolu en limite toujours déjà transgressée : un idiome pur n'est pas un langage, il ne le devient qu'en se répétant; la répétition dédouble toujours déjà la pointe de la première fois. Malgré l'apparence, cela ne contredit pas ce que nous disions plus haut de l'intraduisible. Il s'agissait alors de rappeler l'origine du mouvement de transgression, l'origine de la répétition et le devenir-langage de l'idiome. A s'installer *dans le donné ou l'effet de la répétition*, dans la traduction, dans l'évidence de la distinction entre la force et le sens, on ne manque pas seulement la visée originale de Freud, on efface le vif du rapport à la mort.

Il faudrait donc examiner de près — nous ne pouvons naturellement le faire ici — tout ce que Freud nous donne à penser de la force de l'écriture comme « frayage » dans la répétition *psychique* de cette notion naguère *neurologique* : ouverture de son propre espace, effraction, percée d'un chemin contre des résistances, rupture et irruption *faisant route (rupta, via rupta)*, inscription violente d'une forme, tracé d'une différence dans une nature ou une matière, qui ne sont pensables comme telles que dans leur *opposition* à l'écriture. La route s'ouvre dans une nature ou une matière, une forêt ou un bois *(hylé)* et y procure une réversibilité de temps et d'espace. Il faudrait étudier ensemble, génétiquement et structurellement, l'histoire de la route et l'histoire de l'écriture. Nous pensons ici aux textes de Freud sur le travail de la trace mnésique *(Erinnerungsspur)* qui, pour n'être plus la trace neurologique, n'est pas encore la « mémoire consciente » (*l'Inconscient*, G. W., x, p. 288), au travail *itinérant* de la trace, produisant et non parcourant sa route, de la trace qui trace, de la trace qui se fraye elle-même son chemin. La métaphore du chemin frayé, si fréquente dans les descriptions de Freud, communique toujours avec le thème du *retardement supplémentaire* et de la reconstitution du sens après-coup, après un cheminement de taupe, après le labeur souterrain d'une impression. Celle-ci a laissé une trace travailleuse qui n'a jamais été *perçue*, vécue dans son sens au présent, c'est-à-dire en conscience. Le post-scriptum qui constitue le présent passé comme tel ne se contente pas, comme l'ont peut-être pensé Platon, Hegel et Proust, de le réveiller ou de le révéler dans sa vérité. Il le produit. Le retardement sexuel est-il ici le meilleur exemple ou l'essence de ce mouvement ? Fausse question sans doute : le *sujet* — présumé connu — de la question, à savoir la sexualité, n'est déterminé, limité ou illimité qu'en retour et par la réponse elle-même. Celle de Freud en tous cas est tranchante. Voyez l'homme aux loups. C'est à retardement que la perception de la scène primitive — réalité ou fantasme, peu importe — est vécue dans sa signification et la maturation sexuelle n'est pas la forme accidentelle de ce retard. « A un an et demi, il recueillit des impressions dont la compréhension différée lui fut possible à l'époque du rêve de par son développement, son exaltation et son investigation sexuelle. » Déjà dans l'*Esquisse*, à propos du refoulement dans l'hystérie : « On découvre dans tous les cas qu'un souvenir est refoulé, qui ne se transforme en trauma qu'à retardement *(nur nachträglich)*. La cause en est le retardement *(Verspätung)* de la puberté par rapport à l'ensemble du développement de l'individu. » Cela devrait conduire sinon à la solution, du moins à une nouvelle position du redoutable problème de la temporalisation et de la dite « intemporalité » de l'inconscient. Ici plus qu'ailleurs l'écart est sensible entre l'intuition et le concept freudiens. L'intemporalité de l'inconscient n'est sans doute déterminée que par opposition à un concept courant du temps, concept traditionnel, concept de la métaphysique, temps de la mécanique ou temps de la conscience. Il faudrait peut-être lire Freud comme Heidegger a lu Kant : comme le *je pense*, l'inconscient n'est sans doute intemporel qu'au regard d'un certain concept vulgaire du temps.

La dioptrique et les hiéroglyphes.

Ne nous hâtons pas de conclure qu'en en appelant à l'énergétique contre la topique de la traduction, Freud renonçait à localiser. Si, nous allons le voir, il s'obstine à donner une représentation projective et spatiale, voire purement mécanique, des processus énergétiques, ce n'est pas seulement pour la valeur didactique de l'exposition : une certaine spatialité est irréductible, dont l'idée de système en général ne saurait se laisser séparer; sa nature est d'autant plus énigmatique qu'on ne peut plus la considérer comme le milieu homogène et impassible des processus dynamiques et économiques. Dans la *Traumdeutung*, la machine métaphorique n'est pas encore adaptée à l'analogie scripturale qui commande déjà, comme cela apparaîtra bientôt, tout l'exposé descriptif de Freud. C'est une *machine optique*.

Reprenons notre citation. Freud ne veut pas renoncer à la métaphore topique contre laquelle il vient de nous mettre en garde : « Cependant, je tiens pour utile et légitime de continuer à se servir de la représentation intuitive [de la métaphore : *anschauliche Vorstellung*] des deux systèmes. Nous évitons tout usage malheureux de ce mode de mise en scène *(Darstellungsweise)* en nous rappelant que les représentations *(Vorstellungen)*, les pensées et les formations psychiques en général ne doivent pas être localisées dans des éléments organiques du système nerveux, mais pour ainsi dire *entre eux*, à l'endroit où se forment les résistances et les frayages qui leur correspondent. Tout ce qui peut devenir objet *(Gegenstand)* de notre perception intérieure est *virtuel*, comme l'image donnée dans un téléscope par le cheminement du rayon lumineux. Mais les systèmes, *qui ne sont pas eux-mêmes du psychique* [nous soulignons] et ne sont jamais accessibles à notre perception psychique, on a le droit de les comparer aux lentilles du téléscope qui projettent l'image. Si l'on poursuit cette analogie, la censure entre les deux systèmes correspondrait à la réfraction [à la brisure du rayon : *Strahlenbrechung*] lors du passage dans un nouveau milieu » (p. 615-616).

Cette représentation ne se laisse déjà pas comprendre dans un espace de structure simple et homogène. Le changement de milieu et le mouvement de la réfraction l'indiquent assez. Puis Freud, dans un autre appel à la même machine, introduit une différenciation intéressante. Dans le même chapitre, au paragraphe sur *la Régression*, il tente d'expliquer le rapport de la mémoire et de la perception dans la trace mnésique : « L'idée dont nous disposons ainsi est celle d'une *localité psychique*. Nous voulons laisser tout à fait de côté l'idée que l'appareil psychique dont il s'agit ici nous est aussi bien connu comme préparation [*Präparat* : préparation de laboratoire] anatomique et nous voulons soigneusement tenir notre recherche à l'écart d'une détermination en quelque sorte anatomique de la localité psychique. Nous restons sur un terrain psychologique et nous proposons seulement de continuer à requérir une représentation de l'instrument qui sert aux opérations psychiques sous la forme d'une sorte de microscope complexe, d'un appareil photographique et d'autres appareils de même nature. La localité psychique correspond ensuite à un lieu *(Ort)* à l'intérieur d'un tel appareil, lieu dans lequel se forme l'un des premiers états de l'image. Dans le microscope et le téléscope, bien entendu, ce ne sont là, dans une certaine mesure, que des localités et des régions idéelles dans lesquelles n'est située aucune partie perceptible de l'appareil. Il est, je crois, superflu que je demande des excuses pour les imperfections de ces images et d'autres images semblables » (p. 541).

Au-delà de la pédagogie, cette illustration se justifie par la différence entre le *système* et le *psychique* : le système psychique n'est pas psychique et il n'est question que de lui dans cette description. Puis, c'est la marche de l'appareil qui intéresse Freud, son fonctionnement et l'ordre de ses opérations, le temps réglé de son mouvement tel qu'il est *pris* et repéré sur les pièces du mécanisme : « En toute rigueur, nous n'avons pas besoin de supposer une organisation réellement spatiale des systèmes psychiques. Il nous suffit qu'une consécution ordonnée soit établie avec constance de sorte que, lors de certains événements psychiques, les systèmes soient parcourus par l'excitation selon une consécution temporelle déterminée. » Enfin ces appareils d'optique *captent* la lumière; dans l'exemple photographique ils l'enregistrent[1]. Le cliché ou l'écriture de la lumière, Freud veut déjà en rendre compte et voici la différenciation *(Differenzierung)* qu'il introduit. Elle atténuera les « imperfections » de l'analogie et les « excusera » peut-être. Surtout elle soulignera l'exigence à première vue contradictoire qui hante Freud depuis l'*Esquisse* et qui ne sera satisfaite que par la machine à écrire, par le « bloc magique » : « Nous sommes alors fondés à introduire une première différenciation à l'extrémité sensible [de l'appareil]: De nos perceptions il reste dans notre appareil psychique une trace *(Spur)* que nous pouvons appeler « *trace mnésique* » *(Erinnerungsspur)*. La fonction qui se rapporte à cette trace mnésique, nous l'appelons « mémoire ». Si nous prenons au sérieux le projet de rattacher les événements psychiques à des systèmes, la trace mnésique ne peut consister qu'en modifications permanentes des éléments du système. Or, je l'ai déjà montré d'autre part, il y a évidemment des difficultés à ce qu'un seul et même système retienne fidèlement les modifications

---

1. La métaphore du cliché photographique est très fréquente. Cf. *Sur la dynamique du transfert* (G. W., VIII, p. 364-65). Les notions de cliché et d'impression y sont les principaux instruments de l'analogie. Dans l'analyse de Dora, Freud définit le transfert en termes d'édition, de réédition, de réimpressions stéréotypées ou revues et corrigées. Les *Quelques remarques sur le concept d'inconscient dans la psychanalyse*, 1913 (G. W., X, p. 436) comparent au processus photographique les rapports du conscient à l'inconscient : « Le premier stade de la photographie est le négatif; chaque image photographique doit passer par l'épreuve du « processus négatif » et ceux de ces négatifs qui se sont bien comportés dans cette épreuve, sont admis au « processus positif » qui se termine avec l'image. » Hervey de Saint-Denys consacre tout un chapitre de son livre à la même analogie. Les intentions sont les mêmes. Elles inspirent aussi une précaution que nous retrouverons dans la *Note sur le bloc magique* : « La mémoire a d'ailleurs sur l'appareil photographique cette merveilleuse supériorité qu'ont les forces de la nature de renouveler elles-mêmes leurs moyens d'action. »

de ses éléments tout en offrant une nouvelle réceptivité à la modification, sans jamais perdre sa fraîcheur d'accueil » (p. 534). Il faudra donc deux systèmes dans une seule machine. Ce double système, accordant la nudité de la surface et la profondeur de la rétention, une machine optique ne pouvait le représenter que de loin et avec bien des « imperfections »: « En suivant l'analyse du rêve, nous entrevoyons un peu la structure de cet instrument, le plus merveilleux et le plus mystérieux de tous, un petit peu seulement, mais c'est un commencement... » C'est ce qu'on peut lire dans les dernières pages de la *Traumdeutung* (p. 614). Un petit peu seulement. La représentation graphique du système (non psychique) du psychique n'est pas prête au moment où celle du psychique a déjà occupé, dans la *Traumdeutung* elle-même, un terrain considérable. Mesurons ce retard.

Le propre de l'écriture, nous l'avons nommé ailleurs, en un sens difficile de ce mot, *espacement* : diastème et devenir-espace du temps, déploiement aussi, dans une localité originale, de significations que la consécution linéaire irréversible, passant de point de présence en point de présence, ne pouvait que tendre et dans une certaine mesure échouer à refouler. En particulier dans l'écriture dite phonétique. Entre celle-ci et le logos (ou le temps de la logique) dominé par le principe de non-contradiction, fondement de toute la métaphysique de la présence, la connivence est profonde. Or dans tout espacement silencieux ou non purement phonique des significations, des enchaînements sont possibles qui n'obéissent plus à la linéarité du temps logique, du temps de la conscience ou de la préconscience, du temps de la « représentation verbale ». Entre l'espace non phonétique de l'écriture (même dans l'écriture « phonétique ») et l'espace de la scène du rêve, la frontière n'est pas sûre.

Ne soyons donc pas surpris lorsque Freud, pour suggérer l'étrangeté des relations logico-temporelles dans le rêve, en appelle constamment à l'écriture, à la synopsis spatiale du pictogramme, du rébus, du hiéroglyphe, de l'écriture non phonétique en général. Synopsis et non stasis : scène et non tableau. Le laconisme [1],

---

[1]. « Le rêve est parcimonieux, indigent, laconique » (*G. W.*, II/III, p. 284). Le rêve est « sténographique » (cf. plus haut).

le lapidaire du rêve n'est pas la présence impassible de signes pétrifiés.

L'interprétation a épelé les éléments du rêve. Elle a fait apparaître le travail de condensation et de déplacement. Il faut encore rendre compte de la synthèse qui compose et met en scène. Il faut interroger les ressources de la mise en scène *(die Darstellungsmittel)*. Un certain polycentrisme de la représentation onirique est inconciliable avec le déroulement apparemment linéaire, unilinéaire, des pures représentations verbales. La structure logique et idéale du discours conscient doit donc se soumettre au système du rêve, s'y subordonner comme une pièce de sa machinerie. « Les pièces détachées de cette formation compliquée se rapportent naturellement les unes aux autres selon des relations logiques très variées. Elles forment des premiers-plans, des arrière-plans, des digressions et des éclaircissements, elles avancent des conditions, des démonstrations et des protestations. Puis quand toute la masse de ces pensées du rêve est soumise à la pression du travail du rêve et que ces pièces sont tordues, morcelées et rassemblées, un peu comme des glaces flottantes, la question se pose de savoir ce que deviennent les conjonctions logiques qui avaient jusque-là constitué la structure. Comment le rêve met-il en scène le « si », le « parce que », le « de même que », le « bien que », le « ou bien ou bien » et toutes les autres prépositions sans lesquelles phrase ou discours nous seraient inintelligibles ? » (p. 326-317).

Cette mise en scène peut se comparer d'abord à ces formes d'expression qui sont comme l'écriture dans la parole : la peinture ou la sculpture des signifiants qui inscrivent dans un espace de cohabitation des éléments que la chaîne parlée doit réprimer. Freud les oppose à la poésie qui « a l'usage du discours parlé » *(Rede)*. Mais le rêve n'a-t-il pas aussi l'usage de la parole ? « Dans le rêve, nous voyons mais nous n'entendons pas », disait l'*Esquisse*. En vérité, comme le fera Artaud, Freud visait alors moins l'absence que la subordination de la parole sur la scène du rêve. Loin de disparaître, le discours change alors de fonction et de dignité. Il est situé, entouré, investi (à tous les sens de ce mot), constitué. Il s'insère dans le rêve comme la légende dans les bandes dessinées, cette combinaison picto-hiéroglyphique dans laquelle le texte phonétique est l'appoint, non le maître du récit : « Avant que la peinture ne soit parvenue à la connaissance de ses lois d'expression propres... sur les tableaux anciens, on laissait pendre hors de la bouche des personnages des banderoles qui portaient en inscription *(als Schrift)* le discours que le peintre désespérait de pouvoir mettre en scène dans le tableau » (p. 317).

L'écriture générale du rêve déborde l'écriture phonétique et remet la parole à sa place. Comme dans les hiéroglyphes ou les rébus, la voix est circonvenue. Dès l'ouverture du chapitre sur *le Travail du rêve*, aucun doute ne nous est laissé à ce sujet, bien que Freud s'y serve encore de ce concept de traduction sur lequel il appelle plus loin notre suspicion. « Les pensées du rêve et le contenu du rêve [le latent et le patent] apparaissent devant nous comme deux mises en scène du même contenu dans deux langues différentes; mieux, le contenu du rêve nous apparaît comme un transfert *(Übertragung)* de la pensée du rêve dans un autre mode d'expression dont nous ne pourrons apprendre à connaître les signes et la grammaire qu'en comparant l'original et la traduction. Les pensées du rêve nous sont immédiatement intelligibles dès que nous en faisons l'expérience. Le contenu du rêve est donné comme dans une écriture figurative *(Bilderschrift)* dont on doit transférer les signes un à un dans la langue des pensées du rêve. » *Bilderschrift* : non pas image inscrite mais écriture figurée, image donnée non à une perception simple, consciente et présente, de la chose même — à supposer que cela existe — mais à une lecture. « On serait évidemment induit en erreur si l'on voulait lire ces signes selon leur valeur d'image et non selon leur référence signifiante *(Zeichenbeziehung)*... Le rêve est cette énigme figurative *(Bilderrätsel)* et nos prédécesseurs dans le domaine de l'interprétation des rêves ont commis la faute de considérer le rébus comme composition d'un dessin descriptif. » Le contenu figuré est donc bien une écriture, une chaîne signifiante de forme scénique. En ce sens il résume, certes, un discours, il est *l'économie de la parole*. Tout le chapitre sur *l'Aptitude à la mise en scène (Darstellbarkeit)* le montre bien. Mais la transformation économique réciproque, la reprise totale dans le discours, est au principe impossible ou limitée. Cela tient d'abord à ce que les mots sont aussi et « primairement » des choses. C'est ainsi que dans le rêve, ils sont repris, « happés » par le processus primaire. On ne peut donc se contenter de dire que dans le rêve, les « choses » condensent les mots; qu'inversement les signifiants non verbaux se laissent dans une certaine mesure interpréter dans des représentations verbales. Il faut reconnaître que les mots, en tant qu'ils sont attirés, séduits, dans le rêve, vers la limite fictive du processus primaire, tendent à devenir de pures et simples choses. Limite d'ailleurs aussi fictive. Mots purs et choses pures sont donc, comme l'idée du processus primaire et, par suite, du processus secondaire, des « fictions théoriques ». L'entre-deux du « rêve » et l'entre-deux de la « veille » ne se distinguent pas *essentiellement* quant à la nature du langage. « Les mots sont souvent traités par le rêve comme des choses et subissent alors les mêmes montages que les représentations des choses[1] ». Dans la *régression formelle* du rêve, la spatialisation de la mise en scène *ne surprend pas* les mots. Elle ne pourrait d'ailleurs même pas réussir si depuis toujours le mot n'était pas travaillé dans son corps par la marque de son inscription ou de son aptitude scénique, par sa *Darstellbarkeit* et toutes les formes de son espacement. Celui-ci n'a pu être que refoulé par la parole dite vive ou vigilante, par la conscience, la logique, l'histoire du langage, etc. La spatialisation ne surprend pas le temps de la parole ou l'idéalité du sens, elle ne leur survient pas comme un accident. La temporalisation suppose la possibilité symbolique et toute synthèse symbolique, avant même d'échoir dans un espace à elle « extérieur », comporte en soi l'espacement comme différence. C'est pourquoi la chaîne phonique pure, dans la mesure où elle implique des différences, n'est pas elle-même une continuité ou une fluidité pures du temps. La différence est l'articulation de l'espace et du

---

1. Le *Complément métapsychologique à la doctrine des rêves* (1916, G. W., II/III, p. 419) consacre un important développement à la régression formelle qui, disait la *Traumdeutung*, fait que des « modes d'expression et de mise en scène primitifs se substituent à ceux dont nous avons l'habitude » (p. 554). Freud insiste surtout sur le rôle qu'y joue la représentation verbale : « Il est très remarquable que le travail du rêve s'en tienne si peu aux représentations verbales; il est toujours prêt à substituer les mots les uns aux autres jusqu'à ce qu'il trouve l'expression qui se laisse le plus facilement manier dans la mise en scène plastique. » Ce passage est suivi d'une comparaison, du point de vue des représentations de mots et des représentations de choses, entre le langage du rêveur et le langage du schizophrène. Il faudrait le commenter de près. On constaterait peut-être, (contre Freud ?) qu'une détermination rigoureuse de l'anomalie y est impossible. Sur le rôle de la représentation verbale dans le préconscient et le caractère alors secondaire des éléments visuels, cf. *le Moi et le Ça*, ch. 2.

temps. La chaîne phonique ou la chaîne d'écriture phonétique sont toujours déjà distendues par ce minimum d'espacement essentiel sur lequel pourront s'amorcer le travail du rêve et toute régression formelle en général. Il ne s'agit pas là d'une négation du temps, d'un arrêt du temps dans un présent ou une simultanéité mais d'une autre structure, d'une autre stratification du temps. Ici encore la comparaison avec l'écriture — avec l'écriture phonétique cette fois — éclaire autant l'écriture que le rêve : « Il [le rêve] restitue *un enchaînement logique sous la forme de la simultanéité;* il procède ainsi un peu comme le peintre qui rassemble en un tableau de l'École d'Athènes ou du Parnasse tous les philosophes et tous les poètes qui ne se sont jamais trouvés ensemble dans un portique ou sur la cime d'une montagne... Ce mode de mise en scène se poursuit dans le détail. Chaque fois qu'il rapproche deux éléments, il garantit un lien particulièrement intime entre les éléments qui leur correspondent dans les pensées du rêve. Il en va comme dans notre système d'écriture. *ab* signifie que les deux lettres doivent être prononcées comme une seule syllabe. *a* et *b* séparés par un espace blanc sont reconnus, l'un, *a*, comme la dernière lettre d'un mot, l'autre *b*, comme la première lettre d'un autre mot » (p. 319).

Le modèle de l'écriture hiéroglyphique rassemble de manière plus voyante — mais on la rencontre dans toute écriture — la diversité des modes et des fonctions du signe dans le rêve. Tout signe — verbal ou non — peut être utilisé à des niveaux, dans des fonctions et des configurations qui ne sont pas prescrites dans son « essence » mais naissent du jeu de la différence. Résumant toutes ces possibilités, Freud conclut : « Malgré la multiplicité de ces faces, on peut dire que la mise en scène du travail du rêve, qui n'est certes pas faite *en vue d'être comprise,* n'offre pas au traducteur plus de difficultés que, d'une certaine manière, n'en offraient à leurs lecteurs les écrivains qui, dans l'antiquité, se servaient de hiéroglyphes » (p. 346-347).

Plus de vingt ans séparent la première édition de la *Traumdeutung* de la *Note sur le bloc magique.* Si nous continuons à suivre les deux séries de métaphores, celles qui concernent le système non psychique du psychique et celles qui concernent le psychique lui-même, que se passe-t-il?

D'une part la portée *théorique* de la métaphore *psychographique* va être de mieux en mieux réfléchie. Une question de méthode lui est en quelque sorte consacrée. C'est avec une graphématique à venir plutôt qu'avec une linguistique dominée par un vieux phonologisme que la psychanalyse se voit appelée à collaborer. Freud le recommande *littéralement* dans un texte de 1913 [1], et l'on n'a ici rien à ajouter, à interpréter, à renouveler. L'intérêt de la psychanalyse pour la linguistique suppose qu'on « transgresse » le « sens habituel du mot langage ». « Sous le mot de langage, on ne doit pas entendre ici seulement l'expression de la pensée dans des mots, mais aussi le langage gestuel et toute autre sorte d'expression de l'activité psychique, comme l'écriture. » Et après avoir rappelé l'archaïsme de l'expression onirique qui admet la contradiction [2] et privilégie la visibilité, Freud précise : « Il nous paraît plus juste de comparer le rêve à un système d'écriture qu'à une langue. En fait l'interprétation d'un rêve est de part en part analogue au déchiffrement d'une écriture figurative de l'antiquité, comme les hiéroglyphes égyptiens. Dans les deux cas, il y a des éléments qui ne sont pas déterminés pour l'interprétation ou la lecture mais doivent assurer seulement, en tant que déterminatifs, l'intelligibilité d'autres éléments. La plurivocité des différents éléments du rêve a son pendant dans ces systèmes d'écriture antique... Si jusqu'ici cette conception de la mise en scène du rêve n'a pas été davantage mise en œuvre, cela tient à une situation qu'on peut facilement comprendre : le point de vue et les connaissances avec lesquels le linguiste aborderait un thème comme celui du rêve échappent totalement au psychanalyste » (p. 404-5).

D'autre part, la même année, dans l'article sur *l'Inconscient*, c'est la problématique de l'*appareil* lui-même qui commence à

---

1. *Das Interesse an der Psychoanalyse*, G. W., VIII, p. 390. La deuxième partie de ce texte, consacrée aux « sciences non psychologiques », concerne en tout premier lieu la science du langage (p. 493) avant la philosophie, la biologie, l'histoire, la sociologie, la pédagogie.

2. On sait que toute la note *Über den Gegensinn der Urworte* (1910) tend à démontrer, à la suite d'Abel, et avec une grande abondance d'exemples empruntés à l'écriture hiéroglyphique, que le sens contradictoire ou indéterminé des mots primitifs ne pouvait se déterminer, recevoir sa différence et ses conditions de fonctionnement, que du geste et de l'écriture (G. W., VIII, p. 214). Sur ce texte et l'hypothèse d'Abel, Cf. E. Benveniste, *Problèmes de linguistique générale*, ch. VII.

être reprise dans des concepts scripturaux : ni, comme dans l'*Esquisse*, dans une topologie de traces sans écriture, ni, comme dans la *Traumdeutung*, dans le fonctionnement de mécanismes optiques. Le débat entre l'hypothèse fonctionnelle et l'hypothèse topique concerne des lieux *d'inscription (Niederschrift)* : « Quand un acte psychique (limitons-nous ici à un acte du type de la *représentation* [*Vorstellung*. Nous soulignons]) connaît une transformation qui le fait passer du système Ics au système Cs (ou Pcs), devons-nous admettre qu'à cette transformation soit liée une nouvelle fixation, une sorte de nouvelle inscription de la représentation intéressée, inscription qui peut donc être aussi recueillie dans une nouvelle localité psychique et à côté de laquelle persisterait l'inscription inconsciente originaire ? Ou bien devons-nous plutôt croire que la transformation consiste en un changement d'état qui s'accomplirait sur le même matériel et dans la même localité ? » (*G. W.*, x, p. 272-3). La discussion qui suit ne nous intéresse pas directement ici. Rappelons seulement que l'hypothèse économique et le difficile concept de contre-investissement *(Gegenbesetzung* : « unique mécanisme du refoulement originaire » p. 280) que Freud introduit après avoir renoncé à trancher, n'élimine pas la différence topique des deux inscriptions[1]. Et remarquons que le concept d'inscription reste encore le simple *élément* graphique d'un appareil qui n'est pas lui-même une machine à écrire. La différence entre le système et le psychique est encore à l'œuvre : la graphie est réservée à la description du contenu psychique ou d'un élément de la machine. On pourrait penser que celle-ci est soumise à un autre principe d'organisation, à une autre destination que l'écriture. C'est peut-être aussi que le fil conducteur de l'article sur *l'Inconscient*, son *exemple*, nous l'avons souligné, c'est le destin d'une *représentation*, consécutive à un premier enregistrement. Quand on décrira la perception, l'appareil d'enregistrement ou d'inscription originaire, l' « appareil de perception » ne pourra plus être autre chose qu'une machine d'écriture. La *Note sur le bloc magique*, douze ans plus tard, décrira l'appa-

---

1. p. 288. C'est le passage que nous avons cité plus haut et dans lequel la trace mnésique était distinguée de la « mémoire ».

reil de perception et l'origine de la mémoire. Longtemps disjointes et décalées, les deux séries de métaphores se rejoindront alors.

Le morceau de cire de Freud
et les trois analogies de l'écriture.

Dans ce texte de six pages, l'analogie entre un certain appareil d'écriture et l'appareil de la perception se démontre progressivement. Trois étapes de la description lui font chaque fois gagner en rigueur, en intériorité et en différenciation.

Comme on l'a toujours fait, et depuis Platon au moins, Freud considère d'abord l'écriture comme technique au service de la mémoire, technique extérieure, auxiliaire de la mémoire psychique et non mémoire elle-même : ὑπόμνησις plutôt que μνήμη, disait le *Phèdre*. Mais ici, ce qui n'était pas possible chez Platon, le psychisme est pris dans un appareil et l'écrit sera plus facilement représenté comme une pièce extraite et « matérialisée » de cet appareil. C'est la *première analogie* : « Si je me méfie de ma mémoire — ce que fait le névrosé, c'est bien connu, à un degré surprenant, mais l'individu normal a aussi toutes les raisons de le faire — je peux compléter et assurer *(ergänzen und versichern)* sa fonction en me donnant une trace écrite *(schriftliche Anzeichnung)*. La surface qui recueille cette trace, le carnet ou la feuille de papier, devient alors, si je puis dire, une pièce matérialisée *(ein materialisiertes Stück)* de l'appareil mnésique *(des Erinnerungsapparates)* que je porte autrement en moi de manière invisible. Je n'ai qu'à me rappeler le lieu où le « souvenir » ainsi fixé a été mis en sûreté pour pouvoir alors le « reproduire » en tous temps et à discrétion, et je suis ainsi assuré qu'il sera resté inaltéré, ayant donc échappé aux déformations qu'il aurait peut-être subies dans ma mémoire » *(G.-W.*, xiv, p. 3).

Le thème de Freud n'est pas ici l'absence de mémoire, ou la finitude originaire et normale du pouvoir mnésique; encore moins la structure de la temporalisation qui fonde cette finitude ou ses rapports essentiels à la possibilité d'une censure et d'un refoulement; ce n'est pas davantage la possibilité et la nécessité de l'*Ergänzung*, du *supplément hypomnésique* que le psychique doit projeter « dans le monde »; ni ce qui est requis quant à la nature du psychique pour que cette supplémentarité soit possible. Il s'agit d'abord et seulement de considérer les conditions faites à cette opération par les surfaces d'écriture habituelles. Celles-ci ne répondent pas à la double exigence définie depuis l'*Esquisse* : conservation indéfinie et puissance d'accueil illimitée. La feuille conserve indéfiniment mais elle est vite saturée. L'ardoise, dont on peut toujours reconstituer la virginité en effaçant l'empreinte, ne conserve donc pas les traces. Toutes les surfaces d'écriture classiques n'offrent qu'un des deux avantages et présentent toujours l'inconvénient complémentaire. Telle est la *res extensa* et la surface intelligible des appareils d'écriture classique. Dans les processus qu'ils substituent ainsi à notre mémoire, « une capacité d'accueil illimitée et une rétention des traces durables semblent s'exclure ». Leur étendue appartient à la géométrie classique et y est intelligible comme dehors pur et sans rapport à soi. Il faut trouver un autre espace d'écriture, celle-ci l'a toujours réclamé.

Les appareils de secours *(Hilfsapparate)* qui, note Freud, sont toujours constitués sur le modèle de l'organe suppléé (par exemple les lunettes, la caméra photographique, les amplificateurs) paraissent donc particulièrement déficients quand il s'agit de notre mémoire. Cette remarque rend peut-être encore plus suspect l'appel antérieur à des appareils d'optique. Freud rappelle toutefois que l'exigence contradictoire ici énoncée avait déjà été reconnue en 1900. Il aurait pu dire en 1895. « J'ai déjà formulé dans la *Tramdeutung* (1900) l'hypothèse que cette extraordinaire capacité devait être distribuée entre les opérations de deux systèmes différents (organes de l'appareil psychique). Nous posions un système P. Csce qui accueille les perceptions mais n'en recueille aucune trace durable, de telle sorte qu'il peut s'offrir à chaque perception nouvelle comme une feuille vierge d'écriture. Les traces durables des excitations reçues se produisaient dans les « systèmes mnésiques » situés derrière lui. Plus tard *(Au-delà du principe de plaisir)*, j'ai ajouté la remarque que le phénomène inexpliqué de la conscience surgissait dans le système de la perception *à la place* des traces durables [1] ».

Double système compris dans un seul appareil différencié, innocence toujours offerte et réserve infinie des traces, c'est ce

1. p. 4-5. Cf. le chapitre IV de *Au-delà...*

qu'enfin a pu concilier ce « petit instrument » qu'on « a lancé il y a quelque temps sur le marché sous le nom de bloc magique » et qui « promet d'être plus efficace que la feuille de papier et l'ardoise ». Son apparence est modeste, « mais si l'on y regarde de plus près, on découvre dans sa construction une analogie remarquable avec ce que j'ai supposé être la structure de notre appareil de perception ». Il offre les deux avantages : « Une surface d'accueil toujours disponible et des traces durables des inscriptions reçues. » En voici la description : « Le bloc magique est une tablette de cire ou de résine, de couleur brun foncé, bordée de papier. Au-dessus, une feuille fine et transparente, solidement fixée à la tablette en son bord supérieur, tandis que son bord inférieur y est librement apposé. Cette feuille est la partie la plus intéressante de ce petit dispositif. Elle se compose elle-même de deux couches qui peuvent être séparées l'une de l'autre sauf aux deux bords transversaux. La couche supérieure est une feuille de celluloïd transparente; la couche inférieure est une feuille de cire fine, donc transparente. Quand on ne se sert pas de l'appareil, la surface inférieure du papier de cire adhère légèrement à la surface supérieure de la tablette de cire. On se sert de ce bloc magique en pratiquant l'inscription sur la plaquette de celluloïd de la feuille qui couvre la tablette de cire. Pour cela, on n'a besoin ni de crayon ni de craie car l'écriture ne dépend pas ici de l'intervention du matériau sur la surface réceptrice. C'est là un retour à la façon dont les anciens écrivaient sur de petites tablettes d'argile ou de cire. Une pointe aiguisée griffe la surface dont les dépressions produisent l' « écrit ». Dans le bloc magique, cette griffe ne se produit pas directement mais par l'intermédiaire de la feuille de couverture supérieure. La pointe presse, aux endroits qu'elle touche, la surface inférieure du papier de cire sur la tablette de cire et ces sillons deviennent visibles comme une sombre écriture à la surface du celluloïd autrement uni et gris-blanc. Si l'on veut détruire l'inscription, il suffit de détacher de la tablette de cire, d'un geste léger, par son bord inférieur libre, la feuille de couverture composée[1]. Le contact étroit entre la feuille de cire et la tablette de

---

1. La *Standard Edition* note ici une légère infidélité dans la description de Freud. « Elle n'affecte pas le principe. » Nous sommes tenté de penser que Freud gauchit aussi ailleurs sa description technique pour les besoins de l'analogie.

cire, aux endroits griffés dont dépend le devenir-visible de l'écriture, est ainsi interrompu et ne se reproduit plus quand les deux feuilles reposent de nouveau l'une sur l'autre. Le bloc magique est alors vierge d'écriture et prêt à recevoir de nouvelles inscriptions » (p. 5-6).

Remarquons que la *profondeur* du bloc magique est à la fois une profondeur sans fond, un renvoi infini, et une extériorité parfaitement superficielle : stratification de surfaces dont le rapport à soi, le dedans, n'est que l'implication d'une autre surface aussi exposée. Il unit les deux certitudes empiriques qui nous construisent : celle de la profondeur infinie dans l'implication du sens, dans l'enveloppement illimité de l'actuel, et, simultanément, celle de l'essence pelliculaire de l'être, de l'absence absolue du dessous.

Négligeant les « petites imperfections » du dispositif, ne s'intéressant qu'à l'analogie, Freud insiste sur le caractère essentiellement protecteur de la feuille de celluloïd. Sans elle, le papier de cire fine serait rayé ou déchiré. Il n'y a pas d'écriture qui ne se constitue une protection, *en protection contre soi*, contre l'écriture selon laquelle le « sujet » est lui-même menacé en se laissant écrire : *en s'exposant*. « La feuille de celluloïd est donc un voile protecteur pour le papier de cire ». Il le tient à l'abri des « influences menaçantes en provenance de l'extérieur ». « Je dois ici rappeler que dans *Au-delà...* [1], j'ai développé l'idée que notre appareil psychique de perception se compose de deux couches, un protecteur extérieur contre les excitations, qui doit réduire l'importance des excitations qui surviennent, et une surface qui, située derrière lui, reçoit les stimuli, à savoir le système P.Csce » (p. 6).

Mais cela ne concerne encore que la réception ou la perception, l'ouverture de la surface la plus superficielle à l'incision de la griffe. Il n'y a pas encore écriture dans la platitude de cette *extensio*. Il faut rendre compte de l'écriture comme trace survivant au présent de la griffe, à la ponctualité, à la στιγμή. « Cette analogie, poursuit Freud, n'aurait pas beaucoup de valeur si elle ne se laissait pas poursuivre plus loin. » C'est la *deuxième analogie* : « Si l'on enlève de la tablette de cire toute la feuille de couverture — celluloïd et papier de cire — l'écrit s'efface et, comme je l'ai fait remar-

---

1. C'est toujours dans le ch. IV de *Au-delà*.

quer, il ne se reconstitue plus par la suite. La superficie du bloc magique est vierge et de nouveau réceptrice. Mais il est facile de constater que la trace durable de l'écrit se maintient sur la tablette de cire et reste lisible dans un éclairage approprié. » Les exigences contradictoires sont satisfaites par ce double système et « c'est tout à fait la manière dont s'accomplit la fonction perceptive suivant ce que j'ai déjà supposé de notre appareil psychique. La couche qui reçoit les excitations — le système P.Csce — ne forme aucune trace durable; les fondations du souvenir se produisent dans d'autres systèmes de suppléance ». L'écriture supplée la perception avant même que celle-ci ne s'apparaisse à elle-même. La « mémoire » ou l'écriture sont l'ouverture de cet apparaître lui-même. Le « perçu » ne se donne à lire qu'au passé, au-dessous de la perception et après elle.

Alors que les autres surfaces d'écriture, répondant aux prototypes de l'ardoise ou du papier, ne pouvaient représenter qu'une pièce matérialisée du système mnésique dans l'appareil psychique, une abstraction, le bloc magique le représente tout entier et non seulement dans sa couche perceptive. La tablette de cire représente en effet l'inconscient. « Je ne juge pas trop audacieux de comparer la tablette de cire avec l'inconscient qui se trouve derrière le système P.Csce. » Le devenir-visible alternant avec l'effacement de l'écrit serait l'éclair *(Aufleuchten)* et l'évanouissement *(Vergehen)* de la conscience dans la perception.

Cela introduit la *troisième et dernière analogie.* C'est sans doute la plus intéressante. Jusqu'ici il n'était question que de l'espace de l'écriture, de son étendue et de son volume, de ses reliefs et de ses dépressions. Mais il y a aussi un *temps de l'écriture* et ce n'est pas autre chose que la structure même de ce que nous décrivons en ce moment. Il faut compter ici avec le temps de ce morceau de cire. Il ne lui est pas extérieur et le bloc magique comprend en sa structure ce que Kant décrit comme les trois modes du temps dans les *trois analogies de l'expérience :* la permanence, la succession, la simultanéité. Descartes, lorsqu'il se demande *quaenam vero est haec cera*, en peut réduire *l'essence* à la simplicité intemporelle d'un objet intelligible. Freud, reconstruisant une *opération,* ne peut réduire ni le temps ni la multiplicité de couches sensibles. Et il va relier un concept discontinuiste du temps, comme pério-

LA SCÈNE DE L'ÉCRITURE

dicité et espacement de l'écriture, avec toute une chaîne d'hypothèses qui vont des *Lettres à Fliess* à *Au-delà*... et qui, une fois
de plus, se trouvent construites, consolidées, confirmées et soli-
difiées dans le bloc magique. La temporalité comme espacement
ne sera pas seulement la discontinuité horizontale dans la chaîne
des signes mais l'écriture comme interruption et rétablissement du
contact entre les diverses profondeurs des couches psychiques,
l'étoffe temporelle si hétérogène du travail psychique lui-même.
On n'y retrouve ni la continuité de la ligne ni l'homogénéité
du volume; mais la durée et la profondeur différenciées d'une
scène, son espacement :
« J'avoue que je suis enclin à pousser la comparaison encore
plus loin. Dans le bloc magique, l'écrit s'efface chaque fois que
s'interrompt le contact étroit entre le papier recevant l'excitation
et la tablette de cire retenant l'impression. Cela concorde avec
une représentation que je me suis donnée depuis longtemps du
mode de fonctionnement de l'appareil psychique, mais que j'ai
gardée jusqu'ici pour moi » (p. 7).
Cette hypothèse, c'est celle d'une distribution discontinue, par
secousses rapides et périodiques, des « innervations d'investissement » *(Besetzungsinnervationen)*, du dedans vers le dehors, vers la
perméabilité du système P.Csce. Ces mouvements sont ensuite
« retirés » ou « retournés ». La conscience s'éteint chaque fois que
l'investissement est ainsi retiré. Freud compare ce mouvement à
des antennes que l'*inconscient* dirigerait vers l'extérieur et retirerait
quand elles lui ont donné la mesure des excitations et l'ont averti
de la menace. (Freud n'avait pas plus gardé pour lui cette image
de l'antenne — on la trouve dans *Au-delà*... ch. iv [1] — qu'il

---

1. On la retrouve la même année, dans l'article sur la *Verneinung*. Dans un passage
qui nous importerait ici par le rapport qui s'y trouve reconnu entre la négation pensée
et la différance, le délai, le détour *(Aufschub, Denkaufschub)* (la différance, union
d'Eros et de Thanatos), l'émission des antennes est attribuée non à l'inconscient mais
au moi *(G. W.*, xiv, p. 14-15). Sur le *Denkaufschub*, sur la pensée comme retardement,
atermoiement, surséance, répit, détour, *différance* opposée à, ou plutôt différante du
pôle fictif, théorique et toujours déjà transgressé du « processus primaire », cf. tout
le chapitre vii (v) de la *Traumdeutung*. Le concept de « chemin détourné » *(Umweg)* y
est central. L' « identité de pensée », toute tissée de souvenir, est la visée toujours
déjà substituée à une « identité de perception, » visée du « processus primaire », et
das ganze Denken ist nur ein Umweg... (« Toute la pensée n'est qu'un chemin de détour »

---

n'avait gardé pour lui la notion de périodicité des investissements, nous l'avons noté plus haut.) L' « origine de notre représentation du temps » est attribuée à cette « non-excitabilité périodique » et à cette « discontinuité dans le travail du système P.Csce ». Le temps est l'économie d'une écriture.

Cette machine ne marche pas toute seule. C'est moins une machine qu'un outil. Et on ne le tient pas d'une seule main, Sa temporalité se marque là. Sa *maintenance* n'est pas simple. La virginité idéale du maintenant est constituée par le travail de la mémoire. Il faut au moins deux mains pour faire fonctionner l'appareil, et un système de gestes, une coordination d'initiatives indépendantes, une multiplicité organisée d'origines. C'est sur cette scène que se clôt la *Note :* « Si l'on pense que, pendant qu'une main écrit à la surface du bloc magique, une autre main retire par périodes, de la tablette de cire, la page de couverture elle-même, on aura l'illustration sensible de la manière dont je voulais me représenter le fonctionnement de notre appareil psychique de perception. »

Les traces ne produisent donc l'espace de leur inscription qu'en se donnant la période de leur effacement. Dès l'origine, dans le « présent » de leur première impression, elles sont constituées par la double force de répétition et d'effacement, de lisibilité et d'illisibilité. Une machine à deux mains, une multiplicité d'instances ou d'origines, n'est-ce pas le rapport à l'autre et la temporalité originaires de l'écriture, sa complication « primaire » : espacement, différance et effacement originaires de l'origine simple, polémique dès le seuil de ce qu'on s'obstine à appeler la perception ? La scène du rêve « qui suit des frayages anciens » était une scène d'écriture. Mais c'est que la « perception », le premier rapport de la vie à son autre, l'origine de la vie avait toujours déjà préparé la représentation. Il faut être plusieurs pour écrire et déjà pour « percevoir ». La structure *simple* de la maintenance et de la manuscripture, comme de toute intuition originaire, est un mythe, une « fiction » aussi « théorique » que l'idée du processus primaire. Celle-ci est contredite par le thème du refoulement originaire.

L'écriture est impensable sans le refoulement. Sa condition,

---

p. 607) Cf. aussi les « *Umwege zum Tode* » in *Jenseits*, p. 41. Le « compromis », au sens de Freud, est toujours différance. Or il n'y a rien avant le compromis.

c'est qu'il n'y ait ni un contact permanent ni une rupture absolue entre les couches. Vigilance et échec de la censure. Que la métaphore de la censure soit issue de ce qui, dans le politique, regarde l'écriture en ses ratures, blancs et déguisements, ce n'est pas un hasard, même si Freud, au début de la *Traumdeutung*, semble y faire une référence conventionnelle et didactique. L'apparente extériorité de la censure politique renvoie à une censure essentielle qui lie l'écrivain à sa propre écriture.

S'il n'y avait que perception, perméabilité pure aux frayages, il n'y aurait pas de frayage. Nous serions écrits mais rien ne serait consigné, aucune écriture ne se produirait, ne se retiendrait, ne se répéterait comme lisibilité. Mais la perception pure n'existe pas : nous ne sommes écrits qu'en écrivant, par l'instance en nous qui toujours déjà surveille la perception, qu'elle soit interne ou externe. Le « sujet » de l'écriture n'existe pas si l'on entend par là quelque solitude souveraine de l'écrivain. Le sujet de l'écriture est un *système* de rapports entre les couches : du bloc magique, du psychique, de la société, du monde. A l'intérieur de cette scène, la simplicité ponctuelle du sujet classique est introuvable. Pour décrire cette structure, il ne suffit pas de rappeler qu'on écrit toujours pour quelqu'un ; et les oppositions émetteur-récepteur, code-message, etc., restent de fort grossiers instruments. On chercherait en vain dans le « public » le premier lecteur, c'est-à-dire le premier auteur de l'œuvre. Et la « sociologie de la littérature » ne perçoit rien de la guerre et des ruses dont l'origine de l'œuvre est ainsi l'enjeu, entre l'auteur qui lit et le premier lecteur qui dicte. La *socialité* de l'écriture comme *drame* requiert une tout autre discipline.

La machine ne marche pas toute seule, cela veut dire autre chose : mécanique sans énergie propre. La machine est morte. Elle est la mort. Non parce qu'on risque la mort en jouant avec les machines mais parce que l'origine des machines est le rapport à la mort. Dans une lettre à Fliess, on s'en souvient, Freud, évoquant sa représentation de l'appareil psychique, avait l'impression de se trouver devant une machine qui bientôt marcherait toute seule. Mais ce qui devait marcher tout seul, c'était le psychique et non son imitation ou sa représentation mécanique. Celle-ci ne vit pas. La représentation est la mort. Ce qui se retourne aussitôt dans la proposition suivante : la mort (n') est (que) représentation. Mais elle est unie à la vie et au présent vivant qu'originairement elle répète. Une représentation pure, une machine ne fonctionne jamais d'elle-même. Telle est du moins la limite que Freud reconnaît à l'analogie du bloc magique. Comme le premier mot de la *Note*, son geste est alors très platonicien. Seule l'écriture de l'âme, disait le *Phèdre*, seule la trace psychique a pouvoir de se reproduire et de se représenter elle-même, spontanément. Notre lecture avait sauté par-dessus cette remarque de Freud : « L'analogie d'un tel appareil de secours doit rencontrer quelque part une limite. Le bloc magique ne peut pas « reproduire » de l'intérieur l'écrit une fois effacé; ce serait vraiment un bloc magique s'il pouvait le faire comme notre mémoire. » La multiplicité des surfaces étagées de l'appareil est, abandonnée à elle-même, une complexité morte et sans profondeur. La vie comme profondeur n'appartient qu'à la cire de la mémoire psychique. Freud continue donc d'opposer, comme Platon, l'écriture hypomnésique à l'écriture ἐν τῇ ψυχῇ, elle-même tissée de traces, souvenirs empiriques d'une vérité présente hors du temps. Dès lors, séparé de la responsabilité psychique, le bloc magique, en tant que représentation abandonnée à elle-même, relève encore de l'espace et du mécanisme cartésiens : cire *naturelle*, extériorité de *l'aide-mémoire*.

Tout ce que Freud a pensé de l'unité de la vie et de la mort aurait dû pourtant l'inciter à poser ici d'autres questions. A les poser explicitement. Freud ne s'interroge pas explicitement sur le statut du supplément « matérialisé » nécessaire à la prétendue spontanéité de la mémoire, cette spontanéité fût-elle différenciée en soi, barrée par une censure ou un refoulement qui d'ailleurs ne pourraient agir sur une mémoire parfaitement spontanée. Loin que la machine soit pure absence de spontanéité, sa *ressemblance* avec l'appareil psychique, son existence et sa nécessité témoignent de la finitude ainsi suppléée de la spontanéité mnésique. La machine — et donc la représentation — c'est la mort et la finitude *dans* le psychique. Freud ne s'interroge pas davantage sur la possibilité de cette machine qui, dans le monde, a au moins commencé à *ressembler* à la mémoire, et lui ressemble toujours davantage et toujours mieux. Beaucoup mieux que cet innocent bloc magique : celui-ci est sans doute infiniment plus complexe que l'ardoise ou la feuille, moins archaïque que le palimpseste ; mais comparé à d'autres machines à archives, c'est un jouet d'enfant. Cette ressemblance, c'est-à-dire nécessairement un certain être-dans-le-monde du psychisme, n'est pas survenue à la mémoire, non plus que la mort ne surprend la vie. Elle la fonde. La métaphore, ici l'analogie entre les deux appareils et la possibilité de ce rapport représentatif, pose une question que, malgré ses prémisses et pour des raisons sans doute essentielles, Freud n'a pas explicitée, alors même qu'il la conduisait au seuil de son thème et de son urgence. La métaphore comme rhétorique ou didactique n'est ici possible que par la métaphore solide, par la production non « naturelle », historique, d'une machine *supplémentaire*, *s'ajoutant* à l'organisation psychique pour *suppléer* sa finitude. L'idée même de finitude est dérivée du mouvement de cette supplémentarité. La production historico-technique de cette métaphore qui survit à l'organisation psychique individuelle, voire générique, est d'un tout autre ordre que la production d'une métaphore intra-psychique, à supposer que celle-ci existe (il ne suffit pas d'en parler pour cela) et quelque lien que les deux métaphores gardent entre elles. Ici la question de la *technique* (il faudrait peut-être trouver un autre nom pour l'arracher à sa problématique traditionnelle) ne se laisse pas dériver d'une opposition allant de soi entre le psychique et le non-psychique, la vie et la mort. L'écriture est ici la τέχνη comme rapport entre la vie et la mort, entre le présent et la représentation, entre les deux appareils. Elle ouvre la question de la technique : de l'appareil en général et de l'analogie entre l'appareil psychique et l'appareil non-psychique. En ce sens l'écriture est la scène de l'histoire et le jeu du monde. Elle ne se laisse pas épuiser par une simple psychologie. Ce qui s'ouvre à son thème dans le discours de Freud fait que la psychanalyse n'est pas une simple psychologie, ni une simple psychanalyse.

Ainsi s'annoncent peut-être, dans la trouée freudienne, l'au-delà et l'en-deçà de la clôture qu'on peut appeler « platonicienne ». Dans ce moment de l'histoire du monde, tel qu'il s' « indique » sous le nom de Freud, à travers une incroyable mythologie (neurologique ou métapsychologique : car nous n'avons jamais songé à prendre au sérieux, sauf en la question qui désorganise et inquiète sa littéralité, la fable métapsychologique. Au regard des histoires neurologiques que nous raconte l'*Esquisse*, son avantage peut-être est mince), un rapport à soi de la scène historico-transcendantale de l'écriture s'est dit sans se dire, pensé sans s'être pensé : écrit et à la fois effacé, métaphorisé, désigné lui-même en indiquant des rapports intra-mondains, *représenté*.

Cela se reconnaît peut-être *(par exemple et qu'ici l'on nous entende prudemment)* à ce signe que Freud, avec une ampleur et une continuité admirables, nous a lui aussi *fait la scène de l'écriture*. Ici, il faut penser cette scène autrement qu'en termes de psychologie, individuelle ou collective, voire d'anthropologie. Il faut la penser dans l'horizon de la scène du monde, comme l'histoire de cette scène. Le discours de Freud y est *pris*.

Donc Freud nous fait la scène de l'écriture. Comme tous ceux qui écrivent. Et comme tous ceux qui savent écrire, il a laissé la scène se dédoubler, se répéter et se dénoncer elle-même dans la scène. C'est donc à Freud que nous laisserons dire la scène qu'il nous a faite. A lui que nous emprunterons l'exergue caché qui en silence a surveillé notre lecture.

En suivant le cheminement des métaphores du chemin, de la trace, du frayage, de la marche piétinant une voie ouverte par effraction à travers le neurone, la lumière ou la cire, le bois ou la résine pour s'inscrire violemment dans une nature, une matière, une matrice ; en suivant la référence infatigable à une pointe sèche et à une écriture sans encre ; en suivant l'inventivité inlassable et le renouvellement onirique des modèles mécaniques, cette métonymie indéfiniment au travail sur la même métaphore, substituant obstinément les traces aux traces et les machines aux machines, nous nous demandions ce que faisait Freud.

Et nous pensions à ces textes où mieux qu'ailleurs il nous dit *worin die Bahnung sonst besteht*. En quoi consiste le frayage.

A la *Traumdeutung* : « Dans le rêve, toutes les machineries et tous les appareils compliqués sont très vraisemblablement des organes génitaux — généralement masculins — dans la description desquels la symbolique du rêve, aussi bien que le travail de l'esprit *(Witzarbeit)* se montre infatigable » (p. 361).

Puis à *Inhibition, Symptôme et Angoisse* : « Lorsque l'écriture, qui consiste à faire couler d'une plume un liquide sur une feuille de papier blanc, a pris la signification symbolique du coït ou lorsque la marche est devenue le substitut du piétinement du corps de la terre mère, écriture et marche sont toutes deux abandonnées, parce qu'elles reviendraient à exécuter l'acte sexuel interdit [1]. »

La dernière partie de la conférence concernait l'archi-écriture comme effacement : du présent et donc du sujet, de son propre et de son nom propre. Le concept de sujet (conscient ou inconscient) renvoie nécessairement à celui de substance — et donc de présence — dont il est né.

Il faut donc radicaliser le concept freudien de trace et l'extraire de la métaphysique de la présence qui le retient encore (en particulier dans les concepts de conscience, inconscient, perception, mémoire, réalité, c'est-à-dire aussi de quelques autres).

La trace est l'effacement de soi, de sa propre présence, elle est constituée par la menace ou l'angoisse de sa disparition irrémédiable, de la disparition de sa disparition. Une trace ineffaçable n'est pas une trace, c'est une présence pleine, une substance immobile et incorruptible, un fils de Dieu, un signe de la parousie et non une semence, c'est-à-dire un germe mortel.

Cet effacement est la mort elle-même et c'est dans son horizon qu'il faut penser non seulement le « présent » mais aussi ce que Freud a sans doute cru être l'indélébile de certaines traces dans l'inconscient où « rien ne finit, rien ne passe, rien n'est oublié ». Cet effacement de la trace n'est pas seulement un accident qui peut se produire ici ou là, ni même la structure nécessaire d'une censure déterminée menaçant telle ou telle présence, elle est la structure même qui rend possible, comme mouvement de la temporalisation et comme auto-affection pure, quelque chose qu'on peut appeler le refoulement en général, la synthèse originaire du refoulement originaire et du refoulement « proprement dit » ou secondaire.

Une telle radicalisation de la *pensée de la trace* (*pensée* parce qu'échappant au binarisme et le rendant possible à partir de *rien*) serait féconde non seulement dans la déconstruction du logocentrisme mais dans une réflexion s'exerçant plus positivement en différents champs, à différents niveaux de l'écriture en général, à l'articulation de l'écriture au sens courant et de la trace en général.

Ces champs, dont la spécificité serait ainsi ouverte à une pensée fécondée par la psychanalyse, seraient nombreux. Le problème de leurs limites respectives serait d'autant plus redoutable qu'il ne faudrait le soumettre à aucune opposition conceptuelle admise.

Il s'agirait d'abord :

1) d'une *psychopathologie de la vie quotidienne* dans laquelle l'étude de l'écriture ne se limiterait pas à l'interprétation du *lapsus calami* et serait

1. Trad. M. Tort, p. 4.

d'ailleurs plus attentive à celui-ci, à son originalité, que ne l'a sans doute été Freud lui-même (« Les erreurs d'écriture que j'aborde maintenant ressemblent tellement au lapsus de la parole qu'elles ne peuvent nous fournir aucun nouveau point de vue » G. W., ii, ch. I.), ce qui ne l'a pas empêché de poser le problème juridique fondamental de la responsabilité, devant l'instance de la psychanalyse, par exemple à propos du *lapsus calami* meurtrier (*ibid.*);

2) de l'*histoire de l'écriture*, champ immense dans lequel on n'a fait jusqu'ici que des travaux préparatoires; si admirables soient-ils, ils donnent encore lieu, au-delà des découvertes empiriques, à des spéculations débridées;

3) du *devenir-littéraire du littéral*. Ici, malgré quelques tentatives de Freud et de certains de ses successeurs, une psychanalyse de la littérature respectueuse de l'*originalité du signifiant littéraire* n'a pas encore commencé et ce n'est sans doute pas un hasard. On n'a fait jusqu'ici que l'analyse des *signifiés* littéraires, c'est-à-dire *non littéraires*. Mais de telles questions renvoient à toute l'histoire des formes littéraires elles-mêmes, et de tout ce qui en elles était précisément destiné à autoriser cette méprise;

4) enfin, pour continuer à désigner ces champs selon des frontières traditionnelles et problématiques, de ce qu'on pourrait appeler une nouvelle *graphologie psychanalytique* tenant compte de l'apport des trois types de recherche que nous venons de délimiter approximativement. Ici, Mélanie Klein ouvre peut-être la voie. Quant aux formes des signes, et même dans la graphie alphabétique, aux résidus irréductiblement pictographiques de l'écriture phonétique, aux investissements auxquels sont soumis les gestes, les mouvements des lettres, des lignes, des points, aux éléments de l'appareil d'écriture (instrument, surface, substance), etc., un texte comme *Role of the school in the libidinal development of the child* (1923) indique la direction (cf. aussi Strachey, *Some unconscious factors in reading*).

Toute la thématique de M. Klein, son analyse de la constitution des bons et des mauvais objets, sa généalogie de la morale pourrait sans doute commencer à éclairer, si on la suit avec prudence, tout le problème de l'archi-trace, non pas dans son essence (elle n'en a pas) mais en termes de valorisation ou de dévalorisation. L'écriture, douce nourriture ou excrément, trace comme semence ou germe de mort, argent ou arme, déchet ou/ et pénis, etc.

Comment, par exemple, faire communiquer, sur la scène de l'histoire, l'écriture comme excrément séparé de la chair vivante et du corps sacré de l'hiéroglyphe (Artaud) et ce qu'il est dit dans les *Nombres* de la femme assoiffée buvant la poussière d'encre de la loi; ou dans *Ézéchiel* de ce fils de l'homme qui remplit ses entrailles du rouleau de la loi devenu dans sa bouche aussi doux que du miel?

LE THÉATRE DE LA CRUAUTÉ
ET LA CLOTURE DE LA REPRÉSENTATION

A PAULE THÉVENIN

> Unique fois au monde, parce qu'en raison d'un événement toujours que j'expliquerai, il n'est pas de Présent, non - un présent n'existe pas... (MALLARMÉ, *Quant au Livre*.)

> . . . . quant à mes forces,
> elles ne sont qu'un supplément,
> le supplément à un état de fait,
> c'est qu'il n'y a jamais eu d'origine.....
>
> (ARTAUD, 6 juin 1947.)

« ... *La danse / et par conséquent le théâtre / n'ont pas encore commencé à exister.* » C'est ce qu'on peut lire dans l'un des derniers écrits d'Antonin Artaud (*le Théâtre de la cruauté*, in *84*, 1948). Or dans le même texte, un peu plus haut, le théâtre de la cruauté est défini « l'affirmation / d'une terrible / et d'ailleurs inéluctable nécessité ». Artaud n'appelle donc pas une destruction, une nouvelle manifestation de la négativité. Malgré tout ce qu'il doit saccager sur son passage, « le théâtre de la cruauté / n'est pas le symbole d'un vide absent ». Il *affirme*, il produit l'affirmation elle-même dans sa rigueur pleine et nécessaire. Mais aussi dans son sens le plus caché, le plus souvent enfoui, diverti de soi : tout « inéluctable » qu'elle est, cette affirmation n'a « pas encore commencé à exister ».

Elle est à naître. Or une affirmation nécessaire ne peut naître qu'en renaissant à soi. Pour Artaud, l'avenir du théâtre — donc l'avenir en général — ne s'ouvre que par l'anaphore qui remonte à la veille d'une naissance. La théâtralité doit traverser et restaurer de part en part l' « existence » et la « chair ». On dira donc du théâtre ce qu'on dit du corps. Or on le sait, Artaud vivait le lendemain d'une dépossession : son corps propre, la propriété et la propreté de son corps lui avaient été dérobés à sa naissance par ce dieu voleur qui lui-même est né « de se faire passer / pour moi-même » [1]. Sans doute la renaissance passe-t-elle — Artaud le rappelle souvent — par une sorte de rééducation des organes. Mais celle-ci permet d'accéder à une vie avant la naissance et après la mort (« ... à force de mourir / j'ai fini par gagner une immortalité réelle » [p. 110]); non à une mort avant la naissance et après la vie. C'est ce qui distingue l'affirmation cruelle de la négativité romantique; différence mince et pourtant décisive. Lichtenberger : « Je ne puis me défaire de cette idée que j'étais *mort* avant de naître, et que par la mort je retournerai à ce même état... Mourir et renaître avec le souvenir de son existence précédente, nous appelons cela s'évanouir; s'éveiller avec d'autres organes, qu'il faut d'abord rééduquer, c'est ce que nous appelons naître. » Pour Artaud, il s'agit d'abord de ne pas mourir en mourant, de ne pas se laisser alors dépouiller de sa vie par le dieu voleur. « Et je crois qu'il y a toujours quelqu'un d'autre à la minute de la mort extrême pour nous dépouiller de notre propre vie » *(Van Gogh, le suicidé de la société).*

De même, le théâtre occidental a été séparé de la force de son essence, éloigné de son essence *affirmative*, de sa *vis affirmativa*. Et cette dépossession s'est produite dès l'origine, elle est le mouvement même de l'origine, de la naissance comme mort.

C'est pourquoi une « place » est « laissée sur toutes les scènes d'un théâtre mort-né » (« *le Théâtre et l'Anatomie* », in *la Rue*, juillet 1946). Le théâtre est né dans sa propre disparition et le rejeton de ce mouvement a un nom, c'est l'homme. Le théâtre de la cruauté doit naître en séparant la mort de la naissance et en effaçant le nom de l'homme. On a toujours fait faire au théâtre ce pour quoi il n'était pas fait : « Le dernier mot sur l'homme n'est pas dit... Le théâtre n'a jamais été fait pour nous décrire l'homme et ce qu'il fait... Et le théâtre est ce pantin dégingandé, qui musique de troncs par barbes métalliques de barbelés nous maintient en état de guerre contre l'homme qui nous corsetait... L'homme a très mal dans Eschyle, mais il se croit encore un peu dieu et ne veut pas entrer dans la membrane, et dans Euripide enfin il barbote dans la membrane, oubliant où et quand il fut dieu » *(ibid.).*

1. In 84, p. 109. Comme dans le précédent essai sur Artaud, les textes signalés par des dates sont inédits.

Aussi faut-il sans doute réveiller, reconstituer la veille de cette origine du théâtre occidental, déclinant, décadent, négatif, pour ranimer en son orient la nécessité inéluctable de l'affirmation. Nécessité inéluctable d'une scène encore inexistante, certes, mais l'affirmation n'est pas à inventer *demain*, en quelque « *nouveau théâtre* ». Sa nécessité inéluctable opère comme une force permanente. La cruauté est toujours à l'œuvre. Le vide, la place vide et prête pour ce théâtre qui n'a pas encore « commencé à exister », mesure donc seulement la distance étrange qui nous sépare de la nécessité inéluctable, de l'œuvre *présente* (ou plutôt actuelle, *active*) de l'affirmation. C'est dans l'ouverture unique de cet écart que la scène de la cruauté dresse pour nous son énigme. Et que nous nous engagerons ici.

Si aujourd'hui, dans le monde entier — et tant de manifestations en témoignent de manière éclatante — toute l'audace théâtrale déclare, à tort ou à raison mais avec une insistance toujours plus grande, sa fidélité à Artaud, la question du théâtre de la cruauté, de son inexistence présente et de son inéluctable nécessité, a valeur de question *historique*. Historique non parce qu'elle se laisserait inscrire dans ce qu'on appelle l'histoire du théâtre, non parce qu'elle ferait époque dans le devenir des formes théâtrales ou occuperait une place dans la succession des modèles de la représentation théâtrale. Cette question est historique en un sens absolu et radical. Elle annonce la limite de la représentation.

Le théâtre de la cruauté n'est pas une *représentation*. C'est la vie elle-même en ce qu'elle a d'irreprésentable. La vie est l'origine non représentable de la représentation. « J'ai donc dit « cruauté » comme j'aurais dit « vie » » (1932, IV, p. 137). Cette vie porte l'homme mais elle n'est pas d'abord la vie de l'homme. Celui-ci n'est qu'une représentation de la vie et telle est la limite — humaniste — de la métaphysique du théâtre classique. « On peut donc reprocher au théâtre tel qu'il se pratique un terrible manque d'imagination. Le théâtre doit s'égaler à la vie, non pas à la vie individuelle, à cet aspect individuel de la vie où triomphent les CARACTÈRES, mais à une sorte de vie libérée, qui balaye l'individualité humaine et où l'homme n'est plus qu'un reflet » (IV, p. 139).

La forme la plus naïve de la représentation, n'est-ce pas la *mimesis*? Comme Nietzsche — et les affinités ne s'arrêteraient pas là — Artaud veut donc en finir avec le concept *imitatif* de l'art. Avec l'esthétique aristotélicienne [1] en laquelle s'est reconnue la métaphysique occidentale de l'art. « L'Art n'est pas l'imitation de la vie, mais la vie est l'imitation d'un principe transcendant avec lequel l'art nous remet en communication » (IV, p. 310).

L'art théâtral doit être le lieu primordial et privilégié de cette destruction de l'imitation : plus qu'un autre il a été marqué par ce travail de représentation totale dans lequel l'affirmation de la vie se laisse dédoubler et creuser par la négation. Cette représentation, dont la structure s'imprime non seulement dans l'art mais dans toute la culture occidentale (ses religions, ses philosophies, sa politique), désigne donc plus qu'un type particulier de construction théâtrale. C'est pourquoi la question qui se pose à nous aujourd'hui excède largement la technologie théâtrale. Telle est l'affirmation la plus obstinée d'Artaud : la réflexion technique ou théâtrologique ne doit pas être traitée à part. La déchéance du théâtre commence sans doute avec la possibilité d'une telle dissociation. On peut le souligner sans affaiblir l'importance et l'intérêt des problèmes théâtrologiques ou des révolutions qui peuvent se produire dans les limites de la technique théâtrale. Mais l'intention d'Artaud nous indique ces limites. Tant que ces révolutions techniques et intra-théâtrales n'entameront pas les fondations mêmes du théâtre occidental, elles appartiendront à cette histoire et à cette scène qu'Antonin Artaud voulait faire sauter. Rompre cette appartenance, qu'est-ce que cela veut dire?

---

1. « La psychologie de l'orgiasme comme sentiment débordant de vie et de force, à l'intérieur duquel la souffrance elle-même opère comme un stimulant, m'a donné la clé du concept de sentiment *tragique* qui est resté incompris aussi bien d'Aristote que, en particulier, de nos pessimistes. » L'art comme imitation de la nature communique de manière essentielle avec le thème cathartique. « Il *ne* s'agit *pas* de se délivrer de la terreur et de la pitié, ni de se purifier d'un affect dangereux par une décharge véhémente — c'est ce que pensait Aristote; mais bien, en traversant la terreur et la pitié, *d'être soi-même* la joie éternelle du devenir — cette joie qui enferme aussi en elle la *joie de détruire* (*die Lust am Vernichten*). Et par là je touche à nouveau le lieu dont j'étais jadis parti. La « *naissance de la tragédie* » fut ma première transvaluation de toutes les valeurs. Je me réinstalle sur le sol dans lequel croît mon vouloir, mon *pouvoir* — moi le dernier disciple du philosophe Dionysos — moi qui enseigne le retour éternel » (*Götzen-Dämmerung, Werke*, II, p. 1032).

Et est-ce possible? A quelles conditions un théâtre aujourd'hui peut-il légitimement se réclamer d'Artaud? Que tant de metteurs en scène veuillent se faire reconnaître comme les héritiers, voire (on l'a écrit) les « fils naturels » d'Artaud, ce n'est là qu'un fait. Il faut aussi poser la question des titres et du droit. A quels critères reconnaîtra-t-on qu'une telle prétention est abusive? A quelles. conditions un authentique « théâtre de la cruauté » pourrait-il « commencer à exister »? Ces questions, à la fois techniques et « métaphysiques » (au sens où Artaud entend ce mot), se posent d'elles-mêmes à la lecture de tous les textes du *Théâtre et son Double* qui sont des *sollicitations* plus qu'une somme de préceptes, un système de critiques *ébranlant le tout* de l'histoire de l'Occident plus qu'un traité de la pratique théâtrale.

Le théâtre de la cruauté chasse Dieu de la scène. Il ne met pas en scène un nouveau discours athée, il ne prête pas la parole à l'athéisme, il ne livre pas l'espace théâtral à une logique philosophante proclamant une fois de plus, pour notre plus grande lassitude, la mort de Dieu. C'est la pratique théâtrale de la cruauté qui, dans son acte et dans sa structure, habite ou plutôt *produit* un espace non-théologique.

La scène est théologique tant qu'elle est dominée par la parole, par une volonté de parole, par le dessein d'un logos premier qui, n'appartenant pas au lieu théâtral, le gouverne à distance. La scène est théologique tant que sa structure comporte, suivant toute la tradition, les éléments suivants : un auteur-créateur qui, absent et de loin, armé d'un texte, surveille, rassemble et commande le temps ou le sens de la représentation, laissant celle-ci le *représenter* dans ce qu'on appelle le contenu de ses pensées, de ses intentions, de ses idées. Représenter par des représentants, metteurs en scène ou acteurs, interprètes asservis qui représentent des personnages qui, d'abord par ce qu'ils disent, représentent plus ou moins directement la pensée du « créateur ». Esclaves interprétant, exécutant fidèlement les desseins providentiels du « maître ». Qui d'ailleurs — et c'est la règle ironique de la structure représentative qui organise tous ces rapports — ne crée rien, ne se donne que l'illusion de la création puisqu'il ne fait que transcrire et donner à lire un texte dont la nature est nécessairement elle-même représentative, gardant avec ce qu'on appelle le « réel » (l'étant réel, cette « réalité » dont Artaud dit dans l'*Avertissement* au *Moine* qu'elle est un « excrément de l'esprit »), un rapport imitatif et reproductif. Enfin un public passif, assis, un public de spectateurs, de consommateurs, de « jouisseurs » — comme disent Nietzsche et Artaud — assistant à un spectacle sans véritable volume ni profondeur, étale, offert à leur regard de voyeur. (Dans le théâtre de la cruauté, la pure visibilité n'est pas exposée au voyeurisme.) Cette structure générale dans laquelle chaque instance est liée par représentation à toutes les autres, dans laquelle l'irreprésentable du présent vivant est dissimulé ou dissous, élidé ou déporté dans la chaîne infinie des représentations, cette structure n'a jamais été modifiée. Toutes les révolutions l'ont maintenue intacte, ont même le plus souvent tendu à la protéger ou à la restaurer. Et c'est le texte phonétique, la parole, le discours transmis — éventuellement par le souffleur dont le trou est le centre caché mais indispensable de la structure représentative — qui assure le mouvement de la représentation. Quelle qu'en soit l'importance, toutes les formes picturales, musicales et même gestuelles introduites dans le théâtre occidental ne font, dans le meilleur des cas, qu'illustrer, accompagner, servir, agrémenter un texte, un tissu verbal, un logos qui *se dit* au commencement. « Si donc, l'auteur est celui qui dispose du langage de la parole, et si le metteur en scène est son esclave, il y a là une simple question de mots. Il y a une confusion sur les termes, venue de ce que, pour nous, et suivant le sens qu'on attribue généralement à ce terme de metteur en scène, celui-ci n'est qu'un artisan, un adaptateur, une sorte de traducteur éternellement voué à faire passer une œuvre dramatique d'un langage dans un autre; et cette confusion ne sera possible et le metteur en scène ne sera contraint de s'effacer devant l'auteur que tant qu'il demeurera entendu que le langage des mots est supérieur aux autres, et que le théâtre n'en admet pas d'autre que celui-là » (t. IV, p. 143). Cela n'implique pas, bien entendu, qu'il suffise, pour être fidèle à Artaud, de donner beaucoup d'importance et de responsabilités au « metteur en scène », tout en conservant la structure classique.

Par le mot (ou plutôt par l'unité du mot et du concept, dirons-nous plus tard et cette précision sera importante) et sous l'ascendance théologique de ce « Verbe [qui] donne la mesure de notre impuissance » (IV, p. 277) et de notre peur, c'est la scène elle-même qui se trouve menacée tout au long de la tradition occidentale. L'Occident — et telle serait l'énergie de son essence — n'aurait jamais travaillé qu'à l'effacement de la scène. Car une scène qui ne fait qu'illustrer un discours n'est plus tout à fait une scène. Son rapport à la parole est sa maladie et « nous répétons que l'époque est malade » (IV, p. 280). Reconstituer la scène, mettre enfin en scène et renverser la tyrannie du texte, c'est donc un seul et même geste. « Triomphe de la mise en scène pure » (IV, p. 305).

Cet oubli classique de la scène se confondrait donc avec l'histoire du théâtre et toute la culture de l'Occident, leur aurait même assuré leur ouverture. Et pourtant, malgré cet « oubli », le théâtre et la mise en scène ont richement vécu pendant plus de vingt-cinq siècles : expérience de mutations et de bouleversements qu'on ne peut négliger malgré la paisible et impassible immobilité des structures fondatrices. Il ne s'agit donc pas seulement d'un oubli ou d'un simple recouvrement de surface. Une certaine scène a entretenu avec la scène « oubliée » mais en vérité violemment effacée, une communication secrète, un certain rapport de *trahison*, si trahir, c'est dénaturer par infidélité mais aussi malgré soi laisser se traduire et manifester le fond de la force. Cela explique que le théâtre classique, aux yeux d'Artaud, ne soit pas simplement l'absence, la négation ou l'oubli du théâtre, ne soit pas un non-théâtre : plutôt une oblitération laissant lire ce qu'elle recouvre, une corruption aussi et une « perversion », une *séduction*, l'écart d'une aberration dont le sens et la mesure n'apparaissent qu'en amont de la naissance, à la veille de la représentation théâtrale, à l'origine de la tragédie. Du côté, par exemple, des « Mystères Orphiques qui subjugaient Platon », des « Mystères d'Éleusis » dépouillés des interprétations dont on a pu les recouvrir, du côté de cette « beauté pure dont Platon a bien dû trouver au moins une fois en ce monde la réalisation complète, sonore, ruisselante et dépouillée » (p. 63). C'est bien de perversion et non d'oubli que parle Artaud, par exemple dans cette lettre à

B. Crémieux (1931) : « Le théâtre, art indépendant et autonome, se doit, pour *ressusciter, ou simplement pour vivre*, de bien marquer ce qui le différencie d'avec le texte, d'avec la parole pure, d'avec la littérature, et tous les autres moyens écrits et fixés. On peut très bien continuer à concevoir un théâtre basé sur la prépondérance du texte, et sur un texte de plus en plus verbal, diffus et assommant auquel l'esthétique de la scène serait soumise. Mais cette conception qui consiste à faire asseoir des personnages sur un certain nombre de chaises ou de fauteuils placés en rang et à se raconter des histoires, si merveilleuses soient-elles, n'est peut-être pas la négation absolue du théâtre... elle en serait plutôt la *perversion.* » (Nous soulignons.)

Délivrée du texte et du dieu-auteur, la mise en scène serait donc rendue à sa liberté créatrice et instauratrice. Le metteur en scène et les participants (qui ne seraient plus acteurs *ou* spectateurs) cesseraient d'être les instruments et les organes de la représentation. Est-ce à dire qu'Artaud eût refusé de donner le nom de *représentation* au théâtre de la cruauté ? Non, pourvu que l'on s'entende bien sur le sens difficile et équivoque de cette notion. Il faudrait pouvoir ici jouer sur tous les mots allemands que nous traduisons indistinctement par le mot unique de représentation. Certes, la scène *ne représentera plus*, puisqu'elle ne viendra pas s'ajouter comme une illustration sensible à un texte déjà écrit, pensé ou vécu hors d'elle et qu'elle ne ferait que répéter, dont elle ne constituerait pas la trame. Elle ne viendra plus répéter un *présent,* re-présenter un présent qui serait ailleurs et avant elle, dont la plénitude serait plus vieille qu'elle, absente de la scène et pouvant en droit se passer d'elle : présence à soi du Logos absolu, présent vivant de Dieu. Elle ne sera pas davantage une représentation si représentation veut dire surface étalée d'un spectacle offert à des voyeurs. Elle ne nous offrira même pas la présentation d'un présent si présent signifie ce qui se tient *devant* moi. La représentation cruelle doit m'investir. Et la non-représentation est donc représentation originaire, si représentation signifie aussi déploiement d'un volume, d'un milieu à plusieurs dimensions, expérience productrice de son propre espace. *Espacement,* c'est-à-dire production d'un espace qu'aucune parole ne saurait résumer ou comprendre, le supposant d'abord lui-même et faisant ainsi appel à un temps qui n'est plus celui de la dite linéarité phonique; appel à « une notion nouvelle de l'espace » (p. 317) et à « une idée particulière du temps » : « Nous comptons baser le théâtre avant tout sur le spectacle et dans le spectacle nous introduirons une notion nouvelle de l'espace utilisé sur tous les plans possibles et à tous les degrés de la perspective en profondeur et en hauteur, et à cette notion viendra s'adjoindre une idée particulière du temps ajoutée à celle du mouvement »... « Ainsi l'espace théâtral sera utilisé non seulement dans ses dimensions et dans son volume, mais, si l'on peut dire, *dans ses dessous* » (p. 148-9).

Clôture de la représentation classique mais reconstitution d'un espace clos de la représentation originaire, de l'archi-manifestation de la force ou de la vie. Espace clos, c'est-à-dire espace produit du dedans de soi et non plus organisé depuis un autre lieu absent, une illocalité, un alibi ou une utopie invisible. Fin de la représentation mais représentation originaire, fin de l'interprétation mais interprétation originaire qu'aucune parole maîtresse, qu'aucun projet de maîtrise n'aura investie et aplatie par avance. Représentation visible, certes, contre la parole qui dérobe à la vue — et Artaud tient aux images productrices sans lesquelles il n'y aurait pas de théâtre *(theaomai)* — mais dont la visibilité n'est pas un spectacle monté par la parole du maître. Représentation comme auto-présentation du visible et même du sensible purs.

C'est ce sens aigu et difficile de la représentation spectaculaire qu'un autre passage de la même lettre tente de serrer : « Tant que la mise en scène demeurera, même dans l'esprit des metteurs en scène les plus libres, un simple moyen de représentation, une façon accessoire de révéler les œuvres, une sorte d'intermède spectaculaire sans signification propre, elle ne vaudra qu'autant qu'elle parviendra à se dissimuler derrière les œuvres qu'elle prétend servir. Et cela durera aussi longtemps que l'intérêt majeur d'une œuvre représentée résidera dans son texte, aussi longtemps qu'au théâtre-art de représentation, la littérature prendra le pas sur la représentation appelée improprement spectacle, avec tout ce que cette dénomination entraîne de péjoratif, d'accessoire, d'éphémère et d'extérieur » (IV, p. 126). Tel serait, sur la scène de la cruauté, « le spectacle agissant non seulement comme un reflet mais comme une force » (p. 297). Le retour à la représentation originaire implique donc non seulement mais surtout que le théâtre ou la vie cessent de « représenter » un autre langage, cessent de se laisser dériver d'un autre art, par exemple de la littérature, fût-elle poétique. Car dans la poésie comme littérature, la représentation verbale subtilise la représentation scénique. La poésie ne peut se sauver de la « maladie » occidentale qu'à devenir théâtre. « Nous pensons justement qu'il y a une notion de la poésie à dissocier, à extraire des formes de poésie écrite où une époque en pleine déroute et malade veut faire tenir toute la poésie. Et quand je dis qu'elle veut, j'exagère car en réalité elle est incapable de rien vouloir; elle subit une habitude formelle dont elle est absolument incapable de se dégager. Cette sorte de poésie diffuse que nous identifions avec une énergie naturelle et spontanée, mais toutes les énergies naturelles ne sont pas de la poésie, il nous paraît justement que c'est au théâtre qu'elle doit trouver son expression intégrale, la plus pure, la plus nette et la plus véritablement dégagée... » (IV, p. 280).

On entrevoit ainsi le sens de la *cruauté* comme *nécessité* et *rigueur*. Artaud nous invite certes à ne penser sous le mot de cruauté que « rigueur, application et décision implacable », « détermination irréversible », « déterminisme », « soumission à la nécessité », etc., et non nécessairement « sadisme », « horreur », « sang versé », « ennemi crucifié » (IV, p. 120), etc. (et certains spectacles aujourd'hui inscrits sous le signe d'Artaud sont peut-être violents, voire sanglants, ils ne sont pas pour autant cruels). Néanmoins un meurtre est toujours à l'origine de la cruauté, de la nécessité nommée cruauté. Et d'abord un parricide. L'origine du théâtre, telle qu'on doit la restaurer, c'est une main portée contre le détenteur abusif du logos, contre le père, contre le Dieu d'une scène soumise au pouvoir de la parole et du texte. « Pour moi, nul n'a le droit de se dire auteur, c'est-à-dire créateur, que celui à qui revient le maniement direct de la scène. Et c'est justement ici que se place le point vulnérable du théâtre tel qu'on le considère non seulement en France mais en Europe et même dans tout l'Occident : le théâtre occidental ne reconnaît comme langage, n'attribue les facultés et les vertus d'un langage, ne permet de s'appeler langage, avec cette sorte de dignité intellectuelle qu'on attribue en général à ce mot, qu'au langage articulé, articulé grammaticalement, c'est-à-dire au langage de la parole, et de la parole écrite, de la parole qui, prononcée ou non prononcée, n'a pas plus de valeur que si elle était seulement écrite. Dans le théâtre tel que nous le concevons ici [à Paris, en Occident] le texte est tout » (IV, p. 141).

Que deviendra dès lors la parole dans le théâtre de la cruauté ? Devra-t-elle simplement se taire ou disparaître ?

Nullement. La parole cessera de commander la scène mais elle y sera présente. Elle y occupera une place rigoureusement délimitée, elle aura une fonction dans un système auquel elle sera ordonnée. Car on sait que les représentations du théâtre de la cruauté devaient être minutieusement réglées par avance. L'absence de l'auteur et de son texte n'abandonne pas la scène à quelque déréliction. La scène n'est pas délaissée, livrée à l'anarchie improvisatrice, à la « vaticination hasardée » (I, p. 239), aux « improvisations de Copeau » (IV, p. 131), à « l'empirisme surréaliste » (IV, p. 313), à la *commedia dell'arte* ou « au caprice de l'inspiration inculte » *(ibid.)*. Tout sera donc *prescrit* dans une écriture et un texte dont l'étoffe ne ressemblera plus au modèle de la représentation classique. Quelle place assignera donc à la parole cette nécessité de la prescription, appelée par la cruauté elle-même ?

La parole et sa notation — l'écriture phonétique, élément du théâtre classique —, la parole et *son* écriture ne seront effacées sur la scène de la cruauté que dans la mesure où elles prétendaient être des *dictées :* à la fois des citations ou des récitations et des ordres. Le metteur en scène et l'acteur ne recevront plus de dictée : « Nous renoncerons à la superstition théâtrale du texte et à la dictature de l'écrivain » (IV, p. 148). C'est aussi la fin de la *diction* qui faisait du théâtre un exercice de lecture. Fin de « ce qui fait dire à certains amateurs de théâtre qu'une pièce lue procure des joies autrement précises, autrement grandes que la même pièce représentée » (p. 141).

Comment fonctionneront alors la parole et l'écriture ? En redevenant *gestes :* l'intention *logique* et discursive sera réduite ou surbordonnée, par laquelle la parole ordinairement assure sa transparence rationnelle et subtilise son propre corps en direction du sens, le laisse étrangement recouvrir par cela même qui le constitue en diaphanéité : à déconstituer le diaphane, on dénude la chair du mot, sa sonorité, son intonation, son intensité, le cri que l'articulation de la langue et de la logique n'a pas encore tout à fait refroidi, ce qui reste de geste opprimé dans toute parole, ce mouvement unique et irremplaçable que la généralité du concept et de la répétition n'ont jamais fini de refuser. On sait quelle valeur Artaud reconnaissait à ce qu'on appelle — en l'occurrence fort improprement — l'*onomatopée*. La glossopoïèse, qui n'est ni un langage imitatif ni une création de noms, nous reconduit *au bord* du moment où le mot n'est pas encore né, quand l'articulation n'est déjà plus le cri mais n'est pas encore le discours, quand la répétition est *presque* impossible, et avec elle la langue en général : la séparation du concept et du son, du signifié et du signifiant, du pneumatique et du grammatical, la liberté de la traduction et de la tradition, le mouvement de l'interprétation, la différence entre l'âme et le corps, le maître et l'esclave, Dieu et l'homme, l'auteur et l'acteur. C'est la veille de l'origine des langues et de ce dialogue entre la théologie et l'humanisme dont la métaphysique du théâtre occidental n'a jamais fait qu'entretenir l'intarissable ressassement [1].

Il s'agit donc moins de construire une scène muette qu'une scène dont la clameur ne s'est pas encore apaisée dans le mot. Le mot est le cadavre de la parole psychique et il faut retrouver, avec le langage de la vie elle-même, « la Parole d'avant les mots [2] ». Le geste et la parole ne sont pas encore séparés par la logique de

---

1. Il faudrait confronter *le Théâtre et son Double* avec l'*Essai sur l'origine des langues*, *la Naissance de la tragédie*, tous les textes annexes de Rousseau et de Nietzsche, et en reconstituer le *système* d'analogies et d'oppositions.

2. « Dans ce théâtre, toute création vient de la scène, trouve sa traduction et ses origines mêmes dans une impulsion psychique secrète qui est la Parole d'avant les mots » (IV p. 72). « Ce nouveau langage... part de la NÉCESSITÉ de la parole beaucoup plus que de la parole déjà formée » (p. 132). En ce sens le mot est le signe, le symptôme d'une fatigue de la parole vivante, d'une maladie de la vie. Le mot, comme parole claire, assujettie à la transmission et à la répétition, est la mort dans le langage : « On dirait que l'esprit, n'en pouvant plus, s'est résolu aux clartés de la parole », (IV, p. 289). Sur la nécessité de « changer la destination de la parole au théâtre », cf. IV p. 86-7-113.

la représentation. « J'ajoute au langage parlé un autre langage et j'essaie de rendre sa vieille efficacité magique, son efficacité envoûtante, intégrale, au langage de la parole dont on a oublié les mystérieuses possibilités. Quand je dis que je ne jouerai pas de pièce écrite, je veux dire que je ne jouerai pas de pièce basée sur l'écriture et la parole, qu'il y aura dans les spectacles que je monterai une part physique prépondérante, laquelle ne saurait se fixer et s'écrire dans le langage habituel des mots; et que même la partie parlée et écrite le sera dans un sens nouveau » (p. 133).

Qu'en sera-t-il de ce « sens nouveau »? Et d'abord de cette nouvelle écriture théâtrale? Celle-ci n'occupera plus la place limitée d'une notation de mots, elle couvrira tout le champ de ce nouveau langage : non seulement écriture phonétique et transcription de la parole mais écriture hiéroglyphique, écriture dans laquelle les éléments phonétiques se coordonnent à des éléments visuels, picturaux, plastiques. La notion de hiéroglyphe est au centre du *Premier Manifeste* (1932, IV, p. 107). « Ayant pris conscience de ce langage dans l'espace, langage de sons, de cris, de lumière, d'onomatopées, le théâtre se doit de l'organiser en faisant avec les personnages et les objets de véritables hiéroglyphes, et en se servant de leur symbolisme et de leurs correspondances par rapport à tous les organes et sur tous les plans. »

Dans la scène du rêve, telle que la décrit Freud, la parole a le même statut. Il faudrait méditer patiemment cette analogie. Dans la *Traumdeutung* et dans le *Complément métapsychologique à la doctrine des rêves,* la place et le fonctionnement de la parole sont délimités. Présente dans le rêve, la parole n'y intervient que comme un élément parmi d'autres, parfois à la manière d'une « chose » que le processus primaire manipule selon sa propre économie. « Les pensées sont alors transformées en images — surtout visuelles — et les représentations de mots sont reconduites aux représentations de choses correspondantes, tout à fait comme si tout le processus était commandé par une seule préoccupation : l'aptitude à la mise en scène *(Darstellbarkeit).* » « Il est très remarquable que le travail du rêve s'en tienne si peu aux représentations de mots; il est toujours prêt à substituer les mots les uns aux autres jusqu'à ce qu'il trouve l'expression qui se laisse le plus facilement manier dans la mise en scène plastique » *(G.W.,*

X, p. 418-9). Artaud parle aussi d'une « matérialisation visuelle
et plastique de la parole (IV, p. 83) »; et de « se servir de la parole
dans un sens concret et spatial », de « la manipuler comme un objet
solide et qui ébranle les choses » (IV, p. 87). Et lorsque Freud,
parlant du rêve, évoque la sculpture et la peinture, ou le peintre
primitif qui, à la manière des auteurs de bandes dessinées, « laissait
pendre hors de la bouche des personnages des banderoles qui portaient en inscription *(als Schrift)* le discours que le peintre désespérait de pouvoir mettre en scène dans le tableau » (*G.W.*, II-III,
p. 317), on comprend ce que peut devenir la parole quand elle n'est
plus qu'un élément, un lieu circonscrit, une écriture circonvenue
dans l'écriture générale et l'espace de la représentation. C'est
la structure du rébus ou du hiéroglyphe. « Le contenu du rêve
nous est donné comme une écriture figurative » *(Bilderschrift)*
(p. 283). Et dans un article de 1913 : « Sous le mot de langage,
on ne doit pas entendre ici seulement l'expression de la pensée
dans des mots, mais aussi le langage gestuel et toute autre sorte
d'expression de l'activité psychique, comme l'écriture... » « Si
l'on réfléchit que les moyens de mise en scène dans le rêve sont
principalement des images visuelles et non des mots, il nous
paraît plus juste de comparer le rêve à un système d'écriture
qu'à une langue. En fait l'interprétation d'un rêve est de part
en part analogue au déchiffrement d'une écriture figurative de
l'antiquité, comme les hiéroglyphes égyptiens... » (*G.W.*, VIII,
p. 404).

Il est difficile de savoir jusqu'à quel point Artaud, qui s'est
souvent référé à la psychanalyse, s'était approché du texte de
Freud. Il est en tout cas remarquable qu'il décrive le jeu de la
parole et de l'écriture dans la scène de la cruauté selon les termes
mêmes de Freud, et d'un Freud alors assez peu éclairé. Déjà, dans
le *Premier Manifeste* (1932) : « LE LANGAGE DE LA SCÈNE : Il ne s'agit
pas de supprimer la parole articulée, mais de donner aux mots à
peu près l'importance qu'ils ont dans les rêves. Pour le reste, il
faut trouver des moyens nouveaux de noter ce langage, soit que
ces moyens s'apparentent à ceux de la transcription musicale, soit
qu'on fasse usage d'une manière de langage chiffré. En ce qui
concerne les objets ordinaires, ou même le corps humain, élevés
à la dignité de signes, il est évident que l'on peut s'inspirer des

caractères hiéroglyphiques... » (IV, p. 112). « Lois éternelles qui sont celles de toute poésie et de tout langage viable; et entre autres choses celles des idéogrammes de la Chine et des vieux hiéroglyphes égyptiens. Donc loin de restreindre les possibilités du théâtre et du langage, sous prétexte que je ne jouerai pas de pièces écrites, j'étends le langage de la scène, j'en multiplie les possibilités » (p. 133).

Artaud n'en a pas moins été soucieux de marquer ses distances à l'égard de la psychanalyse et surtout du psychanalyste, de celui qui de la psychanalyse croit pouvoir tenir le discours, en détenir l'initiative et le pouvoir d'initiation.

Car le théâtre de la cruauté est bien un théâtre du rêve mais du rêve · cruel, c'est-à-dire absolument nécessaire et déterminé, d'un rêve calculé, dirigé, par opposition à ce qu'Artaud croyait être le désordre empirique du rêve spontané. Les voies et les figures du rêve peuvent se prêter à une maîtrise. Les surréalistes lisaient Hervey de Saint-Denys [1]. Dans ce traitement théâtral du rêve, « poésie et science doivent désormais s'identifier » (p. 163). Pour cela, il faut certes procéder selon cette magie moderne qu'est la psychanalyse : « Je propose d'en revenir au théâtre à cette idée élémentaire magique, reprise par la psychanalyse moderne » (p. 96). Mais il ne faut pas céder à ce qu'Artaud croit être le tâtonnement du rêve et de l'inconscient. Il faut produire ou reproduire la *loi* du rêve : « Je propose de renoncer à cet empirisme des images que l'inconscient apporte au hasard et que l'on lance aussi au hasard en les appelant des images poétiques » *(ibid.)*.

Parce qu'il veut « voir rayonner et triompher sur une scène » « ce qui appartient à l'illisibilité et à la fascination magnétique des rêves » (II, p. 23), Artaud refuse donc le psychanalyste comme interprète, commentateur second, herméneute ou théoricien. Il eût refusé un théâtre psychanalytique avec autant de vigueur qu'il condamnait le théâtre psychologique. Et pour les mêmes raisons : refus de l'intériorité secrète, du lecteur, de l'interprétation directive ou de la psychodramaturgie. « Sur la scène l'*inconscient* ne jouera aucun rôle propre. C'est assez de la confusion qu'il engendre de l'auteur, par le metteur en scène et les acteurs, jus-

---

1. *Les Rêves et les moyens de les diriger* (1867) sont évoqués à l'ouverture des *Vases communicants.*

qu'aux spectateurs. Tant pis pour les analystes, les amateurs d'âme et les surréalistes... Les drames que nous jouerons se placent résolument à l'abri de tout commentateur secret » (II, p. 45) [1]. Par sa place et son statut, le psychanalyste appartiendrait à la structure de la scène classique, à sa forme de socialité, à sa métaphysique, à sa religion, etc.

Le théâtre de la cruauté ne serait donc pas un théâtre de l'inconscient. Presque le contraire. La cruauté est la conscience, c'est la lucidité exposée. « Pas de cruauté sans conscience, sans une sorte de conscience appliquée. » Et cette conscience vit bien d'un meurtre, elle est la conscience du meurtre. Nous le suggérions plus haut. Artaud le dit dans la *Première lettre sur la cruauté* : « C'est la conscience qui donne à l'exercice de tout acte de vie sa couleur de sang, sa nuance cruelle, puisqu'il est entendu que la vie c'est toujours la mort de quelqu'un » (IV, p. 121).

Peut-être est-ce aussi contre une certaine description freudienne du rêve comme accomplissement substitutif du désir, comme fonction de vicariance, que s'élève Artaud : il veut par le théâtre rendre sa dignité au rêve et en faire quelque chose de plus originaire, de plus libre, de plus *affirmateur*, qu'une activité de remplacement. Peut-être est-ce contre une certaine image de la pensée freudienne qu'il écrit dans le *Premier Manifeste* : « Mais considérer le théâtre comme une fonction psychologique ou morale de seconde main, et croire que les rêves eux-mêmes ne sont qu'une fonction de remplacement, c'est diminuer la portée poétique profonde aussi bien des rêves que du théâtre » (p. 110).

Enfin un théâtre psychanalytique risquerait d'être désacralisant, de confirmer ainsi l'Occident dans son projet et dans son trajet. Le théâtre de la cruauté est un théâtre hiératique. La régression vers l'inconscient (cf. IV, p. 57) échoue si elle ne réveille

1. « Misère d'une improbable psyché, que le cartel des supposés psychologues n'a jamais cessé d'épingler dans les muscles de l'humanité » (Lettre écrite d'Espalion à Roger Blin, 25 mars 1946). « Il ne nous reste que fort peu et de très contestables documents sur les Mystères du Moyen Age. Il est certain qu'ils avaient au point de vue scénique pur des ressources, que le théâtre depuis des siècles ne contient plus, mais on y pouvait trouver sur.les débats refoulés de l'âme une science que la psychanalyse moderne vient à peine de redécouvrir et dans un sens beaucoup moins efficace et moralement moins fécond que dans les drames mystiques qui se jouaient sur les parvis » (2-1945). Ce fragment multiplie les agressions contre la psychanalyse.

pas le sacré, si elle n'est pas expérience « mystique » de la « révélation », de la « manifestation » de la vie, en leur affleurement premier [1]. Nous avons vu pour quelles raisons les hiéroglyphes devaient se substituer aux signes purement phoniques. Il faut ajouter que ceux-ci communiquent moins que ceux-là avec l'imagination du sacré. « Et je veux [ailleurs Artaud dit « Je peux »] avec l'hiéroglyphe d'un souffle retrouver une idée du théâtre sacré » (IV, p. 182, 163). Une nouvelle épiphanie du surnaturel et du divin doit se produire dans la cruauté. Non pas malgré mais grâce à l'éviction de Dieu et à la destruction de la machinerie théologique du théâtre. Le divin a été gâté par Dieu. C'est-à-dire par l'homme qui, en se laissant séparer de la Vie par Dieu, en se laissant usurper sa propre naissance, est devenu homme de souiller la divinité du divin : « Car loin de croire le surnaturel, le divin inventés par l'homme, je pense que c'est l'intervention millénaire de l'homme qui a fini par nous corrompre le divin » (IV, p. 13). La restauration de la divine cruauté passe donc par le meurtre de Dieu, c'est-à-dire d'abord de l'homme-Dieu [2].

1. « Tout dans cette façon poétique et active d'envisager l'expression sur la scène nous conduit à nous détourner de l'acception humaine, actuelle et psychologique du théâtre, pour en retrouver l'acception religieuse et mystique dont notre théâtre a complètement perdu le sens. S'il suffit d'ailleurs de prononcer les mots de *religieux* ou de *mystique* pour être confondu avec un sacristain, ou avec un bonze profondément illettré et extérieur de temple bouddhique, bon tout au plus à tourner des crécelles physiques de prières, cela juge simplement notre incapacité de tirer d'un mot toutes ses conséquences... » (IV, p. 56-57). « C'est un théâtre qui élimine l'auteur au profit de ce que, dans notre jargon occidental du théâtre, nous appellerions le metteur en scène; mais celui-ci devient une sorte d'ordonnateur magique, un maître de cérémonies sacrées. Et la matière sur laquelle il travaille, les thèmes qu'il fait palpiter ne sont pas de lui mais des dieux. Ils viennent, semble-t-il, des jonctions primitives de la Nature qu'un Esprit double a favorisées. Ce qu'il remue c'est le MANIFESTÉ. C'est une sorte de Physique première, d'où l'Esprit ne s'est jamais détaché » (p. 72 s.). « Il y a en elles [les réalisations du théâtre balinais] quelque chose du cérémonial d'un rite religieux, en ce sens qu'elles extirpent de l'esprit de qui les regarde toute idée de simulation, d'imitation dérisoire de la réalité... Les pensées auxquelles elle vise, les états d'esprit qu'elle cherche à créer, les solutions mystiques qu'elle propose sont émus, soulevés, atteints sans retard ni ambages. Tout cela semble un exorcisme pour faire AFFLUER nos démons » (p. 73, cf. aussi p. 318-19 et V, p. 35).

2. Il faut restaurer contre le pacte de peur donnant naissance et à l'homme et à Dieu, l'unité du mal et de la vie, du satanique et du divin : « Moi, M. Antonin Artaud, né à Marseille le 4 septembre 1896, je suis Satan et je suis dieu et je ne veux pas de la Sainte Vierge » (écrit de Rodez, sept. 1945).

Peut-être pourrions-nous maintenant nous demander non pas à quelles conditions un théâtre moderne peut être fidèle à Artaud, mais dans quels cas, à coup sûr, il lui est infidèle. Quels peuvent être les thèmes de l'infidélité, même chez ceux qui se réclament d'Artaud, de la manière militante et bruyante que l'on sait ? Nous nous contenterons de nommer ces thèmes. Est sans aucun doute étranger au théâtre de la cruauté :

1. tout théâtre non sacré.

2. tout théâtre privilégiant la parole ou plutôt le verbe, tout théâtre de mots, même si ce privilège devient celui d'une parole se détruisant elle-même, redevenant geste ou ressassement désespéré, rapport *négatif* de la parole à soi, nihilisme théâtral, ce qu'on appelle encore théâtre de l'absurde. Non seulement un tel théâtre serait consumé de parole et ne détruirait pas le fonctionnement de la scène classique, mais il ne serait pas, au sens où l'entendait Artaud (et sans doute Nietzsche) *affirmation*.

3. tout théâtre *abstrait* excluant quelque chose de la totalité de l'art, donc de la vie et de ses ressources de signification : danse, musique, volume, profondeur plastique, image visible, sonore, phonique, etc. Un théâtre abstrait est un théâtre dans lequel la totalité du sens et des sens ne serait pas consumée. On aurait tort d'en conclure qu'il suffit d'accumuler ou de juxtaposer tous les arts pour créer un théâtre total s'adressant à l' « homme total » (IV, p. 147 [1]). Rien n'en est plus loin que cette totalité d'assemblage, que cette singerie extérieure et artificielle. Inversement, certaines exténuations apparentes des moyens scéniques poursuivent parfois plus rigoureusement le trajet d'Artaud. A supposer, ce que nous ne croyons pas, qu'il y ait quelque sens à parler d'une fidélité à Artaud, à quelque chose comme son « message » (cette notion le trahit déjà), une rigoureuse et minutieuse et patiente et implacable sobriété dans le travail de la destruction, une acuité économe visant bien les pièces maîtresses d'une machine encore

1. Sur le spectacle intégral, cf. II, p. 33-34. Ce thème est souvent accompagné d'allusions à la participation comme « émotion intéressée » : critique de l'expérience esthétique comme désintéressement. Elle rappelle la critique par Nietzsche de la philosophie kantienne de l'art. Pas plus chez Nietzsche que chez Artaud ce thème ne doit contredire la valeur de gratuité ludique dans la création artistique. Bien au contraire.

fort solide s'imposent aujourd'hui plus sûrement que la mobilisation générale des arts et des artistes, que la turbulence ou l'agitation improvisée sous l'œil narquois et rassuré de la police.

4. tout théâtre de la distanciation. Celui-ci ne fait que consacrer avec insistance didactique et lourdeur systématique la non-participation des spectateurs (et même des metteurs en scène et des acteurs) à l'acte créateur, à la force irruptrice frayant l'espace de la scène. Le *Verfremdungseffekt* reste prisonnier d'un paradoxe classique et de cet « idéal européen de l'art » qui « vise à jeter l'esprit dans une attitude séparée de la force et qui assiste à son exaltation » (IV, p. 15). Dès lors que « dans le théâtre de la cruauté le spectateur est au milieu tandis que le spectacle l'entoure » (IV, p. 98), la distance du regard n'est plus pure, elle ne peut s'abstraire de la totalité du milieu sensible ; le spectateur investi ne peut plus *constituer* son spectacle et s'en donner l'objet. Il n'y a plus de spectateur ni de spectacle, il y a une *fête* (cf. IV, p. 102). Toutes les limites sillonnant la théâtralité classique (représenté/représentant, signifié / signifiant, auteur / metteur en scène / acteurs / spectateurs, scène / salle, texte / interprétation, etc.) étaient des interdits éthico-métaphysiques, des rides, des grimaces, des rictus, des symptômes de la peur devant le danger de la fête. Dans l'espace de la fête ouvert par la transgression, la distance de la représentation ne devrait plus pouvoir se tendre. La fête de la cruauté enlève les rampes et les garde-fous devant « le danger absolu » qui « est sans fond » (sept. 1945) : « Il me faut des acteurs qui soient d'abord des êtres, c'est-à-dire qui en scène n'aient pas peur de la sensation vraie d'un coup de couteau, et des angoisses pour eux *absolument* réelles d'un supposé accouchement, Mounet-Sully croit à ce qu'il fait et il en donne l'illusion, mais il se sait derrière un garde-fou, moi je supprime le garde-fou... » (Lettre à Roger Blin). Au regard de la fête ainsi appelée par Artaud et de cette menace du « sansfond », le « happening » fait sourire : il est à l'expérience de la cruauté ce que le carnaval de Nice peut être aux mystères d'Eleusis. Cela tient en particulier à ce qu'il substitue l'agitation politique à cette révolution totale que prescrivait Artaud. La fête doit être un *acte* politique. Et l'*acte* de révolution politique est *théâtral*.

5. tout théâtre non politique. Nous disons bien que la fête

doit être un *acte* politique et non la transmission plus ou moins éloquente, pédagogique et policée d'un concept ou d'une vision politico-morale du monde. A réfléchir — ce que nous ne pouvons faire ici — le sens politique de cet acte et de cette fête, l'image de la société qui fascine ici le désir d'Artaud, on devrait en venir à évoquer, pour y noter la plus grande différence dans la plus grande affinité, ce qui chez Rousseau fait aussi communiquer la critique du spectacle classique, la méfiance à l'égard de l'*articulation* dans le langage, l'idéal de la fête publique substituée à la représentation, et un certain modèle de société parfaitement présente à soi, dans de petites communautés rendant inutile et néfaste, aux moments décisifs de la vie sociale, le recours à la *représentation*. A la représentation, à la suppléance, à la délégation tant politique que théâtrale. On pourrait le montrer de manière très précise : c'est le *représentant* en général — et quoi qu'il représente — que suspecte Rousseau aussi bien dans le *Contrat social* que dans la *Lettre à M. d'Alembert* où il propose de remplacer les représentations théâtrales par des fêtes publiques sans exposition ni spectacle, sans « rien à voir » et dans lesquelles les spectateurs deviendront eux-mêmes les acteurs : « Mais quels seront enfin les objets de ces spectacles ? Rien si l'on veut... Plantez au milieu d'une place un piquet couronné de fleurs, rassemblez-y le peuple et vous aurez une fête. Faites mieux encore : donnez les spectateurs en spectacle ; rendez les acteurs eux-mêmes. »

6. tout théâtre idéologique, tout théâtre de culture, tout théâtre de communication, d'*interprétation* (au sens courant et non au sens nietzschéen, bien entendu), cherchant à transmettre un contenu, à délivrer un message (quelle qu'en soit la nature : politique, religieuse, psychologique, métaphysique, etc,), donnant à lire le sens d'un discours à des auditeurs [1], ne s'épuisant

---

1. Le théâtre de la cruauté n'est pas seulement un spectacle sans spectateurs, c'est une parole sans auditeurs. Nietzsche : « L'homme en proie à l'excitation dionysiaque, pas plus que la foule orgiaque, n'ont d'auditeur à qui ils aient quelque chose à communiquer, alors que le conteur épique, et l'artiste apollinien en général, supposent cet auditeur. Tout au contraire, c'est un trait essentiel de l'art dionysaque qu'il n'a pas égard à l'auditeur. Le serviteur enthousiaste de Dionysos n'est compris que de ses pareils, comme je l'ai dit ailleurs. Mais si nous nous représentions un auditeur assistant à l'une de ses éruptions endémiques de l'excitation dionysiaque, il nous faudrait lui prédire un sort pareil à celui de Penthée, le profane indiscret qui fut

pas totalement avec l'*acte* et le *temps présent* de la scène, ne se confondant pas avec elle, pouvant être *répété* sans elle. Ici nous touchons à ce qui paraît être l'essence profonde du projet d'Artaud, sa décision historico-métaphysique. *Artaud a voulu effacer la répétition en général.* La répétition était pour lui le mal et l'on pourrait sans doute organiser toute une lecture de ses textes autour de ce centre. La répétition sépare d'elle-même la force, la présence, la vie. Cette séparation est le geste économique et calculateur de ce qui se diffère pour se garder, de ce qui réserve la dépense et cède à la peur. Cette puissance de répétition a commandé tout ce qu'Artaud a voulu détruire et elle a plusieurs noms : Dieu, l'Être, la Dialectique. Dieu est l'éternité dont la mort se poursuit indéfiniment, dont la mort, comme différence et répétition dans la vie, n'a jamais fini de menacer la vie. Ce n'est pas le Dieu vivant, c'est le Dieu-Mort que nous devons redouter. Dieu est la Mort. « Car même l'infini est mort, / infini est le nom d'un mort / qui n'est pas mort » (in 84). Dès qu'il y a répétition, Dieu est là, le présent se garde, se réserve, c'est-à-dire se dérobe à lui-même. « L'absolu n'est pas un être et il n'en sera jamais un car il ne peut en être un sans crime contre moi, c'est-à-dire sans m'arracher un être, qui a voulu un jour être dieu quand ce n'est pas possible, Dieu ne pouvant se manifester tout en une fois, étant donné qu'il se manifeste la quantité infinie des fois pendant toutes les fois de l'éternité comme l'infini des fois et de l'éternité, ce qui crée la perpétuité » (9-1945). Autre nom de la répétition re-présentative : l'Être. L'Être est la forme sous laquelle indéfiniment la diversité infinie des formes et des forces de vie et de mort peuvent se mêler et se répéter dans le mot. Car il n'y a pas de mot, ni en général de signe, qui ne soit construit par la possibilité de se répéter. Un signe qui ne se répète pas, qui n'est pas déjà divisé par la répétition dans sa « première fois », n'est pas un signe. Le renvoi signifiant doit donc être idéal — et l'idéalité n'est que le pouvoir assuré de la répétition — pour renvoyer chaque fois au même. C'est pourquoi l'Être est le maître mot de la répétition éternelle, la victoire de

---

démasqué et déchiré par les ménades » ... « Mais l'opéra, d'après les témoignages les plus explicites, commence avec cette *prétention de l'auditeur de comprendre les paroles.* Quoi? L'auditeur aurait des *prétentions*? Les paroles devraient être comprises? »

Dieu et de la Mort sur le vivre. Comme Nietzsche (par exemple dans *la Naissance de la philosophie*...), Artaud refuse de subsumer la Vie sous l'Être et inverse l'ordre de la généalogie : « D'abord vivre et être selon son âme, le problème de l'être n'en est que la conséquence » (9-1945). « Il n'y a pas de plus grand ennemi du corps humain que l'être » (9-1947). Certains autres inédits valorisent ce qu'Artaud appelle proprement « l'au-delà de l'être » (2-1947), en maniant cette expression de Platon (qu'Artaud n'a pas manqué de lire) dans un style nietzschéen. Enfin la Dialectique est le mouvement par lequel la dépense est récupérée dans la présence, elle est l'économie de la répétition. L'économie de la vérité. La répétition *résume* la négativité, recueille et garde le présent passé comme vérité, comme idéalité. Le vrai est toujours ce qui se laisse répéter. La non-répétition, la dépense résolue et sans retour dans l'unique fois consumant le présent, doit mettre fin à la discursivité apeurée, à l'ontologie incontournable, à la dialectique, « la dialectique [une certaine dialectique] étant ce qui m'a perdu... » (9-1945).

La dialectique est toujours ce qui nous a perdus parce qu'elle est ce qui toujours *compte avec* notre refus. Comme avec notre affirmation. Refuser la mort comme répétition, c'est affirmer la mort comme dépense présente et sans retour. Et inversement. C'est un schéma qui guette la répétition nietzschéenne de l'affirmation. La dépense pure, la générosité absolue offrant l'unicité du présent à la mort pour faire apparaître le présent *comme tel*, a déjà commencé à vouloir garder la présence du présent, elle a déjà ouvert le livre et la mémoire, la pensée de l'être comme mémoire. Ne pas vouloir garder le présent, c'est vouloir préserver ce qui constitue son irremplaçable et mortelle présence, ce qui en lui ne se répète pas. Jouir de la différence pure. Telle serait, réduite à son dessin exsangue, la matrice de l'histoire de la pensée se pensant depuis Hegel.

La possibilité du théâtre est le foyer obligé de cette pensée qui réfléchit la tragédie comme répétition. Nulle part la menace de la répétition n'est aussi bien organisée qu'au théâtre. Nulle part on n'est aussi près de la scène comme origine de la répétition, aussi près de la répétition primitive qu'il s'agirait d'effacer, en la décollant d'elle-même comme de son double. Non pas au sens où Artaud parlait du *Théâtre et son Double* [1] mais en désignant ainsi ce pli, cette duplication intérieure qui dérobe au théâtre, à la vie, etc., la présence simple de son acte présent, dans le mouvement irrépressible de la répétition. « Une fois » est l'énigme de ce qui n'a pas de sens, pas de présence, pas de lisibilité. Or pour Artaud la fête de la cruauté ne devrait avoir lieu qu'*une fois* : « Laissons aux pions les critiques de textes, aux esthètes les critiques de formes, et reconnaissons que ce qui a été dit n'est plus à dire; qu'une expression ne vaut pas deux fois, ne vit pas deux fois; que toute parole prononcée est morte, et n'agit qu'au moment où elle est prononcée, qu'une forme employée ne sert plus et n'invite qu'à en rechercher une autre, et que le théâtre est le seul endroit au monde où un geste fait ne se recommence pas deux fois » (IV, p. 91). C'est bien en effet l'apparence : la représentation théâtrale est finie, ne laisse derrière soi, derrière son actualité, aucune trace, aucun objet à emporter. Elle n'est ni un livre ni une œuvre mais une énergie et en ce sens elle est le seul art de la vie. « Le théâtre enseigne justement l'inutilité de l'action qui une fois faite n'est plus à faire, et l'utilité supérieure de l'état inutilisé par l'action, qui, *retourné*, produit la sublimation » (p. 99). En ce sens le théâtre de la cruauté serait l'art de la différence et de la dépense sans économie, sans réserve, sans retour, sans histoire. Présence pure comme différence pure. Son acte doit être oublié, activement oublié. Il faut pratiquer ici cette *aktive Vergesslichkeit* dont parle la deuxième dissertation de la *Généalogie de la morale* qui nous explique aussi la « fête » et la « cruauté » *(Grausamkeit)*.

Le dégoût d'Artaud pour l'écriture non théâtrale a le même sens. Ce qui l'inspire, ce n'est pas, comme dans le *Phèdre*, le geste du corps, la marque sensible et mnémotechnique, hypomnésique, extérieure à l'inscription de la vérité dans l'âme, c'est au contraire l'écriture comme lieu de la vérité intelligible, l'autre du corps vivant, l'idéalité, la répétition. Platon critique l'écriture comme

---

1. Lettre à J. Paulhan (25 janvier 1936) : « Je crois que j'ai trouvé pour mon livre le titre qui convient. Ce sera : LE THÉÂTRE ET SON DOUBLE car si le théâtre double la vie, la vie double le vrai théâtre... Ce titre répondra à tous les doubles du théâtre que j'ai cru trouver depuis tant d'années : la métaphysique, la peste, la cruauté... C'est sur la scène que se reconstitue l'union de la pensée, du geste, de l'acte » (V, p. 272-73).

corps. Artaud comme l'effacement du corps, du geste vivant qui n'a lieu qu'une fois. L'écriture est l'espace même et la possibilité de la répétition en général. C'est pourquoi « On doit en finir avec cette superstition des textes et de la poésie *écrite*. La poésie écrite vaut une fois et ensuite qu'on la détruise » (IV, p. 93-4).

A énoncer ainsi les thèmes de l'infidélité, on comprend très vite que la fidélité est impossible. Il n'est pas aujourd'hui dans le monde de théâtre qui réponde au désir d'Artaud. Et il n'y aurait pas eu d'exception à faire, de ce point de vue, pour les tentatives d'Artaud lui-même. Il le savait mieux qu'un autre : la « grammaire » du théâtre de la cruauté, dont il disait qu'elle était « à trouver » restera toujours l'inaccessible limite d'une représentation qui ne soit pas répétition, d'une *re*-présentation qui soit présence pleine, qui ne porte pas en soi son double comme sa mort, d'un présent qui ne répète pas, c'est-à-dire d'un présent hors du temps, d'un non-présent. Le présent ne se donne comme tel, ne s'apparaît, ne se présente, n'ouvre la scène du temps ou le temps de la scène qu'en accueillant sa propre différence intestine, que dans le pli intérieur de sa répétition originaire, dans la représentation. Dans la dialectique.

Artaud le savait bien : « ...une certaine dialectique... » Car si l'on pense convenablement l'*horizon* de la dialectique — hors d'un hégelianisme de convention —, on comprend peut-être qu'elle est le mouvement indéfini de la finitude, de l'unité de la vie et de la mort, de la différence, de la répétition originaire, c'est-à-dire l'origine de la tragédie comme absence d'origine simple. En ce sens la dialectique est la tragédie, la seule affirmation possible contre l'idée philosophique ou chrétienne de l'origine pure, contre « l'esprit du commencement » : « Mais l'esprit du commencement n'a cessé de me faire faire des bêtises et je n'ai cessé de me dissocier de l'esprit du commencement qui est l'esprit chrétien... » (septembre 1945). Le tragique n'est pas l'impossibilité mais la nécessité de la répétition.

Artaud savait que le théâtre de la cruauté ne commence ni ne s'accomplit dans la pureté de la présence simple mais déjà dans la représentation, dans le « second temps de la Création », dans le conflit des forces qui n'a pu être celui d'une origine simple. La cruauté peut sans doute commencer à s'y exercer, mais doit aussi par là se laisser *entamer*. L'origine est toujours *entamée*. Telle est l'alchimie du théâtre : « Peut-être avant d'aller plus loin nous demandera-t-on de définir ce que nous entendons par théâtre typique et primitif. Et nous entrerons par là au cœur même du problème. Si l'on pose en effet la question des origines et de la raison d'être (ou de la nécessité primordiale) du théâtre, on trouve, d'un côté et métaphysiquement, la matérialisation ou plutôt l'extériorisation d'une sorte de drame essentiel qui contiendrait d'une manière à la fois multiple et unique les principes essentiels de tout drame, déjà *orientés* eux-mêmes et *divisés*, pas assez pour perdre leur caractère de principes, assez pour contenir de façon substantielle et active, c'est-à-dire pleine de décharges, des perspectives infinies de conflits. Analyser philosophiquement un tel drame est impossible, et ce n'est que poétiquement... Et ce drame essentiel, on le sent parfaitement, existe, et il est à l'image de quelque chose de plus subtil que la Création elle-même, qu'il faut bien se représenter comme le résultat d'une Volonté une — et *sans conflit*. Il faut croire que le drame essentiel, celui qui était à la base de tous les Grands Mystères, épouse le second temps de la Création, celui de la difficulté et du Double, celui de la matière et de l'épaississement de l'idée. Il semble bien que là où règne la simplicité et l'ordre, il ne puisse y avoir de théâtre ni de drame, et le vrai théâtre naît, comme la poésie d'ailleurs, mais par d'autres voies, d'une anarchie qui s'organise... » (IV, p. 60-1-2).

Le théâtre primitif et la cruauté commencent donc aussi par la répétition. Mais l'idée d'un théâtre sans représentation, l'idée de l'impossible, si elle ne nous aide pas à régler la pratique théâtrale, nous permet peut-être d'en penser l'origine, la veille et la limite, de penser le théâtre aujourd'hui à partir de l'ouverture de son histoire et dans l'horizon de sa mort. L'énergie du théâtre occidental se laisse ainsi cerner dans sa possibilité, qui n'est pas accidentelle, qui est pour toute l'histoire de l'Occident un centre constitutif et un lieu structurant. Mais la répétition dérobe le centre et le lieu, et ce que nous venons de dire de sa possibilité devrait nous interdire de parler de la mort comme d'un *horizon* et de la naissance comme d'une *ouverture* passée.

Artaud s'est tenu au plus proche de la limite : la possibilité et l'impossibilité du théâtre pur. La présence, pour être présence et présence à soi, a toujours déjà commencé à se représenter, a toujours déjà été entamée. L'affirmation elle-même doit s'entamer en se répétant. Ce qui veut dire que le meurtre du père qui ouvre l'histoire de la représentation et l'espace de la tragédie, le meurtre du père qu'Artaud veut en somme répéter au plus près de son origine mais *en une seule fois*, ce meurtre n'a pas de fin et se répète indéfiniment. Il commence par se répéter. Il s'entame dans son propre commentaire, et s'accompagne de sa propre représentation. En quoi il s'efface et confirme la loi transgressée. Il suffit pour cela qu'il y ait un signe, c'est-à-dire une répétition.

Sous cette face de la limite et dans la mesure où il a voulu sauver la pureté d'une présence sans différence intérieure et sans répétition (ou, ce qui revient paradoxalement au même, d'une différence pure [1]), Artaud a aussi désiré l'impossibilité du théâtre, a voulu effacer lui-même la scène, ne plus voir ce qui se passe dans une localité toujours habitée ou hantée par le père et soumise à la répétition du meurtre. N'est-ce pas Artaud qui veut réduire l'archi-scène lorsqu'il écrit dans *Ci-gît* : « Moi, Antonin Artaud, je suis mon fils, / mon père, ma mère, / et moi » ?

Qu'il se soit ainsi tenu à la limite de la possibilité théâtrale, qu'il ait voulu à la fois produire et anéantir la scène, c'est ce dont il avait le savoir le plus aigu. Décembre 1946 :

« *Et maintenant, je vais dire une chose qui va peut-être stupéfier bien des gens.*
Je suis l'ennemi
du théâtre.
Je l'ai toujours été.
Autant j'aime le théâtre,
autant je suis, pour cette raison-là, son ennemi. »
On le voit aussitôt après : c'est au théâtre comme répétition

1. A vouloir réintroduire une pureté dans le concept de différence, on le reconduit à la non-différence et à la présence pleine. Ce mouvement est très lourd de conséquence pour toute tentative s'opposant à un anti-hegelianisme indicatif. On n'y échappe, semble-t-il, qu'en pensant la différence hors de la détermination de l'être comme présence, hors de l'alternative de la présence et de l'absence et de tout ce qu'elles commandent, qu'en pensant la différence comme impureté d'origine, c'est-à-dire comme différance dans l'économie finie du même.

qu'il ne peut pas se résigner, au théâtre comme non-répétition qu'il ne peut pas renoncer :

« *Le théâtre est un débordement passionnel,*
un épouvantable transfert de forces
              du corps
              au corps.
Ce transfert ne peut pas se reproduire deux fois.
Rien de plus impie que le système des Balinais qui consiste,
après avoir une fois produit ce transfert,
au lieu d'en rechercher un autre,
de recourir à un système d'envoûtements particuliers
afin de priver la photographie astrale des gestes obtenus. »

Le théâtre comme répétition de ce qui ne se répète pas, le théâtre comme répétition originaire de la différence dans le conflit des forces, où « le mal est la loi permanente, et ce qui est bien est un effort et déjà une cruauté surajoutée à l'autre », telle est la limite mortelle d'une cruauté qui commence par sa propre représentation.

Parce qu'elle a toujours déjà commencé, la représentation n'a donc pas de fin. Mais on peut penser la clôture de ce qui n'a pas de fin. La clôture est la limite circulaire à l'intérieur de laquelle la répétition de la différence se répète indéfiniment. C'est-à-dire son espace de *jeu*. Ce mouvement est le mouvement du monde comme jeu. « Et pour l'absolu la vie elle-même est un jeu » (IV, p. 282). Ce jeu est la cruauté comme unité de la nécessité et du hasard. « C'est le hasard qui est l'infini et non dieu » *(Fragmentations)*. Ce jeu de la vie est artiste [1].

---

1. Nietzsche encore. On connaît ces textes. Ainsi, par exemple, dans la trace d'Héraclite : « Et ainsi, comme l'enfant et l'artiste, le feu éternellement vivant joue, construit et détruit, dans l'innocence — et ce jeu est le jeu de l'Aiôn avec soi... L'enfant jette parfois le jouet : mais il le ressaisit bientôt par un caprice innocent. Mais dès qu'il construit, il noue, ajointe et informe en se réglant sur une loi et une ordonnance intérieure. Seul l'homme esthétique a ce regard sur le monde, seul il reçoit de l'artiste et de l'érection de l'œuvre d'art l'expérience de la polémique de la pluralité en tant qu'elle peut néanmoins porter en soi la loi et le droit; l'expérience de l'artiste en tant qu'il se tient au-dessus de l'œuvre et à la fois en elle, la contemplant et y opérant; l'expérience de la nécessité et du jeu, du conflit de l'harmonie en tant qu'ils doivent s'accoupler pour la production de l'œuvre d'art » (*La Philosophie à l'époque de la tragédie grecque*, Werke, Hanser, III, p. 367-7).

Penser la clôture de la représentation, c'est donc penser la puissance cruelle de mort et de jeu qui permet à la présence de naître à soi, de jouir de soi par la représentation où elle se dérobe dans sa différance. Penser la clôture de la représentation, c'est penser le tragique : non pas comme représentation du destin mais comme destin de la représentation. Sa nécessité gratuite et sans fond.

Et pourquoi dans sa clôture il est *fatal* que la représentation continue.

DE L'ÉCONOMIE RESTREINTE
A L'ÉCONOMIE GÉNÉRALE

UN HEGELIANISME SANS RÉSERVE

> Il [Hegel] ne sut pas dans quelle mesure il avait raison.
> (G. BATAILLE.)

« Souvent Hegel me semble l'évidence, mais l'évidence est lourde à supporter » *(le Coupable)*. Pourquoi aujourd'hui — aujourd'hui même — les meilleurs lecteurs de Bataille sont-ils de ceux pour qui l'évidence hegelienne semble si légère à porter? Si légère qu'une allusion murmurée à tels concepts fondamentaux — ce prétexte, parfois, à ne pas faire le détail —, une complaisance dans la convention, un aveuglement au texte, un appel à la complicité nietzschéenne ou marxienne suffisent à en défaire la contrainte. C'est peut-être que l'évidence serait trop lourde à supporter et qu'on préfère alors le haussement d'épaules à la discipline. Et à l'inverse de ce que fit Bataille, c'est pour être, sans le savoir et sans la voir, *dans* l'évidence hegelienne, qu'on croit souvent s'en être délesté. Méconnu, traité à la légère, le hegelianisme ne ferait ainsi qu'étendre sa domination historique, déployant enfin sans obstacle ses immenses ressources d'enveloppement. L'évidence hegelienne semble plus légère que jamais au moment où elle pèse enfin de tout son poids. Cela aussi, Bataille l'avait redouté : lourde, « elle le sera plus encore dans la suite ». Et si, plus que tout autre, plus que de tout autre, jusqu'à l'identification, il se voulut proche de Nietzsche, ce n'était pas, dans ce cas, motif à simplification :

> « Nietzsche ne connut guère de Hegel qu'une vulgarisation de règle. La *Généalogie de la morale* est la preuve singulière de l'ignorance où demeura et où demeure tenue la dialectique du maître et de l'esclave, dont la lucidité est confondante... nul ne sait rien de *soi* s'il n'a saisi ce mouvement qui détermine et limite les possibilités successives de l'homme » *(l'Expérience intérieure)*.

Supporter l'évidence hegelienne voudrait dire, aujourd'hui, ceci : qu'il faut, en tous les sens, passer par le « sommeil de la raison », celui qui engendre et celui qui endort les monstres; qu'il faut effectivement le traverser pour que le réveil ne soit pas une ruse du rêve. C'est-à-dire encore de la raison. Le sommeil de la raison, ce n'est peut-être pas la raison endormie mais le sommeil dans la forme de la raison, la vigilance du logos hegelien. La raison veille sur un sommeil profond auquel elle est intéressée. Or si « une évidence reçue dans le sommeil de la raison perd(ra) le caractère de l'éveil » *(ibid.)*, il faut, pour ouvrir l'œil (et Bataille a-t-il jamais voulu faire autre chose, justement assuré d'y risquer la mort : « cette condition à laquelle je *verrais* serait de mourir »), avoir passé la nuit avec la raison, veillé, dormi avec elle : toute la nuit, jusqu'au matin, jusqu'à cet autre crépuscule qui ressemble à s'y méprendre, comme une tombée du jour à une tombée de la nuit, à l'heure où l'animal philosophique enfin peut aussi ouvrir l'œil. Ce matin-là et non un autre. Car au bout de cette nuit quelque chose s'était tramé, aveuglément, je veux dire dans un discours, par quoi s'achevant la philosophie comprenait en soi, anticipait, pour les retenir auprès de soi, toutes les figures de son au-delà, toutes les formes et toutes les ressources de son dehors. Par la simple prise de leur énonciation. Hormis peut-être un certain rire. Et encore.

Rire de la philosophie (du hegelianisme) — telle est en effet la forme du réveil — appelle dès lors toute une « discipline », toute une « méthode de méditation » reconnaissant les chemins du philosophe, comprenant son jeu, rusant avec ses ruses, manipulant ses cartes, le laissant déployer sa stratégie, s'appropriant ses textes. Puis, grâce à ce travail qui l'a préparé — et la philosophie est *le* travail selon Bataille — mais rompant vivement, furtivement, imprévisiblement avec lui, trahison ou détachement, sèchement, le rire éclate. Et encore, par moments privilégiés qui sont moins des moments que des mouvements toujours esquissés de l'expérience, rares, discrets, légers, sans niaiserie triomphante, loin de la place publique, tout près de ce dont rit le rire : de l'angoisse d'abord, qu'il ne faut même pas appeler le négatif du rire sous peine d'être de nouveau happé par le discours de Hegel. Et l'on pressent déjà, en ce prélude, que l'*impossible* médité par Bataille aura toujours cette forme : comment, après avoir épuisé le discours de la philosophie, inscrire dans le lexique et la syntaxe d'une langue, la nôtre, qui fut aussi celle de la philosophie, ce qui excède néanmoins les oppositions de concepts dominées par cette logique commune ? Nécessaire et impossible, cet excès devait plier le discours en une étrange contorsion. Et, bien sûr, le contraindre à s'expliquer indéfiniment avec Hegel. Depuis plus d'un siècle de ruptures, de « dépassements » avec ou sans « renversements », rarement rapport à Hegel fut aussi peu définissable : une complicité sans réserve accompagne le discours hegelien, le « prend au sérieux » jusqu'en son terme, sans objection de forme philosophique, cependant qu'un certain éclat de rire l'excède et en détruit le sens, signale en tout cas la pointe d' « expérience » qui le disloque *lui-même ;* ce qu'on ne peut faire qu'à bien viser et à savoir de quoi l'on rit.

Bataille a donc pris Hegel au sérieux, et le savoir absolu [1]. Et prendre un tel système au sérieux, Bataille le savait, c'était s'interdire d'en extraire des concepts ou d'en manipuler des propositions isolées, d'en tirer des effets en les transportant dans l'élément d'un discours qui leur est étranger : « Les pensées de Hegel sont solidaires, au point qu'on n'en peut saisir le sens, sinon dans la nécessité du mouvement qui en est la cohérence » *(ibid.).* Bataille a sans doute mis en question l'idée ou le sens de la chaîne dans la raison hegelienne, mais en la pensant comme telle en totalité, sans en ignorer la rigueur interne. On pourrait aussi décrire comme une scène, mais nous ne le ferons pas ici, l'histoire des rapports de Bataille aux différentes figures de Hegel : celui qui assuma le « déchirement absolu [2] »; celui qui « crut

---

1. « J'aurais l'intention de minimiser l'attitude de Hegel ? Mais c'est le contraire qui est vrai ! J'ai voulu montrer l'incomparable portée de sa démarche. Je ne devais pas à cette fin voiler la part bien faible (et même inévitable) de l'échec. A mon sens, c'est plutôt l'exceptionnelle sûreté de cette démarche qui ressort de mes rapprochements. S'il échoua, l'on ne peut dire que ce fut le résultat d'une erreur. Le sens de l'échec lui-même diffère de celui qui la causa : l'erreur seule est peut-être fortuite. C'est généralement, comme d'un mouvement authentique et lourd de sens, qu'il faut parler de l' « échec » de Hegel ». *Hegel, la mort et le sacrifice,* in *Deucalion,* 5.

2. *Ibid.*

devenir fou[1] »; celui qui, entre Wolff et Comte et « des nuées de professeurs », dans cette « noce de village » qu'est la philosophie, ne se pose aucune question, alors que « seul, le mal dans la tête, Kierkegaard interroge[2] »; celui qui, « vers la fin de sa vie », « ne se posa plus le problème », « répétait ses cours et jouait aux cartes »; le « portrait de Hegel vieux » devant lequel, comme « à lire la *Phénoménologie de l'esprit* », « on ne peut manquer d'être saisi par une impression glaçante d'achèvement[3] ». Celui enfin de la « petite récapitulation comique[4] ».

Mais laissons la scène et les personnages. Le drame est d'abord textuel. Dans son explication interminable avec Hegel, Bataille n'a eu sans doute qu'un accès resserré et indirect aux textes eux-mêmes[5]. Cela ne l'a pas empêché de faire porter la lecture et la

1. *De l'existentialisme au primat de l'économie*, in *Critique*, 19, 1947. « Il est étrange aujourd'hui d'apercevoir ce que Kierkegaard ne put savoir : que Hegel, comme Kierkegaard, connut devant l'idée absolue le refus de la subjectivité. On imaginerait en principe que, Hegel refusant, il s'agissait d'une opposition conceptuelle ; au contraire. Le fait n'est pas déduit d'un texte philosophique, mais d'une lettre à un ami, auquel il confie que, pendant deux ans, il crut devenir fou... En un sens, la phrase rapide de Hegel a peut-être même une force que n'a pas le long cri de Kierkegaard. Elle n'est pas moins donnée dans l'existence — qui tremble et excède — que ce cri », etc.

2. *Le petit.*

3. *De l'existentialisme...*

4. « Petite récapitulation comique. — Hegel, je l'imagine, toucha l'extrême. Il était jeune encore et crut devenir fou. J'imagine même qu'il élaborait le système pour échapper (chaque sorte de conquête, sans doute, est le fait d'un homme fuyant une menace). Pour finir, Hegel arrive à la *satisfaction*, tourne le dos à l'extrême. *La supplication est morte en lui.* Qu'on cherche le salut, passe encore, on continue de vivre, on ne peut être sûr, il faut continuer de supplier. Hegel gagna, vivant, le salut, tua supplication, *se mutila*. Il ne resta de lui qu'un manche de pelle, un homme moderne. Mais avant de se mutiler, sans doute il a touché l'extrême, a connu la supplication : sa mémoire le ramène à l'abîme aperçu, *pour l'annuler !* Le système est l'annulation. » (*L'Expérience intérieure*).

5. Sur l'histoire de la lecture de Hegel par Bataille, des premiers articles de *Documents* (1929) à l'*Expérience intérieure* (1943), sur l'expérience de l'enseignement de Koyré et surtout de Kojève, dont la marque est visiblement dominante, cf. R. Queneau, *Premières confrontations avec Hegel*, *Critique*, 195-196. Notons d'ores et déjà qu'aux yeux de Bataille du moins, aucune rupture fondamentale n'apparaissait entre la lecture de Hegel par Kojève, à laquelle il reconnaissait souscrire presque totalement, et le véritable enseignement du marxisme. Nous aurons à le vérifier sur plus d'un texte. Sachons déjà que, positive ou négative, l'appréciation du hegelianisme par Bataille devait à ses yeux se traduire telle quelle en une appréciation du marxisme.

question aux lieux forts de la décision. Pris un à un et immobilisés hors de leur syntaxe, tous les concepts de Bataille sont hegeliens. Il faut le reconnaître mais ne pas s'y arrêter. Car faute de ressaisir en son rigoureux effet le tremblement auquel il les soumet, la nouvelle configuration dans laquelle il les déplace et les réinscrit, y touchant à peine pourtant, on conclurait selon le cas, que Bataille est hegelien, ou qu'il est anti-hegelien, ou qu'il a barbouillé Hegel. On se tromperait chaque fois. Et l'on manquerait cette loi formelle qui, nécessairement énoncée sur un mode non philosophique par Bataille, a contraint le rapport de tous ses concepts à ceux de Hegel; et à travers ceux de Hegel, à ceux de toute l'histoire de la métaphysique. De tous ses concepts et non seulement de ceux auxquels, pour reconstituer l'énoncé de cette loi, nous devrons ici nous limiter.

L'époque du sens : maîtrise et souveraineté.

La souveraineté, pour commencer, ne traduit-elle pas, à première vue, la maîtrise (Herrschaft) de la Phénoménologie ? L'opération de la maîtrise consiste bien, écrit Hegel, à « montrer que l'on n'est attaché à aucun être-là déterminé, pas plus qu'à la singularité universelle de l'être-là en général, à montrer qu'on n'est pas attaché à la vie » (tr. J. Hyppolite). Une telle « opération » (ce mot dont se servira constamment Bataille pour désigner le moment privilégié ou l'acte de souveraineté était la traduction en usage du mot Tun, si fréquent dans le chapitre sur la dialectique du maître et de l'esclave) revient donc à mettre en jeu (wagen, daransetzen ; mettre en jeu est une des expressions les plus fréquentes et les plus fondamentales de Bataille) le tout de sa propre vie. Le serf est celui qui ne met pas sa vie en jeu, qui veut la conserver, être

---

Dans une bibliographie qui devait accompagner une *Théorie de la religion* inédite, on peut lire en particulier ceci : « Cet ouvrage (*l'Introduction à la lecture de Hegel* de Kojève) est une explication de la *Phénoménologie de l'esprit*. Les idées que j'ai développées ici y sont en substance. Resterait à préciser les correspondances de l'analyse hegelienne et de cette « théorie de la religion » : les différences de l'une à l'autre représentation me semblent assez facilement réductibles ». « Je tiens encore à souligner ici le fait que l'interprétation d'Alexandre Kojève ne s'éloigne d'aucune façon du marxisme : de même il est facile d'apercevoir que la présente « théorie » est toujours rigoureusement fondée sur l'analyse de l'économie. »

conservé *(servus)*. En s'élevant au-dessus de la vie, en regardant
la mort en face, on accède à la maîtrise : au pour-soi, à la liberté,
à la reconnaissance. La liberté passe donc par la mise en jeu de
la vie *(Daransetzen des Lebens)*. Le maître est celui qui a eu la
force d'endurer l'angoisse de la mort et d'en maintenir l'œuvre.
Tel serait selon Bataille le centre du hegelianisme. Le « texte
capital » serait, dans la *Préface* de la *Phénoménologie,* celui qui met le
savoir « à hauteur de mort [1] ».

On connaît les rigoureux et subtils défilés par lesquels passe
la dialectique du maître et de l'esclave. On ne peut les résumer
sans les maltraiter. Nous nous intéressons ici aux déplacements
essentiels auxquels ils sont soumis à être réfléchis dans la pensée
de Bataille. Et d'abord à la différence entre la maîtrise et la souveraineté. On ne peut même pas dire que cette différence a un sens :
elle est la *différence du sens,* l'intervalle *unique* qui sépare le sens
d'un certain non-sens. La maîtrise a un sens. La mise en jeu de
la vie est un moment dans la constitution du sens, dans la présentation de l'essence et de la vérité. C'est une étape obligée dans
l'histoire de la conscience de soi et de la phénoménalité c'est-à-
dire de la présentation du sens. Pour que l'histoire — c'est-à-dire
le sens — s'enchaîne ou se trame, il faut que le maître *éprouve*

1. « Un passage de la préface de la *Phénoménologie de l'Esprit* exprime avec force
la nécessité d'une telle attitude. Nul doute que ce texte admirable, dès l'abord, n'ait
« une importance capitale », non seulement pour l'intelligence de Hegel, mais en tous
sens. « La mort, si nous voulons nommer ainsi cette irréalité est ce qu'il y a de plus
terrible et maintenir l'œuvre de la mort est ce qui demande la plus grande force. La
beauté impuissante hait l'entendement, parce qu'il l'exige d'elle ; ce dont elle n'est pas
capable. Or, la vie de l'Esprit n'est pas la vie qui s'effarouche devant la mort, et se
préserve de la destruction, mais celle qui supporte la mort, et se conserve en elle.
L'esprit n'obtient sa vérité qu'en se trouvant soi-même dans le déchirement absolu.
Il n'est pas cette puissance (prodigieuse) en étant le Positif qui se détourne du Négatif,
comme lorsque nous disons de quelque chose : ceci n'est rien ou (ceci est) faux, et,
l'ayant (ainsi) liquidé, passons de là à quelque chose d'autre ; non, l'Esprit n'est cette
puissance que dans la mesure où il contemple le Négatif bien en face (et) séjourne
près de lui. Ce séjour-prolongé est la force magique qui transpose le négatif dans
l'Être donné » (*Hegel, la mort et le sacrifice*). Tout en renvoyant à la traduction de
J. Hyppolite (t. I, p. 29), Bataille, que nous citons ici, dit reproduire une traduction
de A. Kojève. Ce qu'il ne fait pas exactement. Si l'on tient compte que J. Hyppolite
et A. Kojève ont depuis lors modifié leur traduction, on disposera au moins de
cinq formes, auxquelles on pourrait ajouter le texte « original », cette autre leçon.

sa vérité. Cela n'est possible qu'à deux conditions qui ne se laissent pas séparer : que le maître garde la vie pour jouir de ce qu'il a gagné en la risquant; et que, au terme de cet enchaînement si admirablement décrit par Hegel, « la *vérité* de la conscience indépendante (soit) la conscience servile ». Et quand la servilité deviendra maîtrise, elle aura gardé en soi la trace de son origine refoulée, « elle ira en soi-même comme conscience *refoulée (zurückgedrängtes Bewusstsein)* et se transformera, par un renversement, en véritable indépendance ». C'est cette dissymétrie, ce privilège absolu de l'esclave que Bataille n'a pas cessé de méditer. La vérité du maître est dans l'esclave; et l'esclave devenu maître reste un esclave « refoulé ». Telle est la condition du sens, de l'histoire, du discours, de la philosophie, etc. Le maître n'a rapport à soi, la conscience de soi ne se constitue que par la médiation de la conscience servile dans le mouvement de la reconnaissance; mais du même coup par la médiation de la chose; celle-ci est d'abord pour l'esclave l'essentialité qu'il ne peut nier immédiatement dans la jouissance mais seulement travailler, « élaborer » *(bearbeiten)* ; ce qui consiste à réfréner *(hemmen)* son désir, à retarder *(aufhalten)* la disparition de la chose. Garder la vie, s'y maintenir, travailler, différer le plaisir, limiter la mise en jeu, tenir la mort *en respect* au moment même où on la regarde *en face*, telle est la condition servile de la maîtrise et de toute l'histoire qu'elle rend possible.

Hegel avait clairement énoncé la nécessité pour le maître de garder la vie qu'il expose. Sans cette économie de la vie, la « suprême preuve par le moyen de la mort supprime en même temps la certitude de soi-même en général ». Aller au-devant de la mort pure et simple, c'est donc risquer la perte absolue du sens, dans la mesure où celui-ci passe nécessairement par la vérité du maître et la conscience de soi. On risque de perdre l'effet, le bénéfice de sens que l'on voulait ainsi *gagner au jeu*. Cette mort pure et simple, cette mort muette et sans rendement, Hegel l'appelait *négativité abstraite,* par opposition à la « négation de la conscience qui *supprime* de telle façon qu'elle *conserve* et *retient* ce qui est supprimé *(Die Negation des Bewusstseins, welches so aufhebt, dass es das Aufgehobene aufbewahrt und erhält)* » et qui, « par là même survit au fait de devenir-supprimée *(und hiemit sein Aufgehoben-*

werden überlebt). Dans cette expérience, la conscience de soi apprend que la Vie lui est aussi essentielle que la pure conscience de soi ».

Éclat de rire de Bataille. Par une ruse de la vie, c'est-à-dire de la raison, la vie est donc restée en vie. Un autre concept de vie avait été subrepticement introduit dans la place, pour y rester, pour ne jamais y être, non plus que la raison, excédé (car, dira *l'Éro-tisme*, « par définition l'*excès* est en dehors de la raison »). Cette vie n'est pas la vie naturelle, l'existence biologique mise en jeu dans la maîtrise, mais une vie essentielle qui se soude à la première, la retient, la fait œuvrer à la constitution de la conscience de soi, de la vérité et du sens. Telle est la vérité de la vie. Par ce recours à l'*Aufhebung* qui conserve la mise, reste maîtresse du jeu, le limite, le travaille en lui donnant forme et sens *(Die Arbeit...bil-det)*, cette économie de la vie se restreint à la conservation, à la cir-culation et à la reproduction de soi, comme du sens ; dès lors tout ce que couvre le nom de maîtrise s'effondre dans la comédie. L'indépendance de la conscience de soi devient risible au moment où elle se libère en s'asservissant, où elle entre *en travail,* c'est-à-dire en dialectique. Le rire seul excède la dialectique et le dialecti-cien : il n'éclate que depuis le renoncement absolu au sens, depuis le risque absolu de la mort, depuis ce que Hegel appelle négativité abstraite. Négativité qui n'a jamais lieu, qui ne se *présente* jamais puisqu'à le faire elle réamorcerait le travail. Rire qui à la lettre n'*apparaît* jamais puisqu'il excède la phénoménalité en général, la possibilité absolue du sens. Et le mot « rire » lui-même doit se lire dans l'éclat, dans l'éclatement aussi de son noyau de sens vers le *système* de l'opération souveraine (« ivresse, effusion éro-tique, effusion du sacrifice, effusion poétique, conduite héroïque, colère, absurdité », etc., cf. *Méthode de méditation*). Cet éclat du rire fait briller, sans pourtant la *montrer,* surtout sans la dire, la différence entre la maîtrise et la souveraineté. Celle-ci, nous le vérifierons, est plus et moins que la maîtrise, plus ou moins libre qu'elle par exemple et ce que nous disons de ce prédicat de liberté peut s'étendre à tous les traits de maîtrise. Étant à la fois plus et moins une maîtrise que la maîtrise, la souveraineté est tout autre. Bataille en arrache l'opération à la dialectique. Il la soustrait à l'horizon du sens et du savoir. A tel point que malgré ses traits de ressemblance avec la maîtrise, elle n'est plus une figure dans l'enchaînement de la phénoménologie. Ressemblant à une figure, trait pour trait, elle en est l'altération absolue. Différence qui ne se produirait pas si l'analogie se limitait à tel ou tel trait abstrait. Loin que la souveraineté, l'absolu de la mise en jeu, soit une négativité abstraite, elle doit faire apparaître le sérieux du sens comme une abstraction inscrite dans le jeu. Le rire, qui constitue la souveraineté dans son rapport à la mort, n'est pas, comme on a pu le dire [1], une négativité. Et il rit de soi, un rire « majeur » rit d'un rire « mineur » car l'opération souveraine a aussi besoin de la vie — celle qui soude les deux vies — pour se rapporter à soi dans la jouissance de soi. Elle doit donc d'une certaine manière simuler le risque absolu et rire de ce simulacre. Dans la comédie qu'elle se joue ainsi, l'éclat du rire est ce presque rien où sombre absolument le sens. De ce rire, la « philosophie » qui « est un travail [2] » ne peut rien faire, ne peut rien dire alors qu'elle aurait dû « porter *d'abord* sur le rire » *(ibid.)*. C'est pourquoi le rire est absent du système hegelien; et non pas même à la manière d'une face négative ou abstraite. « Dans le « système », poésie, extase ne sont rien. Hegel s'en débarrasse à la hâte : il ne connaît de fin que le savoir. Son immense fatigue se lie à mes yeux à l'horreur de la tache aveugle » *(l'Expérience intérieure)*. Ce qui est risible, c'est la *soumission* à l'évidence du sens, à la force de cet impératif : qu'il y ait du sens, que rien ne soit définitivement perdu par la mort, que celle-ci reçoive la signification encore de « négativité abstraite, » que le travail soit toujours possible qui, à différer la jouissance, confère sens, sérieux et vérité à la mise en jeu. Cette soumission est l'essence et l'élément de la philosophie, de l'onto-logique hegelienne. Le comique absolu, c'est l'angoisse devant la dépense à fonds perdus, devant le sacrifice absolu du sens : sans retour et sans réserve. La notion d'*Aufhebung* (le concept spéculatif par excellence, nous dit Hegel, celui dont la langue allemande détient le privilège intraduisible) est risible en ce qu'elle signifie *l'affairement* d'un discours s'essoufflant à se réapproprier toute négativité, à élaborer la mise en jeu en

---

1. « Mais le rire est ici le *négatif*, au sens hegelien. » J.-P. Sartre, *Un nouveau mystique*, in *Situations* 1. Le rire n'est pas le négatif parce que son *éclat* ne se garde pas, ne s'enchaîne à soi ni ne se résume dans un discours : rit de l'*Aufhebung*.

2. *Conférences sur le Non-Savoir*, in *Tel Quel* 10.

investissement, à *amortir* la dépense absolue, à donner un sens à la mort, à se rendre du même coup aveugle au sans-fond du non-sens dans lequel se puise et s'épuise le fonds du sens. Être impassible, comme le fut Hegel, à la comédie de l'*Aufhebung,* c'est s'aveugler à l'expérience du sacré, au sacrifice éperdu de la présence et du sens. Ainsi se dessine une figure d'expérience — mais peut-on encore se servir de ces deux mots? — irréductible à toute phénoménologie de l'esprit, s'y trouvant, comme le rire en philosophie, *déplacée,* mimant, dans le sacrifice, le risque absolu de la mort, produisant à la fois le risque de la mort absolue, la feinte par laquelle ce risque peut être vécu, l'impossibilité d'y lire un sens ou une vérité, et ce rire qui se confond, dans le simulacre, avec l'ouverture du sacré. Décrivant ce simulacre, l'impensable pour la philosophie, sa tache aveugle, Bataille doit, bien sûr, le dire, feindre de le dire dans le logos hegelien :

« Je parlerai plus loin de différences profondes entre l'homme du sacrifice, opérant dans l'ignorance (l'inconscience) des tenants et aboutissants de ce qu'il fait, et le Sage (Hegel) se rendant aux implications d'un Savoir absolu à ses propres yeux. Malgré ces différences, il s'agit toujours de manifester le Négatif (et toujours, sous une forme concrète, c'est-à-dire au sein de la Totalité, dont les éléments constitutifs sont inséparables). La manifestation privilégiée de la Négativité est la mort, mais la mort en vérité ne révèle rien. C'est en principe son être naturel, animal, dont la mort révèle l'Homme à lui-même, mais la révélation n'a jamais lieu. Car une fois mort, l'être animal qui le supporte, l'être humain lui-même a cessé d'être. Pour que l'homme à la fin se révèle à lui-même il devrait mourir, mais il lui faudrait le faire en vivant — en se regardant cesser d'être. En d'autres termes, la mort elle-même devrait devenir conscience (de soi), au moment même où elle anéantit l'être conscient. C'est en un sens ce qui a lieu (qui est du moins sur le point d'avoir lieu, ou qui a lieu d'une manière fugitive, insaisissable), au moyen d'un subterfuge. Dans le sacrifice, le sacrifiant s'identifie à l'animal frappé de mort. Ainsi meurt-il en se voyant mourir, et même en quelque sorte, par sa propre volonté, de cœur avec l'arme du sacrifice. Mais c'est une comédie! Ce serait du moins une comédie si quelque autre méthode existait qui révélât au vivant l'envahissement de la mort : cet achèvement de l'être fini, qu'accomplit seul et peut seul accomplir *sa* Négativité, qui le tue, le *finit* et définitivement le supprime.... Ainsi faudrait-il, à tout prix, que l'homme vive au moment où il meurt vraiment, ou qu'il vive avec l'impression de mourir vraiment. Cette difficulté·annonce la nécessité du *spectacle*, ou généralement de la *représentation*, sans la répétition desquels nous pourrions, vis-à-vis de la mort, demeurer étrangers, ignorants, comme apparemment le sont les bêtes. Rien n'est moins animal en effet que la fiction, plus ou moins éloignée du réel, de la mort [1]. »

Seul l'accent sur le simulacre et sur le subterfuge interrompt la continuité hegelienne de ce texte. Plus loin la gaieté accusera la différence :

« En la rapprochant du sacrifice et par là du thème premier de la *représentation* (de l'art, des fêtes, des spectacles), j'ai voulu montrer que la réaction de Hegel est la conduite humaine fondamentale... c'est par excellence l'expression que la tradition répétait à l'infini... ce fut essentiel pour Hegel *de prendre conscience* de la Négativité comme telle, d'en saisir l'horreur, en l'espèce l'horreur de la mort, en soutenant et en regardant l'œuvre de la mort bien en face. Hegel, de cette manière, s'oppose moins à ceux qui « reculent» qu'à ceux qui disent : « ce n'est rien ». Il semble s'éloigner le plus de ceux qui réagissent gaiement. J'insiste, voulant faire ressortir, le plus clairement possible, après leur similitude, l'opposition de l'attitude naïve à celle de la Sagesse — *absolue* — de Hegel. Je ne suis pas sûr, en effet, que des deux attitudes la moins *absolue* soit la plus naïve. Je citerai un exemple paradoxal de réaction gaie devant l'œuvre de la mort. La coutume irlandaise et galloise du « wake » est peu connue, mais on l'observait encore à la fin du siècle dernier. C'est le sujet de la dernière œuvre de Joyce, *Finegan's wake*, c'est la veillée funèbre de Finegan (mais la lecture de ce roman célèbre est au moins malaisée). Dans le pays de Galles, on disposait le cercueil *ouvert*, debout, à la place d'honneur de la maison. Le mort était vêtu de ses plus beaux habits, coiffé de son haut-de-forme. Sa famille invitait tous ses amis, qui honoraient d'autant plus celui qui les avait quittés qu'ils dansaient plus longtemps et buvaient plus sec à sa santé. Il s'agit de la mort d'un *autre*, mais en de tels cas, la mort de l'autre est toujours l'image de la propre mort. Nul ne pourrait se réjouir ainsi qu'à une condition; le mort, qui est un autre, étant censé d'accord, le mort que sera le buveur à son tour n'aura pas d'autre sens que le premier. »

---

1. Hegel, *la mort et le sacrifice*. Cf. aussi dans *l'Expérience intérieure*, tout le *Post-scriptum au supplice*, notamment, p. 193 sq.

Cette gaieté n'appartient pas à l'économie de la vie, elle ne répond pas « au souhait de nier l'existence de la mort », bien qu'elle en soit aussi proche que possible. Elle n'est pas la convulsion qui suit l'angoisse, le rire mineur, fusant au moment où on l'a « échappé belle » et se rapportant à l'angoisse selon les rapports du positif et du négatif.

> « Au contraire, la gaieté, liée à l'œuvre de la mort, me donne de l'angoisse, elle est accentuée par mon angoisse et elle exaspère cette angoisse en contre-partie : finalement l'angoisse gaie, la gaieté angoissée me donnent en un chaud-froid l' « absolu déchirement » où c'est ma joie qui achève de me déchirer, mais où l'abattement suivrait ma joie si je n'étais pas déchiré jusqu'au bout, sans mesure. »

La tache aveugle de l'hegelianisme, *autour* de laquelle peut s'organiser la représentation du sens, c'est ce *point* où la destruction, la suppression, la mort, le sacrifice constituent une dépense si irréversible, une négativité si radicale — il faut dire ici *sans réserve* — qu'on ne peut même plus les déterminer en négativité dans un procès ou dans un système : le point où il n'y a plus ni procès ni système. Dans le discours (unité du procès et du système), la négativité est toujours l'envers et la complice de la positivité. On ne peut parler, on n'a jamais parlé de négativité que dans ce tissu du sens. Or l'opération souveraine, le *point de non-réserve* n'est ni positif ni négatif. On ne peut l'inscrire dans le discours qu'en biffant les prédicats ou en pratiquant une surimpression contradictoire qui excède alors la logique de la philosophie [1]. Tout en tenant compte de leur valeur de rupture, on pourrait montrer que les immenses révolutions de Kant et de Hegel n'ont fait à cet égard que réveiller ou révéler la détermination philosophique la plus permanente de la négativité (avec tous les concepts qui se nouent systématiquement autour d'elle chez Hegel : l'idéalité, la vérité, le sens, le temps, l'histoire, etc.). L'immense révolution a consisté — on serait presque tenté de dire *tout simplement* — à *prendre au sérieux* le négatif. A donner *sens* à son *labeur*. Or Bataille ne prend pas le négatif au sérieux. Mais il doit marquer dans son

---

1. M. Foucault parle justement d'une « affirmation non positive », *Préface à la transgression*, *Critique*, 195-196.

discours qu'il ne revient pas pour autant aux métaphysiques positives et pré-kantiennes de la présence pleine. Il doit marquer dans son discours le point de non-retour de la destruction, l'instance d'une dépense sans réserve qui ne nous laisse donc plus la ressource de la penser comme une négativité. Car la négativité est une *ressource*. A nommer « négativité abstraite » le sans-réserve de la dépense absolue, Hegel s'est aveuglé *par précipitation* sur cela même qu'il avait dénudé sous l'espèce de la négativité. Par précipitation vers le sérieux du sens et la sécurité du savoir. C'est pourquoi « il ne sut pas dans quelle mesure il avait raison ». Et tort d'avoir raison. D'avoir raison du négatif. Aller « jusqu'au bout » du « déchirement absolu » et du négatif, sans « mesure », sans réserve, ce n'est pas en poursuivre la *logique* avec conséquence jusqu'au point où, *dans le discours*, l'*Aufhebung* (le discours lui-même) la fait collaborer à la constitution et à la mémoire intériorisante du sens, à l'*Erinnerung*. C'est au contraire déchirer convulsivement la *face* du négatif, ce qui fait de lui l'*autre* surface rassurante du positif, et exhiber en lui, en un instant, ce qui ne peut plus être dit négatif. Précisément parce qu'il n'a pas d'envers réservé, parce qu'il ne peut plus se laisser convertir en positivité, parce qu'il ne peut plus *collaborer* à l'enchaînement du sens, du concept, du temps et du vrai dans le discours, parce qu'à la lettre, il ne peut plus *laborer* et se laisser arraisonner comme « travail du négatif ». Hegel l'a vu sans le voir, l'a montré en le dérobant. On doit donc le suivre jusqu'au bout, sans réserve, jusqu'au point de lui donner raison contre lui-même et d'arracher sa découverte à l'interprétation trop *consciencieuse* qu'il en a donnée. Pas plus qu'un autre, le texte hegelien n'est fait d'une pièce. Tout en respectant sa cohérence sans défaut, on peut en décomposer les strates, montrer qu'il *s'interprète lui-même* : chaque proposition est une interprétation soumise à une décision interprétative. La nécessité de la continuité *logique* est la décision ou le milieu d'interprétation de toutes les interprétations hegeliennes. En interprétant la négativité comme labeur, en pariant pour le discours, le sens, l'histoire, etc., Hegel a parié contre le jeu, contre la chance. Il s'est aveuglé à la possibilité de son propre pari, au fait que la suspension consciencieuse du jeu (par exemple le passage par la vérité de la certitude de soi-même et par la maîtrise comme indépendance de la conscience de soi) était elle-même une phase de jeu; que le jeu *comprend* le travail du sens ou le sens du travail, les comprend non en termes de *savoir* mais en termes d'*inscription* : le sens est *en fonction* du jeu, il est inscrit en un lieu dans la configuration d'un jeu qui n'a pas de sens.

Puisque aucune logique désormais ne commande le sens de l'interprétation, puisque la logique est une interprétation, on peut donc réinterpréter — contre Hegel — sa propre interprétation. C'est ce que fait Bataille. La réinterprétation est une répétition simulée du discours hegelien. Au cours de cette répétition, un déplacement à peine perceptible disjoint toutes les articulations et entame toutes les soudures du discours imité. Un tremblement se propage qui fait alors craquer toute la vieille coque.

> « En effet, si l'attitude de Hegel oppose à la naïveté du sacrifice la conscience savante, et l'ordonnance sans fin d'une pensée discursive, cette conscience, cette ordonnance ont encore un point obscur : on ne pourrait dire que Hegel méconnut le « moment » du sacrifice : ce « moment » est inclus, impliqué dans tout le mouvement de la *Phénoménologie*, où c'est la Négativité de la mort, en tant que l'homme l'assume, qui fait un homme de l'animal humain. Mais n'ayant pas vu que le sacrifice à lui seul témoignait de *tout* le mouvement de la mort, l'expérience finale — et propre au Sage — décrite dans la Préface de la *Phénoménologie* fut d'abord *initiale* et *universelle,* — il ne sut pas dans quelle mesure il avait raison, — avec quelle exactitude il décrivit le mouvement de la Négativité » *(Hegel, la mort et le sacrifice).*

En *doublant* la maîtrise, la souveraineté n'*échappe* pas à la dialectique. On ne peut dire qu'elle s'en extrait comme une pièce devenue tout à coup et par décision, par déchirement, indépendante. En coupant ainsi la souveraineté de la dialectique, on en ferait une négation abstraite et on consoliderait l'onto-logique. Loin d'interrompre la dialectique, l'histoire et le mouvement du sens, la souveraineté donne à l'économie de la raison son élément, son milieu, ses bordures illimitantes de non-sens. Loin de supprimer la synthèse dialectique [1], elle l'inscrit et la fait fonctionner

---

1. « De la trinité hegelienne, il supprime le moment de la synthèse » (J.-P. Sartre, *op. cit.*).

dans le sacrifice du sens. Risquer la mort ne suffit pas si la mise en jeu ne se lance pas, comme chance ou hasard, mais s'investit comme travail du négatif. La souveraineté doit donc sacrifier encore la maîtrise, la *présentation* du sens de la mort. Perdu pour le discours, le sens alors est absolument détruit et consumé. Car le sens du sens, la dialectique des sens et du sens, du sensible et du concept, l'unité de sens du mot *sens*, à laquelle Hegel a été si attentif [1], a toujours été liée à la possibilité de la signification discursive. Sacrifiant le sens, la souveraineté fait sombrer la possibilité du discours : non simplement par une interruption, une césure ou une blessure à l'intérieur du discours (une négativité abstraite), mais, à travers une telle ouverture, par une irruption découvrant soudain la limite du discours et l'au-delà du savoir absolu.

Sans doute, au « discours significatif », Bataille oppose-t-il parfois la parole poétique, extatique, sacrée (« Mais l'intelligence, la *pensée discursive* de l'Homme se sont développées en fonction du travail servile. Seule la parole sacrée, poétique, limitée au plan de la beauté impuissante, gardait le pouvoir de manifester la pleine souveraineté. Le sacrifice n'est donc une manière d'être *souveraine, autonome,* que dans la mesure où le discours *significatif* ne l'informe pas ». *Hegel, la mort...*) mais cette parole de souveraineté n'est pas un *autre* discours, une autre chaîne déroulée à côté du discours significatif. Il n'y a qu'un discours, il est significatif et Hegel est ici incontournable. Le poétique ou l'extatique est ce qui *dans tout discours* peut s'ouvrir à la perte absolue de son sens, au (sans) fond de sacré, de non-sens, de non-savoir ou de jeu, à la perte de connaissance dont il se réveille par un coup de dés. Le poétique de la souveraineté s'annonce dans « le moment où la poésie renonce au *thème* et au sens » *(Méthode de méditation).* Il s'y annonce seulement car livrée alors au « jeu sans règle », la poésie risque de se laisser mieux que jamais domestiquer, « subordonner ». Ce risque est proprement *moderne*. Pour l'éviter, la poésie doit être « accompagnée d'une affirmation de souveraineté », « donnant », dit Bataille en une formule admirable, intenable, qui pourrait servir de titre à tout ce que nous tentons

1. Cf. J. Hyppolite, *Logique et Existence, Essai sur la logique de Hegel,* p. 28.

ici de rassembler comme la forme et le tourment de son écriture, « le commentaire de son absence de sens ». Faute de quoi la poésie serait, dans le pire des cas, *subordonnée,* dans le meilleur des cas, « *insérée* ». Alors, « le rire, l'ivresse, le sacrifice et la poésie, l'érotisme lui-même, subsistent dans une réserve, autonomes, *insérés* dans la sphère, *comme des enfants dans la maison.* Ce sont dans leurs limites des souverains mineurs, qui ne peuvent contester l'*empire* de l'activité » *(ibid.).* C'est dans l'intervalle entre la *subordination,* l'*insertion* et la *souveraineté* qu'on devrait examiner les rapports entre la littérature et la révolution tels que Bataille les a pensés au cours de son explication avec le surréalisme. L'ambiguïté apparente de ses jugements sur la poésie est comprise dans la configuration de ces trois concepts. L'image poétique n'est pas *subordonnée* en ce qu'elle « mène du connu à l'inconnu »; mais la poésie est « presque en entier poésie déchue » en ce qu'elle retient, pour s'y maintenir, les métaphores qu'elle a certes arrachées au « domaine servile » mais aussitôt « refusées à la ruine intérieure qu'est l'accès à l'inconnu ». « Il est malheureux de ne plus posséder que des ruines, mais ce n'est pas ne plus rien posséder, c'est retenir d'une main ce que l'autre donne [1] » : opération encore hegelienne.

En tant que manifestation du sens, le discours est donc la perte même de la souveraineté. La servilité n'est donc que le désir du sens : *proposition* avec laquelle se serait confondue l'histoire de la philosophie; proposition déterminant le travail comme sens du sens, et la *technè* comme déploiement de la vérité; proposition qui se serait puissamment rassemblée dans le moment hegelien et que Bataille, dans la trace de Nietzsche, aurait portée à énonciation, dont il aurait découpé la dénonciation sur le sansfond d'un impensable non-sens, la mettant enfin en jeu majeur. Le jeu mineur consistant à attribuer encore un sens, dans le discours, à l'absence de sens [2].

---

1. *Post-scriptum au supplice.*

2. « Le sérieux a seul *un sens* : le jeu, qui n'en a plus, n'est sérieux que dans la mesure où « l'absence de sens est aussi un sens », mais toujours égaré dans la nuit d'un non-sens indifférent. Le sérieux, la mort et la douleur, en fondent la vérité obtuse. Mais le sérieux de la mort et de la douleur est la servilité de la pensée » (*Post-scriptum,* 1953). L'unité du sérieux ,du sens, du travail, de la servilité, du discours, etc., l'unité

Les deux écritures.

> Ces jugements devraient conduire au silence et j'écris.
> Ce n'est nullement paradoxal.

Mais il faut parler. « L'inadéquation de toute parole... du moins, doit être dite [1] », pour garder la souveraineté, c'est-à-dire d'une certaine façon pour la perdre, pour réserver encore la possibilité non pas de son sens mais de son non-sens, pour le distinguer, par cet impossible « commentaire », de toute négativité. Il faut trouver une parole qui garde le silence. Nécessité de l'impossible : dire dans le langage — de la servilité — ce qui n'est pas servile. « Ce qui n'est pas servile est inavouable... L'idée du silence (c'est l'inaccessible) est désarmante! Je ne puis parler d'une absence de sens, sinon lui donnant un sens qu'elle n'a pas. Le silence est rompu puisque j'ai dit. Toujours quelque *lamma sabachtani* finit l'histoire, et crie notre impuissance à nous taire : je dois donner un sens à ce qui n'en a pas : l'être à la fin nous est donné comme impossible! » *(Méthode de méditation)*. Si le mot *silence* est, « entre tous les mots », le « plus pervers ou le plus poétique », c'est que, feignant de taire le sens, il *dit* le non-sens, il glisse et s'efface lui-

---

de l'homme, de l'esclave et de Dieu, tel serait aux yeux de Bataille le contenu profond de la philosophie (hegelienne). Nous ne pouvons ici que renvoyer aux textes les plus explicites. A/. *L'Expérience intérieure*, p. 105 : « En cela mes efforts recommencent et défont la *Phénoménologie* de Hegel. La construction de Hegel est une philosophie du travail, du « projet ». L'homme hegelien — Etre et Dieu — s'accomplit, dans l'adéquation du projet... L'esclave... accède après bien des méandres au sommet de l'universel. Le seul achoppement de cette manière de voir (d'une profondeur iné-galée d'ailleurs, en quelque sorte inaccessible) est ce qui dans l'homme est irréduc-tible au projet : l'existence non-discursive, le rire, l'extase », etc. B/. *Le Coupable*, p. 133 : « Hegel élaborant la philosophie du travail (c'est le *Knecht*, l'esclave émancipé, le travailleur, qui dans la *Phénoménologie* devient Dieu) a supprimé la chance — et le rire », etc. C/. Dans *Hegel, la mort et le sacrifice*, surtout, Bataille montre par quel *glisse-ment* — qu'il faudra précisément contrarier, dans la parole de souveraineté, par un autre glissement — Hegel manque « au profit de la servitude » une souveraineté qu'il « approcha le plus qu'il pouvait ». « La souveraineté dans l'attitude de Hegel procède d'un mouvement que le *discours* révèle et qui, dans l'esprit du Sage, n'est jamais séparé de sa révélation. Elle ne peut donc être pleinement souveraine : le Sage en effet ne peut manquer de la subordonner à la fin d'une Sagesse supposant l'achève-ment du discours... Il accueillit la souveraineté comme un poids, qu'il lâcha. » (p. 41-42).

1. *Conférences sur le Non-Savoir.*

même, ne se maintient pas, *se tait* lui-même, non comme silence mais comme parole. Ce glissement trahit à la fois le discours et le non-discours. Il peut s'imposer à nous mais la souveraineté peut aussi en jouer pour trahir rigoureusement le sens dans le sens, le discours dans le discours. « Il faut trouver », nous explique Bataille en choisissant « *silence* » comme « exemple de mot glissant », des « mots » et des « objets » qui ainsi « nous fassent glisser »... (*l'Expérience intérieure*, p. 29). Vers quoi? Vers d'autres mots, vers d'autres objets bien sûr qui annoncent la souveraineté.

Ce glissement est risqué. Mais ainsi orienté, ce qu'il risque, c'est le sens, et de perdre la souveraineté dans la figure du discours. Risque, *à faire sens*, de donner raison. A la raison. A la philosophie. A Hegel qui a toujours raison dès qu'on ouvre la bouche pour articuler le sens. Pour courir ce risque dans le langage, pour sauver ce qui ne veut pas être sauvé — la possibilité du jeu et du risque absolu — il faut redoubler le langage, recourir aux ruses, aux stratagèmes, aux simulacres [1]. Aux masques : « Ce qui n'est pas servile est inavouable : une raison de rire, de... : il en est de même de l'extase. Ce qui n'est pas utile doit se cacher (sous un masque) » *(Méthode de méditation)*. En parlant « à la limite du silence », il faut organiser une stratégie et « trouver [des mots] qui réintroduisent — en un point — le souverain silence qu'interrompt le langage articulé » *(ibid.)*.

Excluant le langage articulé, le souverain silence est donc, *d'une certaine manière*, étranger à la différence comme source de signification. Il semble effacer la discontinuité et c'est ainsi qu'il faut en effet entendre la nécessité du *continuum* auquel Bataille en appelle sans cesse, comme à la *communication* [2]. Le *continuum* est l'expérience privilégiée d'une opération souveraine transgressant la limite de la différence discursive. Mais — nous touchons ici, quant au mouvement de la souveraineté, au point de la plus grande ambiguïté et de la plus grande instabilité — ce *continuum* n'est pas la plénitude du sens ou de la présence telle qu'elle est *envisagée* par la métaphysique. S'efforçant vers le sans-

---

1. Cf. la *Discussion sur le péché*, in *Dieu vivant*, 4, 1945, et P. Klossowski, *A propos du simulacre dans la communication de Georges Bataille*, in *Critique*, 195-6.

2. *L'Expérience intérieure*, p. 105 et p. 213.

fond de la négativité et de la dépense, l'expérience du *continuum* est aussi l'expérience de la différence absolue, d'une différence qui ne serait plus celle que Hegel avait pensée plus profondément que tout autre : différence au service de la présence, au travail dans l'histoire (du sens). La différence entre Hegel et Bataille est la différence entre ces deux différences. On peut ainsi lever l'équivoque qui pourrait peser sur les concepts de *communication,* de *continuum* ou d'*instant*. Ces concepts qui *semblent s'identifier* comme l'accomplissement de la présence, accusent et aiguisent l'incision de la différence. « Un principe fondamental est exprimé comme il suit : la « communication » ne peut avoir lieu d'un être plein et intact à l'autre : elle veut des êtres ayant l'être en eux-mêmes *mis en jeu*, placé à la limite de la mort, du néant » *(Sur Nietzsche)*. Et l'*instant* — mode temporel de l'opération souveraine — n'est pas un *point* de présence pleine et inentamée : il se glisse et se *dérobe* entre deux présences; il est la différence comme dérobement affirmatif de la présence. Il ne se donne pas, il *se vole*, s'emporte lui-même dans un mouvement qui est à la fois d'effraction violente et de fuite évanouissante. L'instant est le *furtif* : « Le non-savoir implique à la fois foncièrement angoisse, mais aussi suppression de l'angoisse. Dès lors, il devient possible de faire furtivement l'expérience furtive que j'appelle expérience de l'instant » *(Conférences sur le Non-Savoir)*.

Des mots, donc, il faut en « trouver qui réintroduisent — en un point — le souverain silence qu'interrompt le langage articulé ». Comme il s'agit, nous l'avons vu, d'un certain *glissement*, ce qu'il faut bien trouver, c'est, non moins que le mot, le point, le *lieu dans un tracé* où un mot puisé dans la vieille langue, se mettra, d'être mis là et de recevoir telle motion, à glisser et à faire glisser tout le discours. Il faudra imprimer au langage un certain tour stratégique qui, d'un mouvement violent et glissant, furtif, en infléchisse le vieux corps pour en rapporter la syntaxe et le lexique au silence majeur. Et plutôt qu'au concept ou au sens de la souveraineté, au moment privilégié de l'*opération* souveraine, « n'eût-elle lieu qu'une fois ».

Rapport absolument *unique* : d'un langage à un silence souverain qui *ne tolère aucun rapport*, aucune symétrie avec ce qui s'incline et glisse pour se rapporter à lui. Rapport pourtant qui doit mettre rigoureusement, *scientifiquement,* en *syntaxe* commune des significations subordonnées et une opération qui est le non-rapport, qui n'a aucune signification et se tient librement hors syntaxe. Il faut rapporter scientifiquement des rapports à un non-rapport, un savoir à un non-savoir. « L'opération souveraine n'eût-elle été possible qu'une fois, la science rapportant les objets de pensée aux moments souverains est possible »... *(Méthode de méditation).* « Dès lors commence, fondée sur l'abandon du savoir, une réflexion ordonnée... » *(Conférences sur le Non-Savoir).*

Ce sera d'autant plus difficile, sinon impossible, que la souveraineté, n'étant pas la maîtrise, ne peut commander ce discours scientifique à la manière d'une archie ou d'un principe de responsabilité. Comme la maîtrise, la souveraineté se rend certes indépendante par la mise en jeu de la vie; elle ne s'attache à rien, ne conserve rien. Mais à la différence de la maîtrise hegelienne, elle ne doit même pas vouloir se garder elle-même, se recueillir ou recueillir le bénéfice de soi ou de son propre risque, elle « ne peut même pas être définie comme un bien ». « J'y tiens, mais y tiendrais-je autant si je n'avais la certitude qu'aussi bien j'en pourrais rire? » *(Méthode de méditation).* L'enjeu de l'opération n'est donc pas une conscience de soi, un pouvoir d'être auprès de soi, de se garder et de se regarder. Nous ne sommes pas dans l'élément .de la phénoménologie. Ce qui se reconnaît à ce premier trait — illisible dans la logique philosophique — que la souveraineté *ne se commande pas.* Et ne commande pas en général : ni à autrui, ni aux choses, ni aux discours, en vue de la production du sens. C'est là le premier obstacle pour cette science qui, selon Bataille, devrait rapporter ses objets aux moments souverains et qui, comme toute science, exige l'ordre, la relation, la différence entre le principiel et le dérivé. La *Méthode de méditation* ne dissimule pas l' « obstacle » (c'est le mot de Bataille) :

« Non seulement l'opération souveraine ne se subordonne à rien, mais d'elle-même ne se subordonne rien, elle est indifférente à quelque résultat que ce soit; si je veux poursuivre après coup la réduction de la pensée subordonnée à la souveraine, je puis le faire, mais ce qui authentiquement est souverain n'en a cure, à tout moment dispose de moi d'autre façon. »

Dès lors que la souveraineté voudrait se subordonner quelqu'un ou quelque chose, on sait qu'elle se laisserait reprendre par la dialectique, se subordonnerait à l'esclave, à la chose et au travail. Elle échouerait de se vouloir victorieuse et de prétendre garder l'avantage. La maîtrise devient souveraine au contraire lorsqu'elle cesse de redouter l'échec et se perd comme la victime absolue de son sacrifice [1]. Le maître et le souverain échouent donc également [2], et tous les deux réussissent leur échec, l'un en lui donnant sens par l'asservissement à la médiation de l'esclave, — ce qui est aussi échouer de manquer l'échec — et l'autre en échouant absolument, ce qui est à la fois perdre le sens même de l'échec en gagnant la non-servilité. Cette différence presque imperceptible, qui n'est même pas la symétrie d'un envers et d'un endroit, devrait régler tous les « glissements » de l'écriture souveraine. Elle doit *entamer* l'*identité* de la souveraineté dont *il est toujours question*. Car la souveraineté n'a pas d'identité, n'est pas *soi, pour-soi, à soi, auprès de soi*. Pour ne pas commander, c'est-à-dire pour ne pas s'asservir, elle *ne doit rien* se subordonner (complément direct), c'est-à-dire ne se subordonner *à rien ni personne* (médiation servile du complément indirect) : elle doit se dépenser sans réserve, se perdre, perdre connaissance, perdre la mémoire de soi, l'intériorité à soi; contre l'*Erinnerung*, contre l'avarice qui s'assimile le sens, elle doit *pratiquer* l'*oubli*, l'*aktive Vergesslichkeit* dont parle Nietzsche et, ultime subversion de la maîtrise, ne plus chercher à se faire reconnaître.

Le renoncement à la reconnaissance prescrit et interdit à la fois l'écriture. Il discerne plutôt *deux écritures*. Il interdit celle qui *projette* la trace, par laquelle, écriture de maîtrise, la volonté veut se garder dans la trace, s'y faire reconnaître, et reconstituer sa présence. Écriture servile aussi bien, que Bataille, donc, méprisait.

---

1. Cf. par exemple *l'Expérience intérieure* (p. 196)... « le sacrificateur... succombe et se perd avec sa victime », etc.

2. « La souveraineté, d'autre part, est l'objet qui se dérobe toujours, que personne n'a saisi, que personne ne saisira... Dans *la Phénoménologie de l'Esprit*, Hegel, poursuivant cette dialectique du *maître* (du seigneur, du souverain) et de l'*esclave* (de l'homme asservi au travail), qui est à l'origine de la théorie communiste de la lutte des classes, mène l'esclave au triomphe, mais son apparente souveraineté n'est alors que la volonté autonome de la servitude; la souveraineté n'a pour elle que le royaume de l'échec » (*Genet*, in *la Littérature et le Mal*).

Mais cette servilité méprisée de l'écriture n'est pas celle que condamne la tradition depuis Platon. Celui-ci vise l'écriture servile comme *technè* irresponsable parce que la présence de celui qui tient le discours y a disparu. Bataille vise au contraire le projet servile de conserver la vie — le fantôme de la vie — dans la présence. Dans les deux cas, il est vrai, une certaine mort est redoutée et il faudrait méditer cette complicité. Le problème est d'autant plus difficile que la souveraineté assigne simultanément une autre écriture : celle qui produit la trace comme trace. Celle-ci n'est une trace que si en elle la présence est irrémédiablement dérobée, dès sa première promesse, et si elle se constitue comme la possibilité d'un effacement absolu. Une trace ineffaçable n'est pas une trace. Il faudrait donc reconstruire le *système des propositions de Bataille sur l'écriture*, sur ces deux rapports — appelons-les mineur et majeur — à la trace.

1. Dans tout un groupe de textes, le renoncement souverain à la reconnaissance enjoint l'effacement de l'écrit. Par exemple de l'écriture poétique comme écriture mineure :

> « Ce sacrifice de la raison est en apparence imaginaire, il n'a ni suite sanglante, ni rien d'analogue. Il diffère néanmoins de la poésie en ce qu'il est total, ne réserve pas de jouissance, sinon par glissement arbitraire, qu'on ne peut maintenir, ou par rire abandonné. S'il laisse une survie de hasard, c'est oubliée d'elle-même, comme après la moisson la fleur des champs. Ce sacrifice étrange supposant un dernier état de mégalomanie — nous nous sentons devenir Dieu — a toutefois des conséquences ordinaires dans un cas : que la jouissance soit dérobée par glissement et que la mégalomanie ne soit pas consumée tout entière, nous restons condamnés à nous faire « reconnaître », à vouloir être un Dieu pour la foule; condition favorable à la folie, mais à rien d'autre... Si l'on va jusqu'à la fin, il faut s'effacer, subir la solitude, en souffrir durement, renoncer d'être *reconnu* : être là-dessus comme absent, insensé, subir sans volonté et sans espoir, être ailleurs. La pensée (à cause de ce qu'elle a au fond d'elle), il faut l'enterrer vive. Je la publie la sachant d'avance méconnue, devant l'être... Je ne puis, elle ne peut avec moi, que sombrer à ce point dans le non-sens. La pensée ruine et sa destruction est incommunicable à la foule, elle s'adresse aux moins faibles » *(Post-Scriptum au supplice)*.

ou encore :

> « L'opération souveraine *engage* ces développements : ils sont les résidus d'une trace laissée dans la mémoire et de la subsistance des fonctions, mais en tant qu'elle a lieu, elle est indifférente et se moque de ces résidus » *(Méthode de méditation)*.

ou encore :

> « La survie de la chose écrite est celle de la momie » *(le Coupable)*.

2. Mais il est une écriture souveraine qui doit au contraire interrompre la complicité servile de la parole et du sens.

> « J'écris pour annuler en moi-même un jeu d'opérations subordonnées » *(Méthode de méditation)*.

La mise en jeu, celle qui excède la maîtrise, est donc l'*espace de l'écriture* ; elle se joue entre l'écriture mineure et l'écriture majeure, toutes deux ignorées du maître, celle-ci plus que celle-là, ce jeu-ci plutôt que celui-là (« Pour le maître le jeu n'était rien, ni mineur ni majeur ». *Conférences sur le Non-Savoir*).

Pourquoi le seul espace de l'écriture ?

La souveraineté est absolue lorsqu'elle s'absout de tout rapport et se tient dans la nuit du secret. Le *continuum* de la communication souveraine a pour élément cette nuit de la différence secrète. On n'y entendrait rien à croire qu'il y a quelque contradiction entre ces deux requisits. On n'y entendrait à vrai dire que ce qui s'entend dans la logique de la maîtrise philosophique : pour laquelle au contraire, il faut concilier le désir de reconnaissance, la rupture du secret, le discours, la collaboration etc., avec la discontinuité, l'articulation, la négativité. L'opposition du continu et du discontinu est constamment déplacée de Hegel à Bataille.

Mais ce déplacement est impuissant à transformer le noyau des prédicats. Tous les attributs attachés à la souveraineté sont empruntés à la logique (hegelienne) de la maîtrise. Nous ne pouvons, Bataille ne pouvait ni ne devait disposer d'aucun autre concept ni même d'aucun autre signe, d'aucune autre unité du mot et du sens. Déjà le signe « souveraineté », dans son opposition à la servilité, est issu du même fonds que celui de maîtrise. Pris hors de son fonctionnement, rien ne l'en distingue. On pourrait même abstraire, dans le texte de Bataille, toute une zone par laquelle la souveraineté reste prise dans une philosophie classique du *sujet* et surtout dans ce *volontarisme* [1] dont Heidegger a montré qu'il se confondait encore, chez Hegel et chez Nietzsche, avec l'essence de la métaphysique.

Ne pouvant ni ne devant s'inscrire dans le noyau du concept lui-même (car ce qui est ici découvert, c'est qu'il n'y a pas de noyau de sens, d'atome conceptuel, mais que le concept se produit dans le tissu des différences), l'espace qui sépare la logique de maîtrise et, si l'on veut, la non-logique de souveraineté devra s'inscrire dans l'enchaînement ou le fonctionnement d'une écriture. *Cette* écriture — majeure — s'appellera *écriture* parce qu'elle *excède* le *logos* (du sens, de la maîtrise, de la présence etc.). Dans cette écriture — celle que recherchait Bataille — les *mêmes* concepts, apparemment inchangés en eux-mêmes, subiront une mutation de sens, ou plutôt seront affectés, quoique apparemment impassibles, par la perte de sens vers laquelle ils glissent et s'abîment démesurément. S'aveugler ici à cette précipitation rigoureuse, à ce sacrifice impitoyable des concepts philosophiques, continuer à lire le texte de Bataille, à l'interroger, à le juger *à l'intérieur* du « discours significatif » c'est peut-être y entendre quelque chose, c'est assurément ne pas le lire. Ce qu'on peut toujours faire — et y a-t-on manqué ? — avec beaucoup d'agilité, de ressources, parfois, et de sécurités philosophiques. Ne pas lire, c'est ici ignorer la nécessité formelle du texte de Bataille, de sa fragmentation propre, de son rapport aux récits dont l'aventure ne se juxtapose pas simplement à

---

1. Prises hors de leur syntaxe générale, de leur écriture, certaines propositions manifestent en effet le volontarisme, toute une philosophie de l'activité *opérante* d'un sujet. La souveraineté est *opération pratique* (cf. par exemple les *Conférences sur le Non-Savoir*, p. 14). Mais ce serait ne pas *lire* le texte de Bataille que de ne pas tisser ces propositions dans la trame générale qui les défait en les enchaînant ou en les inscrivant en soi. Ainsi, une page plus loin : « Et il ne suffit même pas de dire : du moment souverain on ne peut parler sans l'altérer, sans l'altérer en tant que vraiment souverain. Même autant que d'en parler, il est contradictoire de *chercher* ces mouvements. Dans le moment où nous cherchons quelque chose, quoi que ce soit, nous ne vivons pas souverainement, nous subordonnons le moment présent à un moment futur, qui le suivra. Nous atteindrons peut-être le moment souverain à la suite de notre effort et il est possible en effet qu'un effort soit nécessaire, mais entre le temps de l'effort et le temps souverain, il y a obligatoirement une coupure et l'on pourrait même dire un abîme. »

des aphorismes ou à un discours « philosophiques » effaçant leurs signifiants devant leur contenu signifié. A la différence de la logique, telle qu'elle est comprise dans son concept classique, à la différence même du *Livre* hegelien dont Kojève avait fait son thème, l'écriture de Bataille ne tolère pas en son instance majeure la distinction de la forme et du contenu [1]. En quoi elle est écriture; et requise par la souveraineté.

Cette écriture — et c'est, sans souci d'enseignement, l'exemple qu'elle nous donne, ce en quoi nous sommes ici, aujourd'hui, intéressés — se plie à enchaîner les concepts classiques en ce qu'ils ont d'inévitable (« Je n'ai pu éviter d'exprimer ma pensée sur un mode philosophique. Mais je ne m'adresse pas aux philosophes. » *Méthode*...), de telle sorte qu'ils obéissent en apparence, par un certain tour, à leur loi habituelle, mais en se rapportant en un certain point au moment de la souveraineté, à la perte absolue de leur sens, à la dépense sans réserve, à ce qu'on ne peut même plus appeler négativité ou perte du sens que sur leur face philosophique; à un non-sens, donc, qui est au-delà du sens absolu, au-delà de la clôture ou de l'horizon du savoir absolu. Emportés dans ce glissement calculé [2], les concepts deviennent des non-concepts, ils sont impensables, ils deviennent *intenables* (« J'introduis des concepts intenables. » *le Petit*). Le philosophe s'aveugle au texte de Bataille parce qu'il n'est philosophe que par ce désir indestructible de tenir, de *maintenir* contre le glissement la certitude de soi et la sécurité du concept. Pour lui, le texte de Bataille est piégé : au sens premier du mot, un *scandale*.

La transgression du sens n'est pas l'accès à l'*identité* immédiate et indéterminée d'un non-sens, ni à la possibilité de *maintenir* le non-sens. Il faudrait plutôt parler d'une *épochè* de l'époque du sens, d'une mise entre parenthèses — écrite — suspendant l'époque du sens : le contraire d'une *épochè* phénoménologique; celle-ci se conduit *au nom et en vue* du sens. C'est une réduction nous repliant vers le sens. La transgression souveraine est une réduction de cette réduction : non pas réduction au sens, mais réduction du

1. L'étude de Sartre déjà citée articule sa première et sa deuxième parties sur la charnière de cette proposition: « Mais la forme n'est pas tout : voyons le contenu. »
2. « Emploi dérapant, mais éveillé des mots », dit Sollers (*De grandes irrégularités de langage*), in *Critique*, 195-196.

sens. En même temps que la *Phénoménologie de l'esprit*, cette transgression excède la phénoménologie en général, dans ses développements les plus modernes. (Cf. *l'Expérience intérieure*, p. 19).

Cette nouvelle écriture *dépendra*-t-elle de l'instance souveraine ? *Obéira*-t-elle à ses impératifs ? Se subordonnera-t-elle à ce qui (on dirait par essence si la souveraineté avait une essence) ne se subordonne rien ? Nullement et c'est le paradoxe unique du rapport entre le discours et la souveraineté. Rapporter l'écriture majeure à l'opération souveraine, c'est instituer un rapport dans la forme du non-rapport, inscrire la rupture dans le texte, mettre la chaîne du savoir discursif en rapport avec un non-savoir qui n'en soit pas un moment, avec un non-savoir absolu sur le sans-fond duquel s'enlèvent la chance ou le pari du sens, de l'histoire et des horizons de savoir absolu. L'inscription d'un tel rapport sera « scientifique » mais le mot de science subit alors une altération radicale, tremble, sans rien perdre de ses normes propres, par la seule mise en rapport avec un non-savoir absolu. On ne pourra l'appeler science que dans la clôture transgressée, mais on devra alors le faire en répondant à toutes les exigences de cette dénomination. Le non-savoir excédant la science elle-même, le non-savoir qui *saura* où et comment excéder la science *elle-même* ne sera pas scientifiquement qualifiable (« Qui saura jamais ce qu'est ne rien savoir ? » *le Petit*). Ce ne sera pas un non-savoir déterminé, circonscrit par l'histoire du savoir comme une figure (donnant) prise à la dialectique, mais l'excès absolu de toute *épistémè*, de toute philosophie et de toute science. Seule une *double posture* peut penser ce rapport unique : elle n'est ni de « scientisme » ni de « mysticisme »[1].

Réduction affirmative du sens plutôt que position de non-sens, la souveraineté n'est donc pas le *principe* ou le *fondement* de cette inscription. Non-principe et non-fondement, elle se dérobe définitivement à l'attente d'une archie rassurante, d'une condition de possibilité ou d'un transcendantal du discours. Il n'y a plus ici de préliminaires philosophiques. La *Méthode de méditation* nous

---

1. L'un des thèmes essentiels de l'étude de Sartre (*Un nouveau mystique*) est aussi l'accusation de scientisme, conjuguée avec celle de mysticisme (« C'est aussi le scientisme qui va fausser toute la pensée de M. Bataille »).

apprend (p. 73) que l'itinéraire discipliné de l'écriture doit nous conduire rigoureusement au point où il n'y a plus de méthode ni de méditation, où l'opération souveraine rompt avec elles parce qu'elle ne se laisse conditionner par rien de ce qui la précède ou même la prépare. De même qu'elle ne cherche ni à s'appliquer, ni à se propager, ni à durer, ni à s'enseigner (et c'est aussi pourquoi, selon le mot de Blanchot, son autorité *s'expie*), de même qu'elle ne cherche pas la reconnaissance, de même elle n'a aucun mouvement de reconnaissance pour le labeur discursif et préalable dont elle ne saurait pourtant se passer. La souveraineté doit être ingrate. « Ma souveraineté (...) ne me sait nul gré de mon travail » *(Méthode...)* Le souci consciencieux des préliminaires est précisément philosophique et hegelien.

> « La critique qu'adressait Hegel à Schelling (dans la préface de la *Phénoménologie*) n'en est pas moins décisive. Les travaux préliminaires de l'opération ne sont pas à la portée d'une intelligence non préparée (comme Hegel dit : de même il serait insensé, si l'on n'est cordonnier, de faire une chaussure). Ces travaux par le mode d'application qui leur appartient, inhibent néanmoins l'opération souveraine (l'être allant le plus loin qu'il peut). Précisément le caractère souverain exige le refus de soumettre l'opération à la condition des préliminaires. L'opération n'a lieu que si l'urgence en apparaît : si elle apparaît, il n'est plus temps de procéder à des travaux dont l'essence est d'être subordonnés à des fins extérieures à soi, de n'être pas eux-mêmes des fins » *(Méthode de méditation)*.

Or si l'on songe que Hegel est sans doute le premier à avoir démontré l'unité ontologique de la méthode et de l'historicité, il faut bien en conclure que l'*excédé* de la souveraineté, ce n'est pas seulement le « sujet » *(Méthode, p. 75)*, mais l'histoire elle-même. Non qu'on en revienne, de façon classique et pré-hegelienne, à un sens anhistorique qui constituerait une figure de la *Phénoménologie de l'esprit*. La souveraineté transgresse le tout de l'histoire du sens et du sens de l'histoire, du projet de savoir qui les a toujours obscurément soudés. Le non-savoir est alors outre-historique [1]

---

1. Le non-savoir n'est historique, comme le note Sartre (« ...Le non-savoir est essentiellement historique, puisqu'on ne peut le désigner que comme une certaine expérience qu'un certain homme a faite à une certaine date. ») que sur la face discursive, économique, subordonnée qui se montre et se laisse précisément *désigner*

mais seulement pour avoir pris acte de l'achèvement de l'histoire et de la clôture du savoir absolu, pour les avoir pris au sérieux puis trahis en les excédant ou en les simulant dans le jeu [1]. Dans cette simulation, je conserve ou anticipe le tout du savoir, je ne me limite ni à un savoir ni à un non-savoir déterminés, abstraits, mais je m'absous du savoir absolu, le remettant à sa place comme tel, le situant et l'inscrivant dans un espace qu'il ne domine plus. L'écriture de Bataille rapporte donc tous les sémantèmes, c'est-à-dire tous les philosophèmes, à l'opération souveraine, à la consumation sans retour de la totalité du sens. Elle puise, pour l'épuiser, à la ressource du sens. Avec une minutieuse audace, elle reconnaîtra la règle constituante de ce qu'elle doit efficacement, économiquement, déconstituer.

Procédant ainsi selon les voies de ce que Bataille appelle *l'économie générale*.

L'écriture et l'économie générales.

A l'économie générale, l'écriture de souveraineté se conforme au moins par deux traits : 1. c'est une science, 2. elle rapporte ses objets à la destruction sans réserve du sens.

Méthode de méditation annonce ainsi *la Part maudite* :

> « La science rapportant les objets de pensée aux moments souverains n'est en fait qu'une *économie générale,* envisageant le sens de ces objets les uns par rapport aux autres, finalement par rapport à la perte de sens. La question de cette *économie générale* se situe sur le plan de l'*économie politique,* mais la science désignée sous ce nom n'est qu'une économie restreinte (aux valeurs marchandes). Il s'agit du problème essentiel à la science traitant de l'usage des richesses. L'*économie générale* met en évidence en premier lieu que des excédents d'énergie se produisent qui, par définition, ne peuvent

---

dans la clôture rassurante du savoir. Le « récit édifiant » — c'est ainsi que Sartre qualifie aussitôt après *l'expérience intérieure* — est au contraire du côté du savoir, de l'histoire et du sens.

1. Sur l'opération qui consiste à *mimer le savoir absolu,* au terme de laquelle « le non-savoir atteint, le savoir absolu n'est plus qu'une connaissance entre autres », cf. dans *l'Expérience intérieure,* p. 73 sq et surtout, p. 138 sq, les développements importants consacrés au modèle cartésien (« un sol ferme où tout repose ») et au modèle hégelien (« la circularité ») du savoir.

être utilisés. L'énergie excédante ne peut être que perdue sans le moindre but, en conséquence sans aucun sens. C'est cette perte inutile, insensée, qu'*est la souveraineté*[1]. »

En tant qu'écriture scientifique, l'économie générale n'est certes pas la souveraineté elle-même. Il n'y a d'ailleurs pas de souveraineté *elle-même*. La souveraineté dissout les valeurs de sens, de vérité, de *saisie-de-la-chose-même*. C'est pourquoi le discours qu'elle ouvre ou qui s'y rapporte n'est surtout pas vrai, vérace ou « sincère[2] ». La souveraineté est l'impossible, elle *n'est* donc *pas*, elle *est*, Bataille écrit le mot en italique, « cette perte ». L'écriture de souveraineté met le discours *en rapport* avec le non-discours absolu. Comme l'économie générale, elle n'est pas la perte de sens, mais, nous venons de le lire, « rapport à la perte de sens ». Elle ouvre la question du sens. Elle ne décrit pas le non-savoir, ce qui est l'impossible, mais seulement les effets du non-savoir. « ... Du non-savoir lui-même, il y aurait en somme impossibilité de parler, tandis que nous pouvons parler de ses effets ... »

1. On commettrait une erreur grossière à interpréter ces propositions dans un sens « réactionnaire ». La consommation de l'énergie excédante par une classe déterminée n'est pas la consumation destructrice du sens ; elle est la réappropriation signifiante d'une plus-value dans l'espace de l'économie restreinte. La souveraineté est de ce point de vue absolument révolutionnaire. Mais elle l'est aussi au regard d'une révolution qui réorganiserait seulement le monde du travail et redistribuerait les valeurs dans l'espace du sens, c'est-à-dire encore de l'économie restreinte. La nécessité de ce dernier mouvement — qui n'a été que faiblement aperçue, ici ou là, par Bataille (par exemple dans *la Part maudite*, lorsqu'il évoque le « radicalisme de Marx » et le « sens révolutionnaire que Marx a souverainement formulé ») et le plus souvent brouillée par des approximations conjoncturelles (par exemple dans la cinquième partie de *la Part maudite*) — est rigoureuse mais comme une phase dans la stratégie de l'économie générale.

2. L'écriture de souveraineté n'est ni vraie ni fausse, ni vérace ni insincère. Elle est purement *fictive*, en un sens de ce mot que manquent les oppositions classiques du vrai et du faux, de l'essence et de l'apparence. Elle se soustrait à toute question théorique ou éthique. Elle s'y offre simultanément sur la face mineure à laquelle, Bataille le dit, elle s'unit dans le travail, le discours, le sens. (« Ce qui m'oblige d'écrire, j'imagine, est la crainte de devenir fou » *Sur Nietzsche*). Sur cette face on peut se demander, le plus facilement et le plus légitimement du monde, si Bataille est « sincère ». Ce que fait Sartre : « Voilà donc cette invitation à nous perdre, sans calcul, sans contre-partie, sans salut. Est-elle sincère ? » Plus loin : « Car enfin M. Bataille écrit, il occupe un poste à la Bibliothèque Nationale, il lit, il fait l'amour, il mange. »

3. *Conférences sur le Non-Savoir*. Les objets de la science sont alors des « effets » du non-savoir. Des effets de non-sens. Ainsi Dieu, par exemple, en tant qu'objet de la théologie. « Dieu est aussi un effet du non-savoir » *(ibid.)*.

On ne rejoint pas pour autant l'ordre habituel de la science connaissante. *L'écriture de souveraineté n'est ni la souveraineté en son opération ni le discours scientifique courant.* Celui-ci a pour *sens* (pour contenu discursif et pour direction) le rapport orienté de l'inconnu au connu ou au connaissable, au toujours déjà connu ou à la connaissance anticipée. Bien que l'écriture générale ait aussi un sens, *n'étant que rapport* au non-sens, cet ordre s'y est inversé. Le rapport à la possibilité absolue de la connaissance y est suspendu. Le connu est rapporté à l'inconnu, le sens au non-sens. « Cette connaissance qu'on pourrait dire libérée (mais que j'aime mieux appeler neutre) est l'usage d'une fonction détachée (libérée) de la servitude dont elle découle : la fonction rapportait l'inconnu au connu (au solide), tandis qu'à dater du moment où elle se détache, elle rapporte le connu à l'inconnu » *(Méthode...)*. Mouvement seulement esquissé, nous l'avons vu, dans l'« image poétique ».

Non que la phénoménologie de l'esprit soit ainsi *renversée*, qui procédait dans l'horizon du savoir absolu ou selon la circularité du Logos. Au lieu d'être simplement renversée, elle est comprise : non pas comprise par la compréhension connaissante mais inscrite, avec ses horizons de savoir et ses figures de sens, dans l'ouverture de l'économie générale. Celle-ci les plie à se rapporter non pas au fondement mais au sans-fond de la dépense, non pas au *telos* du sens mais à la destruction *indéfinie* de la valeur. L'athéologie de Bataille est aussi une a-téléologie et une aneschatologie. Même dans son discours, qu'il faut déjà distinguer de l'affirmation souveraine, cette athéologie ne procède pourtant pas selon les voies de la théologie négative ; voies qui ne pouvaient manquer de fasciner Bataille mais qui réservaient peut-être encore, au-delà de tous les prédicats refusés, et même « au-delà de l'être », une « super-essentialité »[1] ; au-delà des catégories de l'étant, un étant

1. Cf. par exemple Maître Eckhart. Le mouvement négatif du discours sur Dieu n'est qu'une phase de l'onto-théologie positive. « Dieu est sans nom... Si je dis Dieu est un être, ce n'est pas vrai ; il est un être au-dessus de l'être et une négation superessentielle » *(Renovamini spiritu mentis vestrae)*. Ce n'était qu'un tour ou un détour de langage pour l'onto-théologie : « Quand j'ai dit que Dieu n'était pas un être et était au-dessus de l'être, je ne lui ai pas par là contesté l'être, au contraire, je lui ai attribué un être plus élevé » *(Quasi stella matutina)*. Même mouvement chez le Pseudo-Denys l'Aréopagite.

suprême et un sens indestructible. Peut-être : car nous touchons ici à des limites et aux plus grandes audaces du discours dans la pensée occidentale. Nous pourrions montrer que les distances et les proximités ne diffèrent pas entre elles.

Puisqu'elle rapporte la suite des figures de la phénoménalité à un savoir du sens qui s'est toujours déjà annoncé, la phénoménologie de l'esprit (et la phénoménologie en général) correspond à une économie restreinte : restreinte aux valeurs marchandes, pourrait-on dire en reprenant les termes de la définition, « science traitant de l'usage des richesses », limitée au sens et à la valeur constituée des objets, à leur *circulation*. La *circularité* du savoir absolu ne dominerait, ne comprendrait que cette circulation, que le *circuit de la consommation reproductrice*. La production et la destruction absolues de la valeur, l'énergie excédante en tant que telle, celle qui « ne peut être que perdue sans le moindre but, en conséquence sans aucun sens », tout cela échappe à la phénoménologie comme économie restreinte. Celle-ci ne peut déterminer la différence et la négativité que comme faces, moments ou conditions du sens : comme travail. Or le non-sens de l'opération souveraine n'est ni le négatif ni la condition du sens, même s'il est *aussi* cela et même si son nom le laisse entendre. Il n'est pas une réserve du sens. Il se tient au-delà de l'opposition du positif et du négatif car l'acte de consumation, bien qu'il induise à perdre le sens, n'est pas le *négatif* de la présence, gardée ou regardée dans la *vérité* de son sens (du *bewahren*). Une telle rupture de symétrie doit propager ses effets dans toute la chaîne du discours. Les concepts de l'écriture générale ne sont *lus* qu'à la condition d'être déportés, décalés hors des alternatives de symétrie où pourtant ils semblent pris et où d'une certaine manière ils doivent aussi rester tenus. La stratégie joue de cette prise et de ce déport. Par exemple, si l'on tient compte de ce *commentaire du non-sens*, ce qui *s'indique* alors, dans la clôture de la métaphysique, comme non-valeur, *renvoie* au-delà de l'opposition de la valeur et de la non-valeur, au-delà du concept même de valeur, comme du concept de sens. Ce qui, pour ébranler la sécurité du savoir discursif, *s'indique* comme mystique, *renvoie* au-delà de l'opposition du mystique et du rationnel [1]. Bataille

---

1. Afin de définir le point où il se sépare de Hegel et de Kojève, Bataille précise ce qu'il entend par « mysticisme conscient », « au-delà du mysticisme classique » :

n'est surtout pas un nouveau mystique. Ce qui *s'indique* comme expérience intérieure n'est pas une expérience puisqu'elle ne se rapporte à aucune présence, à aucune plénitude, mais seulement à l'impossible qu'elle « éprouve » dans le supplice. Cette expérience n'est surtout pas intérieure : si elle semble l'être de ne se rapporter à rien d'autre, à aucun dehors, autrement que sur le mode du non-rapport, du secret et de la rupture, elle est aussi tout entière *exposée* — au supplice — nue, ouverte au dehors, sans réserve ni for intérieur, profondément superficielle.

On pourrait soumettre à ce schéma tous les concepts de l'écriture générale (ceux de science, de matérialisme, d'inconscient, etc.) Les prédicats ne sont pas là pour *vouloir-dire* quelque chose, pour énoncer ou signifier, mais pour faire glisser le sens, pour le dénoncer ou en détourner. Cette écriture ne produit pas nécessairement de nouvelles unités conceptuelles. Ses concepts ne se distinguent pas nécessairement des concepts classiques par des traits marqués dans la forme de prédicats essentiels mais par des différences qualitatives de force, de hauteur, etc., qui ne sont elles-mêmes ainsi qualifiées que par métaphore. Les noms de la tradition sont gardés mais on les affecte de différences entre le *majeur* et le *mineur*, l'*archaïque* et le *classique* [1], etc. C'est la seule manière de marquer,

───────────

* Le mystique athée, *conscient de soi*, conscient de devoir mourir et de disparaître, vivrait, comme Hegel le dit *évidemment de lui-même*, « dans le déchirement absolu »; mais, pour lui, il ne s'agit que d'une période : à l'encontre de Hegel, il n'en sortirait pas, « contemplant le Négatif bien en face », mais ne pouvant jamais le transposer en Être, refusant de le faire et se maintenant dans l'ambiguïté » *(Hegel, la mort et le sacrifice)*.

1. Ici encore, la différence compte plus que le contenu des termes. Et il faut combiner ces deux séries d'oppositions (majeur/mineur, archaïque/classique) avec celle que nous avions dégagée plus haut à propos du poétique (non-subordination souveraine/insertion, subordination). A la souveraineté archaïque « qui semble bien avoir impliqué une sorte d'impuissance » et, en tant que souveraineté « authentique », refuse « l'exercice du pouvoir » (la maîtrise asservissante), Bataille oppose « l'idée classique de souveraineté » qui « se lie à celle de commandement » et par conséquent détient tous les attributs qui sont refusés, *sous le même mot*, à l'opération souveraine (subjectivité libre, victorieuse, consciente de soi, reconnue, etc., donc médiatisée et détournée de soi, retournant à soi d'en être détournée par le travail de l'esclave). Or Bataille montre que « les positions majeures » de la souveraineté peuvent, autant que les mineures, être « insérées dans la sphère de l'activité » *(Méthode de méditation)*. La différence entre le majeur et le mineur est donc seulement analogue à la diffé-

dans le discours, ce qui sépare le discours de son excédent.

Pourtant l'écriture à l'intérieur de laquelle opèrent ces stratagèmes ne consiste pas à subordonner des moments conceptuels à la totalité d'un système où ils prendraient enfin sens. Il ne s'agit pas de subordonner les glissements, les différences du discours et le jeu de la syntaxe au tout d'un discours anticipé. Au contraire. Si le jeu de la différence est indispensable pour lire convenablement les concepts de l'économie générale, s'il faut réinscrire chaque notion dans la loi de son glissement et la rapporter à l'opération souveraine, on ne doit pourtant pas en faire le moment subordonné d'une structure. C'est entre ces deux écueils que doit passer la lecture de Bataille. Elle ne devra pas isoler les notions comme si elles étaient leur propre contexte, comme si on pouvait entendre immédiatement dans leur contenu ce que *veulent dire* des mots comme « expérience », « intérieur », « mystique », « travail », « matériel », « souverain », etc. La faute consisterait ici à tenir pour immédiateté de lecture l'aveuglement à une culture traditionnelle qui se donnerait comme l'élément naturel du discours. Mais inversement, on ne doit pas soumettre l'attention contextuelle et les différences de signification à un *système du sens*, permettant ou promettant une maîtrise formelle absolue. Ce serait effacer l'excès du non-sens et retomber dans la clôture du savoir : une fois de plus, ne pas lire Bataille.

Sur ce point encore, le dialogue avec Hegel est décisif. Un exemple : Hegel, et, à sa suite, quiconque est installé dans le sûr élément du discours philosophique, auraient été incapables de lire, dans son glissement réglé, un signe comme celui d'« expérience ». Sans s'en expliquer davantage, Bataille note dans l'*Érotisme* : « Dans l'esprit de Hegel, ce qui est immédiat est mauvais et Hegel à coup sûr aurait rapporté ce que j'appelle expérience à l'immédiat. » Or si l'expérience intérieure, dans ses moments

___

rence entre l'archaïque et le classique. Et ni l'une ni l'autre ne doivent être entendues de façon classique ou mineure. L'archaïque n'est pas l'originaire ou l'authentique, déterminés par le discours philosophique. Le majeur ne s'oppose pas au mineur comme le grand au petit, le haut au bas. Dans *Vieille taupe* (article inédit, refusé par *Bifurs*), les oppositions du haut et du bas, de toutes les significations en *sur* (surréel, surhomme, etc.) et en *sous* (souterrain, etc.), de l'aigle impérialiste et de la taupe prolétarienne, sont examinées dans toutes les possibilités de leurs renversements.

L'ÉCRITURE ET LA DIFFÉRENCE

majeurs, rompt avec la médiation, elle n'est pourtant pas immédiate. Elle ne jouit pas d'une présence absolument proche et
surtout elle ne peut, comme l'immédiat hegelien, entrer dans le
mouvement de la médiation. Telles qu'elles se présentent dans l'élément de la philosophie, comme dans la logique ou la phénoménologie de Hegel, l'immédiateté et la médiateté sont *également*
« subordonnées ». C'est à ce titre qu'elles peuvent passer l'une dans
l'autre. L'opération souveraine suspend donc aussi la subordination
dans la forme de l'immédiateté. Pour comprendre qu'alors elle
n'entre pas en travail et en phénoménologie, il faut sortir du logos
philosophique et penser l'impensable. Comment transgresser à la
fois le médiat et l'immédiat ? Comment excéder la « subordination »
au sens du logos (philosophique) en sa totalité ? *Peut-être* par
l'écriture majeure : « J'écris pour annuler en moi-même un jeu
d'opérations subordonnées (c'est, somme toute, superflu) »
(Méthode de méditation). *Peut-être* seulement, et « c'est, somme toute,
superflu », car cette écriture ne doit nous assurer de rien, elle ne
nous donne aucune certitude, aucun résultat, aucun bénéfice. Elle
est absolument aventureuse, c'est une chance et non une technique.

*La transgression du neutre et le déplacement de l'*Aufhebung.

Au-delà des oppositions classiques, l'écriture de souveraineté
est-elle blanche ou neutre ? On pourrait le penser puisqu'elle ne
peut rien énoncer que dans la forme du *ni ceci, ni cela*. N'est-ce pas
une des affinités entre la pensée de Bataille et celle de Blanchot ?
Et Bataille ne nous propose-t-il pas une connaissance neutre ?
« Cette connaissance qu'on pourrait dire libérée (mais que j'aime
mieux appeler neutre) est l'usage d'une fonction détachée (libérée)
de la servitude dont elle découle... elle rapporte le connu à l'inconnu » *(déjà cité)*.

Mais il faut ici considérer attentivement que ce n'est pas l'opération souveraine mais la connaissance discursive qui est *neutre*.
La neutralité est d'essence négative *(ne-uter)*, elle est la face négative d'une transgression. La souveraineté n'est pas neutre même
si elle neutralise, *dans son discours*, toutes les contradictions ou
toutes les oppositions de la logique classique. La neutralisation
se produit dans la connaissance et dans la syntaxe de l'écriture

mais elle se rapporte à une affirmation souveraine et transgressive. L'opération souveraine ne se contente pas de neutraliser *dans le discours* les oppositions classiques, elle transgresse dans « l'expérience » (entendue en majeur) la loi ou les interdits qui font système avec le discours, *et même avec le travail de neutralisation*. Vingt pages après avoir proposé une « connaissance neutre » : « J'établis la possibilité d'une connaissance neutre ? ma souveraineté l'accueille en moi comme l'oiseau chante et ne me sait nul gré de mon travail ».

Aussi la destruction du discours n'est-elle pas une simple neutralisation d'effacement. Elle multiplie les mots, les précipite les uns contre les autres, les engouffre aussi dans une substitution sans fin et sans fond dont la seule règle est l'affirmation souveraine du jeu hors-sens. Non pas la réserve ou le retrait, le murmure infini d'une parole blanche effaçant les traces du discours classique mais une sorte de potlatch des signes, brûlant, consumant, gaspillant les mots dans l'affirmation gaie de la mort : un sacrifice et un défi [1]. Ainsi, par exemple :

> « Précédemment, je désignais l'opération souveraine sous les noms d'*expérience intérieure* ou d'*extrême du possible*. Je la désigne aussi maintenant sous le nom de : *méditation*. Changer de mot signifie l'ennui d'employer quelque mot que ce soit (*opération souveraine* est de tous les noms le plus fastidieux : *opération comique* en un sens serait moins trompeur) ; j'aime mieux *méditation* mais c'est d'apparence pieuse » (*Méthode de méditation*).

Que s'est-il passé ? On n'a en somme rien dit. On ne s'est arrêté à aucun mot ; la chaîne ne repose sur rien ; aucun des concepts ne satisfait à la demande, tous se déterminent les uns les autres et en même temps se détruisent ou se neutralisent. Mais on a *affirmé* la règle du jeu ou plutôt le jeu comme règle ; et la nécessité de transgresser le discours et la négativité de l'ennui (d'employer quelque mot que ce soit dans l'identité rassurante de son sens).

Mais cette transgression du discours (et par conséquent de la loi en général, le discours ne se posant qu'en posant la norme ou la valeur de sens, c'est-à-dire l'élément de la légalité en général)

---

[1]. « Le jeu n'est rien sinon dans un défi ouvert et sans réserve à ce qui s'oppose au jeu » (Note en marge de cette *Théorie de la religion* inédite que Bataille projetait aussi d'intituler « Mourir de rire et rire de mourir »).

doit, comme toute transgression, conserver et confirmer de quelque manière ce qu'elle excède[1]. C'est la seule manière de s'affirmer *comme transgression* et d'accéder ainsi au sacré qui « est donné dans la violence d'une infraction ». Or décrivant dans l'*Érotisme* « l'expérience contradictoire de l'interdit et de la transgression », Bataille ajoute une note à la phrase suivante : « Mais la transgression diffère du « retour à la nature » : elle lève l'interdit sans le supprimer. » Voici la note : « Inutile d'insister sur le caractère hegelien de cette opération, qui répond au moment de la dialectique exprimé par le verbe allemand intraduisible *aufheben* (dépasser en maintenant). »

Est-il « inutile d'insister »? Peut-on, comme le dit Bataille, comprendre le mouvement de transgression sous le concept hegelien d'*Aufhebung* dont nous avons assez vu qu'il représentait la victoire de l'esclave et la constitution du sens?

Il nous faut ici interpréter Bataille contre Bataille, ou plutôt une strate de son écriture depuis une autre strate[2]. En contestant

---

1. « Geste... irréductible à la logique classique... et pour lequel aucune logique ne semble constituée », dit Sollers dans *Le Toit*, qui commence par démasquer *en leur système* toutes les formes de la pseudo-transgression, les figures sociales et historiques sur lesquelles on peut lire la complicité entre « celui qui vit sans contestation sous le coup de la loi et celui pour qui la loi n'est rien ». Dans ce dernier cas, la répression est seulement « redoublée ». *Le Toit, essai de lecture systématique, Tel Quel, 29.*

2. Comme tout discours, comme celui de Hegel, celui de Bataille a la forme d'une structure d'interprétations. Chaque proposition, qui est déjà de nature interprétative, se laisse interpréter dans une autre proposition. Nous pouvons donc, à procéder prudemment et tout en restant dans le texte de Bataille, détacher une interprétation de sa réinterprétation et la soumettre à une autre interprétation reliée à d'autres propositions du système. Ce qui, sans interrompre la systématicité générale, revient à reconnaître des moments forts et des moments faibles de l'interprétation d'une pensée par elle-même, ces différences de forces tenant à la nécessité stratégique du discours fini. Naturellement notre propre lecture interprétative s'est efforcée de passer, pour les relier entre eux, par ce que *nous* avons interprété comme les moments majeurs. Cette « méthode » — ce que nous appelons ainsi dans la clôture du savoir — se justifie par ce que nous écrivons ici, dans la trace de Bataille, de la suspension de l'époque du sens et de la vérité. Cela ne nous dispense ni ne nous interdit de déterminer *la règle* de la force et de la faiblesse : celle-ci est toujours fonction :

1. de l'éloignement du moment de souveraineté,

2. d'une méconnaissance des normes rigoureuses du savoir.

La plus grande force est celle d'une écriture qui, dans la transgression la plus audacieuse, continue de maintenir et de reconnaître la nécessité du système de l'interdit ce qui, dans cette note, semble aller de soi pour Bataille, nous aiguiserons peut-être la figure du déplacement auquel est ici soumis tout le discours hegelien. Ce par quoi Bataille est encore moins hegelien qu'il ne croit.

L'*Aufhebung* hegelienne se produit tout entière à l'intérieur du discours, du système ou du travail de la signification. Une détermination est niée et conservée dans une autre détermination qui en révèle la vérité. D'une indétermination à une détermination infinies, on passe de détermination en détermination et ce passage, produit par l'inquiétude de l'infini, enchaîne le sens. L'*Aufhebung* est comprise *dans* le cercle du savoir absolu, elle n'excède jamais sa clôture, ne suspend jamais la totalité du discours, du travail, du sens, de la loi, etc. Puisqu'elle ne lève jamais, fût-ce en la maintenant, la forme voilante du savoir absolu, l'*Aufhebung* hegelienne appartient de part en part à ce que Bataille appelle « le monde du travail », c'est-à-dire de l'interdit inaperçu comme tel et dans sa totalité. « Aussi bien la collectivité humaine, en partie consacrée au travail, se définit-elle dans les *interdits*, sans lesquels elle ne serait pas devenue ce *monde du travail*, qu'elle est essentiellement » *(l'Érotisme)*. L'*Aufhebung* hegelienne appartiendrait donc à l'économie restreinte et serait la forme du passage d'un interdit à un autre, la *circulation* de l'interdit, l'histoire comme vérité de l'interdit.

(savoir, science, philosophie, travail, histoire, etc.). L'écriture est toujours tracée entre ces deux faces de la limite.

Parmi les moments faibles du discours de Bataille, certains se signalent par ce non-savoir déterminé qu'est une certaine ignorance philosophique. Et par exemple Sartre note justement qu' « il n'a visiblement pas compris Heidegger, dont il parle souvent et mal à propos » et qu'alors « la philosophie se venge ». Il y aurait beaucoup à dire ici sur la référence à Heidegger. Nous tenterons de le faire ailleurs. Notons seulement que sur ce point et sur quelques autres, les « fautes » de Bataille réfléchissaient celles qui, à la même époque, marquaient la lecture de Heidegger par les « philosophes spécialisés ». Adopter la traduction (selon Corbin) de *Dasein* par *réalité-humaine* (monstruosité aux conséquences illimitées que les quatre premiers paragraphes de *Sein und Zeit* avaient prévenue), en faire l'élément même d'un discours, parler avec insistance d'un « humanisme commun à Nietzsche et à notre auteur » [Bataille], etc., cela aussi était, de la part de Sartre, philosophiquement très *risqué*. Attirant l'attention sur ce point pour éclairer le texte et le contexte de Bataille, nous ne doutons pas de la nécessité historique de ce *risque* ni de la fonction d'éveil dont elle a été le prix dans une conjoncture qui n'est plus la nôtre. Tout cela mérite reconnaissance. Il a fallu l'éveil et le temps.

Bataille ne peut donc utiliser que la forme *vide* de l'*Aufhebung*, de manière *analogique*, pour désigner, *ce qui ne s'était jamais fait*, le rapport transgressif qui lie le monde du sens au monde du non-sens. Ce déplacement est paradigmatique : un concept intra-philosophique, le concept spéculatif par excellence, est contraint dans une écriture à désigner un mouvement qui constitue propre-ment l'excès de tout philosophème possible. Ce mouvement fait alors apparaître la philosophie comme une forme de la conscience naïve ou naturelle (ce qui chez Hegel veut dire aussi bien cultu-relle). Tant que l'*Aufhebung* reste prise dans l'économie restreinte, elle est prisonnière de cette conscience naturelle. Le « nous » de la *Phénoménologie de l'esprit* a beau se donner comme le savoir de ce que ne sait pas la conscience naïve enfoncée dans son histoire et les déterminations de ses figures, il reste naturel et vulgaire puis-qu'il ne pense le *passage*, la *vérité* du passage que comme circulation du sens ou de la valeur. Il développe le sens ou le désir de sens de la conscience naturelle, celle qui s'enferme dans le cercle pour *savoir le sens :* toujours d'où ça vient et où ça va. Elle ne *voit* pas le sans-fond de jeu sur lequel s'enlève l'histoire (du sens). Dans cette mesure, la philosophie, la spéculation hegelienne, le savoir absolu et tout ce qu'ils commandent et commanderont sans fin dans leur clôture, restent des déterminations de la conscience naturelle, servile et vulgaire. La conscience de soi est servile.

« Du savoir extrême à la connaissance vulgaire — la plus géné-ralement répartie — la différence est nulle. La connaissance du monde, en Hegel, est celle du premier venu (le *premier venu,* non Hegel, décide pour Hegel de la question clé : touchant la diffé-rence de la folie à la raison : le « savoir absolu » sur ce point, confirme la notion vulgaire, est fondé sur elle, en est l'une des formes). La connaissance vulgaire est en nous comme un autre *tissu !....* En un sens, la condition à laquelle je *verrais* serait de sortir, d'émerger, du « tissu ». Et sans doute aussitôt je dois dire : cette condition à laquelle je *verrais* serait de mourir. Je n'aurai à aucun moment la possibilité de *voir !* » (*Méthode de méditation*).

Si toute l'histoire du sens est rassemblée et *représentée*, en un point du tableau, par la figure de l'esclave, si le discours de Hegel, la Logique, le Livre dont parle Kojève sont le langage (de l') esclave, c'est-à-dire (du) travailleur, ils peuvent se lire de gauche à droite ou de droite à gauche, comme mouvement réactionnaire ou comme mouvement révolutionnaire, ou les deux à la fois. Il serait absurde que la transgression du Livre par l'écriture ne se lise que dans un sens déterminé. Ce serait à la fois absurde, étant donné la forme de l'*Aufhebung* qui est maintenue dans la transgression, et trop plein de sens pour une transgression du sens. De droite à gauche ou de gauche à droite : ces deux propositions contradictoires et trop sensées manquent également de pertinence. En un certain point déterminé.

Très déterminé. Constat de non-pertinence dont il faut donc, autant que possible, surveiller les effets. On n'aurait rien compris à la stratégie générale si l'on renonçait absolument à contrôler l'usage de ce constat. Si on le prêtait, si on l'abandonnait, si on le mettait dans n'importe quelle main : la droite ou la gauche.

..« la condition à laquelle je *verrais* serait de sortir, d'émerger, du « tissu ». Et sans doute aussitôt je dois dire : cette condition à laquelle je *verrais* serait de mourir. Je n'aurai à aucun moment la possibilité de *voir* ! »

Il y a donc le *tissu* vulgaire du savoir absolu et l'ouverture mortelle de l'œil. Un texte et un regard. La servilité du sens et l'éveil à la mort. Une écriture mineure et une lumière majeure.

De l'une à l'autre, tout autre, un certain texte. Qui trace en silence la structure de l'œil, dessine l'ouverture, s'aventure à tramer l'« absolu déchirement », déchire absolument son propre tissu redevenu « solide » et servile de se donner encore à lire.

LA STRUCTURE, LE SIGNE ET LE JEU
DANS LE DISCOURS DES SCIENCES HUMAINES

> Il y a plus affaire à interpréter les interprétations
> qu'à interpréter les choses. (MONTAIGNE.)

Peut-être s'est-il produit dans l'histoire du concept de structure quelque chose qu'on pourrait appeler un « événement » si ce mot n'importait avec lui une charge de sens que l'exigence structurale — ou structuraliste — a justement pour fonction de réduire ou de suspecter. Disons néanmoins un « événement » et prenons ce mot avec précautions entre des guillemets. Quel serait donc cet événement ? Il aurait la forme extérieure d'une *rupture* et d'un *redoublement*.

Il serait facile de montrer que le concept de structure et même le mot de structure ont l'âge de *l'epistémè*, c'est-à-dire à la fois de la science et de la philosophie occidentales, et qu'ils plongent leurs racines dans le sol du langage ordinaire, au fond duquel *l'epistémè* va les recueillir pour les amener à soi dans un déplacement métaphorique. Néanmoins, jusqu'à l'événement que je voudrais repérer, la structure, ou plutôt la structuralité de la structure, bien qu'elle ait toujours été à l'œuvre, s'est toujours trouvée neutralisée, réduite : par un geste qui consistait à lui donner un centre, à la rapporter à un point de présence, à une origine fixe. Ce centre avait pour fonction non seulement d'orienter et d'équilibrer, d'organiser la structure — on ne peut en effet penser une structure inorganisée — mais de faire surtout que le principe d'organisation de la structure limite ce que nous pourrions appeler le *jeu* de la structure. Sans doute le centre d'une structure, en orientant et en organisant la cohérence du système, permet-il le jeu des éléments à l'intérieur de la forme totale. Et aujourd'hui encore une structure privée de tout centre représente l'impensable lui-même.

Pourtant le centre ferme aussi le jeu qu'il ouvre et rend possible.

En tant que centre, il est le point où la substitution des contenus, des éléments, des termes, n'est plus possible. Au centre, la permutation ou la transformation des éléments (qui peuvent d'ailleurs être des structures comprises dans une structure) est interdite. Du moins est-elle toujours restée *interdite* (et j'utilise ce mot à dessein). On a donc toujours pensé que le centre, qui par définition est unique, constituait, dans une structure, cela même qui, commandant la structure, échappe à la structuralité. C'est pourquoi, pour une pensée classique de la structure, le centre peut être dit, paradoxalement, *dans* la structure et *hors de* la structure. Il est au centre de la totalité et pourtant, puisque le centre ne lui appartient pas, la totalité *a son centre ailleurs*. Le centre n'est pas le centre. Le concept de structure centrée — bien qu'il représente la cohérence elle-même, la condition de l'*epistémè* comme philosophie ou comme science — est contradictoirement cohérent. Et comme toujours, la cohérence dans la contradiction exprime la force d'un désir. Le concept de structure centrée est en effet le concept d'un jeu *fondé*, constitué depuis une immobilité fondatrice et une certitude rassurante, elle-même soustraite au jeu. Depuis cette certitude, l'angoisse peut être maîtrisée, qui naît toujours d'une certaine manière d'être impliqué dans le jeu, d'être pris au jeu, d'être comme être d'entrée de jeu dans le jeu. A partir de ce que nous appelons donc le centre et qui, à pouvoir être aussi bien dehors que dedans, reçoit indifféremment les noms d'origine ou de fin, d'*archè* ou de *telos*, les répétitions, les substitutions, les transformations, les permutations sont toujours *prises* dans une histoire du sens — c'est-à-dire une histoire tout court — dont on peut toujours réveiller l'origine ou anticiper la fin dans la forme de la présence. C'est pourquoi on pourrait peut-être dire que le mouvement de toute archéologie, comme celui de toute eschatologie, est complice de cette réduction de la structuralité de la structure et tente toujours de penser cette dernière depuis une présence pleine et hors jeu.

S'il en est bien ainsi, toute l'histoire du concept de structure, avant la rupture dont nous parlons, doit être pensée comme une série de substitutions de centre à centre, un enchaînement de déterminations du centre. Le centre reçoit, successivement et de manière réglée, des formes ou des noms différents. L'histoire de la métaphysique, comme l'histoire de l'Occident, serait l'histoire de ces

métaphores et de ces métonymies. La forme matricielle en serait —
qu'on me pardonne d'être aussi peu démonstratif et aussi elliptique, c'est pour en venir plus vite à mon thème principal — la
détermination de l'être comme *présence* à tous les sens de ce mot.
On pourrait montrer que tous les noms du fondement, du principe
ou du centre ont toujours désigné l'invariant d'une présence
(*eidos*, *archè*, *telos*, *energeia*, *ousia* (essence, existence, substance,
sujet) *aletheia*, transcendantalité, conscience, Dieu, homme, etc.).

L'événement de rupture, la disruption à laquelle je faisais
allusion en commençant, se serait peut-être produite au moment
où la structuralité de la structure a dû commencer à être pensée,
c'est-à-dire répétée, et c'est pourquoi je disais que cette disruption
était répétition, à tous les sens de ce mot. Dès lors a dû être pensée
la loi qui commandait en quelque sorte le désir du centre dans la
constitution de la structure, et le procès de la signification ordonnant ses déplacements et ses substitutions à cette loi de la présence
centrale; mais d'une présence centrale qui n'a jamais été elle-
même, qui a toujours déjà été déportée hors de soi dans son substitut. Le substitut ne se substitue à rien qui lui ait en quelque sorte
pré-existé. Dès lors on a dû sans doute commencer à penser qu'il
n'y avait pas de centre, que le centre ne pouvait être pensé dans
la forme d'un étant-présent, que le centre n'avait pas de lieu naturel,
qu'il n'était pas un lieu fixe mais une fonction, une sorte de non-
lieu dans lequel se jouaient à l'infini des substitutions de signes.
C'est alors le moment où le langage envahit le champ problématique universel; c'est alors le moment où, en l'absence de centre
ou d'origine, tout devient discours — à condition de s'entendre
sur ce mot — c'est-à-dire système dans lequel le signifié central,
originaire ou transcendantal, n'est jamais absolument présent
hors d'un système de différences. L'absence de signifié transcendantal étend à l'infini le champ et le jeu de la signification.

Où et comment se produit ce décentrement comme pensée de
la structuralité de la structure? Pour désigner cette production, il
y aurait quelque naïveté à se référer à un événement, à une doctrine
ou au nom d'un auteur. Cette production appartient sans doute
à la totalité d'une époque, qui est la nôtre, mais elle a toujours
déjà commencé à s'annoncer et à *travailler*. Si l'on voulait néanmoins, à titre indicatif, choisir quelques « noms propres » et évo-

quer les auteurs des discours dans lesquels cette production s'est tenue au plus près de sa formulation la plus radicale, il faudrait sans doute citer la critique nietzschéenne de la métaphysique, des concepts d'être et de vérité auxquels sont substitués les concepts de jeu, d'interprétation et de signe (de signe sans vérité présente); la critique freudienne de la présence à soi, c'est-à-dire de la conscience, du sujet, de l'identité à soi, de la proximité ou de la propriété à soi; et, plus radicalement, la destruction heideggerienne de la métaphysique, de l'onto-théologie, de la détermination de l'être comme présence. Or tous ces discours destructeurs et tous leurs analogues sont pris dans une sorte de cercle. Ce cercle est unique et il décrit la forme du rapport entre l'histoire de la métaphysique et la destruction de l'histoire de la métaphysique : *il n'y a aucun sens* à se passer des concepts de la métaphysique pour ébranler la métaphysique; nous ne disposons d'aucun langage — d'aucune syntaxe et d'aucun lexique — qui soit étranger à cette histoire; nous ne pouvons énoncer aucune proposition destructrice qui n'ait déjà dû se glisser dans la forme, dans la logique et les postulations implicites de cela même qu'elle voudrait contester. Pour prendre un exemple parmi tant d'autres : c'est à l'aide du concept de *signe* qu'on ébranle la métaphysique de la présence. Mais à partir du moment où l'on veut ainsi montrer, comme je l'ai suggéré tout à l'heure, qu'il n'y avait pas de signifié transcendantal ou privilégié et que le champ ou le jeu de la signification n'avait, dès lors, plus de limite, on devrait — mais c'est ce qu'on ne peut pas faire — refuser jusqu'au concept et au mot de signe. Car la signification « signe » a toujours été comprise et déterminée, dans son sens, comme signe-de, signifiant renvoyant à un signifié, signifiant différent de son signifié. Si l'on efface la différence radicale entre signifiant et signifié, c'est le mot de signifiant lui-même qu'il faudrait abandonner comme concept métaphysique. Lorsque Lévi-Strauss dit dans la préface à *le Cru et le Cuit* qu'il a « cherché à transcender l'opposition du sensible et de l'intelligible en (se) plaçant d'emblée au niveau des signes », la nécessité, la force et la légitimité de son geste ne peuvent nous faire oublier que le concept de signe ne peut en lui-même dépasser cette opposition du sensible et de l'intelligible. Il est déterminé par cette opposition : de part en part et à travers la totalité de son histoire. Il n'a vécu que d'elle et de son système. Mais nous ne pouvons nous défaire du concept de signe, nous ne pouvons renoncer à cette complicité métaphysique sans renoncer du même coup au travail critique que nous dirigeons contre elle, sans risquer d'effacer la différence dans l'identité à soi d'un signifié réduisant en soi son signifiant, ou, ce qui revient au même, l'expulsant simplement hors de soi. Car il y a deux manières hétérogènes d'effacer la différence entre le signifiant et le signifié : l'une, la classique, consiste à réduire ou à dériver le signifiant, c'est-à-dire finalement à *soumettre* le signe à la pensée; l'autre, celle que nous dirigeons ici contre la précédente, consiste à mettre en question le système dans lequel fonctionnait la précédente réduction : et d'abord l'opposition du sensible et de l'intelligible. Car le *paradoxe*, c'est que la réduction métaphysique du signe avait besoin de l'opposition qu'elle réduisait. L'opposition fait système avec la réduction. Et ce que nous disons ici du signe peut s'étendre à tous les concepts et à toutes les phrases de la métaphysique, en particulier au discours sur la « structure ». Mais il y a plusieurs manières d'être pris dans ce cercle. Elles sont toutes plus ou moins naïves, plus ou moins empiriques, plus ou moins systématiques, plus ou moins proches de la formulation voire de la formalisation de ce cercle. Ce sont ces différences qui expliquent la multiplicité des discours destructeurs et le désaccord entre ceux qui les tiennent. C'est dans les concepts hérités de la métaphysique que, par exemple, ont opéré Nietzsche, Freud et Heidegger. Or comme ces concepts ne sont pas des éléments, des atomes, comme ils sont pris dans une syntaxe et un système, chaque emprunt déterminé fait venir à lui toute la métaphysique. C'est ce qui permet alors à ces destructeurs de se détruire réciproquement, par exemple à Heidegger de considérer Nietzsche, avec autant de lucidité et de rigueur que de mauvaise foi et de méconnaissance, comme le dernier métaphysicien, le dernier « platonicien ». On pourrait se livrer à cet exercice à propos de Heidegger lui-même, de Freud ou de quelques autres. Et aucun exercice n'est aujourd'hui plus répandu.

Qu'en est-il maintenant de ce schéma formel, lorsque nous nous tournons du côté de ce qu'on appelle les « sciences humaines »?

L'une d'entre elles occupe peut-être ici une place privilégiée. C'est l'ethnologie. On peut en effet considérer que l'ethnologie n'a pu naître comme science qu'au moment où un décentrement a pu être opéré : au moment où la culture européenne — et par conséquent l'histoire de la métaphysique et de ses concepts — a été *disloquée*, chassée de son lieu, devant alors cesser de se considérer comme culture de référence. Ce moment n'est pas d'abord un moment du discours philosophique ou scientifique, il est aussi un moment politique, économique, technique, etc. On peut dire en toute sécurité qu'il n'y a rien de fortuit à ce que la critique de l'ethnocentrisme, condition de l'ethnologie, soit systématiquement et historiquement contemporaine de la destruction de l'histoire de la métaphysique. Toutes deux appartiennent à une seule et même époque.

Or l'ethnologie — comme toute science — se produit dans l'élément du discours. Et elle est d'abord une science européenne, utilisant, fût-ce à son corps défendant, les concepts de la tradition. Par conséquent, qu'il le veuille ou non, et cela ne dépend pas d'une décision de l'ethnologue, celui-ci accueille dans son discours les prémisses de l'ethnocentrisme au moment même où il le dénonce. Cette nécessité est irréductible, elle n'est pas une contingence historique; il faudrait en méditer toutes les implications. Mais si personne ne peut y échapper, si personne n'est donc responsable d'y céder, si peu que ce soit, cela ne veut pas dire que toutes les manières d'y céder soient d'égale pertinence. La qualité et la fécondité d'un discours se mesurent peut-être à la rigueur critique avec laquelle est pensé ce rapport à l'histoire de la métaphysique et aux concepts hérités. Il s'agit là d'un rapport critique au langage des sciences humaines et d'une responsabilité critique du discours. Il s'agit de poser expressément et systématiquement le problème du statut d'un discours empruntant à un héritage les ressources nécessaires à la dé-construction de cet héritage lui-même. Problème d'*économie* et de *stratégie*.

Si nous considérons maintenant à titre d'exemple, les textes de Claude Lévi-Strauss, ce n'est pas seulement à cause du privilège qui s'attache aujourd'hui à l'ethnologie parmi les sciences humaines, ni même parce qu'il s'agit là d'une pensée qui pèse fortement sur la conjoncture théorique contemporaine. C'est surtout parce qu'un certain choix s'est déclaré dans le travail de Lévi-Strauss et qu'une certaine doctrine s'y est élaborée de manière, précisément, *plus ou moins explicite*, quant à cette critique du langage et quant à ce langage critique dans les sciences humaines.

Pour suivre ce mouvement dans le texte de Lévi-Strauss, choisissons, comme un fil conducteur parmi d'autres, l'opposition nature / culture. Malgré tous ses rajeunissements et ses fards, cette opposition est congénitale à la philosophie. Elle est même plus vieille que Platon. Elle a au moins l'âge de la sophistique. Depuis l'opposition *physis* / *nomos*, *physis* / *technè*, elle est relayée jusqu'à nous par toute une chaîne historique opposant la « nature » à la loi, à l'institution, à l'art, à la technique, mais aussi à la liberté, à l'arbitraire, à l'histoire, à la société, à l'esprit, etc. Or dès l'ouverture de sa recherche et dès son premier livre *(les Structures élémentaires de la parenté)*, Lévi-Strauss a éprouvé à la fois la nécessité d'utiliser cette opposition et l'impossibilité de lui faire crédit. Dans *les Structures*, il part de cet axiome ou de cette définition : appartient à la nature ce qui est *universel* et spontané, ne dépendant d'aucune culture particulière et d'aucune norme déterminée. Appartient en revanche à la culture ce qui dépend d'un système de *normes* réglant la société et pouvant donc *varier* d'une structure sociale à l'autre. Ces deux définitions sont de type traditionnel. Or, dès les premières pages des *Structures*, Lévi-Strauss qui a commencé à accréditer ces concepts, rencontre ce qu'il appelle un *scandale*, c'est-à-dire quelque chose qui ne tolère plus l'opposition nature/culture ainsi reçue et semble requérir *à la fois* les prédicats de la nature et ceux de la culture. Ce scandale est la *prohibition de l'inceste*. La prohibition de l'inceste est universelle; en ce sens on pourrait la dire naturelle; — mais elle est aussi une prohibition, un système de normes et d'interdits — et en ce sens on devrait la dire culturelle. « Posons donc que tout ce qui est universel, chez l'homme, relève de l'ordre de la nature et se caractérise par la spontanéité, que tout ce qui est astreint à une norme appartient à la culture et présente les attributs du relatif et du particulier. Nous nous trouvons alors confrontés avec un fait ou plutôt avec un ensemble de faits qui n'est pas loin, à la lumière des définitions précédentes, d'apparaître comme un scandale : car la prohibition de l'inceste présente sans la moindre équivoque, et indissoluble-

ment réunis, les deux caractères où nous avons reconnu les attributs contradictoires de deux ordres exclusifs : elle constitue une
règle, mais une règle qui, seule entre toutes les règles sociales,
possède en même temps un caractère d'universalité » (p. 9).

Il n'y a évidemment de scandale qu'à l'*intérieur* d'un système de
concepts accréditant la différence entre nature et culture. En ouvrant
son œuvre sur le *factum* de la prohibition de l'inceste, Lévi-Strauss
s'installe donc au point où cette différence qui a toujours passé
pour aller de soi, se trouve effacée ou contestée. Car dès lors que
la prohibition de l'inceste ne se laisse plus penser dans l'opposition nature / culture, on ne peut plus dire qu'elle soit un fait
scandaleux, un noyau d'opacité à l'intérieur d'un réseau de significations transparentes; elle n'est pas un scandale qu'on rencontre,
sur lequel on tombe dans le champ des concepts traditionnels;
elle est ce qui échappe à ces concepts et certainement les précède
et probablement comme leur condition de possibilité. On pourrait
peut-être dire que toute la conceptualité philosophique faisant
système avec l'opposition nature / culture est faite pour laisser
dans l'impensé ce qui la rend possible, à savoir l'origine de la
prohibition de l'inceste.

Cet exemple est trop rapidement évoqué, ce n'est qu'un exemple
parmi tant d'autres, mais il fait déjà apparaître que le langage
porte en soi la nécessité de sa propre critique. Or cette critique
peut s'opérer selon deux voies, et deux « manières ». Au moment
où se fait sentir la limite de l'opposition nature / culture, on peut
vouloir questionner systématiquement et rigoureusement l'histoire de ces concepts. C'est un premier geste. Un tel questionne-
ment systématique et historique ne serait ni un geste philologique
ni un geste philosophique au sens classique de ces mots. S'inquiéter
des concepts fondateurs de toute l'histoire de la philosophie, les
dé-constituer, ce n'est pas faire œuvre de philologue ou d'historien classique de la philosophie. C'est sans doute, malgré l'apparence, la manière la plus audacieuse d'esquisser un pas hors de
la philosophie. La sortie « hors de la philosophie » est beaucoup
plus difficile à penser que ne l'imaginent généralement ceux qui
croient l'avoir opérée depuis longtemps avec une aisance cava-
lière, et qui en général sont enfoncés dans la métaphysique par
tout le corps du discours qu'ils prétendent en avoir dégagé,

L'autre choix — et je crois qu'il correspond davantage à la manière de Lévi-Strauss — consisterait, pour éviter ce que le premier geste pourrait avoir de stérilisant, dans l'ordre de la découverte empirique, à conserver, en en dénonçant ici ou là les limites, tous ces vieux concepts : comme des outils qui peuvent encore servir. On ne leur prête plus aucune valeur de vérité, ni aucune signification rigoureuse, on serait prêt à les abandonner à l'occasion si d'autres instruments paraissaient plus commodes. En attendant, on en exploite l'efficacité relative et on les utilise pour détruire l'ancienne machine à laquelle ils appartiennent et dont ils sont eux-mêmes des pièces. C'est ainsi que *se* critique le langage des sciences humaines. Lévi-Strauss pense ainsi pouvoir séparer la *méthode* de la *vérité*, les instruments de la méthode et les significations objectives par elle visées. On pourrait presque dire que c'est la première affirmation de Lévi-Strauss ; ce sont en tout cas les premiers mots des *Structures :* « On commence à comprendre que la distinction entre état de nature et état de société (nous dirions plus volontiers aujourd'hui : état de nature et état de culture), à défaut de signification historique acceptable, présente une valeur qui justifie pleinement son utilisation, par la sociologie moderne, comme un instrument de méthode. »

Lévi-Strauss sera toujours fidèle à cette double intention : conserver comme instrument ce dont il critique la valeur de vérité.

D'une part il continuera, en effet, à contester la valeur de l'opposition nature / culture. Plus de treize ans après *les Structures, la Pensée sauvage* fait fidèlement écho au texte que je viens de lire : « L'opposition entre nature et culture, sur laquelle nous avons jadis insisté, nous semble aujourd'hui offrir une valeur surtout méthodologique. » Et cette valeur méthodologique n'est pas affectée par la non-valeur « ontologique », pourrait-on dire si on ne se méfiait pas ici de cette notion : « Ce ne serait pas assez d'avoir résorbé des humanités particulières dans une humanité générale ; cette première entreprise en amorce d'autres... qui incombent aux sciences exactes et naturelles : réintégrer la culture dans la nature, et finalement, la vie dans l'ensemble de ses conditions physico-chimiques » (p. 327).

D'autre part, toujours dans *la Pensée sauvage*, il présente sous le nom de *bricolage* ce qu'on pourrait appeler le discours de cette méthode. Le bricoleur, dit Lévi-Strauss, est celui qui utilise « les moyens du bord », c'est-à-dire les instruments qu'il trouve à sa disposition autour de lui, qui sont déjà là, qui n'étaient pas spécialement conçus en vue de l'opération à laquelle on les fait servir et à laquelle on essaie par tâtonnements de les adapter, n'hésitant pas à en changer chaque fois que cela paraît nécessaire, à en essayer plusieurs à la fois, même si leur origine et leur forme sont hétérogènes, etc. Il y a donc une critique du langage dans la forme du bricolage et on a même pu dire que le bricolage était le langage critique lui-même, singulièrement celui de la critique littéraire : je pense ici au texte de G. Genette, *Structuralisme et Critique littéraire*, publié en hommage à Lévi-Strauss dans *l'Arc*, et où il est dit que l'analyse du bricolage pouvait « être appliquée presque mot pour mot » à la critique et plus spécialement à « la critique littéraire ». (Repris dans *Figures,* éd. du Seuil, p. 145.)

Si l'on appelle bricolage la nécessité d'emprunter ses concepts au texte d'un héritage plus ou moins cohérent ou ruiné, on doit dire que tout discours est bricoleur. L'ingénieur, que Lévi-Strauss oppose au bricoleur, devrait, lui, construire la totalité de son langage, syntaxe et lexique. En ce sens l'ingénieur est un mythe : un sujet qui serait l'origine absolue de son propre discours et le construirait « de toutes pièces » serait le créateur du verbe, le verbe lui-même. L'idée de l'ingénieur qui aurait rompu avec tout bricolage est donc une idée théologique; et comme Lévi-Strauss nous dit ailleurs que le bricolage est mythopoétique, il y a tout à parier que l'ingénieur est un mythe produit par le bricoleur. Dès lors qu'on cesse de croire à un tel ingénieur et à un discours rompant avec la réception historique, dès lors qu'on admet que tout discours fini est astreint à un certain bricolage, que l'ingénieur ou le savant sont aussi des espèces de bricoleurs, alors l'idée même de bricolage est menacée, la différence dans laquelle elle prenait sens se décompose.

Cela fait apparaître le deuxième fil qui devrait nous guider dans ce qui se trame ici.

L'activité du bricolage, Lévi-Strauss la décrit non seulement comme activité intellectuelle mais comme activité mythopoétique.

On lit dans *la Pensée sauvage* (p. 26) : « Comme le bricolage sur le plan technique, la réflexion mythique peut atteindre, sur le plan intellectuel, des résultats brillants et imprévus. Réciproquement, on a souvent noté le caractère mythopoétique du bricolage. »

Or le remarquable effort de Lévi-Strauss n'est pas seulement de proposer, notamment dans la plus actuelle de ses recherches, une science structurale des mythes et de l'activité mythologique. Son effort apparaît aussi, et je dirais presque d'abord, dans le statut qu'il accorde alors à son propre discours sur les mythes, à ce qu'il appelle ses « mythologiques ». C'est le moment où son discours sur le mythe se réfléchit et se critique lui-même. Et ce moment, cette période critique intéresse évidemment tous les langages se partageant le champ des sciences humaines. Que dit Lévi-Strauss de ses « mythologiques »? C'est ici qu'on retrouve la vertu mythopoétique du bricolage. En effet, ce qui paraît le plus séduisant dans cette recherche critique d'un nouveau statut du discours, c'est l'abandon déclaré de toute référence à un *centre*, à un *sujet*, à une *référence* privilégiée, à une origine ou à une archie absolue. On pourrait suivre le thème de ce décentrement à travers toute *l'Ouverture* de son dernier livre sur *le Cru et le Cuit*. J'y prends seulement quelques repères.

1. Tout d'abord, Lévi-Strauss reconnaît que le mythe bororo, qu'il utilise ici comme « mythe de référence », ne mérite pas ce nom et ce traitement, c'est là une appellation spécieuse et une pratique abusive. Ce mythe, pas plus qu'un autre, ne mérite son privilège référentiel : « En fait, le mythe bororo, qui sera désormais désigné par le nom de *mythe de référence*, n'est rien d'autre, comme nous essaierons de le montrer, qu'une transformation plus ou moins poussée d'autres mythes provenant, soit de la même société, soit de sociétés proches ou éloignées. Il eût donc été légitime de choisir pour point de départ n'importe quel représentant du groupe. L'intérêt du mythe de référence ne tient pas, de ce point de vue, à son caractère typique, mais plutôt à sa position irrégulière au sein d'un groupe » (p. 10).

2. Il n'y a pas d'unité ou de source absolue du mythe. Le foyer ou la source sont toujours des ombres ou des virtualités insaisissables, inactualisables et d'abord inexistantes. Tout commence par la structure, la configuration ou la relation. Le discours sur cette

structure a-centrique qu'est le mythe ne peut lui-même avoir de sujet et de centre absolus. Il doit, pour ne pas manquer la forme et le mouvement du mythe, éviter cette violence qui consisterait à centrer un langage décrivant une structure a-centrique. Il faut donc renoncer ici au discours scientifique ou philosophique, à l'*epistémè* qui a pour exigence absolue, qui est l'exigence absolue de remonter à la source, au centre, au fondement, au principe, etc. Par opposition au discours *épistémique*, le discours structurel sur les mythes, le discours *mytho-logique* doit être lui-même *mytho-morphe*. Il doit avoir la forme de ce dont il parle. C'est ce que dit Lévi-Strauss dans *le Cru et le Cuit* dont je souhaiterais maintenant lire une longue et belle page :

« En effet, l'étude des mythes pose un problème méthodologique, du fait qu'elle ne peut se conformer au principe cartésien de diviser la difficulté en autant de parties qu'il est requis pour la résoudre. Il n'existe pas de terme véritable à l'analyse mythique, pas d'unité secrète qu'on puisse saisir au bout du travail de décomposition. Les thèmes se dédoublent à l'infini. Quand on croit les avoir démêlés les uns des autres et les tenir séparés, c'est seulement pour constater qu'ils se ressoudent, en réponse aux sollicitations d'affinités imprévues. Par conséquent, l'unité du mythe n'est que tendancielle et projective, elle ne reflète jamais un état ou un moment du mythe. Phénomène imaginaire impliqué par l'effort d'interprétation, son rôle est de donner une forme synthétique au mythe, et d'empêcher qu'il ne se dissolve dans la confusion des contraires. On pourrait donc dire que la science des mythes est une *anaclastique*, en prenant ce vieux terme au sens large autorisé par l'étymologie, et qui admet dans sa définition l'étude des rayons réfléchis avec celle des rayons rompus. Mais, à la différence de la réflexion philosophique, qui prétend remonter jusqu'à sa source, les réflexions dont il s'agit ici intéressent des rayons privés de tout autre foyer que virtuel... En voulant imiter le mouvement spontané de la pensée mythique, notre entreprise, elle aussi trop brève et trop longue, a dû se plier à ses exigences et respecter son rythme. Ainsi ce livre sur les mythes est-il, à sa façon, un mythe. » Affirmation reprise un peu plus loin (p. 20) : « Comme les mythes reposent eux-mêmes sur des codes de second ordre (les codes du premier ordre étant ceux en quoi consiste le langage), ce livre offrirait alors l'ébauche d'un code de troisième ordre, destiné à assurer la traductibilité réciproque de plusieurs mythes. C'est la raison pour laquelle on n'aura pas tort de le tenir pour un mythe : en quelque sorte, le mythe de la mythologie. » C'est par cette absence de tout centre réel et fixe du discours mythique ou mythologique que se justifierait le modèle musical que Lévi-Strauss a choisi pour la composition de son livre. L'absence de centre est ici l'absence de sujet et l'absence d'auteur : « Le mythe et l'œuvre musicale apparaissent ainsi comme des chefs d'orchestre dont les auditeurs sont les silencieux exécutants. Si l'on demande où se trouve le foyer réel de l'œuvre, il faudra répondre que sa détermination est impossible. La musique et la mythologie confrontent l'homme à des objets virtuels dont l'ombre seule est actuelle... les mythes n'ont pas d'auteurs... » (p. 25).

C'est donc ici que le bricolage ethnographique assume délibérément sa fonction mythopoétique. Mais du même coup, elle fait apparaître comme mythologique, c'est-à-dire comme une illusion historique, l'exigence philosophique ou épistémologique du centre.

Néanmoins, si l'on se rend à la nécessité du geste de Lévi-Strauss, on ne peut en ignorer les risques. Si la mytho-logique est mytho-morphique, est-ce que tous les discours sur les mythes se valent? Devra-t-on abandonner toute exigence épistémologique permettant de distinguer entre plusieurs qualités de discours sur le mythe? Question classique mais inévitable. On ne peut y répondre — et je crois que Lévi-Strauss n'y répond pas — tant que le problème n'a pas été expressément posé, des rapports entre le philosophème ou le théorème d'une part, le mythème ou mytho-poème d'autre part. Ce qui n'est pas une petite histoire. Faute de poser expressément ce problème, on se condamne à transformer la prétendue transgression de la philosophie en faute inaperçue à l'intérieur du champ philosophique. L'empirisme serait le genre dont ces fautes seraient toujours les espèces. Les concepts trans-philosophiques se transformeraient en naïvetés philosophiques. On pourrait montrer ce risque sur bien des exemples, sur les concepts de signe, d'histoire, de vérité, etc. Ce que je veux souligner, c'est seulement que le passage au-delà de la philosophie ne consiste pas à tourner la page de la philosophie, (ce qui revient le plus souvent à mal philosopher) mais à continuer à lire d'*une certaine manière* les philosophes. Le risque dont je parle est toujours assumé par Lévi-Strauss et il est le prix même de son effort. J'ai dit que l'empirisme était la forme matricielle de toutes les fautes menaçant un discours qui continue, chez Lévi-Strauss en particulier, à se vouloir scientifique. Or si l'on voulait poser au fond le problème de l'empirisme et du bricolage, on en viendrait sans doute très vite à des propositions absolument contradictoires quant au statut du discours dans l'ethnologie structurale. D'une part le structuralisme se donne à juste titre comme la critique même de l'empirisme. Mais en même temps, il n'est pas un livre ou une étude de Lévi-Strauss qui ne se propose comme un essai empirique que d'autres informations pourront toujours venir compléter ou infirmer. Les schémas structuraux sont toujours proposés comme des hypothèses procédant d'une quantité finie d'information et qu'on soumet à l'épreuve de l'expérience. De nombreux textes pourraient démontrer cette double postulation. Tournons-nous encore vers l'*Ouverture* à *le Cru et le Cuit* où il apparaît bien que si cette postulation est double, c'est parce qu'il s'agit ici d'un langage sur le langage : « Les critiques qui nous reprocheraient de ne pas avoir procédé à un inventaire exhaustif des mythes sud-américains avant de les analyser, commettraient un grave contre-sens sur la nature et le rôle de ces documents. L'ensemble des mythes d'une population est de l'ordre du discours. A moins que la population ne s'éteigne physiquement ou moralement, cet ensemble n'est jamais clos. Autant vaudrait donc reprocher à un linguiste d'écrire la grammaire d'une langue sans avoir enregistré la totalité des paroles qui ont été prononcées depuis que cette langue existe, et sans connaître les échanges verbaux qui auront lieu aussi longtemps qu'elle existera. L'expérience prouve qu'un nombre de phrases dérisoire... permet au linguiste d'élaborer une grammaire de la langue qu'il étudie. Et même une grammaire partielle, ou une ébauche de grammaire, représentent des acquisitions précieuses s'il s'agit de langues inconnues. La syntaxe n'attend pas pour se manifester qu'une série théoriquement illimitée d'événements aient pu être recensés, parce qu'elle consiste dans le corps de règles qui préside à leur engendrement. Or, c'est bien une syntaxe de la mythologie sud-américaine dont nous avons voulu faire l'ébauche. Que de nouveaux textes viennent enrichir le discours mythique, ce sera l'occasion de contrôler ou de modifier la manière dont certaines lois grammaticales ont été formulées, de renoncer à telles d'entre elles, et d'en découvrir de nouvelles. Mais en aucun cas l'exigence d'un discours mythique total ne saurait nous être opposée. Car on vient de voir que cette exigence n'a pas de sens » (p. 15-6). La totalisation est donc définie tantôt comme *inutile*, tantôt comme *impossible*. Cela tient, sans doute, à ce qu'il y a deux manières de penser la limite de la totalisation. Et je dirais une fois de plus que ces deux déterminations coexistent de manière non-expresse dans le discours de Lévi-Strauss. La totalisation peut être jugée impossible dans le style classique : on évoque alors l'effort empirique d'un sujet ou d'un discours fini s'essoufflant en vain après une richesse infinie qu'il ne pourra jamais maîtriser. Il y a trop et plus qu'on ne peut dire. Mais on peut déterminer autrement la non-totalisation : non plus sous le concept de finitude comme assignation à l'empiricité mais sous le concept de *jeu*. Si la totalisation alors n'a plus de sens, ce n'est pas parce que l'infinité d'un champ ne peut être couverte par un regard ou un discours finis, mais parce que la nature du champ — à savoir le langage et un langage fini — exclut la totalisation : ce champ est en effet celui d'un *jeu*, c'est-à-dire de substitutions infinies dans la clôture d'un ensemble fini. Ce champ ne permet ces substitutions infinies que parce qu'il est fini, c'est-à-dire parce qu'au lieu d'être un champ inépuisable, comme dans l'hypothèse classique, au lieu d'être trop grand, il lui manque quelque chose, à savoir un centre qui arrête et fonde le jeu des substitutions. On pourrait dire, en se servant rigoureusement de ce mot dont on efface toujours en français la signification scandaleuse, que ce mouvement du jeu, permis par le manque, l'absence de centre ou d'origine, est le mouvement de la *supplémentarité*. On ne peut déterminer le centre et épuiser la totalisation parce que le signe qui remplace le centre, qui le *supplée*, qui en tient lieu en son absence, ce signe s'ajoute, vient en sus, en *supplément*. Le mouvement de la signification ajoute quelque chose, ce qui fait qu'il y a toujours plus, mais cette addition est flottante parce qu'elle vient vicarier, suppléer un manque du côté du signifié. Bien que Lévi-Strauss ne se serve pas du mot *supplémentaire* en soulignant comme je le fais ici les deux directions de sens qui y composent étrangement ensemble, ce n'est pas un hasard s'il se sert par deux fois de ce mot dans son *Introduction à l'œuvre de Mauss*, au moment où il parle de la « surabondance de signifiant, par rapport aux signifiés sur lesquels elle peut se poser » : « Dans son effort pour comprendre le monde, l'homme dispose donc toujours d'un surplus de signification (qu'il répartit entre les choses selon des lois de la pensée symbolique qu'il appartient aux ethnologues et aux linguistes d'étudier). Cette distribution d'une ration supplémentaire — si l'on peut s'exprimer ainsi — est absolument nécessaire pour qu'au total, le signifiant disponible et le signifié repéré restent entre eux dans le rapport de complémentarité qui est la condition même de la pensée symbolique. » (On pourrait sans doute montrer que cette *ration supplémentaire* de signification est l'origine de la *ratio* elle-même.) Le mot réapparaît un peu plus loin après que Lévi-Strauss ait parlé de « ce signifiant flottant, qui est la servitude de toute pensée finie » : « En d'autres termes, et nous inspirant du précepte de Mauss que tous les phénomènes sociaux peuvent être assimilés au langage, nous voyons dans le *mana*, le *wakan*, l'*oranda* et autres notions du même type, l'expression consciente d'une *fonction sémantique*, dont le rôle est de permettre à la pensée symbolique de s'exercer malgré la contradiction qui lui est propre. Ainsi s'expliquent les antinomies en apparence insolubles, attachées à cette notion... Force et action, qualité et état, substantif et adjectif et verbe à la fois; abstraite et concrète, omniprésente et localisée. Et en effet le mana est tout cela à la fois; mais précisément, n'est-ce pas parce qu'il n'est rien de tout cela : simple forme ou plus exactement symbole à l'état pur, donc susceptible de se charger de n'importe quel contenu symbolique? Dans ce système de symboles que constitue toute cosmologie, ce serait simplement une *valeur symbolique zéro*, c'est-à-dire un signe marquant la nécessité d'un contenu symbolique *supplémentaire* [Je souligne] à celui qui charge déjà le signifié, mais pouvant être une valeur quelconque à condition qu'elle fasse encore partie de la réserve disponible et ne soit pas, comme disent les phonologues, un terme de groupe. » (note : « Les linguistes ont déjà été amenés à formuler des hypothèses de ce type. Ainsi : « Un phonème zéro s'oppose à tous les autres phonèmes du français en ce qu'il ne comporte aucun caractère différentiel et aucune valeur phonétique constante. Par contre le phonème zéro a pour fonction propre de s'opposer à l'absence de phonème » (Jakobson et Lotz). On pourrait presque dire pareillement en schématisant la conception qui a été proposée ici, que la fonction des notions de type *mana* est de s'opposer à l'absence de signification sans comporter par soi-même aucune signification particulière. »

La *surabondance* du signifiant, son caractère *supplémentaire*, tient donc à une finitude, c'est-à-dire à un manque qui doit être *suppléé*.

On comprend alors pourquoi le concept de jeu est important chez Lévi-Strauss. Les références à toutes sortes de jeux, notamment à la roulette, sont très fréquentes, en particulier dans ses *Entretiens, Race et Histoire, la Pensée sauvage*. Or cette référence au jeu est toujours prise dans une tension.

Tension avec l'histoire, d'abord. Problème classique et autour duquel on a usé les objections. J'indiquerai seulement ce qui me paraît être la formalité du problème : en réduisant l'histoire, Lévi-Strauss a fait justice d'un concept qui a toujours été complice d'une métaphysique téléologique et eschatologique, c'est-à-dire, paradoxalement, de cette philosophie de la présence à laquelle on a cru pouvoir opposer l'histoire. La thématique de l'historicité, bien qu'elle semble s'introduire assez tard dans la philosophie, y a toujours été requise par la détermination de l'être comme présence. Avec ou sans étymologie et malgré l'antagonisme classique qui oppose ces significations dans toute la pensée classique on pourrait montrer que le concept d'*epistémè* a toujours appelé celui d'*istoria* si l'histoire est toujours l'unité d'un devenir, comme tradition de la vérité ou développement de la science orienté vers l'appropriation de la vérité dans la présence et la présence à soi, vers le savoir dans la conscience de soi. L'histoire a toujours été pensée comme le mouvement d'une résumption de l'histoire, dérivation entre deux présences. Mais s'il est légitime de suspecter ce concept d'histoire, on risque, à le réduire sans poser expressément le problème que j'indique ici, de retomber dans un anhistoricisme de forme classique, c'est-à-dire dans un moment déterminé de l'histoire de la métaphysique. Telle me paraît être la formalité algébrique du problème. Plus concrètement, dans le travail de Lévi-Strauss, il faut reconnaître que le respect de la structuralité, de l'originalité interne de la structure, oblige à neutraliser le temps et l'histoire. Par exemple, l'apparition d'une nouvelle structure, d'un système original, se fait toujours — et c'est la condition même de sa spécificité structurale — par une rupture avec son passé, son origine et sa cause. On ne peut donc décrire la propriété de l'organisation structurale qu'en ne tenant pas compte, dans le moment même de cette description, de ses conditions passées : en omettant de poser le problème du passage d'une structure à une autre, en mettant l'histoire entre parenthèses. Dans ce moment « structuraliste », les concepts de hasard et de discontinuité sont indispensables. Et de fait Lévi-Strauss y fait souvent appel, comme par exemple pour cette structure des structures qu'est le langage, dont il dit dans l'*Introduction à l'œuvre de Mauss* qu'il « n'a pu naître que tout d'un coup » : « Quels qu'aient été le moment et les cir- constances de son apparition dans l'échelle de la vie animale, le langage n'a pu naître que tout d'un coup. Les choses n'ont pas pu se mettre à signifier progressivement. A la suite d'une trans- formation dont l'étude ne relève pas des sciences sociales, mais de la biologie et de la psychologie, un passage s'est effectué, d'un stade où rien n'avait un sens, à un autre où tout en possédait. » Ce qui n'empêche pas Lévi-Strauss de reconnaître la lenteur, la maturation, le labeur continu des transformations factuelles, l'his- toire (par exemple dans *Race et Histoire*). Mais il doit, selon un geste qui fut aussi celui de Rousseau ou de Husserl, « écarter tous les faits » au moment où il veut ressaisir la spécificité essentielle d'une structure. Comme Rousseau, il doit toujours penser l'ori- gine d'une structure nouvelle sur le modèle de la catastrophe — bouleversement de la nature dans la nature, interruption natu- relle de l'enchaînement naturel, écart *de* la nature.

Tension du jeu avec l'histoire, tension aussi du jeu avec la présence. Le jeu est la disruption de la présence. La présence d'un élément est toujours une référence signifiante et substitutive inscrite dans un système de différences et le mouvement d'une chaîne. Le jeu est toujours jeu d'absence et de présence, mais si l'on veut le penser radicalement, il faut le penser avant l'alter- native de la présence et de l'absence; il faut penser l'être comme présence ou absence à partir de la possibilité du jeu et non l'inverse. Or si Lévi-Strauss, mieux qu'un autre, a fait apparaître le jeu de la répétition et la répétition du jeu, on n'en perçoit pas moins chez lui une sorte d'éthique de la présence, de nostalgie de l'origine, de l'innocence archaïque et naturelle, d'une pureté de la présence et de la présence à soi dans la parole; éthique, nostalgie et même remords qu'il présente souvent comme la motivation du projet ethnologique lorsqu'il se porte vers des sociétés archaïques, c'est-à-dire à ses yeux exemplaires. Ces textes sont bien connus.

Tournée vers la présence, perdue ou impossible, de l'origine absente, cette thématique structuraliste de l'immédiateté rompue est donc la face triste, *négative*, nostalgique, coupable, rousseauiste, de la pensée du jeu dont l'*affirmation* nietzschéenne, l'affirmation joyeuse du jeu du monde et de l'innocence du devenir, l'affirmation d'un monde de signes sans faute, sans vérité, sans origine, offert à une interprétation active, serait l'autre face. *Cette affirmation détermine alors le* non-centre *autrement que comme perte du centre*. Et elle joue sans sécurité. Car il y a un jeu *sûr* : celui qui se limite à la *substitution* de pièces *données et existantes, présentes*. Dans le hasard absolu, l'affirmation se livre aussi à l'indétermination *génétique*, à l'aventure *séminale* de la trace.

Il y a donc deux interprétations de l'interprétation, de la structure, du signe et du jeu. L'une cherche à déchiffrer, rêve de déchiffrer une vérité ou une origine échappant au jeu et à l'ordre du signe, et vit comme un exil la nécessité de l'interprétation. L'autre, qui n'est plus tournée vers l'origine, affirme le jeu et tente de passer au-delà de l'homme et de l'humanisme, le nom de l'homme étant le nom de cet être qui, à travers l'histoire de la métaphysique ou de l'onto-théologie, c'est-à-dire du tout de son histoire, a rêvé la présence pleine, le fondement rassurant, l'origine et la fin du jeu. Cette deuxième interprétation de l'interprétation, dont Nietzsche nous a indiqué la voie, ne cherche pas dans l'ethnographie, comme le voulait Lévi-Strauss, dont je cite ici encore l'*Introduction à l'œuvre de Mauss*, l' « inspiratrice d'un nouvel humanisme ».

On pourrait percevoir à plus d'un signe aujourd'hui que ces deux interprétations de l'interprétation — qui sont absolument inconciliables même si nous les vivons simultanément et les concilions dans une obscure économie — se partagent le champ de ce qu'on appelle, de manière si problématique, les sciences humaines.

Je ne crois pas pour ma part, bien que ces deux interprétations doivent accuser leur différence et aiguiser leur irréductibilité, qu'il y ait aujourd'hui à *choisir*. D'abord parce que nous sommes là dans une région — disons encore, provisoirement, de l'historicité — où la catégorie de choix paraît bien légère. Ensuite parce qu'il faut essayer d'abord de penser le sol commun, et la *différance* de cette différence irréductible. Et qu'il y a là un type de question, disons encore historique, dont nous ne faisons aujourd'hui qu'entrevoir la *conception, la formation, la gestation, le travail*. Et je dis ces mots les yeux tournés, certes, vers les opérations de l'enfantement; mais aussi vers ceux qui, dans une société dont je ne m'exclus pas, les détournent devant l'encore innommable qui s'annonce et qui ne peut le faire, comme c'est nécessaire chaque fois qu'une naissance est à l'œuvre, que sous l'espèce de la non-espèce, sous la forme informe, muette, infante et terrifiante de la monstruosité.

ELLIPSE

A GABRIEL BOUNOURE

Ici ou là, nous avons discerné l'écriture : un partage sans symétrie dessinait d'un côté la clôture du livre, de l'autre l'ouverture du texte. D'un côté l'encyclopédie théologique et sur son modèle, le livre de l'homme. De l'autre, un tissu de traces marquant la disparition d'un Dieu excédé ou d'un homme effacé. La question de l'écriture ne pouvait s'ouvrir qu'à livre fermé. L'errance joyeuse du *graphein* alors était sans retour. L'ouverture au texte était l'aventure, la dépense sans réserve.

Et pourtant ne savions-nous pas que la clôture du livre n'était pas une limite parmi d'autres? Que c'est seulement dans le livre, y revenant sans cesse, y puisant toutes nos ressources, qu'il nous faudrait indéfiniment désigner l'écriture d'outre-livre?

Se donne alors à penser *le Retour au livre* [1]. Sous ce titre, Edmond Jabès nous dit d'abord ce que c'est qu' « *abandonner le livre* ». Si la clôture n'est pas la fin, nous avons beau protester ou déconstruire,

« *Dieu succède à Dieu et le Livre au Livre.* »

Mais dans le mouvement de cette succession, l'écriture veille, entre Dieu et Dieu, le Livre et le Livre. Et s'il se fait depuis cette veille et depuis l'outre-clôture, le retour au livre ne nous y renferme pas. Il est un moment de l'errance, il répète l'*époque* du livre, sa totalité de suspension entre deux écritures, son retrait et ce qui se réserve en lui. Il revient vers

« *Un livre qui est l'entretoile du risque* »...

« *... Ma vie, depuis le livre, aura donc été une veillée d'écriture dans l'intervalle des limites...* »

---

1. Ainsi s'intitule le troisième volume du *Livre des questions* (1965). Le second volume, le *Livre de Yukel*, parut en 1964. Cf. supra, *Edmond Jabès et la question du livre*.

La répétition ne réédite pas le livre, elle en décrit l'origine depuis une écriture qui ne lui appartient pas encore où ne lui appartient plus, qui feint, le répétant, de se laisser comprendre en lui. Loin de se laisser opprimer ou envelopper dans le volume, cette répétition est la première écriture. Écriture d'origine, écriture retraçant l'origine, traquant les signes de sa disparition, écriture éperdue d'origine :

« *Écrire, c'est avoir la passion de l'origine* ».

Mais ce qui l'affecte ainsi, on le sait maintenant, ce n'est pas l'origine mais ce qui en tient lieu ; ce n'est pas davantage le contraire de l'origine. Ce n'est pas l'absence au lieu de la présence mais une trace qui remplace une présence qui n'a jamais été présente, une origine par laquelle rien n'a commencé. Or le livre a vécu de ce leurre ; d'avoir donné à croire que la passion, étant originellement passionnée par *quelque chose*, pouvait à la fin être apaisée par son retour. Leurre de l'origine, de la fin, de la ligne, de la boucle, du volume, du centre.

Comme dans le premier *Livre des questions*, des rabbins imaginaires se répondent, dans le Chant sur *la Boucle*

« *La ligne est le leurre* »

Reb Séab

....

« *L'une de mes grandes angoisses, disait Reb Aghim, fut de voir, sans que je puisse l'arrêter, ma vie s'arrondir pour former une boucle.* »

Dès lors que le cercle tourne, que le volume s'enroule sur lui-même, que le livre se répète, son identité à soi accueille une imperceptible différence qui nous permet de sortir efficacement, rigoureusement, c'est-à-dire discrètement, de la clôture. En redoublant la clôture du livre, on la dédouble. On lui échappe alors furtivement, entre deux passages par le même livre, par la même ligne, selon la même boucle, « *Veillée d'écriture dans l'intervalle des limites* ». Cette sortie hors de l'identique dans le même reste très légère, elle ne pèse rien elle-même, elle pense et pèse le livre *comme tel*. Le retour au livre alors est l'abandon du livre, il s'est glissé entre Dieu et Dieu, le Livre et le Livre, dans l'espace neutre de la succession, dans le suspens de l'intervalle. Le retour alors ne reprend pas possession. Il ne se réapproprie pas l'origine. Celle-ci n'est plus en elle-même. L'écriture, passion de l'origine, cela doit s'entendre aussi par la voie du génitif subjectif. C'est l'origine elle-même qui est passionnée, passive et passée d'être écrite. Ce qui veut dire inscrite. L'inscription de l'origine, c'est sans doute son être-écrit mais c'est aussi son être-inscrit dans un système dont elle n'est qu'un lieu et une fonction.

Ainsi entendu, le retour au livre est d'essence *elliptique*. Quelque chose d'invisible manque dans la grammaire de cette répétition. Comme ce manque est invisible et indéterminable, comme il redouble et consacre parfaitement le livre, repasse par tous les points de son circuit, rien n'a bougé. Et pourtant tout le sens est altéré par ce manque. Répétée, la même ligne n'est plus tout à fait la même, la boucle n'a plus tout à fait le même centre, *l'origine a joué*. Quelque chose manque pour que le cercle soit parfait. Mais dans l'Ελλειψις, par le simple redoublement du chemin, la sollicitation de la clôture, la brisure de la ligne, le livre s'est laissé penser comme tel.

« *Et Yukel dit :*
Le cercle est reconnu. Brisez la courbe. Le chemin double le chemin.
Le livre consacre le livre. »

Le retour au livre annoncerait ici la forme de l'éternel retour. Le retour du même ne s'altère — mais il le fait absolument — que de revenir au même. La pure répétition, ne changeât-elle ni une chose ni un signe, porte puissance illimitée de perversion et de subversion.

Cette répétition est écriture parce que ce qui disparaît en elle, c'est l'identité à soi de l'origine, la présence à soi de la parole soi-disant vive. C'est le centre. Le leurre dont a vécu le premier livre, le livre mythique, la veille de toute répétition, c'est que le centre fût à l'abri du jeu : irremplaçable, soustrait à la métaphore et à la métonymie, sorte de *prénom invariable* qu'on pouvait invoquer mais non répéter. Le centre du premier livre n'aurait pas dû pouvoir être répété dans sa propre représentation. Dès lors qu'il se prête une fois à une telle représentation — c'est-à-dire dès qu'il est écrit —, quand on peut lire un livre dans le livre, une origine dans l'origine, un centre dans le centre, c'est l'abîme, le sans-fond du redoublement infini. L'autre est dans le même,

« *L'Ailleurs en dedans...*

....

Le centre est le puits...

....

« *Où est le centre ? hurlait Reb Madies. L'eau répudiée permet au faucon de poursuivre sa proie.* »

Le centre est, peut-être, le déplacement de la question.

Point de centre où le cercle est impossible.

Puisse ma mort venir de moi, disait Reb Bekri.

Je serais, à la fois, la servitude du cerne et la césure. »

Dès qu'un signe surgit, il commence par se répéter. Sans cela, il ne serait pas signe, il ne serait pas ce qu'il est, c'est-à-dire cette non-identité à soi qui renvoie régulièrement au même. C'est-à-dire à un autre signe qui lui-même naîtra de se diviser. Le graphème, à se répéter ainsi, n'a donc ni lieu ni centre naturels. Mais les a-t-il jamais perdus ? Son excentricité est-elle un décentrement ? Ne peut-on affirmer l'irréférence au centre au lieu de pleurer l'absence du centre ? Pourquoi ferait-on son deuil du centre ? Le centre, l'absence de jeu et de différence, n'est-ce pas un autre nom de la mort ? Celle qui rassure, apaise mais de son trou angoisse aussi et met en jeu ?

Le passage par l'excentricité négative est sans doute nécessaire ; mais seulement liminaire.

« *Le centre est le seuil.*

Reb Naman disait : « Dieu est le Centre ; c'est pourquoi des esprits forts ont proclamé qu'Il n'existait pas, car si le centre d'une pomme ou de l'étoile est le cœur de l'astre ou du fruit quel est le vrai milieu du verger et de la nuit ? »

......

Et Yukel dit :

Le centre est l'échec...

« *Où est le centre ?*

— Sous la cendre. »

    Reb Selah

......

« *Le centre est le deuil.* »

De même qu'il y a une théologie négative, il y a une athéologie négative. Complice, elle dit encore l'absence de centre quand il faudrait déjà affirmer le jeu. Mais le désir du centre n'est-il pas, comme fonction du jeu lui-même, l'indestructible? Et dans la répétition ou le retour du jeu, comment le fantôme du centre ne nous appellerait-il pas? C'est ici qu'entre l'écriture comme décentrement et l'écriture comme affirmation du jeu, l'hésitation est infinie. Elle appartient au jeu et le lie à la mort. Elle se produit dans un « qui sait? » sans sujet et sans savoir.

« *Le dernier obstacle, l'ultime borne est, qui sait? le centre.*

Alors, tout viendrait à nous du bout de la nuit, de l'enfance. »

Si le centre est bien « *le déplacement de la question* », c'est qu'on a toujours *surnommé* l'innommable puits sans fond dont il était lui-même le signe; signe du trou que le livre a voulu combler. Le centre était le nom d'un trou; et le nom de l'homme, comme celui de Dieu, dit la force de ce qui s'est érigé pour y faire œuvre en forme de livre. Le volume, le rouleau de parchemin devaient s'introduire dans le trou dangereux, pénétrer furtivement dans l'habitation menaçante, par un mouvement animal, vif, silencieux, lisse, brillant, glissant, à la manière d'un serpent ou d'un poisson. Tel est le désir inquiet du livre. Tenace aussi et parasitaire, aimant et aspirant par mille bouches qui laissent mille empreintes sur notre peau, monstre marin, *polype*.

« *Ridicule, cette position sur le ventre. Tu rampes. Tu fores le mur à sa base. Tu espères t'échapper, comme un rat. Pareil à l'ombre, au matin, sur la route.*

Et cette volonté de rester debout, malgré la fatigue et la faim?

Un trou, ce n'était qu'un trou,

la chance du livre.

   (Un trou-pieuvre, ton œuvre?

   La pieuvre fut pendue au plafond et ses tentacules se mirent à étinceler.)

Ce n'était qu'un trou

dans le mur,

si étroit que tu n'as jamais

pu t'y introduire

pour fuir.

Méfiez-vous des demeures. Elles ne sont pas toujours hospitalières. »

Étrange sérénité d'un tel retour. Désespérée par la répétition et joyeuse pourtant d'affirmer l'abîme, d'habiter le labyrinthe en poète, d'écrire le trou, « *la chance du livre* » dans lequel on ne peut que s'enfoncer, qu'on doit garder en le détruisant. Affirmation dansante et cruelle d'une économie désespérée. La demeure est inhospitalière de séduire, comme le livre, dans un labyrinthe. Le labyrinthe est ici un abîme : on s'enfonce dans l'horizontalité d'une pure surface, se représentant elle-même de détour en détour.

« *Le livre est le labyrinthe. Tu crois en sortir, tu t'y enfonces. Tu n'as aucune chance de te sauver. Il te faut détruire l'ouvrage. Tu ne peux t'y résoudre. Je note la lente, mais sûre montée de ton angoisse. Mur après mur. Au bout qui t'attend ? — Personne... Ton nom s'est replié sur soi-même, comme la main sur l'arme blanche.* »

Dans la sérénité de ce *troisième* volume, *le Livre des questions* est alors accompli. Comme il devait l'être, en restant ouvert, en disant la non-clôture, à la fois infiniment ouvert et se réfléchissant infiniment sur lui-même, « *un œil dans l'œil* », commentaire accompagnant à l'infini le « *livre du livre exclu et réclamé* », livre sans cesse entamé et repris depuis un lieu qui n'est ni dans le livre ni hors du livre, se disant comme l'ouverture même qui est reflet sans issue, renvoi, retour et détour du labyrinthe. Celui-ci est un chemin qui enferme en soi les sorties hors de soi, qui comprend ses propres issues, qui ouvre lui-même ses portes, c'est-à-dire, les ouvrant sur lui-même, se clôt de penser sa propre ouverture.

Cette contradiction est pensée comme telle dans le troisième livre des questions. C'est pourquoi la triplicité est son chiffre et la clé de sa sérénité. De sa composition aussi : Le troisième livre dit,

« *Je suis le premier livre dans le second* »

. . . .

« *Et Yukel dit :*
Trois questions ont
séduit le livre
et trois questions
l'achèveront.

Ce qui finit,
trois fois commence.
Le livre est trois.
Le monde est trois
Et Dieu, pour l'homme,
les trois réponses. »

Trois : non parce que l'équivoque, la duplicité du tout et rien, de la présence absente, du soleil noir, de la boucle ouverte, du centre dérobé, du retour elliptique, serait enfin résumée dans quelque dialectique, apaisée dans quelque terme conciliant. Le « *pas* » et le « *pacte* » dont parle Yukel à *Minuit ou la troisième question* sont un autre nom de la mort affirmée depuis *L'aube ou la première question* et *Midi ou la seconde question.*

Et Yukel dit :
« Le livre m'a conduit,
de l'aube au crépuscule,
de la mort à la mort,
avec ton ombre, Sarah,
dans le nombre, Yukel,
au bout de mes questions,
au pied des trois questions... »

La mort est à l'aube parce que tout a commencé par la répétition. Dès lors que le centre ou l'origine ont commencé par se répéter, par se redoubler, le double ne s'ajoutait pas seulement au simple. Il le divisait et le suppléait. Il y avait aussitôt une double origine plus sa répétition. Trois est le premier chiffre de la répétition. Le dernier aussi car l'abîme de la représentation reste toujours dominé par son rythme, à l'infini. L'infini n'est sans doute ni un, ni nul, ni innombrable. Il est d'essence ternaire. Le deux, comme le deuxième *Livre des questions (le livre de Yukel)*, comme Yukel, reste la jointure indispensable et inutile du livre, le médiateur sacrifié sans lequel la triplicité ne serait pas, sans lequel le sens ne serait pas ce qu'il est, c'est-à-dire différent de soi : en jeu. La jointure est la brisure. On pourrait dire du *deuxième* livre ce qui est dit de *Yukel* dans la *deuxième* partie du *Retour au livre* :

« Il fut la liane et la lierne dans le livre, avant d'en être chassé. »

Si rien n'a précédé la répétition, si aucun présent n'a surveillé la trace, si, d'une certaine manière, c'est le « *vide qui se recreuse et se marque d'empreintes* [1] », alors le temps de l'écriture ne suit plus la ligne des présents modifiés. L'avenir n'est pas un présent futur, hier n'est pas un présent passé. L'au-delà de la clôture du livre n'est ni à attendre ni à retrouver. Il est *là*, mais *au-delà*, dans la répétition mais s'y dérobant. Il est là comme l'ombre du livre, le tiers entre les deux mains tenant le livre, la différance dans le maintenant de l'écriture, l'écart entre le livre et le livre, cette autre main...

Ouvrant la troisième partie du troisième *Livre des questions*, ainsi s'entame le chant sur *l'écart et l'accent* :

> « " *Demain est l'ombre et la réflexibilité de nos mains.* "
>
> *Reb Dérissa* »

---

1. Jean Catesson, *Journal non intime et points cardinaux*, in *Mesures*, oct. 1937, N° 4.

Bibliographie

Force et signification : *Critique*, 193-194, juin-juillet 1963.

Cogito et histoire de la folie : Conférence prononcée le 4 mars 1963 au Collège philosophique et publiée dans la *Revue de métaphysique et de morale*, 1964, 3 et 4.

Edmond Jabès et la question du livre : *Critique*, 201, janvier 1964.

Violence et métaphysique, essai sur la pensée d'Emmanuel Levinas : *Revue de métaphysique
et de morale*, 1964, 3 et 4.

« *Genèse et structure* » *et la phénoménologie* : Conférence prononcée à Cerisy-la-Salle,
en 1959. Publiée dans le recueil *Genèse et structure* dirigé par MM. de Gandillac,
Goldmann et Piaget, éd. Mouton, 1964.

La parole soufflée : *Tel Quel* 20 (hiver 1965).

Freud et la scène de l'écriture : Conférence prononcée à l'Institut de Psychanalyse, en
mars 1966, publiée dans *Tel Quel* 26 (été 1966).

Le théâtre de la cruauté et la clôture de la représentation : Conférence prononcée à Parme,
en avril 1966, au colloque Antonin Artaud (Festival international de théâtre univer-
sitaire), publiée dans *Critique*, 230, juillet 1966.

De l'économie restreinte à l'économie générale — Un hegelianisme sans réserve: *L'Arc*, mai 1967.

La structure, le signe et le jeu dans le discours des sciences humaines : Conférence prononcée
au Colloque international de l'Université Johns Hopkins (Baltimore) sur *Les
langages critiques et les sciences de l'homme*, le 21 octobre 1966.

Nous remercions MM. les Directeurs de revue qui ont bien voulu nous autoriser
à reproduire ces textes.

Par la date de ces textes, nous voudrions marquer qu'à l'instant, pour les relier,
de les relire, nous ne pouvons nous tenir à égale distance de chacun d'eux. Ce qui
reste ici le *déplacement d'une question* forme certes un *système*. Par quelque *couture* interprétative, nous aurions su après coup le dessiner. Nous n'en avons rien laissé paraître
que le pointillé, y ménageant ou y abandonnant ces blancs sans lesquels aucun texte
jamais ne se propose comme tel. Si *texte* veut dire *tissu*, tous ces essais en ont obstinément défini la couture comme *faufilure*. (Décembre 1966.)

Table

Table

Du même auteur

AUX MÊMES ÉDITIONS

La Dissémination, « *Tel Quel* », *1972, et* « *Points Essais* », *n° 265, 1993.*

Signéponge, « *Fiction &Cie* », *1988.*

Circonfession, *in* Jacques Derrida, *Geoffrey Bennington et Jacques Derrida,* « *Les Contemporains* », *n° 11, 1991.*

La Religion. Séminaire de Capri, *ouvrage collectif sous la direction de Jacques Derrida et Gianni Vattimo, 1996.*

Mémoires d'aveugles : l'autoportrait et autres ruines, *Coédition Seuil-Réunions des Musées nationaux, 1999.*

Foi et savoir, *suivi de* Le siècle et le pardon, *entretiens avec Michel Wievorka,* « *Points Essais* », *n° 447, 2001.*

CHEZ D'AUTRES ÉDITEURS

L'Origine de la géométrie de Husserl, *introduction et traduction de Jacques Derrida, PUF, 1962.*

La Voix et le Phénomène, *PUF, 1967, 1993, 2004.*

De la grammatologie, *Minuit, 1967.*

Marges – de la philosophie, *Minuit, 1972.*

Positions, *Minuit, 1972.*

L'Archéologie du frivole, *introduction* à *l'Essai sur l'origine des connaissances humaines, de Condillac, Galillée, 1973, 1990 ; repris à part chez Gonthier-Denoël, 1976.*

Glas, *Galilée, 1976 ; Gonthier-Denoël, 1981.*

Economimesis, *in* Mimesis, *Aubier-Flammarion, 1975.*

Où commence et comment finit un corps enseignant, *in* Politiques de la philosophie, *Grasset, 1976.*

Fors, *préface à* le Verbier de l'« Homme aux loups » *de N. Abraham et M. Torok, Aubier-Flammarion, 1976.*

Scribble, *préface à l'*Essai sur les hiéroglyphes *de Warburton, Aubier-Flammarion, 1978.*

Éperons, Les styles de Nietzsche, *Flammarion, 1978, 1991.*

La Vérité en peinture, *Flammarion, 1978, 1990.*

La Carte postale, De Socrate à Freud et au-delà, *Aubier-Flammarion, 1980.*

Ocelle comme pas un, *préface à* L'Enfant au chien assis *de Jos Joliet, Galillée, 1980.*

Sopra-vivere, *Feltrini (Milan), 1982.*

D'un ton apocalyptique adopté naguère en philosophie, *Galilée, 1983.*

Otobiographies. L'enseignement de Nietzsche et la politique du nom propre, *Galilée, 1984, 2005.*

La Filosofia como institución, *Juan Granica (Barcelone), 1984.*

Popularités. Du droit à la philosophie du droit, *avant-propos à* Les Sauvages dans la cité, *Champ-vallon, 1985.*

Lecture de Droit de regards, *de M.-F. Plissart, Minuit, 1985.*

Préjugés – devant la loi, *in* La Faculté de Juger, (avec Vincent Descombes), *Minuit, 1985.*

Schibboleth, *Galilée, 1986.*

Parages, *Galilée, 1986.*

Forcener le subjectile, *préface aux* Dessins et Portraits d'Antonin Artaud, *Gallimard, 1986.*

Feu la cendre, *Éditions des femmes-Antoinette Fouque, 1987, 1999.*

Ulysse gramophone, deux mots pour Joyce, *Galilée, 1987.*

Psyché. Inventions de l'autre, *Galilée, 1987.*

De l'esprit. Heidegger et la question, *Galilée, 1987 ; Flammarion (« Champs »), 1990.*

Mes chances, *in* Confrontation, *19, Aubier, 1988.*

Mémoires – pour Paul de Man, *Galilée, 1988.*

Phèdre, (éd.), *Flammarion, 1989.*

Some Statements and Truisms…, *in* The States of « Theory », *ed. D. Carroll, Columbia University Press, 1989.*

Limited INC., *Galilée, 1990.*

Du droit à la philosophie, *Galilée, 1990.*

Le Problème de la genèse dans la philosophie de Husserl, *PUF, 1990.*

« Interpretations at war. Kant, le Juif, l'Allemand », phénoménologie et politique, Mélanges offerts à J. Taminiaux, *Bruxelles, Ousia, 1990.*

L'Autre Cap, *Minuit, 1991.*

Qu'est-ce que la poésie ? *(éd. quadrilingue), Brinckmann & Bose, Berlin, 1991.*

Donner le temps. 1. La Fausse monnaie, *Galilée, 1991, 1998.*

Points de suspension – Entretiens, *Galilée, 1992.*

L'Éthique du don, *Anne-Marie Métaillié, 1992.*

Passions, *Galilée, 1993.*

Sauf le nom, *Galilée, 1993.*

Khôra, *Galilée, 1993.*

Spectres de Marx, *Galilée, 1993.*

Politiques de l'amitié, *Galilée, 1993.*

Résistances de la psychanalyse, *Galilée, 1995.*

Moscou aller-retour, *Éditions de l'Aube, 1995, 2005.*

Mal d'archive : une impression freudienne, *Galilée, 1995.*

Apories, *Galilée, 1996.*

Le monolinguisme de l'autre ou La prothèse d'origine, *Galilée, 1996.*

Mille e tre, cinq : lignées *(avec Henich Micaëla), W. Blake, 1996.*

Échographie de la télévision : entretiens filmés avec Bernard Stiegler, *Galilée, INA, 1996.*

De l'hospitalité (avec Anne Defourmantelle), *Calmann-Lévy, 1997.*

Marx en jeu (avec Marc Guillaume et Jean-Pierre Vincent), *Descartes et Cie, 1997.*

Le Droit à la philosophie du point de vue cosmopolite, *Verdier, 1997.*

Cosmopolites de tous les pays, encore un effort, *Galilée, 1997.*

Adieu à Emmanuel Lévinas, *Galilée, 1997.*

Demeure : Maurice Blanchot, *Galilée, 1998.*

Voiles (avec Hélène Cixous), *Galilée, 1998.*

Psyché : inventions de l'autre, *Galilée, 1998.*

Sur paroles : instantanés philosophiques, *Éditions de l'Aube, 1999, 2005.*

La Contre-allée : voyager avec Jacques Derrida *(avec Catherine Malabou), Quinzaine littéraire, 1999.*

Donner la mort, *Galilée, 1999.*

Tourner les mots : au bord d'un film *(avec Safaa Fathy), Galilée, 2000.*

Le Toucher, Jean-Luc Nancy, *Galilée, 2000.*

États d'âme de la psychanalyse, *Galilée, 2000.*

Dire l'événement, est-ce possible ? Séminaire pour Jacques Derrida, *(avec Alexis Nouss), L'Harmattan, 2001.*

La Connaissance des textes, *(avec Jean-Luc Nancy et Simon Hantaï), Galilée, 2001.*

De quoi demain… : dialogue, *(avec Élisabeth Roudinesko), Fayard, 2001 ; Flammarion, « Champs », 2003.*

L'Université sans condition, *Galilée, 2001.*

Papier-machine : le ruban de la machine à écrire et autres réponses, *Galilée, 2001.*

Atlan : grand format, *Gallimard, 2001.*

Fichus. Discours de Francfort, *Galilée, 2002.*

Artaud le Moma : interjections d'appel, *Galilée, 2002.*

HC pour la vie, c'est-à-dire…, *Galilée, 2002.*

Au-delà des apparences, *(avec Antoine Spire), Le Bord de l'eau, 2002.*

Marx & sons, *PUF, 2002.*

Voyous. Deux essais sur la raison, *Galilée, 2003.*

Genèses, généalogies, genres et le génie, les secrets de l'archive, *Galilée, 2003.*

Psyché. Inventions de l'autre, vol. II, *Galilée, 2003.*

Schibboleth, pour Paul Ceylan, *Galilée, 2003.*

Parages, *Galilée, 2003.*

Chaque fois unique, la fin du monde, *(présenté par Pascale-Anne Brault et Michael Naas), Galilée, 2003.*

Béliers, le dialogue ininterrompu : entre deux infinis, le poème, *Galilée, 2003.*

Le Concept du 11 septembre, dialogues à New York (octobre-décembre 2001), *(avec Jürgen Habermas), Galilée, 2004.*

Prégnances : à propos de la peinture de Colette Deblé, *Mont-de-Marsan, l'Atelier des Brisants, 2004.*

Apprendre à vivre enfin : entretien avec Jean Birnbaum, *Galilée, 2005.*

D'un ton apocalyptique adopté naguère en philosophie, *Galilée*, 2005.

Déplier Ponge : entretien avec Gérard Farasse, *Villeneuve-d'Ascq, Éditions du Septentrion, 2005.*

Surtout pas de journalistes !, *Herne, 2005.*

Pardonner, l'impardonnable et l'imprescriptible, *Herne, 2005.*

Histoire du mensonge, prolégomènes, *Herne, 2005.*

Le parjure, peut-être (« brusques sautes de syntaxe »), *Herne, 2005.*

Et cetera (and so on, und so weiter, and so forth, et ainsi de suite, und so überall, etc.), *Herne, 2005.*

Les Yeux de la langue, *Herne, 2005.*

Poétique et politique du témoignage, *Herne, 2005.*

Qu'est-ce qu'une traduction « relevante » ?, *Herne, 2005.*